師古
作聖

국역
方山李邦憲先生文集 中

師古作聖

勳老 徐正淇先生 儒教大全

卷 31 文集

국역
方山李邦憲先生文集 中

이방헌 저
서정기 역

한국학술정보㈜

方山 李邦憲先生 眞影

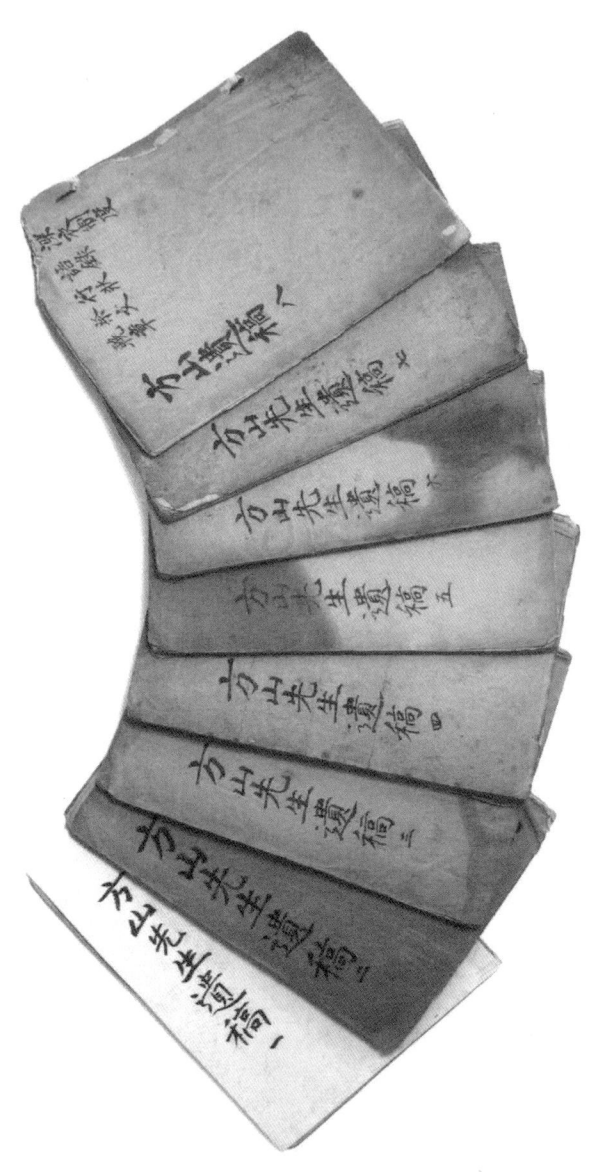

方山先生 遺稿 筆書本 寫眞

余素性謹拙讀朱子之書必信從之不暇而不敢生親或有一二未妥悲心

者則亦及覆泰究以解吾心之惑而歸於朱子然後乃已故平生一無

背馳朱子之論得於大何矣今此深衣制度謹以家禮為準奉

以蔡楊二子之附註而訂之蓋子親聞親見於朱子晚年衣制書也

實禮記王藻及深衣篇之旨也自白雲朱氏以後羹義東諸家之說

少有違於家禮者乃而不敢辯論有輩固知其僭踰然其於朱

子制度則庶浮其義足為深永之正誤先生家奴從地中出未忽曰

先生之所服如是此余德薄而無位雖有著說亦肖信而從之歟姑

留之筐笥以為吾家子孫之適用云甬丙辰季春書于勿忘齋

方山先生의 筆跡

序

送別序

古語云悲莫悲於別離別離者人情之最不可㴱處
也天人之情必好合而惡離其相合也陶然而樂歡
欣而道杯酒傾忘及其相離也悵然而悲介欣而懷
歆鈌石贈此人事之所固有者而人情之所不能已也
雖以異趣者合一離人情猶然況志意相孚久飲
同旗者乎羌夫群雁齊飛順風以度天寒月明隻
影中斷路分南北叫聲凄凉驛客愁人仰視㲵

方山先生 遺稿 原文 筆跡

方山先生 門中 墓洞碑

前 成均館大學校　儒學大學長　宋河璟教授　祝書

방산(方山) 이방헌(李邦憲) 선생문집(先生文集) 해제(解題)

徐正淇

(東洋文化研究所長)

1. 序

자고로 선비는 시대와 더불어 운명을 같이한다. 해와 달이 빛나는 밝은 세상에서는 세상에 나아가서 사람들과 더불어 함께 착한 일을 하되 만일 해와 달이 어두운 암흑시대가 되면 초야에 숨어서 홀로 착한 길을 찾는 것이다.

方山先生遺稿는 일본 제국주의의 침략으로 나라가 망하고 도덕이 타락한 민족수난기에 우리나라의 참선비가 초야에 숨어서 홀로 착한 길을 끝까지 찾은 역사적 증거물이다.

열강제국주의가 5대양 6대주를 총칼로 짓밟고 사방에 사악한 독기를 내뿜으며 독립을 외치는 의기남아를 모조리 학살하여 땅속에 묻어 버리는 공포의 시대, 통곡의 땅에서 적개심이 머리끝까지 솟구

처 悲憤慷慨하면서도 道德不滅, 正義必勝의 신념을 가슴속에 굳게 간직하며 臥薪嘗膽, 捲土重來의 희망을 끝까지 잃지 않았던 忍苦의 한숨소리와 自責의 탄식과 희망의 노래와 도덕의 외침은 참으로 새 세상을 열어주는 희소식으로 길이 사람의 가슴을 뭉클하게 한다.

方山先生은 이름이 邦憲이요 字는 景斌이며 自號를 方山居士라고 하였으니 姓은 李氏요 本貫은 咸平이다. 조선왕조 哲宗 8년 丁巳(서기 1857년) 1월 25일 德豊縣 金峙里第에서 태어나 67세로 敵治 癸亥(서기 1923년) 10월 3일에 栗里精舍에서 卒하니 그 門人이 遺稿를 정리해서 1925년에 方山先生遺稿 16卷을 편집하고 筆書로 一部를 만들어 지금까지 집안에 秘藏하여 왔는데 이제 咸平李氏方山公派宗中(會長 李載永)의 결의에 의하여 方山李邦憲先生文集이라는 이름으로 國譯本과 함께 出刊한다.

1卷과 2卷은 詩이고, 3卷은 序이며, 4卷은 記요, 5卷은 論·文·箴·銘·表·贊이다. 6卷은 疏·議·跋·辨·墓誌이고, 7卷은 行狀과 祭文이요, 8卷은 說이며, 9卷부터 11卷까지는 모두 書이다. 12卷부터 15卷까지는 雜著인데 끝부분에 語類를 부쳤으며, 16卷은 附錄으로 門人이 엮은 方山先生行狀과 祭文 및 輓章이다.

2. 家　系

方山先生의 考는 諱敏益이요, 祖는 諱熙緖이며, 曾祖는 諱柳溪인데 모두 벼슬을 하지 않고 초야에 숨어 性理學을 연구하여 山林學者兩班을 自處하면서 詩禮의 家風과 淸苦한 士節을 지키니 德門의 古家로 淸名과 雅望이 한 지방의 모범이 되었다.

咸平 李氏의 始祖는 咸豊君 諱彦으로 고려 초에 벼슬이 神武衛

大將軍에 올라 智略과 仁德과 勇猛을 떨쳤고, 조선왕조에 이르러 자손이 매우 번창하여 그 11世에 이르자 宗派가 27로 늘었는데 咸城君 諱從生이 그중에 하나의 小宗元祀가 되었으니 벼슬이 漢城府 左尹 兼五衛都摠府 副摠管으로 贈正憲大夫 兵曹判書이고 李施愛亂을 平定하여 精忠出氣敵熏功臣이 되었으니 諡號가 莊襄이다.

12世 諱恭은 大興縣監을 지냈으니 咸城君의 아들이요, 16世 諱成元은 懷德縣監이 되었으니 方山先生의 10代祖이다. 方山先生은 슬하에 三男一女를 두었는데 아들은 啓寅, 啓永, 啓東이요, 孫子는 學範, 興範, 弼範, 基範, 吉範, 述範, 達範으로 모두 新學校에 보내지 않고 家庭의 書堂에서 敎育하였는데 큰아들은 젊어서 죽었거늘 1912년에는 子婦喪을 당하고 1919년에는 손자가 죽는 불행을 겪었다.

3. 學統淵源

方山先生은 家學으로 학문을 이루었으니 집안에 대대로 내려온 學統은 孔孟의 四書五經을 높이 받들고 程朱의 性理學을 깊이 연구하여 圃隱先生의 節義와 靜菴先生의 至治主義와 栗谷先生의 氣發理乘 理通氣局論과 沙溪先生의 禮學과 尤庵宋子의 春秋大義를 尊信하는 것이었다.

이에 方山先生은 이러한 家學의 學統淵源을 이어받아 그 宗旨를 확실히 파악하여 人獸之別과 儒佛之異와 華夷之辨과 理氣心性論에 있어서 一言一字도 評議할 수 없는 만고의 진리라고 단언하였다.

그러나 이러한 理氣心性論은 權遂菴先生의 門下 江門八學士에 이르러 禽獸五常問題와 未發氣質善惡問題를 놓고 兩家로 갈라져

栗谷의 學說을 각기 해석하였으니 韓南塘, 尹屛溪, 崔梅峯, 蔡鳳巖은 人物性不同論을 주장하여 心體有善惡說을 밝혔는데 이들이 모두 忠淸道에 거주하였기 때문에 湖學 또는 湖派라고 하였다. 그리고 李巍巖, 玄尙壁, 李陶庵, 金三淵은 人物性相同論을 주장하여 心體本善說을 밝혔는데 이들이 대개 京畿地方에 많이 거주하였기 때문에 洛論 또는 洛派라고 하였다.

이에 方山先生은 처음부터 끝까지 湖學을 계승하여 韓南塘과 尹屛溪의 학설은 明白灑落하고 玲瓏穿貫한 道理임을 천명하면서 사람과 짐승의 本性은 같지 않고, 聖人과 凡人의 心體는 본래 善하고 惡함이 서로 다르다고 설파하였다.

대저 方山先生은 思想의 분열대립으로 學統의 단절을 우려하여 새로운 논설을 세우기보다는 전통의 학문을 수호하는 데 진력하였으니 후세의 학자가 본받아야 되는 사항이므로 方山先生의 偶記를 번역하여 學統淵源의 중요성을 밝힌다.

"근래에 학자들은 각자 門戶를 세우고 心性理氣의 說을 주장함에 자주 程朱의 말을 인용하여 주장한다. 그러나 聖賢의 말씀을 왜곡하여 취해서 자기의 소견대로 해설하는 것을 면치 못하도다. 대개 理氣를 강의하려는 사람은 반드시 理는 하나에서 나뉜 것임을 깨달은 다음에야 폐단이 없을 수 있다.

한 편은 보는 바가 나뉜 곳에만 한정되어 理가 하나임을 알지 못하고, 氣에는 先後가 있음을 알지 못하여 두 물건으로 나누어서 마침내 氣를 理로 인식하는 오류를 면치 못한다. 그러므로 氣의 靈한 것을 모두 一貫하는 理의 완전한 자리로 생각한다. 이래서 그 행동이 성취되고 사업의 성공을 많이 얻었다고 하여도 그 종국에 가서는 氣를 숭상하고 中庸을 잃어서 자기의 행동원칙을 달리 세우고 마음대로 행동한다.

또 다른 한 편은 보는 바가 오로지 理는 하나인 곳에만 한정되어 나뉜 분야를 살피지 못하니 理와 氣는 先後가 없는 一物이라는 것을 알지 못하여 마침내 스스로 性이 善한 것을 形氣의 外物로 착각하는 데 빠진다. 그러므로 本源 이하 萬殊의 理가 모두 氣로 귀속되어 버리니 천하의 일천만 가지의 本然的 道理가 전부 분수 밖의 물건으로 귀착하여서 비록 國君의 存亡이라 해도 儒者의 責任이 아니라고 하면서 오직 홀로 착하기만을 생각하여 진취하는 바가 없도다.

이들은 그 끝에 가서 하지 않은 것으로 고상함을 삼아서 스스로 편벽되고 스스로 利己主義者가 되나니 요점은 두 쪽이 모두 本源上에서 보는 바에 차이가 생긴 것이다."

만일 學界가 分派作用만 일삼아 四分五裂하여 그 논리가 支離滅裂하게 되면 聖賢의 學統을 어떻게 뚜렷이 밝히겠는가? 학통을 수호하고, 유림이 화합하기 위하여, 方山先生은 先賢의 學說을 評論하지 말고, 先後本末의 논리를 자세히 살펴 그 깊은 뜻을 말없이 깨달아 마음으로 통달하라고 역설하였으니 後學이 경계로 삼아야 할 至論卓見이다.

4. 시대적 사명

方山先生은 歐美列强의 帝國主義가 植民地를 개척하기 위하여 군함을 이끌고 대포를 쏘면서 횡행하던 시기에 幼年期를 보냈다. 일찍이 少年時節에 丙寅洋擾와 辛未洋擾를 목도하면서 국제정세의 심각성을 느꼈으니 나라의 앞날이 두려운 형국이었고, 道德의 未來가 걱정스러운 상황이었다.

雲揚號事件으로 丙子(서기 1876년) 韓·日修好條約을 체결하고

開港하면서 이어 美國, 영국, 독일, 이태리, 러시아 등과 수호조약을 맺으니 개화파가 득세하여 비록 甲申政變은 실패하였으나 開放開化의 국제조류가 밀려드는 시기에 靑年期를 보낸 方山先生은 30세 때에 父喪을 당하여 3년복을 입었다.

37세 때에는 甲午東學農民戰爭이 일어나서 일본군과 淸軍이 이 땅에 上陸하여 급기야 淸·日戰爭을 일으키고, 정부에서는 甲午改革을 시작하였는데 일본이 乙未事變을 일으켜서 閔妃를 시해하고 短髮令을 강요하니 高宗이 俄館으로 播遷하는 공포시대에 毅菴 柳麟錫先生이 國母報讐의 기치를 높이 세우고 8道의 義兵을 일으켜 親日官僚와 日本軍을 討伐할 때에 方山先生은 단호히 短髮과 變服을 반대하였다.

1895년 1월 7일 독립서고문을 반포하여 淸나라의 종속에서 이탈하고 大韓帝國으로 국호를 바꾸며, 鐵道司를 설치하며, 皇城新聞을 발간하며, 新學校를 세우며, 새로운 國制와 지방관제를 반포하는 변혁의 시기에 方山先生은 不惑의 壯年期를 보내며 추호도 흔들림 없이 書堂에서 學問에 전념하며 제자를 가르쳤다.

1904년 2월에 일본 함대가 仁川에서 러시아 군함을 격파하고 러·일전쟁을 일으켜 승리하자, 일본이 영·일동맹과 미·일밀약에 고무되어 즉각 乙巳勒約을 강행하여 대한제국이 무너지니 1906년 3월에 閔宗植先生이 洪州에서 義兵을 일으키고, 勉菴 崔益鉉先生도 義兵을 일으키면서 일본의 16個大罪를 성토하고 비밀리에 方山先生에게 同參을 요청하는 通文을 보냈으나 方山先生은 부득이한 사정으로 동참하지 못하여 제자 두 명을 보내서 협조할 사항만 지원하기로 하였다.

1907년 7월 일본이 高宗을 퇴위시키고 꼭두각시 純宗을 세우며 또 丁未七勒約을 강행하여 군대까지 강제로 해산시키자, 전국에서 10만의 山林學者兩班과 110만의 儒生이 궐기하여 大韓民軍 30만

명을 규합하고 대일독립전쟁을 선포하며 방방곡곡에서 불철주야 장
렬하게 토벌작전을 전개하여 일본군과 친일파 관료 및 일진회원을
처단하니 일본 통감부는 즉각 科擧制를 폐지함과 동시에 書堂폐쇄
령을 내리고 儒林의 集會를 엄금하므로 方山先生은 50세의 나이로
부득이 書堂의 문을 닫고 남은 제자들과 함께 작은 山寺로 들어가
서 讀書會라는 이름으로 經書를 읽고 가르칠 뿐이었다.

드디어 1910년 일본이 소위 한·일합방조서를 발표하여 大韓帝國
이 멸망하자, 나라를 잃은 植民地의 亡國奴가 되니 痛哭의 땅에 뜻
을 잃어버린 民族이 현실을 도피하여 방랑객이 되거나 유랑민이 되
어서 국내외를 떠도는 비참하고 황량한 시대에 方山先生은 天運의
興亡盛衰와 人道의 進退存亡의 진리를 밝혀 道德은 不滅하고, 正義
는 必勝하니 忍痛含怨하여 臥薪嘗膽, 捲土重來의 희망을 가지라고
力說하면서 스스로 더욱 힘써 衣冠을 整齊하고 讀書를 그치지 아니
하였으니 이것은 나라가 비록 망하고 삶이 아무리 고달파도 선비는
결코 인생을 포기하거나 타락하고 방탕해서는 안 되는 선비의 시대
적 사명이다.

5. 山林學者兩班의 隱遁生活

學者가 危難에 대처하는 길은 첫째 분연히 궐기하여 惡勢力을 討
伐하거나 둘째 스스로 自決하여 깨끗한 志操를 지키거나 셋째 外國
으로 亡命하든가 또는 山林에 숨어 後日을 도모하는 세 가지가 있을
뿐이다.

方山先生은 나라가 망하고 민족이 노예로 전락한 참담한 시기에 산
골짜기에 숨어 후일을 도모하는 길을 선택하였으니 庚戌의 國變에

門弟子에게 일러 말하기를 "含怨忍痛 迫不得已의 여덟 글자는 尤翁이 寒水齋先生에게 傳授한 내용이다. 오늘의 일은 萬古에 없는 것인즉 어찌 더 말하겠는가? 이 여덟 글자를 우리들은 간직하여 잃어버리지 말아야 한다"(語類)고 훈계하였다.

복수의 원한을 품고 비통한 현실을 인내하면서 절박한 현실을 산속에 숨어 살며 이겨내라는 尤庵 宋時烈先生의 당부는 우리나라가 丙子胡亂에 南漢山城에서 下山하여 淸나라에 抗服했던 恥辱을 씻기 위하여 반드시 北伐해서 복수하고 淸나라를 멸한 다음 明나라를 다시 세우려는 雪恥復讐 滅淸復明의 春秋精神에서 나온 것이다.

이러한 春秋精神에서 우리나라에는 山林學者兩班이라는 거대한 抗淸의 저항세력이 형성되었는데 山林이란 淸나라에 從屬한 추악한 政府에 벼슬을 아니하고 초야에 은둔하였다는 뜻이고, 學者란 栗谷先生이 엮은 『擊蒙要訣』의 가르침에 따라서 聖人이 되기로 뜻을 세우고, 낡은 습관을 고치며, 몸가짐을 단정히 하여, 五書와 五經을 정밀하게 읽고, 어버이를 섬기고, 어버이가 돌아가심에 喪服을 입고 3년동안 居喪하며, 또 조상의 祭祀를 지내고, 집안을 화목하게 경영하며, 손님을 따뜻하게 대접하고, 지역주민의 현실 문제를 해결하는 데 적극 동참하여 사회의 모범인이 되는 지식인이라는 뜻이다.

그리고 兩班은 文武官僚를 지칭하는 東班·西班이 아니라 우리나라에서 새로 생긴 용어로 '있는 힘을 다하여 임금과 어버이를 부지런히 섬기고, 마음을 다하여 충성과 효도를 절박하게 소망한다(竭力勤事君親曰兩이요 盡心切志忠孝曰班이라)'는 뜻이니 여기에서의 君은 北伐論을 주도했던 孝宗大王을 지칭하고 여기에서의 忠은 淸나라에 從屬한 정부의 임금에게 충성하는 것이 아니고 장차 독립할 정부의 임금에게 충성하려는 것이니 곧 抗淸自主自立意志의 표출인 것이다.

이와 같은 山林學者兩班의 고상한 志操와 원대한 포부와 성실한 자세는 淸나라에 從屬한 政府에서 계속 벼슬하는 士大夫보다도 서민대중으로부터 더욱 많은 존경과 흠모를 받았을 뿐만 아니라 민족의 양심세력으로 추앙받았기 때문에 단지 '山林'이나 '學者'나 '兩班'이라는 두 글자만으로도 높은 인격을 대변하는 풍속을 이루어 마침내 동방예의의 나라를 건설하는 대업을 이루었던 것이다.

方山先生은 宋子의 抗淸思想을 抗日精神으로 전환하여 山林學者兩班의 전통을 계속 지켰던 것이다. 그러나 더욱 어려운 여건이 되었으니 淸나라에 종속한 시대는 그래도 國家는 유지하면서 정부만 종속하는 半獨立國의 상태이므로 벼슬만 하지 않으면 숨을 땅이나 있었지만 日本의 植民地로 전락한 시대에는 국가가 멸망하여 總督府治下에 놓인 상태이므로 비록 벼슬을 하지 않더라도 이미 亡國의 땅에 숨을 곳이란 전혀 없었던 난감한 처지에 봉착하여 마침내 살아 있는 것을 고민하는 데 이르렀던 것이다.

6. 靈魂의 光彩

方山 李邦憲先生의 文集 16권은 日帝强占期의 암흑시대에 山林學者兩班을 자처하는 民族學者가 스스로 苦節을 지키면서 질곡 속에 신음하는 동포에게 호소하는 전형적인 靈魂의 소리이다.

이 책을 통하여 우리는 식민지시대의 진정한 민족의 양심을 확인할 수 있고, 우리민족의 자주정신과 인내력, 그리고 반발력과 지구력을 확인할 수 있으며, 또한 극한상황에서도 활기를 잃지 않고, 독창적인 別世界를 창조하여 一線의 陽脈을 홀로 지키는 투철한 역사정신과 도덕사상을 확인할 수 있다.

먼저 나라를 잃은 亡國民族이 바르게 사는 길은 靈魂으로만 살 수밖에 없는 현실을 方山先生은 다음과 같이 토로하였다.

"夷狄禽獸들이 날뛰는 오늘날 세계 요악스러운 기운이 침노하여 얼마나 많은 사나이를 땅속에 묻었나"(效康節首尾吟詩)

"시대가 어지러운 우리나라
장차 우리들 사업도 함께 못하리
봄여름의 詩와 글 俗士와 멀리하고
전원의 비와 이슬 하느님께 맡겨야지
때로 다시 문을 나서면 세상 답답하니
누구와 능히 칼을 논해 마음 통하리오
천리를 빼앗아간 저 원수 놈들
노려보는 가운데 늙어가도다."(自李安峽家轉到孟戚家滯雨留宿詩)

"근심 질병 초상이 움직이려면 문득 얽매어 산 것도 아니요, 죽은 것도 아니니 이것이 어떤 사람인지요,"(與金福漢書 1907년)

"어지러운 세상을 만나서 아직 살았으니
이제는 나무로 집을 삼는 신세가 되었도다
다시 갈 곳도 없으므로 마루 위에나 누워야지
시대가 움막이나 통나무집에서 살 때가 아닌가
義理로는 나무껍질을 먹고 개천물을 마시는 것이 옳도다"
(栗里精舍上樑文)

"나의 모양새는 매우 괴로워서 옛날에 사랑했던 사람들도 말

을 하려고 아니합니다. 다만 가슴속에 뭉쳐진 한이 남아 돌아다
니면서 가끔 활화산처럼 폭발하면 슬픈 노래를 부르며 통곡을
하여도 진정시킬 길이 없나이다."(與閔南珪泰瑢書)

"오늘날 세상은 禽獸가 橫行하여 人類가 장차 멸절하려고 하
니 우리들 몸뚱이도 개굴창에 쓰러질 날이 바야흐로 눈앞에 있
나이다."(題兪鎭敏落齒說)

다음은 깨끗한 영혼으로 사는 지혜를 方山先生은 다음과 같이 설
파하였다.

"오늘을 살아가는 지혜는 저자에서 살펴보지 않으리까? 팔을
걷어붙이고 시끄럽게 두런거리는 것보다는 몸을 숨기고 검소하
게 사는 것만 하리요!
깔닥깔닥하면서 수레바퀴가 지나간 자리에 있는 붕어가 매우
가련하지만 절인 생선가게에 오래 앉아 그 냄새를 느끼지 못한
것도 매우 두려운 것입니다"(答金東黎鍾休書)

"湖海에 숨어 사는 것 달게 여길지니 서울을 북쪽으로 바라본
들 무슨 그리움이 있으랴"(靈寺修禊共上蓮花峯詩)

"정원에 꽃 언덕에 버드나무 맑은 날씨 알리거늘
홀로 앉아 그윽이 생각도 깨끗해라.
처마 짧으니 푸른 산빛이 삿자리로 들어오고
경계 깊으니 꾀꼬리가 잡서를 읽도다.
가난해서 술이 없지만 오히려 벗을 기다리고
늙은이 밭이랑 보니 아직 못 갈았네

홀연히 보니 마당에 새가 소리개에게 쫓겨 오니
몸을 날려 철갑옷을 입고 정벌할거나."(獨坐卽事詩)

"그대를 보내는 무한한 생각
저녁경치에 배나 마음 아파라
눈물을 흘림은 참으로 아녀자요
정분을 잊으면 어찌 벗이라 하리
강물과 나무가 아련한 곳과
바위 구름이 쓸쓸한 옆의
두 곳에서 그 몸을 보존하자고
보내며 일러 주노라"(送西亭)

"눈앞에 빚쟁이를 피하는 높은 누대 있고
빌린 쌀 갚을 게 없으니 계약서만 고치도다
무너진 집은 다만 눈과 함께 누웠거니
산속에 그 누가 밥을 가지고 오리요
벼슬 않고 배우기만 하니 부질없이 늙었고
빈손으로 살 길 찾으니 이미 자본 떨어졌네
동쪽 움집에서 죽는 게 나의 분수이거니
친척과 붕우들이여 하는 수 없이 울어나 보세"(大雪盈尺寒
風撼屋擁衾狾臥沈吟口拈詩)

　　끝으로 方山先生이 방황하는 청소년들에게 독서를 통하여 깨끗한
靈魂의 불을 밝혀 희망의 새 시대를 개척하는 용기를 가지도록 달래
면서 비바람이 아무리 처량해도 닭이 우는 새벽은 온다고 역설하였다.

　　"君子의 학문은 한 몸으로 하늘땅에 참여하여 三才가 되나니

그러므로 세태의 변화와 吾道의 厄運이 무한한 橫逆을 만났지만 그러나 실로 나의 몸이 이름을 이루는 기회가 되어 天命을 나로부터 세우는 것이다.

孔子가 말하기를 '죽음으로 착한 도덕을 지키라'로 하였고, 또 말하기를 '죽음에 이르러도 변하지 않으니 강하도다 씩씩함이여!'라고 하였다"(贈閔泰瑢金寬濟二君序)

"땅강아지의 눈썹 사이 萬國의 근심
한잔 술 오히려 그대와 함께 나누도다
세상 사람들 이익에 끌리거니
江南의 歌曲이 좋은 풍류로세
마음을 전함에 오직 千江의 달이 있고
道를 지킴에 마땅히 百尺의 누대 있네
우리에게 주어진 필생의 사업
책 속에 곧게 서서 머리 돌리지 마소"(和諸生韻)

"오늘날도 또한 마땅히 聖人의 옷을 입고, 聖人의 道를 행하여 죽을 때까지 변하지 않는 것이 옳다."(語類)

"독서는 衣冠을 바로하고, 瞻示를 존엄이 하여 용모를 갖추고 威儀를 두어 책상을 가지런히 하고 책을 펼쳐서 무릎을 꿇고 소리 내어 읽되 성현을 마주 대하듯이 하여야 되는 것이다.

기울거나 의지하지 말고 태만한 기분이 없도록 하며, 거칠고 난잡하고 경솔함이 없게 하며, 흐릿함이 없게 하며, 방종함이 없게 하여 外物에 뜻을 빼앗기지 말고 나의 몸을 법도 속에 두어서 조금도 放失함이 없어야만 이 마음이 비로소 오로지 한결같아 독서에 진도가 있는 것이다.

이것이 모두 옛사람이 이른바 敬이니 항상 惺惺하는 방법이다. 여기에서 힘을 얻으면 천하의 크고 작은 일을 분별하기가 어렵지 아니한 것이니 바야흐로 글을 읽은 학자라고 말할 수 있을 것이다."(示諸生)

비록 나라가 망하고 인민이 망국노가 되어서 이 세상에 어디에도 의지할 데가 전혀 없는 구차한 역경에서도 끝까지 은인자중하면서 머지않아 양기(陽道)가 음도(陰道)를 꺾고, 정의가 불의를 반드시 이겨서 천하가 깨끗하고 밝은 날이 와서 나라가 광복하고 민족이 해방할 것임을 믿어 의심치 않으면서 추호도 좌절하지 않는 강건한 정신과 씩씩한 기상은 우리나라의 유구한 민족정기의 표상이라고 할 것인즉 바야흐로 이 책을 읽지 않고는 학자의 인내력을 논할 수 없으리라.

〈中〉

‖ 방산선생문집 제9권 ‖
/ 53 /

서(書)
- 53-

‖ 방산선생문집 제10권 ‖
/ 107 /

서(書)
- 107 -

‖ 방산선생문집 제11권 ‖
/ 151 /

서(書)

잡저(雜著) · 잡지(雜誌)
- 187-

‖ 방산선생문집　제13권 ‖
/ 267 /

잡저(雜著)
- 267-

‖ 방산선생문집 제14권 ‖
/ 318 /

잡저(雜著)
- 318-

‖ 방산선생문집 제15권 ‖
/ 364 /

잡저(雜著)
- 364-

‖ 방산선생문집 제16권 ‖
/ 429 /

부록(附錄)
- 429-

〈上〉

‖ 방산 선생 문집 제1권 ‖
/ 45 /

시(詩)
- 45-

‖ 방산선생문집 제2권 ‖
/ 115 /

시(詩)
- 115-

서(序)
- 165-

‖ 방산선생문집 제4권 ‖
/ 232 /

기(記)
- 232-

‖ 방산선생문집 제5권 ‖
/ 280 /

논(論)·문(文)·잠(箴)·명(銘)·표(表)·찬(贊)·책(策)
- 280-

소(疏)·의(議)·발(跋)·변(辯)·묘지(墓誌)

- 330-

행장(行狀) · 제문(祭文)
- 344-

‖ 방산선생문집 제8권 ‖
/396/

설(說)
-396-

일러두기

1. 필서한 원본의 종이는 매우 조잡한 옥수수대로 만든 모조지였
   다. 이에 세월의 연륜을 이기지 못하고 부식되어 1권의 앞은
   이미 탈락이 있어 채우지 못하고 빈칸으로 두었다.

2. 1권과 2권은 시인데 5언절구와 5언율시, 그리고 7언절구가 흩
   어져 산재하였기에 금번에 편차를 바로잡아 5절(五絶), 5율(五
   律), 7절(七絶), 7율(七律)의 순으로 정리하여 편집하였다.

3. 5권의 율리정사상량문은 문자의 의미가 중요하므로 문장의 끝
   에 놓인 것을 자경문 다음으로 옮겼다.

4. 국역함에 있어서 제목을 현대말로 바꾸지 않은 것은 원문본의
   제목과 같게 하여 찾아보기 쉽게 함이다.

5. 국역함에 있어서 고유명사와 철학적 용어는 한자로 써서 개념
   파악을 쉽게 하였으며 또한 유학연구의 중요한 과제에 대한 식
   견을 넓히고자 하였다.

6. 영탑강의(靈塔講義)는 옛날의 강회(講會)의 진면목을 엿볼 수
   있는 귀중한 내용이므로 국역본에서는 칸을 띄워서 편집하여
   읽기 쉽게 하였다.

7. 방산 선생의 행장(行狀)은 16권 부록에 있으니 차봉대가 엮은 내용이 대단히 자상하므로 먼저 읽어서 방산 선생이 간직한 풍채와 지조를 추상하기 바란다.

8. 번역문을 원문의 사이사이에 넣을까 생각하였으나 번잡함을 피하여 따로 엮었으며 원문본과 번역문의 편집순은 응당 원문본을 앞으로 하고 번역문을 뒤에 놓아야 하지만 현재 우리나라 독서 경향을 살필 때에 부득이 국역본을 앞에 놓아 上과 中으로 하고 원문본을 뒤에 놓아 下로 편집하였으니 독자의 편의를 위한 것이다.

9. 같은 제목으로 여러 편이 이어 있는 글은 학자들의 인용에 편의를 주기 위하여 제목에 번호를 넣어 구별토록 하였다.

서(書)

답김장설제(答金丈說濟) (庚辰六月)

찾아가 뵌 지가 이미 여러 해 되었나이다. 後生이 배우고 본받아야 할 처지에서 예절과 의리를 모두 저버렸나이다. 스스로 허물을 돌아보니, 감히 용서받지 못할 일입니다.

이러한 때에 갑자기 下問을 주시니, 지극히 놀라와 손을 씻고 읽었나이다.

다시 생각하옵건대 榴夏에 靜養하신 體候가 順調롭게 萬安하시다고 하오니, 저도 形神이 모두 기쁘기 그지없나이다.

侍生은 산속에 엎드려 있으므로 다행히 별일은 없사오나, 게으른 버릇이 생겨 하는 일이 거칠고, 옛날에 뜻했던 말과 생각이 이미 타락하였나이다.

오직 先生과 長者들의 깊은 걱정거리가 되었을 따름이오니, 밤중에 생각해 보면 두렵고 무서워서 뉘우치고 한탄만 하나이다.

편지를 내리셔서 권장하신 뜨거운 사랑은 不肖者가 감당하지 못함이 있사와 저도 모르는 사이에 부끄러워서 땀이 옷을 적시나이다.

그윽이 엎드려 생각하건대 耆年宿德은 한 고을을 모범으로 이끄

시니, 侍生과 같은 어리석은 사람도 後學이 함께 모여 發揮한 功을 받았나이다.

다행히 한 마디의 가르침을 꼭 내려주셔서 하여금 당세의 군자로부터 버림을 당하지 않게 하여 左右의 執事에게 희망이 없게 하지 마십시오.

相揖禮笏記는 엄숙히 이에 엎드려 올리오니, 下鑑하옵시고, 諸生의 儀式을 雍容閒暇하게 익히시어 伽倻洞府가 좀 쓸쓸하지 않게 하십시오.

下執事의 禮法을 좋아하는 성대한 마음씨를 여기에서 그 一端을 볼 수 있사와 欽仰懸慕하여마지 아니하나이다.

令從姪의 成均館 入學을 의당 즉일로 올라가서 치하하며 함께 노래를 하여야 될 터인데, 편지 한 통으로 대신하고 보니, 또한 섭섭한바, 참으로 서로 사랑하는 도리를 못하였습니다. 이만 줄이오니, 어질게 헤아려 주시기 바랍니다.

상김집의병창(上金執義炳昌) (庚寅七月)

이제 이른 봄입니다. 그동안 가는 사람을 찾아서 한번 上書하려고 하였으나 실천하지 못하고, 세월만 흘러서 오래되었나이다. 그러나 사모하는 마음이야 어찌 끝이 있겠나이까?

봄이 온 뒤로 늘 찾아가 뵈려고 하였사온바, 사고가 생겨 근심 걱정으로 틈이 없어서, 아직까지 뜻을 이루지 못하였나이다.

이에 後學이 長者를 尊敬하는 禮와 丈席에게 가르침을 청하는 道를 알면서도 모두 게을리 하였으니, 左右의 執事들에게 감히 용서를 바라지 못하겠나이다.

생각하옵건대, 더위가 자못 심한 때에 道體候神相이 萬安하옵고, 覃節이 增旺하시다고 하오니 기쁘기 그지없나이다.

侍生을 慈愛롭게 보살핌이 항상 많았사온데, 사사로이 다른 일에 매달려서 세월만 흘러갔나이다.

晦翁이 가르친바 "세상과 더불어 간섭함이 없어 마침내 몇 권의 옛날 책도 물리쳤다."는 것이 혹시나 가슴속에 간직하여 아침저녁으로 전전긍긍하지 못할까 두렵나이다.

지난번에 기록하여 알려주신 두세 가지 조목은 감히 알지 못하온데, 尊意는 어떻게 생각하신지요? 가르쳐 주시지 않으니, 도리어 더욱 답답만 하나이다.

또한 그 가운데 몇 줄은 감히 門下의 論理에 대하여 의심이 생기고 보니, 당돌함이 지극하나이다. 혹 죄를 지음에 이르지 않을는지요?

이미 지나간 일로 문득 너무 지나친 말을 하였사오니, 부질없는 이야기는 줄이고 이만 쓰나이다. 결례를 용서하십시오.

상김집의(上金執義) (癸巳)

邦憲은 稽顙再秤하옵고 말하옵건대, 곧 貴·이웃 사람을 만나서 갑자기 德門의 不幸한 소식을 들었습니다.

그간에 令孫의 慘慽을 당하여 이미 葬禮를 마쳤다고 하니 이게 무슨 소식입니까?

생각하건대 積善屢仁하신 집안에 이러한 일이 있음은 이치에 마땅치 아니하나이다. 하물며 棺을 떠나보내고 돌아온 情境의 慘酷함이 어떠하리오! 너무나 不仁하나이다.

생각하건대 慈愛가 隆深함을 어찌 감당하여 이기리까? 바라옵나니, 仲冬에 服體에 損節하는 일이 없이 하시옵고, 令允執事께서 위를 慰安시키고 아래를 염려하여 保重하소서!

孤哀子는 어리석고 게을러 情理에 의당 기어가서 吊慰하여야 함에도 홀로 人事를 다하지 못하고, 다만 애타게 한숨만 쉬나이다. 荒

迷하여 다 쓰지 못하나이다.

상김집의 1(上金執義 一)

지난 가을에 욕되게도 窮山樵牧하는 집에 오셔서 밤늦도록 가르쳐 주시니 가난한 사람의 집이 한층 빛났습니다.

스스로 돌아보건대 陋醜한 사람이 어찌 이와 같은 盛德君子의 은덕을 입으리오? 간절하게 景仰하던 터에 아울러 이렇게 무한한 은총을 입었으니, 참으로 즉시 달려가서, 門下에 灑掃의 禮를 올리고, 엎드려 慕用의 微忱을 펴서, 우러러 더럽게 여기지 아니하신 盛意에 부응하였어야 되었나이다.

그러나 그때에 제가 질병이 있어서 해가 바뀌도록 일어나지 못하고 病床에 있었던 까닭에 생각만 간절할 뿐 이루지 못하였나이다.

봄여름 이래로 병은 나았지만 밀린 일이 몸을 묶어, 바쁜 가운데 因循轉輾하다가 오늘에 이르렀사오니, 일상적인 問候편지까지 올리지 못하였습니다.

그 不敏無狀한 죄를 어찌 감히 좌우에 용서받기 바라며 아침저녁으로 생각하는 마음을 어찌 일찍이 조금이라도 풀리오?

바야흐로 초순경에 찾아가 뵙고 가르침을 청하고자 준비하고 있습니다. 그러나 執事者들이 깨끗하게 여기지 아니할까 두렵습니다.

알지 못하겠습니다마는 仲秋에 氣體履道가 萬安하시며, 覃度가 均禧하십니까? 저는 하는 일도 없이 바쁘기만 합니다.

衛武蘧瑗이 實踐의 功을 靜養하는 가운데 말없이 징험하여 보면 스스로 남이 알지 못하는 妙味가 있다고 하였으니 欽仰景歎함을 더욱 이길 수 없나이다.

侍生은 그윽이 陋巷에 엎드려 어버이를 받들고 살면서, 하여금 讀書 한 가지 일만은 감히 문득 잊지는 못합니다만, 그러나 게으른 버릇이 생겨서 유유히 세월만 보내므로 반쯤 올라갔다가는 떨어지고, 알 것도 같고 모르는 것 같기도 하여 몸과 마음을 點檢하여 보니 볼 만한 것이 全혀 없나이다.

항상 人慾 속에 골몰하여 단지 농사가 잘되지 못하는 것을 걱정하는 사람이 되었나이다.

이와 같이 하고서도 進步하기를 바라는 것은 妄想일 뿐이오니 어찌하오리까? 엎드려 바라옵건대 下執事로 하여금 다행히 한마디 경계의 말씀을 내리셔서, 이 晩學의 後進에게 머리를 돌릴 곳이 있게 하신다면, 이에 仁人이 成物하는 功이라고 말할 것입니다. 우리가 간절히 바랍니다.

저는 어떻게 하여야 될지를 알지 못하오나 그윽이 엎드려 듣건대, 程子가 말하기를 "입이 있으면 자연히 먹는다."(有口自然得喫) 朱子가 말하기를 "옷과 음식은 지극히 미미한 말단의 일이니, 비록 얻지 못하여도 금방 죽지는 아니한다."(衣食是微末事 雖未得未便死)라고 하였습니다.

侍生은 두 선생의 말씀을 비록 감히 尊信腹膺하지 않음은 아니나, 항상 살림살이가 군색한 때를 당하면 경영했던 마음이 무너지고, 어쩔 줄을 몰라 하며, 끝내는 '利'의 한 글자에 생각이 빙빙 돌게 되나니, 여기에 이르러 자못 두려워하여서 바야흐로 西銘의 玉처럼 이룬다는 가르침으로 스스로 勉勵하고, 조심하여 행동을 절제하여, 혹시라도 放過함이 없도록 하나이다.

돌아보건대 저는 가난 중에도 부모를 잘 섬겨서 그 효도를 다하는 즐거움을 얻지 못하와, 이에 깊이 걱정하고 길이 탄식하여 혼자 고민하면서 밤새도록 잠을 자지 못할 때가 있으니, 이렇게 되면 涵養工夫에 해로울 뿐만 아니라, 먼젓번에 이른바 스스로 勉勵하였던 것이 마침내 허무하게 되어버립니다.

이러니 어찌하오리까? 그 속에 반드시 좋은 道理가 있어 먹고사는 길을 추구하여도 과연 義理에 해롭지 않은 일이 있는지요? 혹시 있는데도 행할 수 없는지요? 말을 구함이 여기에 이르니, 송구하고 송구하나이다.

대저 학문을 하는 길이 主敬과 致知의 두 가지 방법에 지나지 아니하나니, 程朱 이하 諸老先生에 이르기까지 일찍이 누누이 말하지 아니함이 없었나이다.

그러므로 학자가 힘쓰는 방법을 거의 알고 있는데 저도 평일에 몸소 경험한 것을 우러러 말씀드립니다.

持敬은 매우 어려우니, 拘束하면 急迫에 이르고, 寬舒하면 悠緩하게 되어 虛明한 氣像을 얻지 못합니다. 어떻게 두 가지 사이에서 涵泳하여 萬理를 모두 확립하는 主體를 만들 수 있을까요?

致知는 더욱 어려워서 寬着하면 泛濫에 빠지고, 精察하면 苦澁하게 되어 마침내 灑落意思를 보지 못하니 어떻게 하면 두 가지 가운데서 힘을 얻어 萬物이 모두 갖추어진 理를 看破할 수 있을까요?

이것이 바로 後學이 夢覺關을 처음 들어가는 길이오니, 生과 같은 下愚者는 아직 下手處를 알지 못하여 쓸쓸히 홀로 서서 방황하온즉 先覺者가 앞길을 지도하여 주시지 아니하면 어찌 불쌍하지 않으리오! 下敎하여 주십시오.

소견이 엉성하고 대부분 이치에 어긋나는지라 부끄러워 땀이 옷을 적시나이다. 엎드려 바라옵건대 그 어리석음을 용서하시고 굽어 살피소서!

잠깐 듣건대 요즈음 海美땅에 仁里를 골랐다고 하온데 사실인지요?

길이 조금 가까워진다면 족히 위안이 되겠나이다. 天氣가 점점 서늘하여 가니, 오직 엎드려 축원하옵건대 보살펴서 옥체를 보중하소서!

상김집의 2(上金執義 二)

지난해 12월 令允 下執事가 지나는 길에 阿睹의 患候로 건강을 잃었다고 엎드려 들었나이다. 그러나 우러러 걱정만 하면서 어언간에 세월만 흘렀습니다.

이제 바야흐로 새해가 돌아오니, 德義를 景慕하는 마음 더욱 간절하온데, 아침저녁으로 几席 사이에서 조용히 春風에 薰陶함을 얻지 못하는 것이 한입니다.

바라옵건대 元正의 氣候가 萬旺하시어 合度增泰하시옵소서. 侍生은 덕분에 건강하옵고, 집안도 무사하오니, 다행입니다만 스스로 돌아보건대, 해가 갈수록 하는 일이 더욱 성글어 지난날과 비교하여 하나도 발전한 것이 없나이다.

가장 심한 것은 胸中에 있는 冰炭을 제거할 만한 藥이 없으니, 迂疎하기 짝이 없나이다. 어떻게 하면 조금이라도 엿볼 수 있을까요? 오직 스스로 두려울 뿐입니다.

지난번에 下敎하여 주신 몇 가지는 돌아와서 연구하여 보았사오나, 마침내 풀지 못하였나이다. 그래서 다시 仰質하오니, 바라옵건대 상세히 敎示하여 이 어리석음을 깨우쳐 주소서!

대저 어른의 論理를 감히 그렇지 않다고 하는 것이 아니라, 疑心이 있으면 물어보라는 古訓이 있는 까닭입니다. 아울러 근일에 사색하다가 이해하지 못한 몇 구절을 아래 別幅에 기록하였습니다.

이제 새해를 맞이하여 安康하소서, 이만 줄이고 上狀 하오니 높이 보살펴 주십시오.

지난번 찾아가 뵐 때 下敎하시기를 天命之謂性에서 天字는 오로지 理로만 말할 수 없다, 만약 오로지 理로만 말하면 理는 理를 命할 수 없거늘 어떻게 性을 命할 것이냐? 天은 主宰로서 말한 것이니, 마치 惟皇上帝降衷于下民이라고 하는 것과 같다고 말씀하셨습니다.

깊은 造詣와 높은 見解로 보신 바가 微妙한 境界에 이르렀음을 欽仰하여마지 아니하와, 감히 다시 의논하지 못함이 있나이다.

그러나 愚意에 간혹 의심이 없지 못 하오니, 대저 天은 오직 理일 뿐입니다. 天命이 流行하여 人物의 形氣 속에 떨어져 있어 性이 되었습니다.(卽所謂氣以成形 理亦賦焉者也) 그러니 性은 단지 天理입니다. 그 流行하여 形氣를 받은 것은 곧 氣입니다.

그러니 어찌 以理命理의 혐의가 생기겠습니까? 그러므로 비록 이르기를 "理命之謂性"이라고 하여도 옳지 아니함이 없나니, 理를 버리면 氣가 되어, 만약 "氣命之謂性"이라고 하면 옳겠습니까?

朱子가 말하기를 "天命之謂性은 오로지 理로서 하는 말이니, 氣가 또한 그 가운데 포함되어 있다."라고 하였습니다.

이른바 性이라는 것도 비록 오로지 理로만 말한다고 하여도, 形氣를 떠날 수 없는 것인즉 더욱 以理命理의 혐의가 없으며, 命을 流行으로 말한다면 氣도 또한 그 가운데 있는 것입니다. 그러나 감히 性이 氣質에 혼잡하고, 命이 오로지 氣라고 말하지는 아니합니다.

朱先生이 또 말하기를 "帝는 理를 爲主로 한다."라고 하였으니, 대저 降衷한다는 上帝도 또한 단지 理인 것이요, 반드시 主宰者가 되는 근거에 있어서인즉 이러한 경지는 言語로 미칠 바가 아닌 것 같습니다.

알지 못하겠습니다마는 저의 의심이 이와 같은지라 이에 감히 仰質하나이다.

朱子가 林擇에게 答하는 편지에서 말하기를 가슴속에 사랑이 가득하다(滿腔子是惻隱之心)고 하니, 腔子의 밖은 무엇인가요? 하면서

諸公에게 下語를 청한대, 각각 이야기하는지라, 다시 擇之에게 청하니, 또한 한마디 말을 하였습니다.

이제 諸公과 擇之가 말한 바는 모두 보이지 않고, 先生이 평한 可否의 말씀도 또한 상고할 수 없으니, 매우 한탄스럽나이다.

지난번 찾아가 뵐 때 이것을 받들어 청하면서 망령되게 腔子의 밖에도 또한 惻隱之心이라고 말하였으나, 盛敎는 腔子의 밖은 惻隱之心이라고 말할 수 없고, 다만 天地 사이에 충만한 理氣뿐이라고 하셨습니다.

愚는 여기에서 또한 의심이 없을 수 없사오니, 대저 하늘땅 사이에 充滿한 것으로 말하면 가슴속에도 또한 天地의 理氣인즉 처음부터 어찌 일찍이 天人을 나누어서 腔子의 內外를 나누리까?

비유하면 물속에 있는 고기는 外面의 물이 바로 배 속의 물인 것과 같은 것입니다. 분명히 사람의 腔子內外로 말한다면 腔子裡面에 惻隱之心이 있는 까닭으로 發하여 作用하는 것도 모두 惻隱之心인 것입니다.

孟子가 이른바 어버이를 친하여 백성을 사랑하고, 백성을 사랑하여 만물을 아끼나니, 이 마음을 확충하면 四海를 족히 보존한다고 하는 것이 모두 마음입니다.

대개 腔子裡是惻隱之心이라는 것은 仁의 全體이니, 이미 이 體가 속에서 充滿하여 부족함이 없다면 반드시 그 作用이 밖으로 流行하여 溥遍할 것입니다. 어찌 일찍이 안팎의 사이가 있으리까?

그러나 한번 私意로 막힌 바 되면 腔子의 속에 있는 이 마음이 이미 없어진즉 腔子의 밖을 어찌 말하리까?

愚見은 이와 같사오나 또한 감히 스스로 옳다고 생각하지는 아니하오니, 어떤지 下敎하여 주소서!

國恤 中에는 私家의 禫祭를 거행치 않음은 대개 禫祭가 곧 孝子의 吉服祭인 까닭에 온 나라가 흰 衣冠을 할 때에 私禫으로 吉함을 나타낼 수 없으므로 진정 禫祭를 받들 수 없습니다.

아울러 喪이 있으면 後 喪中에는 前 喪의 禫祭를 거행하지 않는 뜻을 참고할 수 있나이다.

또한 이미 服이 없는 禫祭에 대한 논의는 반드시 禫祭만 홀로 행하는 이치가 없을 듯하나이다. 遂翁이 말하기를 "禫은 吉祭다, 차마 凶時에 吉祭를 행하지 못한다고 禮文에 실려 있다."라고 하였습니다.

이제 斬衰之服으로 禫祭를 거행하지 못함은 先師의 가르침인바, 國恤이 卒哭한 다음에는 臣民에게 大小凡祀의 거행을 허락한다고 말하는 것은 大小祥, 忌祭 등을 지적하는 것이지 禫을 말함이 아닙니다.

지난번에 盛敎를 듣자오니, 禫服을 입지 아니하고도 禫祭를 곧 행할 수 있다는 말씀은 다른 근거가 있는지요? 무엇인지 下示하여 주십시오.

中庸에서 이른바 費隱은 모두 形而上의 道이므로 二物로 나눔은 옳지 못합니다. 그 작용이 넓어서 있지 아니한 곳이 없음을 費라고 말하고, 그 本體가 微妙하여 보고 들을 수 없는 것을 隱이라고 합니다.

그러므로 보고 들을 수 없는 것이 곧 있지 아니한 곳이 없는 것입니다. 저의 견해가 과연 논리에 어긋나지 아니하였는지요? 간혹 隱을 道라 하고, 費를 器라고 하여 形而上下로 나누는데 이것은 어떤지요?

斬衰에 直領을 어떤 사람은 가장자리를 꿰맨다고 하는데, 禮文에는 다만 말하기를 斬衰에는 衰斬하는 이외에 꿰매지 아니하는 뜻이 없나니, 中衣도 衰服이지만 또한 가장자리를 꿰맨다고 하였습니다.

옛날에는 深夜로 衰服을 함에 이에 곧 가장자리를 꿰맨 증명이 있나이다. 하물며 直領은 이에 出入하는 옷이니, 어찌 가장자리를 꿰매지 아니하는 이치가 있으리까?

어떤 이가 말하기를 이미 斬衰이면 비록 直領이라도 또한 마땅히 자르기만 하여야 된다고 하니 어느 쪽을 따라야 될지 알지 못하여 두렵습니다.

대저 가장자리를 꿰매는 제도는 오늘날처럼 衣服의 하변을 재봉하는 것입니까? 다만 線만을 재봉하는 것입니까?

禮에 말하기를 "妾母는 世를 이어 제사하지 아니한다."라고 하였는데, 또 말하기를 "妾祖姑에게 祔한다."라고 하였으니, 이미 世祭를 아니하면 祖姑가 없는 것이요, 妾祖姑가 있으면 이것은 世祭입니다.

두 가지 학설이 모순되어 의심스러운데 이른바 世祭하지 아니한다는 것은 妾母가 아들이 없이 죽어서 嫡子가 제사하는 경우에 嫡子의 몸에서 그치는 것을 지적하는 것입니까? 매우 의심스럽습니다.

中庸의 素其位章은 곧 修身이요, 行遠自邇, 登高自卑章은 齊家요, 舜大孝章은 治國인데, 鬼神章은 齊家와 治國의 사이에다 엮은 것은 무슨 뜻입니까?

대개 몸이 이미 닦여지고, 집안이 이미 가지런하여 大德을 이룩하면, 반드시 그로 하여금 벼슬자리를 얻게 하는 것이니, 이것은 또한 鬼神이 萬物을 主體하여 남김이 없는 징험입니다.

鬼神은 天命의 流行이요, 誠이 發現하는 바의 것이므로, 誠을 一篇의 樞紐로 삼아, 費隱을 겸하여 앞말을 이어서 뒤에 문장을 일으

킨 것입니까?

舜이 天下를 다스림에 그 道가 매우 넓은데도 이 章은 孝의 한글
자로 시작된 것은 무슨 뜻입니까? 혹시 이 孝字는 上章의 父母는
其順矣乎인저의 뜻을 이어서 大德의 사업은 모두 孝를 추진하는 까
닭입니까?

朱子全書에 어떤 이가 묻기를 "善惡이 모두 天理이니, 楊朱의 사
상도 다만 過不及이 있을 뿐이지, 모두 仁義에서 나왔다고 한즉 세
상의 大惡을 天理라고 말하여도 옳겠습니까?"라고 하니, 朱子가 말
하기를 "본래 天理였지만 단지 뒤바뀌면 문득 이와 같이 되는 것이
요, 사람의 殘忍함도 문득 惻隱과 바뀌는 것이다."라고 하였습니다.

대저 殘忍은 본래 羞惡로부터 나오는 것인즉 또한 天理라고 말하
는 것은 옳겠지만, 惻隱과 바뀐다고 하면 天理와 더불어 서로 반대
됩니다. 天理라고 말하여도 옳습니까?

羞惡가 어그러졌다고 말하지 아니하고, 惻隱과 바뀐다고 함은
무슨 뜻입니까? 본래 모두 天理의 뜻임을 어떻게 看破할 수 있습
니까?

상김집의 3(上金執義 三)

세월은 벌써 흘러 가을바람이 또다시 불어옵니다. 德義를 사모하
는 마음 이때에 더욱 간절하온데, 仲秋天氣에 氣體 자유로이 萬旺
하십니까?

侍生은 요즈음 게을러져서 백 가지에 頭緖가 없이 다만 혼자서
탄식만 하나이다. 대개 타고난 기질이 매우 濁駁하여 進步가 없으니
스스로 포기하여 중지할까 두렵습니다.

今年의 농사는 예전에 없는 凶年입니다. 億萬의 生靈을 그 누가

능히 救濟할까요? 나라를 걱정하니 저절로 탄식만 나옵니다. 그러나 이는 나라에 책임자가 마땅히 걱정할 것이요.

오직 窮儒, 書生은 장차 골짜기에서 죽을 운명에 있으니, 어찌하리까?

아ㅡ, 또 한편 생각하니, 죽고 사는 것이 큰 문제이지만, 취하고 버리는 사이에 道義가 있습니다.

진실로 그 옳지 못하게 살면 참으로 부끄럽지만 그러나 죽는 것도 또한 안타까웁나니, 장차 어떻게 하면 먹을 것도 얻고, 正義도 해치지 아니하리까?

貧寒한 사람이 糧食을 얻는 방법은 부끄러운 길밖에 없으므로 옛날 사람이 먹지 아니하고, 굶어 죽었던 것입니다.

曾子는 비록 그 먹을 만하면 먹어야 된다는 말이 있습니다. 그러나 學者는 마땅히 결심하여 불쌍히 여기고 주는 밥을 齊人이 먹지 아니함을 법으로 삼아야 될 것입니다. 그러니 어디에 먹고 살 길이 있습니까?

다행히 먹고사는 길을 下敎하여 주셔서 떠돌아다니지 않게 하시면 천만 감사하겠나이다. 남은 말씀은 다 갖출 수 없사오니 오직 살펴주시옵기 바라나이다.

상김집의 4(上金執義 四)

지난날 산으로 돌아와 의당 즉시 문안을 드렸어야 함에도 아직까지 못하였나이다.

이제 한 해가 저물어 가니 사모하는 마음이 더욱 간절하나이다.

옷깃을 여미고 찾아가 공부하면서 좌우에서 주선함이 참으로 禮節에 당연한데도 도리어 세월만 보내면서 스스로 유유작작 놀기만 하니 그 懶散荒嬉함이 그지없나이다.

道를 찾음이 이와 같이 독실하지 못한즉 필경 얻지 못할 것을 또한 가히 알 수 있나이다. 이는 모래로 밥을 지으려는 우활한 계책이라고 할 것인즉 어찌하리오?

원컨대 頂門 위에 一針을 얻어 進德修業의 要法으로 삼고자 하온바 실로 門下에 소망함이 많습니다. 君子의 큰 그릇 속에서 造化하면 어찌 성공이 없으리오?

바라옵건대 눈보라가 매우 사나우니, 道體를 頤養하시어 萬旺하옵소서!

蘧瑗衛武 老年의 功夫가 더욱 밝아지고 더욱 높아져서 스스로 남이 알지 못하는 奧妙함이 있다고 하였습니다.

侍生의 賤狀은 아직 가족이 무고하니, 다행입니다만, 스스로 돌아보건대 나이는 不惑이 넘었는데도 단지 伎倆人物일 뿐입니다. 뜻했던 바를 돌이켜 생각할 제 몸을 어루만지며 스스로 슬퍼할 따름입니다.

그윽이 생각하니 모든 사람의 마음에서 나타난 것은 性의 실마리가 아님이 없으므로 喜怒哀樂愛惡欲의 7情을 5性에 分屬함에 의당 각각 그 宮이 있어야 함에도 저는 證明한 것을 보지 못하였습니다.

바야흐로 혼자 생각하여 보아도 마침내 풀리지 아니하온바, 이에 엄숙히 질문하오니 下敎하여 주십시오.

汗漫한 講究나마 다만 書冊에 근거하고자 하오니, 또한 얄팍하여 부끄럽나이다.

바쁘게 겨우 草稿만 하여 敬禮를 갖추지 못하였습니다. 바라옵건대 尊體 康泰하시어, 士林의 소망에 응하여 주소서.

답김집의 1(答金執義 一) (壬辰正月)

지난해 7월과 10월의 두 번에 걸쳐 내려주신 편지를 받았사오나, 모두 시기를 흘러 보냈고, 아울러 소식을 전달할 사람도 없는 까닭에 한 번도 글월을 오려서, 문안을 드리지 못하였나이다.

비록 형편이 그러하였지만 항상 송구한 一念은 간절하였나이다. 저는 문을 닫고, 출입을 하지 않은 지가 이제 세 해가 바뀌었사오니, 그 포기함을 알 수 있을 것입니다.

바야흐로 大家를 생각하오니 황공합니다. 新年에 道體候 萬祉하시옵고, 諸節도 두루 均安하십니까? 궁금하기 그지없나이다.

侍生은 덕분에 다행히 여전하오나, 지난해는 300일 동안 憂患 속에 있어서 거의 여가가 없었나이다. 원래 게으른데다가 바깥일에 얽힘이 이와 같으니, 마침내 머뭇거리다가 인생을 그르치는 탄식을 면하지 못할 것 같아서 오직 두렵기만 합니다.

別幅으로 下敎하여 주심이 明白眞切하옵고, 辭理俱到하시어, 大君子의 부지런히 가르쳐 주시는 盛德에 또한 족히 感發하였나이다.

대단히 감사하였습니다. 다만 저의 능력이 부족함을 깨닫고, 한탄합니다만 그 가운데 끝끝내 석연치 못함이 있사오나 拜謁할 때를 기다려서 다시 생각하겠나이다.

마침 이웃 사람이 仙鄕으로 돌아간다고 하여, 臨發에 走草하나이다. 千萬都閣 不備上候.

답김집의 2(答金執義 二)

邦憲은 아뢰옵건대 私門이 不幸하여, 長子가 갑자기 夭逝하여 버리니, 悲念을 스스로 이기지 못하겠나이다.

삼가 慰問을 받음에 哀感의 지극함을 감당하지 못하나이다.

생각하건대 霜令에 道體候 循時萬安하옵기를 간절히 바라나이다.

邦憲은 다행히 西河처럼 失明하는데까지는 이르지 아니하였사오니, 혹 當世의 君子에게 罪를 얻지는 아니하였나이다.

그러나 心志가 虛弱하게 되고, 간직하여 지킴에 단단치 못하여,

구구한 舐犢之情을 물리치기 어려우니, 어찌하리오?

朱子는 聖者에 가까워도 그 哭受의 喪에 오히려 生産하지 아니함만 같지 못하다고 하였습니다. 이 말을 돌아보면 아주 낮지 않은 사람이야 어찌 이렇게 잔인하리까?

下敎하신 가운데 옛 先人을 널리 생각하여 스스로 너그럽게 생각하고, 經傳에 마음을 붙여 진리를 연구하라고 하신 말씀은 비단 슬픔을 막는 데 도움이 될 뿐만 아니라 또한 治心의 要法입니다.

이에 일찍이 拜受하여 服膺하지 아니함이 없나이다. 伏惟 尊照 不備謹狀

孟子가 이른바 浩然之氣는 무슨 氣인지요? 의심컨대 이는 다만 心의 氣를 말함일 것입니다. 어째서 그렇게 말하는가 하면 대개 사람의 一身上에는 불과 血氣와 心氣의 二端뿐입니다.

集註에서 말하기를 氣는 體之充이라고 하였으니, 充體의 氣는 血氣와 近似합니다. 그러나 朱子가 어찌 血氣를 바로 浩然이라고 하였겠습니까?

孟子가 스스로 말하기를 我善養浩然之氣라고 하였으니, 聖賢이 기르는 바가 어찌 血氣를 취하였으리오! 오직 心之氣는 一身의 根本으로 百體之氣의 精爽이니, 發用함에 또한 눈이 보고 귀가 듣고, 손이 가지고, 발이 가는 곳에 따라서 작용하는 것입니다.

이것을 일컬어 體之充이라고 하는 것이요, 百體의 위에 갖추어진 바의 氣를 지적함이 아니니, 流動한 것을 浩然의 氣라고 말하는 것입니다.

戒愼, 謹獨, 格致, 誠正 등은 養心의 법인데, 이는 곧 養氣의 節度로서 일마다 發하여 모두 中節하면, 행동에 부끄러움이 없어서, 浩然함을 自覺하는 것입니다. 이 논리가 어떤지요?

오늘날 明德에 대한 이론이 한두 가지가 아닌데, 혹 理라고 말하고, 혹 氣라고 말합니다. 主理者는 虛靈不昧도 아울러 지적하여 理라고 해석하고, 虛靈不昧의 네 글자는 그 理의 體段를 형용한 것이라고 주장합니다.

主氣者는 오로지 明命까지도 아울러 지적하여 氣라고 해석하고, 顧諟의 두 글자도 곧 心의 明命치 못함을 기르는 것이니, 또한 마땅히 氣라고 주장합니다. 두 가지 학설이 어떠한지요?

華西 李公이 人物性의 同異를 논하면서 말하기를 "단지 性分 속에서 同異의 兩面이 있다."라고 하였는데 柳省齋가 말하기를 "渾然한 一體의 속에 萬象이 모두 갖추어 있는 까닭에 그 流行變化함에 미쳐서는 物에 따라 形氣를 타고나서 각각 그 性命을 바르게 한다.

奧妙精微함이 곳에 따라 알맞아서 예로부터 오늘날까지 옮겨서 바꿀 수가 없음이 이와 같다.

만일 上面의 一段事는 원래 儱侗하여 도무지 파악하기가 어려우니, 物이 生하는 때에 이르러 氣質에 따라 形體를 타고나고, 形體에서 性質이 이루어질 따름인즉 이것이 性을 각각 바르게 하는 근거로서, 하늘을 말미암는 것이 아니라, 物質을 말미암는 것이므로 족히 本然이 아니요 다만 우연이라고 함이 그 옳겠도다!"라고 하였는데 이 말이 의심스러운바 盛意는 어떠한지요?

답전장령우(答田掌令愚) (丙申)

安興海寺에서 風姿를 뵈니, 景仰하는 마음을 족히 위로함과 동시에 비로소 陳了翁이 침울하여 엎드려 있음에 대한 꾸짖음을 면하였나이다.

며칠 동안 德儀를 瞻望하며, 따뜻한 가르침을 받자오니, 나같이 固陋한 사람도, 感發의 도움이 있음을 또한 느끼면서, 확실히 君子

의 큰 용광로에서 造化되어 鎔陶된 다음에 배움이 많다는 것을 깨달았습니다.

돌아와서 사모하는 마음을 더욱 이기지 못하였사온데, 즉시 편지를 받자오니, 보배처럼 읽었나이다.

생각하건대 가을이 깊은 이때에 崇體께서 還山하시어 葆重頤養하시고, 諸節이 두루 貞吉하시오며, 燕閒한 가운데 말없이 깨달은 奧妙한 진리를 남이 알지 못하는 즐거움이 날로 있으리다. 나는 생각만 하여도 기쁘기 그지없나이다.

邦憲은 학문에 뜻을 둠이 늦었고, 또한 게을러 버린 몸에, 모래로 밥을 지으려고 하는 우활한 계획이니 어찌하리오?

오직 一念이 있사오니, 不正直하게 살고 싶지 않고, 감히 守死善道의 가르침을 終身토록 신조로 삼아 되는 대로 사는 것을 면하고자 하나이다.

세속의 智巧한 사람이 보기에는 拙且妄하다고 할 것이지만, 그러나 다만 이 한 마음은 天理의 發見이라고 말하지 아니할 수 없나니, 마치 솔개가 하늘에 날고, 고기가 연못에 뛰는 것처럼 天機가 自動하나이다. 그 누가 막을 수 있으리오?

곧 이 마음을 따라서 잘 밀어 나아가서 끝까지 이르면 반드시 무한히 좋은 소식이 있을 것입니다.

다만 지식이 淺蕪하고, 力量이 短少하여 오직 멀리 이르지 못할까 두렵나이다.

그러나 이것을 어찌 걱정만 하리오? 망령되게 생각하건대, 吾儒는 知와 行의 두 길에 있어 敬으로 꿰뚫나니, 致知하는 까닭은 장차 力行하고자 함입니다.

行함이 돈독하지 못하면 知識이 참으로 보탬이 없게 되고, 知識이 반드시 밝은 다음에야 마땅히 힘차게 실천하여 가는 것이니, 그 행동이 힘차지 못함은 실로 知識이 투철하지 못한 까닭입니다.

가령 마치 주리면 마땅히 먹어야 하고, 추우면 마땅히 입어야 하며, 물에 들어가면 빠지고, 불에 들어가면 탄다는 것처럼 참으로 안다면, 어찌 돈독하게 행하지 아니하는 이치가 있으리오?

程子가 말하기를 "알고서도 행하지 아니하는 사람이 있지 아니하다."라고 하였으니, 알고서도 행하지 아니하는 사람은 이것은 확실히 아는 것이 아님을 말한 것입니다.

朱子가 말하기를 "知에는 精과 粗가 있고, 行에는 淺과 深이 있나니, 진실로 알고서도 행하지 아니하는 사람은 있으려니와, 알지 못하면서도 잘 행하는 사람은 있지 아니하다."라고 하였습니다.

대개 輕重으로 논하면 知가 가볍고, 行이 무겁지만, 先後로서 말하면 知가 먼저요, 行이 뒤입니다. 보는 바가 이치에 매우 어긋나지는 아니하였는지요? 가르쳐 주시면 다행이겠나이다.

듣건대 요즈음 泰鄕의 仁里로 이사하신다고 하오니, 이제 길이 가까워서 자주 찾아뵙고 가르침을 청하리니 어찌나 기쁜지요!

총총히 갖추지 못합니다. 두루 헤아려주소서!

답전장령(答田掌令) (戊戌)

邦憲은 몸에 재앙을 쌓아서, 禍가 長子에게 미쳐 죽었으니, 침통함을 이길 수 없나이다.

尊下의 慈愛로움을 특별히 내리셔서 慰問하여 주시니 哀感이 지극하나이다.

이어 陽月에 편지를 내리셔서 死生說을 물으시니, 이러한 情境에 이르러 더욱 힘써 가르침에 경계할 뿐만 아니라 두터운 盛意를 어찌 잊을 수 있겠나이까?

바야흐로 요즈음 道養有相하시고 氣體起居가 循序萬安하신지요?

邦憲은 몸과 마음이 모두 지쳐서 아주 까무러치게 생겼나이다.

舐犢의 私情을 과연 스스로 억제하기 어렵나이다. 朱子가 哭受의 喪에 오히려 낳지 않음만 같지 못하다고 하셨으니, 邦憲 같은 不肖者가 장차 어찌 감당하겠나이까?

배운 바도 또한 荒廢함을 면하지 못하고 소득이 전무하여, 허송세월한 시간만 아까우니, 有道한 君子에게 족히 알릴 것이 없는데도, 글월을 내리셔서 거듭 깨우쳐 반드시 크게 꿰뚫게 하셨나이다.

사람에게 알릴만 한 것을 한두 가지 보여주는 것으로부터, 講評의 길을 열어주는 것까지 그 어리석음을 이끌고, 게으름을 질책하여 간절히 사랑하시는 뜻은 족히 사람을 감동케 하나이다. 欽仰景歎함을 스스로 이길 수 없나이다.

그윽이 평일에 사모하는 마음으로 한 번 門下에 나아가 가르침을 청하여 질의 하고픈 마음이 없지 않지만, 늘 시간만 흘러 보내다가, 오늘에 이르기까지 실천하지 못하였나이다.

이제 한 장의 안부 편지에 모두 말씀드리기 어려운바 오래도록 송구스러울 따름입니다.

새봄쯤에 가서 뵐까 하오나, 執事者들이 혹 無禮하다고 배척하지 않을는지요?

바라옵건대 崇體 爲道自重하시어 士林의 희망에 부응하소서!

延平의 대답에 心은 氣와 더불어 合한다는 질문에서, 어른이 질문을 하시니, 감히 대답하지 않을 수 없어 나의 견해를 말씀드립니다. 나는 생각건대 人身上에서 그 界位를 나누면 心과 氣의 兩端인데, 心은 마음이요, 氣는 體之充이니, 참으로 혼합하여 말할 수 없습니다.

그러나 그 性을 거론하지 아니하고, 단지 그 心만을 지적하면 心

도 또한 氣입니다.

대저 百體의 氣의 精爽이 方寸 間에 모여서 虛靈不昧한 것은 곧 心의 氣입니다. 나누어져서 비록 二端이 되었지만 필경 똑같은 이 氣인 것입니다. 그 脗合한 곳을 어찌 합쳐서 말하지 않으리오? 延平의 뜻이 그 여기에 있습니까?

朱子가 말하기를 "心은 氣의 精爽이라."고 하였고, 또 李晦叔에게 答한 편지에서 말하기를 "氣는 하나인데, 마음에 主體한 것을 志氣라고 하고, 形體에 主體한 것을 곧 血氣라고 한다."라고 하였으니, 朱子도 또한 단연코 心을 氣로 본 것입니다. 淺見은 이와 같은데 옳은지요?

나의 가까운 벗이 말하기를 "心은 衆理를 갖춘 까닭으로 虛靈하다."고 하기에, 邦憲이 말하기를 "그렇지 않다, 心體가 虛靈한 까닭으로 衆理가 여기에 모두 갖춘 것이니, 衆理를 갖춘 까닭에 虛靈하다고 말할 수 없다."고 하였나이다. 여러 번 講論하였으나 끝내 의견이 일치하지 않았는데 누가 옳고 누가 그른지 알지 못하겠나이다.

어떤 사람이 묻기를 "五行이 生함에 각각 그 性을 한 가지씩 한다."는 本然에 귀속해야 옳은가? 氣質에 귀속해야 옳은가? 하기에 邦憲이 일러 대답하기를 "太極 全體에 대하여 말하면 氣質之性이고, 氣質의 善惡에 대하여 말하면 本然之性이다. 대개 五行의 性은 본래 스스로 이와 같은 까닭으로 本然이라고 하는 것이니, 각각 그 氣質을 한 가지씩 하는 이외에 다시 本然이 있는 것이 아니다." 나의 견해가 논리에 어긋나지는 않았는지요?

요즈음 다른 사람들과 더불어 大學序를 講하다가, 그윽이 性을

설명함에 心은 말하지 아니한 까닭을 의심하였습니다.

나는 생각하건대 이 책은 첫머리에서 문득 仁義禮智의 性으로 시작되었으니, 性字가 진실로 一篇의 宗旨입니다. 그러나 그 아래 氣質之稟으로부터 聰明睿知……까지가 모두 心에 대하여 말한 것이며, 또한 不能知나 能盡 등의 구절도 모두 心의 기능인즉 心과 性을 經緯로 설명한 것임을 알 수 있습니다.

옛사람이 이른바 大學序는 단지 性을 논하고, 中庸序는 단지 心을 논하였다고 하였으니 어떠한지요?

天必命之에서의 命字는 감히 氣數의 命을 아울러서 하는 말이라고 생각됩니다. 대저 孔子의 聖으로도 오히려 君師의 직위를 얻지 못한 것은 氣數 때문입니다.

明德과 新民은 大學의 道요, 知止와 能得은 明新의 功이며, 定靜安慮는 知止와 能得의 中間脉絡인즉 明新上에 반드시 모두 定靜安慮가 있습니까? 知行으로 말하면 四字를 어느 쪽에 分屬하리까?

八條目 가운데 天下의 根本은 나라에 있고, 나라의 근본은 집에 있고, 집의 근본은 몸에 있고, 몸의 근본은 마음에 있다.

이 다섯 마디의 階級은 매우 분명하나, 또 마땅히 말하기를 마음의 근본은 어디에 있는가 하였을 때, 갑자기 心字의 위에 다시 意와 知의 兩節을 세워서, 心之用으로 근본을 삼고, 또 갑자기 하나의 外物을 知字의 前面에다 놓았으니, 그 意匠排鋪가 무엇인지요?

근래에 학자가 매양 理의 一元處에 대해서는 잘 이해하면서도, 分殊處에 대해서는 急하게 여기지 아니하니, 참으로 學者의 大病입니다.

理의 一元處를 貫通하지 못할 것 같으면 分殊處도 또한 깨닫기
어렵습니다. 어떻게 공부를 하여야만 그 要法을 얻을 수 있는지요?

의심을 어른에게 묻는 법은 의당히 간략하여야 되고, 번거로워서
는 아니 되는바, 이번에 올린 글월은 너무 번거롭습니다. 참으로 공
경심에 어긋나지만 이는 모두 近日에 講究하여 여러 번 생각한 문
제들인 까닭으로 산란함을 피하지 않고 생각대로 써서 올리오니, 그
충정을 이해하소서!

별지(別紙)

左峽의 士人이 淸나라에 등을 돌리고, 倭와 和親하라고 지껄이는
것은 참으로 惡夫요, 俊者입니다. 그는 반드시 속으로 開化의 局面
을 기뻐하면서, 하나의 이야기를 만들어 내어, 칼자루를 쥐고 농락할
계책을 꾸민 것이니, 이미 오랑캐로 감화된 것을 알 수 있습니다.

만약에 時勢에 구애받아 부득이 背弱和强한다고 말할 뿐이라면
비록 우리 儒林도 말로만 듣지 않고, 간혹 생각할 필요도 있겠지만,
이에 구구하게 하나의 讎字를 희롱으로 끄집어내서 胡亂을 논리적
으로 규탄한다면 탄식스럽습니다.

淸나라는 진실로 天下의 怨讎인즉 의당히 등을 돌려서 親和하지
말아야 됩니다. 그러나 머리를 굽힘이 이미 오래되었고, 또한 불가불
여러 번 그 도움도 받았다고 말하지 않을 수 없습니다.

倭는 우리나라의 怨讎로서, 百世에라도 반드시 報復하여야 될 義
理가 있나이다. 講和를 한 지 며칠도 못되어 그 害를 입게 됩니다.

지난날 淸나라를 섬길 때에는 오히려 우리 先王의 禮法을 없애지
는 아니하였는데, 오늘날 倭와 講和하는 것을 보니, 그날로 夷狄禽
獸로 바뀌어 버렸습니다. 그런즉 누구와 和親하고, 누구를 배척하여
야 되겠습니까?

한쪽 怨讐에게는 붙고, 한쪽 怨讐는 배척하는 것도 과연 復讐의 義理에서 나온 것입니까? 한쪽 夷狄에게는 기대고, 한쪽 夷狄에게는 등을 돌리는 것을 또한 저것이 이것보다 나아서 골라잡았다고 말할 수 있을까요?

나는 그것이 무엇을 근거로 하는 말인지 알지 못하겠나이다.

盛教에 이른바 "天下의 怨讐는 참으로 和親할 수 없고, 한 나라의 怨讐는 끝까지 잊을 수 없다."라고 하신 것은 말씀은 간략하지만 뜻이 극진하여 족히 그들의 妄言을 꺾었나이다.

時輩들은 늘 말하기를 "淸나라에 등을 돌림이 매우 통쾌하고, 倭와 講和함은 祝賀할 만하다, 城下에서 盟誓하였던 恥辱을 이제야 비로소 雪冤하여, 背淸自主함은 모두 日本의 힘이었다.

尤菴 先生의 平生義理가 이제야 성취되었나니, 아— 기쁘도다!" 時輩의 논설이 늘 이처럼 감히 先正의 大義를 인용하여 함께 더럽혀 버리므로 참으로 괴롭나이다.

근래에 人心이 점점 타락하여, 지난해의 剃髮하던 날에 사람마다 鬱念한던 모습도 이제는 보기 어렵습니다. 암담한 한세상 장차 어디까지 갈는지요? 痛哭, 痛哭입니다.

窮鄕에 腐儒가 망령되게 時事를 이야기함은 실로 聖人이 말을 공손히 하라는 경계를 범한 것입니다. 그러나 이미 下問을 받은 까닭으로 말이 여기에 이르렀나이다. 이 마음을 굽어 살피시고 다시 回敎하여 주시면 다행이겠나이다.

답전장령(答田掌令) (己亥)

9월 사이에 두 번이나 글월을 내림에 長弟께서 거느려 받드시니, 나의 마음은 감격하기 그지없사오나, 보잘것없는 사람으로 인하여 걱정을 끼쳐드린 듯하나이다.

節序가 變移하여, 木落山空하니, 景象이 쓸쓸하나이다. 德義를 사모하는 마음만 간절하온데, 崇體께옵서는 道養有相하시고, 英才를 教育하는 즐거움이 넘치는지요? 아침저녁으로 축수하여마지 않습니다.

邦憲은 타고난 기질이 본래 탁박하고, 身氣가 항상 淸健하지 못하니, 비록 病이라고 말할 수는 없지만, 또한 病痛이 아닌 것이 없사온바 스스로 괴롭나이다.

朱先生이 말하기를 "이 마음을 얻어서 간직할 것 같으면 氣가 항상 맑으니, 특별히 아침때만 맑지 아니하고, 만일 이 마음을 얻어서 간직하지 아니하면, 비록 이 순간의 氣를 모두 모아도 맑지 아니하고, 良心도 또한 자라지 아니한다."라고 하였습니다.

이제 邦憲은 形氣의 病이 대저 또한 마음을 간직하지 못한 데서 반드시 말미암지 아니함이 없나이다.

마음을 얻어서 간직하지 아니하면 배운 바의 것이 무슨 일이겠나이까? 생각하면 저도 모르는 사이에 부끄러워서 땀이 등을 적시나이다.

대저 우리 인생이 학문을 함은 다만 本原에서 涵養하여 크고 작은 일이 모두 이를 쫓아 나와서 거의 곳에 따라 洞然함에 있습니다.

이른바 默坐澄心하여 天理를 體認하고, 사람에게 靜坐를 가르치고, 淸靜한 가운데 一物도 집착하지 않게 하는 것 등이 모두 受用할 만한 要訣입니다.

子思의 未發이 中이라는 한마디 말은 참으로 吾道의 本領이 모두 여기에 있습니다. 학자가 여기에서 工夫를 못하면 記問이 비록 넓고, 講說이 비록 精微하여도 우리의 마음과 서로 관계가 없는 것이니, 程子가 이른바 六經이 모두 空言이 된다는 것입니다.

구구하게 일찍이 이 일에 뜻을 두지 아니함이 없지만 수고만 하고, 힘을 얻지 못하였나이다. 어쩌면 좋을까요?

다시 바라옵건대 때린 자취가 남고, 피가 나오도록 찔러서 가르쳐 주십시오.

千萬 바라옵건대 道를 위하여 自重하소서.

별지(別紙)

天命性이 氣質로 돌아감과, 情이 本然이라는 說을 錯覺하고 誤認하였으니, 尊意를 言下에서 듣고도 깨닫지 못하고, 망령되게 仰告한 바, 부끄럽고 송구스럽나이다.

涵養이 未熟하고, 心地가 昏暗하여, 講究하는 때에, 잘 辨析하지 못한 것이 대부분 이와 같은즉 간직한 바와 나타난 바도 추리하면 알 수 있으니, 어찌합니까?

어쩐지 돌아가면서 의심이 생겨서 지난번의 편지 속에 말씀드렸는데, 文丈께서는 더럽다고 버리지 아니하시고 한 줄 한 줄 批評하여 가르쳐 주시니, 대단히 감격스럽습니다.

그러나 昏蔽한 소견에는 끝내 석연치가 못하와 또다시 붓을 들어 질문함을 면하지 못합니다.

이 문제는 湖洛論의 源流입니다. 구구하게 마치 스스로 湖論을 주장하는 것 같지만 그러나 어찌 감히 감당하겠습니까? 다만 의심이 있으면 물어보라는 말대로 할 뿐이오니, 허물하지 마십시오!

○ 尊意께서는 대개 말하기를 "湖論은 늘 人과 物의 性이 같지 않은 것으로 天命의 性이라고 하나니, 그 不同한 근거는 실로 氣質의 性인즉 湖賢의 소견은 天命의 性이 氣質의 속에 떨어져 있는 것에 지나지 않다는 말인가? 그 글 속에는 실로 天命이 氣質에 귀속된다는 논설이 있다고 할 수 없다."고 하였습니다.

邦憲은 語意를 領會하지 못합니다만, 諸先生의 글로 증명하겠사오니, 魏徵이 昭陵에게 대답하는 것처럼 스스로 罪過를 말한다고 할 것입니다.

三先生의 所見은 본래 人物性의 不同에 있나니 곧 그 모든 性論에 반드시 이 뜻이 함축되어 있으므로, 모름지기 수고롭게 추구하여 찾지 아니하여도, 그 말에서 모두 똑같은 논리를 발견하는 까닭에, 다만 마땅히 그 뜻으로 해석함이 옳을 것입니다.

○ 盛敎에서 말하기를 "遂菴의 說이 진실로 막힘이 없는 듯한데, 다만 알지 못하지만 各正과 各得의 두 구절 속에 털끝만치도 不同하다는 意脉이 없다."라고 하는 이 곳을 모름지기 자세히 생각하기 바란다고 하였습니다.

遂翁은 늘 각각 얻어서 타고난 바의 理로서 性이 不同하다고 하였으니, 곧 이 대목에서의 各得과 各正의 두 구절도 반드시 다른 뜻이 없나이다. 다만 그 이른바 天命性을 곧 일찍이 氣質之性으로 귀속하지는 않았습니다.

○ 이른바 本然의 性은 渾然全體의 太極이라고 할 것인즉 또한 같지 아니함이 없는 경계라고 하였습니다.

이른바 太極은 形氣를 초월한 이름이요, 이른바 性善은 形氣 속에 단순히 그 理만을 지적하여 말한 것인즉 遂翁이 이른바 本然의 性은 반드시 人物의 性이 같지 아니한 곳에서 각각 그 本然을 지적하여 말한 것입니다.

○ 遂菴이 말한 비록 "天命의 性……氣質이 不同한 것이 모두 한 가지 논설이다."에 대하여 盛敎에서 말하기를 이 대목으로 보면 上段에서 이른바 本然은 그 萬物이 一同한 것으로 말하지 않음을 알

수 있다고 하였습니다.

盛敎가 참으로 그러합니다만, 단지 遂菴의 뜻은 天命의 性이 비록 氣質의 속에 담겨 있다고 할지라도, 程張이 논한바 氣質의 性과는 다름이 있습니다.

○ 朱子가 일찍이 말하기를 "氣質의 性은 다만 이 性이 氣質 속에 떨어져 있는 것이니, 그 氣質에 따라서 저절로 한 가지의 性이 된다고 하였는데 高見은 어떻게 생각하시는지?"라고 하였습니다.

朱子의 이 논설은 비록 氣質의 性을 논한 것이나, 그러나 그 아래의 구절에서 말하기를 바로 周子가 이른바 各一其性에서 이에 구구하게 의문이 생겼다. 만약 各一之性을 오로지 氣質로만 본다면 五行에서 다시 本然處를 찾을 수 없게 되나니 어찌하리오?

대개 五行의 各一之性은 氣質의 善惡에 대하여 말하면 本然의 性이요, 太極의 全體를 대하여 말하면 氣質의 性이 되나니, 여기에서 이른바 本然이라는 것은 본래 스스로 이와 같음을 말하고, 여기에서 이른바 氣質이라는 것은 그 形狀이 이루어진 곳을 지적합니다.

그러한즉 成形賦理한 다음에 物物이 각각 그 본래 스스로 이와 같은 性이 있나니, 또한 太極의 體가 아님이 없나이다. 遂翁이 이른바 天命性이 氣質의 속에 담겨 있어, 그 氣質에 따라서 받은 바가 다르다고 하는 것은 반드시 이것을 지적하여 말하는 것입니다.

○ "南塘이 이른바 '天理는 本然이다.'에 각각의 氣에 있어서 같지 아니한 性道를 本然이라고 말한다와 같은 문제를 高明은 또한 마땅히 더 정확히 생각하여야 될 것입니다."라고 하였습니다.

塘翁이 일찍이 말하기를 人物이 얻은 바의 理가 같지 아니하므로, 따라갈 바의 性이 같지 못하고, 따를 바의 性이 같지 아니하므로 행할 바의 道가 같지 아니하다고 하였으니, 이것도 이른바 本然과 또한 다름이 없다는 뜻입니다. 人物이 각각 그 마땅히 가야만 할 길이 어찌 일찍이 각각 그 本然의 天理가 아니리까?

○ "天이 一原이 된다는 一段에 각각 偏全의 分數가 있는가?"라고 하였습니다.

하늘이 一原이 된다는 곳은 진실론 논할 수 없지만, 性이 一原이 된다는 곳으로부터 이하는 分殊處가 아님이 없습니다. 一原이라는 것은 곧 그 一原處인즉 비록 偏全으로 논할 수 없습니다.

그러나 사람의 本然과 物의 本然도 또한 각각 같지 아니한즉 分殊處의 一原이 또한 스스로 다름이 있음을 알 수 있나이다.

그 아래에서 또 말하기를 "分殊도 또한 一原의 있는 바가 아님이 없다."라고 하였으니 結論을 다하였다고 말하겠나이다.

○ "性命道에서 어떻게 人物聖凡의 다름이 있는가?"라고 하였습니다.

中庸의 性命道는 人과 物을 통틀어서 단순히 理만을 말한 것입니다. 단지 그 理만을 말하는 까닭으로 人物이 각각 그 本然이 됨을 해치지 아니합니다.

그 本然으로 말하면 人과 物이 같고, 物과 物이 같으며, 聖凡이 다 같은 사람입니다. 그러므로 다르지 아니하나이다.

氣質로서 말하면 사람마다 다르고, 物物마다 같지 아니하나니, 聖人과 凡人도 또한 다릅니다. 어찌 반드시 人物이 같지 아니한 本然을 이끌어다가 聖凡이 같지 아니한 氣質로 보아야 된다고 주장하리까?

그 疑惑이 滋甚합니다, 屛翁의 各正이라는 文字도 또한 遂菴 先

生의 뜻과 일반입니다.

○ 語類에 말하기를 "氣質로서 논하면 무릇 性을 말함이 같지 아니한 것이 모두 얼음처럼 풀리리라."고 하였습니다.

尊意는 湖賢이 本然의 性이라고 말하는 것은 마침내 氣質의 性으로 귀속되는 것을 면하지 못한다고 생각하심으로 朱子의 이 교훈을 인용하시여 가르쳐 주셨습니다.

그러나 淺見은 곧 종시 이러한 뜻이 있음을 보지 못하였습니다. 지극히 연구하여야 될 곳입니다. 朱子가 또한 일찍이 말하기를 "諸儒의 性論이 같지 아니함은 善惡에 대하여 밝지 못하여서가 아니라, 이에 性字를 깨닫지 못함이다."라고 하였으니, 뜻이 있는 말입니다.

○ 보내온 편지에 이른바 "本然이라는 것은 萬物의 같은 바를 지칭하여 말하는지? 아니면 氣質에 따라 각각 다른 뜻이 있는지? 이점을 자세히 道破하여야 되겠도다."라고 하였습니다.

鄙見으로 생각하기에는 만약 本然의 理를 논하면 참으로 다름이 없으나, 人物의 形氣上에서 本然의 性을 논한다면 각각 스스로 같지 아니합니다.

語類 方錄에 말하기를 理가 같다고 말하면 옳지만, 性이 같다고 말하면 不可하다고 하였고, 또한 答黃伯商書에서 말하기를 "萬物의 一原을 논하면 理同而氣異요, 萬物의 異體를 觀察하면 氣는 오히려 서로 비슷하지만 理를 절대로 같지 아니하다."라고 하였습니다.

만약 異體上의 不同之性을 一切 氣質之性으로 돌린다면, 一原 이상에서만 이에 本然이라는 이름이 있고, 人物이 稟受한 뒤에는 다시 本然을 말하지 못할 것이니, 이것이 매우 의심스럽나이다.

대개 일찍이 듣건대 形氣 以上에서 단순히 그 理만을 지적하면

萬物이 모두 같으니, 이른바 一原이요, 太極의 全體입니다. 그러나 形氣 中에서 각각 그 氣의 理를 지적하면, 成形된 氣가 不同한 까닭에, 받은 바의 理도 각각 다르나니, 人物이 같지 아니함은 本然의 다름입니다.

그 氣를 아울러 지칭하면 人人이 不同하고, 物物이 不同하나니, 이는 氣質의 性입니다. 또한 일찍이 一理가 사람에게 있는 것으로 구별하지 아니함이 없었나이다.

朱子가 또 말하기를 "같은 가운데 그 다른 바를 인식하고, 다른 가운데 그 같은 바를 보라."고 하였으니, 오직 이 한마디 말이 千古의 性을 논하는 斷例라고 할 것입니다.

소견이 이와 같으나, 바야흐로 講究思索하는 가운데 있습니다. 만일 疑惑을 풀 수 있는 明證을 얻는다면 또한 舊見을 墨守하고자 하지 아니하오니, 바라옵건대 상세하게 敎破하시어 깨우쳐 주소서!

또한 일찍이 생각하건대, 朱子가 말하기를 仁義禮智도 오히려 이룩된 性이라고 하였습니다. 이것은 이른바 性이 이루어진 다음에 각각 그 氣의 理를 지적한 것인즉 仁義禮智도 각각 한 가지씩 德으로 그 같지 아니함을 알 수 있습니다.

대저 五行의 氣가 人心에 있어서 五常의 性이 되었으니, 木의 氣가 溫厚한 것은 그 理가 곧 仁이요, 金의 氣가 嚴肅한 것은 그 理가 곧 義이며, 火의 氣가 宣著한 것은 그 理가 곧 禮이며, 水의 氣가 虛明한 것은 그 理가 곧 智이며, 土의 氣가 完具한 것은 그 理가 곧 信이며 나아가 心上에 木金火水土의 五氣를 각각 그 氣之理로 지적하면 다섯 가지는 이미 하나의 德에 치우쳐 있으므로, 仁은 스스로 仁이요, 義는 스스로 義이며, 禮, 智, 信도 스스로 禮, 智, 信입니다.

仁을 義로 바꾸어 부를 수 없으며, 義를 仁으로 바꾸어 부를 수 없나니, 禮, 智, 信도 禮, 智, 信으로 서로 바꾸어 부를 수 없는 것입니다.

그러므로 이 性의 渾然한 곳으로 보면 五常은 다 같은 一理이므로 특별히 仁義禮智라는 이름이 없는 太極의 全體입니다.

仁義禮智의 이름이 이루어진 곳(成名處)에서 말하면 각각 그 氣上에서 標名한 것으로, 그 本然의 理가 五者에 있어서 또한 각각 같지 아니함을 알 수 있나이다.

그러나 다섯 가지의 것은 실로 서로 벗어난 것이 아니요, 곧 다만 一理입니다.

만약 저 仁義禮智의 차이로 善과 不善이 있음은 곧 氣의 淸濁粹駁으로 말함이니, 이른바 氣質之性입니다.

程子는 이른바 惡도 또한 性이라고 말하지 않을 수 없다고 하였고, 朱子는 이른바 惻隱, 羞惡에도 中節과 不中節이 있다고 하였습니다. 어떤지요? 이것도 또한 스스로 하나의 논설이 됨에 해롭지는 아니한지요?

明道가 말하기를 循性이라는 것은 말은 말의 性이 되나니, 또한 소의 性으로 만들지 못하며, 소는 소의 性이 되나니, 또한 말의 性으로 만들지 못한다. 이것을 이른바 率性이라고 하였습니다.

朱子가 말하기를 "사람의 性을 따르면 사람의 道가 되고, 牛馬의 性을 따르면 牛馬의 道가 되나니, 만약 그 性을 따르지 않고, 말로 하여금 밭 갈고, 소로 하여금 달리게 하면 그 性을 잃어버리니, 牛馬의 道가 아니다. 또 말하기를 天命의 性은 사람의 몸속에 氣禀과 섞이지 아니하는 理만을 오로지 말한다. 만약 氣를 겸하여 말하면 문득 率性의 道가 말이 되지 않는다."고 하였습니다.

여기에서 이른바 馬, 牛, 人의 性은 本然입니까? 아니면 氣質입니까? 本然이라고 말하면 人物性의 不同함을 여기에서 볼 수 있지만 만약 氣質이라고 한다면 人物이 따르는 바의 것은 氣質之性에 불과하나니, 率性의 道 한 구절은 문득 말이 되지 않고, 人性을 다하고, 物性을 다한다는 것도 空言이 되어 버립니다. 구구하게 의심하는 바가 바로 여기에 있나이다.

○ 程子가 말하기를 "无妄은 天性이다, 萬物이 각각 그 性을 얻어서 하나의 털끝만치도 더하고 빼지 아니한다고 하였는데 이것은 湖賢의 생각과 더불어 같은가? 다른가?"라고 하였습니다.

이 한 조목은 湖賢의 생각과 더불어 또한 그 다름이 있음을 보지 못하겠나이다. 萬物은 각각 實理를 얻어서 그 性이 되었은즉 모두 實理가 아님이 없나이다.

사람은 五常의 理를 얻어서 性이 되었으니, 天性에 一毫도 더하거나 빼지 못하며, 소와 말이 밭 갈고 달리는 理를 얻어서 그 性이 되었으니, 또한 天性에 더하고 빼지 못합니다. 物物이 모두 그렇지 아니함이 없습니다.

만약 一毫不加損의 一句를 物物이 모두 萬善이 俱足하는 理를 얻었다는 말로 해석한다면 各得의 各字는 同字의 뜻으로 봄이 옳겠나이까? 아마도 異字의 뜻인 듯하나이다.(奎章全韻에 各字를 註하여 異라고 하였다.)

文丈이 늘 人物性不同論의 잘못을 논하면서 반드시 聖凡의 다름을 아울러 말하시니, 일찍이 어떤 사람이 감히 이와 같이 주장함이 있나이까?

湖先生이 또한 어찌 聖凡의 本然性이 다르다는 논설이 있으리까?

邦憲은 비록 매우 寡陋하지만 耳目으로 보고 들은 바로는 이러한 논설이 있음을 알지 못하나이다.

혹은 尊意에 또한 湖賢의 이른바 本然은 人物性이 같지 아니한

氣質에 불과하다고 생각하여서, 곧 聖凡의 氣質이 다른 근거도 또한 반드시 本然으로 돌린 것이 아닙니까?

보내주신 편지 속에 屛溪說을 논한 一段에 말하기를 "命性道를 이미 단순한 理로 말한다면 本然의 性에 또한 어찌 人物聖凡의 다름이 있으리오?"라고 하였는데, 이 글로 보면 마치 屛溪가 일찍이 이와 같은 말을 함이 있는 듯하지만 의심스럽고 의심스럽나이다.

諸先生이 늘 聖凡의 心이 不同함을 논함이 한두 마디가 아니라 여러 번 말하였나이다.

○ "聖凡人物의 性이 不同하다는 것은 情을 本然의 性이라고 파악한 것이다."라고 하였습니다.

이 조목은 이에 邦憲이 밝게 듣고도 망령되게 논한 곳입니다. 죄송하나이다.

尊意를 상상하여 보건대 대저 또한 湖賢이 이른바 本然의 性은 다만 氣質에 지나지 못하니, 氣質의 性은 그 볼 수 있는 바의 것이다. 또한 다만 그 發한 뒤에 있은즉 그 本然을 보는 바가 어찌 情이라고 하지 않겠는가겠지요.

만약 이렇다면 구구한 의혹이 전날보다도 더욱 심합니다.

대저 開塞厚薄 能推不能推가 이에 이른바 氣質입니다. 그 볼 수 있음이 비록 發한 다음의 情이라고 하여도 그러나 그 發하기 앞서 開塞厚薄 能推不能推하는 氣質이 진실로 自在한 것입니다.

湖賢이 어찌 일찍이 이것으로 本然이라고 하였겠나이까? 尊丈께서 또한 의혹이 너무 심합니다. 말이 좀 지나쳤나이다. 죄송합니다.

○ "未發과 已發을 性과 情으로 나누어 붙이는 것이 이에 미안하지 아니한가?"라고 하였습니다.

未發이 性이요, 已發이 情이니, 情으로 性을 파악함은 옳지 못합니다. 만약 可見과 不可見으로 性情을 논하여 氣質의 性은 發한 뒤에야 보이는 까닭에 發處에서 비로소 氣質의 性을 말할 수 있다고 한다면 마침내 情을 파악하여 性으로 보게 되는 것입니다.

本然의 性도 또한 그러하나니, 仁義禮智의 性도 볼 수 있는 것은 또한 다만 四端七情이 發함으로써 推理하여 보는 것입니다.

마치 物이 속에 있다는 端緒를 얻어 볼 수 있음으로써 그 端緒를 미루어서 그 속에 있는 物을 아는 것과 같습니다.

그렇다면 氣質之性을 얻어 볼 수 있는 것은 비록 情의 發處에 있다고 하여도 그 自體의 本色을 추리하여 알 수 있습니다.

이른바 性相近, 動心忍性, 惡亦不可不謂之性, 性緩性急의 類는 氣質의 性입니다. 그 相近한, 忍한, 惡한, 緩한, 急한 것 등의 볼 수 있는 것은 참으로 情이 發한 곳에 있지만, 그 性은 일찍이 스스로 있지 아니함이 없나이다.

만일 自在하지 않다면 어떻게 發하여 나올까요? 이러한 類는 참으로 未發界로 귀속할 수 없지만 未發 時의 自在한 本色은 추리하여 알 수 있습니다.

이제 저 성질이 느리고, 성질이 급한 것은 스스로 느리고 급한 性이 있는 까닭으로 發하여 스스로 느리고 급하게 되나니, 만약 그 性은 곧 그렇지 아니하는데 發한 뒤에 느리고, 급하게 된다고 하면 無理한 논리인 듯하나이다.

○ "이른바 반드시 그 마음의 氣質이 濁駁한 것을 지적하여 고쳐서 반드시 그 氣質이 濁駁한 것을 지적한다고 하면 그 병통이 없을 듯하다."라고 하였습니다.

이 말씀은 삼가 마땅히 명령을 듣겠사오나, 다만 鄙意는 오로지

心의 氣質을 지적하여 하는 말일 뿐입니다.

○ "聖人의 마음은 淸明純粹하다로 이렇게 논리를 세우면 병통이 없지 않을까?"라고 하였습니다.

此段도 삼가 마땅히 명령을 듣겠나이다. 그러나 道心, 本心의 등속은 그 性을 아울러 지적하여 말하는 까닭으로 氣質로 논하지 못하는가요?

明德云云은 兪生이 잘못 전하였는지요? 아니면 혹시 文丈에게 明德을 氣로 인식한다고 말함이 있었는가요? 邦憲은 참으로 믿을 수가 없나이다.

다만 門下에서 心이 明德이라는 말을 들었나이다.

이제 기록을 보니까 이것을 가르쳐 理라고 말하였으니, 理가 능히 虛靈합니까? 理가 능히 具理합니까? 理가 능히 情으로 發합니까? 理가 능히 일을 계획합니까? 참으로 이것은 다시 의논할 여지가 없을 것입니다.

그러나 구구하게 생각하건대 明德은 心性情의 總稱입니다. 大學章句에서 所得乎天은 理氣를 합하여 사람의 心性은 모두 하늘에서 얻었다는 말입니다.

虛靈不昧는 心이요, 具衆理는 性이며, 應萬事는 情이니, 갖추고 應하는 것은 모두 虛靈에 속한즉 語意에 자연히 賓主가 있음을 볼 수 있는바, 그 體段는 마음이 主體인 것입니다.

만약 저 實體를 규명하고, 그 근원을 찾아서 관찰하면 또한 理의 중요성을 인식하게 되는 것은 무엇 때문입니까?

明德은 진실로 虛靈이 體段가 됩니다. 그러나 그 明德이 되는 근거의 實體는 곧 어찌 明命의 理가 이 虛靈한 가운데 갖추어 있음에 있지 아니하리까?

　　그러므로 사람의 한 몸에 나아가 理와 氣의 界位를 나누어서 논한다면 明德은 응당히 理에 속하고, 氣에 속하지 아니하나이다.

　　또한 心과 明德을 나누어서 말하면 心은 마음이요, 明德은 마음의 德이니 직접 마음을 明德이라고 함은 옳지 못합니다.

　　그러므로 傳에서는 天之明命이라고 해석하였는데 蔡氏는 明命을 註하여 말하기를 "明命이라는 것은 上天의 顯然한 理로서 命令하여 나에게 있는 것이다. 그러니 하늘에 있으면 明命이요, 사람에게 있으면 明德이다."고 하였습니다.

　　朱子는 말하기를 "하늘이 나에게 주는 원리가 문득 明命이요, 내가 얻어서 性이 되는 것이 문득 明德이다."라고 하였으니, 이는 또한 理의 중요성에서 말한 것입니다.

　　그러므로 감히 말하건대 明德의 體段는 곧 마음에 主體하면서도 그 중요한 것은 理이니 心性情을 포함하여 지칭한 것임을 알 수 있나이다.

　　본래의 소견이 이와 같은데도 매양 자못 明德을 性이라고 주장하는 사람들에게 배척을 당하였으며, 금번에도 단순히 性에 속할 뿐이라는 비방을 받고 보니 매우 원통하나이다.

　　감히 말하건대 바야흐로 氣를 거치면 문득 未發이 아닙니다. 무릇 그 未發時는 湛然虛明하여 一物도 붙지 아니한 것으로 性의 全體에 氣가 用事하지 아니하나니, 이를 이른바 中이라고 합니다.

　　바야흐로 發하여 나올 때는 문득 氣의 用事인즉 다시 中의 本體가 아닙니다.

　　衆人도 思慮가 未萌하고, 喜怒가 未形할 때는 未發로 보아야 될 듯하지만 그러나 이 마음이 한번 昏惰하면 昏惰하여 버리나니, 또한 氣의 用事입니다.

　　理가 이 氣를 탄 것이 昏暗한 氣가 가리는 바 되나니, 未發의 中

이라고 말하지 못하는 까닭에 나는 衆人에게 未發이 없다고 말합니다. 淺見이 아주 어그러지지는 아니하였는지요?

답전장령(答田掌令) (庚子)

上元日에 金明烈 君을 만나서 인사를 끝내자마자 먼저 어른의 起居를 묻고, 지난해 처음 찾아뵈었을 때 風窓冷堗을 거의 견디기 어려웠는데도 오히려 손수 붓을 들어 遠近에 友生들의 疑義問目을 두루 答하시며 여러 번 붓을 놓고, 언 손을 불었다고 말하였습니다.

지난겨울 눈보라 추위는 요즈음에 드물게 보는 것이었으니, 袁安의 누움과 原憲의 病을 묻지 않아도 상상할 수 있는데 賢孫의 疾이 더욱 위독한 데 이르러 슈愛의 걱정인바, 아직까지 찾아뵙고 다시 듣지 못하오니 마음이 조급함을 이기지 못하겠나이다.

그 뒤 며칠이 지나서 비로소 보내주신 편지를 받았사오니 지난해 섣달에 띄운 것이었습니다. 그런대로 해는 바뀌고 달은 다시 둥글었나이다.

다시 묻자오니 道體候 康福하시오며, 슬하의 근심은 아울러 모두 떨치셨는지요? 마음으로 근심하여마지 않습니다.

邦憲은 천한 몰골로 녹록한 사연을 족히 알릴 것이 없사오나 다만 哀冤一念으로 새해를 맞이하였나이다.

天道는 순환하여 만물이 장차 소생할지나 오직 우리 죽은 사람은 한번 가서 돌아오지 않으니, 홀로 촌구석에 앉아 물끄러미 바라보고 기다려도 단지 거친 들판만 쓸쓸히 보이는데 근심걱정은 무럭무럭 구름처럼 피어나 아련한 모습이 보일 듯 말 듯 할 뿐이니, 이 마음과 이 슬픔을 어느 때에나 다하리오?

생각하니 文丈께서는 일찍이 이러한 경우를 겪으셨으니, 조금 보살펴 주셔서 한번 동정하십시오, 눈물로 회상하니 만사가 끝입니다.

생각은 當世 君子의 不朽한 大筆을 얻어서 墓道에 묻어 이 悲哀를 풀고자 하오나 나는 허락하여 주실는지 알지 못하겠나이다.

만일 尊慈께서 延陵의 知禮를 알지 못한다고 물리치지 아니하신다면 行錄 한 통을 즉시 기록하여 드리겠사오니, 回敎하여 주시기를 기다리겠나이다.

이 아이는 녹록하여 실로 칭찬하여 말할 것이 없습니다. 그러나 그 마음씨는 매우 착하였습니다. 밝게 헤아려 주시기를 바랍니다.

별지(別紙)

邦憲은 매우 寡陋하여 心性의 奧旨에 대하여 더불어 논하기에는 부족합니다. 그러나 平日의 講究인즉 또한 일찍이 여기에 있지 아니함이 없었나이다.

나는 학문의 길은 오직 性善을 알아서 氣質을 變化시킴에 있다고 생각하는 까닭에 心性理氣의 분별이 致知의 방법이 되므로 當世의 君子에게 찾아가 바로잡고자 생각하나이다.

昏蔽한 나의 안목으로는 아직도 얻은 바가 없이, 어렴풋이 논설을 전개한 것도 오직 先賢의 緖論일 뿐입니다.

人物性同異論에 이르러서는 더욱 파악하여 단정하지 못하므로 사람이 간혹 와서 湖洛論의 옳고 그름을 물으면 대답하여 말하기를 "알지 못한다, 비록 시시콜콜한 견해가 있다고 하여도, 후학이 어찌 감히 망령되게 先輩의 未定한 是非를 논평하리오? 또한 後學이 塘, 屛, 淵, 陶의 德에 미치지 못함이 현격할 뿐만 아니라 塘, 屛, 淵, 陶의 德도 일찍이 그 시대를 감복시키지 못하였거늘, 하물며 온 세상에 통일되지 아니하는 의견을 어떻게 억지로 같게 할 것인가?

옛말에 이르기를 公이 나로 하여금 公이 되게 하지 못함이 마치 내가 公으로 하여금 내가 되게 하지 못함과 같다고 하였으니, 지금

논하여도 또한 보탬이 없다."라고 하나이다.

年少한 後進이 때로 간혹 찾아와서 이야기하기를 "湖是洛非"다, "洛是湖非"다, 하면 邦憲이 크게 꾸짖어 중지시키고 말하기를 "君輩는 무슨 學力, 무슨 力量으로 능히 先輩의 得失을 분별하는가?

가사 분별하여 깨달은 바가 있다고 하면, 草木禽獸가 五常을 갖추어 있음이 사람과 같은가? 다른가의 여부는 필경 그대의 몸에 어떤 관계가 있는가?

吾輩는 인간이다. 오직 사람의 본성은 착하니, 聖人이 우리를 속이지 아니하였다. 마땅히 부지런히 힘써, 이 性을 따르고, 이 道를 닦아서, 聖人의 경지를 배우려고 생각하여야 옳다.

다만 나의 性을 다하지 못하는 것이 근심이려니, 어찌 物性이 밝혀지기 어려움을 걱정하리오? 이제 우리들은 다행히 孔, 孟, 程, 朱의 뒤에 태어나서 性善의 학설을 얻어들었다.

또한 학문의 차례와 조목을 자세히 밝힌 千言萬語가 方冊에 실려 있나니, 오직 이것을 바탕으로 공부하여 나아가면 門路가 거의 어긋나지 아니하여 반드시 다른 길로 가는 의혹이 없을 것이다.

이러한 방법으로 연구하고 또 연구하면 활연히 貫通하는 것을 또한 반드시 스스로 알고, 실제로 보는 날이 있을 것이다.

오직 그대는 모름지기 聖人이 되지 못함을 걱정할 것이요, 湖洛論의 분별하지 못함을 걱정하지 말라!"라고 하였나이다.

邦憲의 평일에 간직하는 바가 단단함이 이와 같은데도, 지난날의 우연한 발단으로 마침내 몇 번의 질문을 하게 되었나이다. 그러나 모두 陳腐한 이야기로 맷돌 가는 말이 빙빙 도는 것에 지나지 못할 따름입니다.

그러므로 족히 大方家의 一笑之資도 되지 못한즉 私心이 매우 不安하고, 傍聽者로 하여금 서로 전하게 되면 반드시 장차 말하기를

"누구와 누구가 바야흐로 湖洛說로 어지럽게 왔다 갔다 하여 다시 크게 다툰다."라고 할 것입니다.

그렇게 되면 邦憲은 참으로 감당하지 못하오며, 衆口가 지껄이면서 彼此 또한 각각의 소견으로 서로 비방하면서 의논한다면 실로 吾黨의 欠事가 될 것입니다.

늘 예로부터 辨爭하는 것을 보면, 조금도 서로 낮추지 아니하고, 곧 문득 논의하는 이외에 정다운 말을 더하나니, 不平하는 생각이나 不遜한 말이 없이 서로 그 사람과 더불어 이끌어 주었나이다. 아-, 이것은 또한 무슨 마음일가요?

오늘날을 돌아보건대 어떤 세상입니까? 聲色을 조금이라도 나타낼 수 있습니까? 이래서 늘 근심하고 두려워 하옵나니, 이제 가르쳐 주신 바를 받들어 同人의 異而同이라고 말하나이다.

저 기록하여 가르쳐 주신 여러 조목에는 의심점이 없지 아니하와 다시 청하나이다. 그러나 人物性同異 등의 논설은 아직 또한 멈추어 두고 나의 천박한 견해가 조금 이해되기를 기다려 천천히 찾아가 바로잡겠나이다.

답전장령(答田掌令) (壬寅三月)

지난해 내려주신 글월에 아직도 감사의 답서를 올리지 못하였으니, 편지하기 어려움이 한결같이 여기에 이르렀나이다.

그 우러러보는 땅을 바라보며 늘 조바심을 이기지 못하나이다. 사랑이 넘친 書翰에서 간절하게 깨우쳐 주신 말씀에 그 큰 君子의 寬洪善恕하심이 無禮한 사람을 갑자기 끊어버리지 아니함에 더욱 감격하였나이다.

봄날에 淸穆愼節하시옵고 또한 氣力康和하시온지요? 축원하여 마지아니하나이다.

邦憲은 友生들의 권유로 일어나 僧舍에 와서 머문 지가 旬朔이
지났습니다. 따라서 淸閒한 趣味가 없지 아니하지만 학습하는 바가
전혀 頭緖가 없으니, 사람들에게 민망함을 느끼나이다.

이제 北路의 駕에 程途가 絶遠하니, 장차 어떻게 교통할까요? 아
주 걱정입니다.

全生이 매우 급히 돌아갈 것을 알리므로 도무지 禮를 갖추지 못
하나이다.

學者는 진실로 마땅히 下學處에 힘써서 上達地를 삼아야 할 것입
니다. 그러나 만약 致知에 있어 上達의 所在를 밝게 알지 못하면
下學에서 力行하는 것도 장차 그 방법을 알지 못할 것입니다.

그러므로 程朱 두 선생이 모두 知行에 있어 輕重과 先後의 교훈
이 있나이다. 따라서 邦憲은 늘 말하기를 후학에게 있어 行하는 곳
에서 힘을 얻지 못하는 것은 실로 참으로 알지 못한 데서 말미암는
것이라고 말하나이다.

비록 그러하지만 그 零碎한 見聞處라도 또한 일찍이 踐履하지 아
니하였은즉 이른바 踐履는 실로 오늘날의 急先務입니다.

孔門의 弟子는 한 가지 사실을 들으면 한 가지 사실을 행하였나
니, 참으로 당연히 본보기로 삼아야 할 것이므로 邦憲도 또한 여기
에 힘쓰고자 하지만 아직 잘하지 못합니다.

다행이 일에 따라 가르침을 내려 주시기만 천만 바라나이다.

遺墟碑 가운데 사실을 기록할 때에 일을 주관하는 사람을 일컬음
에 나이가 많고 행실이 높은 사람은 이름을 쓰되 氏字를 더하는 것
이 예법에 참으로 당연하나이다.

그러나 淺見으로 생각하기에는 잘 모르겠습니다마는 그 妄發일

것 같습니다.

이것은 비록 先祖의 碑文을 지음에 先祖의 말을 쓰지 않고 作文者가 스스로 서술하는 바로 하면 어찌 미안하지 아니하리까?

先賢의 文集에 이러한 例가 많다고 생각하오나 창졸간에 기억하기 어렵습니다. 앞으로 마땅히 자세히 고찰하여 만일 근거할 만한 例가 있으면 삼가 기록하여 올리겠나이다.

明道가 荊公에 대처한 바와 伊川이 이 東坡에게 대처한 바에서 문득 두 선생의 氣像을 볼 수 있습니다. 그런데 伊川이 대처한 원리가 어찌 善處가 아니리까?

대개 伊川이 東坡에게 대처한 것이 明道가 荊公에게 대처함만 같지 못한즉 그 渾然한 곳이 明道에게 미치지 못한 까닭입니다.

明道의 渾然함에 미치지 못하면서 한갓 小人輩를 대함에 嚴格하지 아니하면 心術을 해치지 아니함이 거의 드물 것입니다.

어떨지 모르겠습니다만 方憲은 늘 伊川을 배우고자 하여도 본성이 나약하여 항상 스스로 개탄만 할 뿐입니다.

○ "마음은 사람의 神明이 깃든 바이니, 衆理를 갖추어 만사에 응하는 것이라고 하였는데 이 말에 잘못된 根苗가 있지 아니합니까?"라고 하였습니다.

여기에서 이른바 神明은 곧 心의 本體를 지적한 것으로 心性을 합하여 말한 것입니다. 語類에 이른바 心의 本體는 일찍이 善하지 아니한 것이 없다고 하였습니다.

만일 그 마음의 氣稟을 논한다면 善과 不善이 있다고 말하지 않을 수 없나이다. 이른바 惡은 이 마음이 아니라고 한다면, 어디에서 나온 것이겠습니까? 그러므로 이른바 性은 착하지 아니함이 없으나, 心에는 善惡이 있다고 하는 것입니다.

대개 心은 氣인데, 그 本體가 虛靈합니다. 그러므로 그 氣의 같지 아니함으로 보면 善惡이 있다고 말하고, 그 本體의 虛靈으로 論證하면, 善하다고 말해야 됩니다.

자고로 心을 논하는 사람이 대부분 그 本體의 虛靈不昧處에서 性과 합하여 말하였으니, 道心, 良心, 本然之心이 이것입니다.

만약 그 마음의 氣稟을 바로 가리켜 純善이라고 섞어서 일컬으면 혹시 釋氏의 本心과 똑같게 되는 병통이 두렵습니다. 達摩가 面壁 九年에 단지 人心은 至善하다고 말한 것을 朱子는 비웃었나이다. 어떤지요?

○ "性은 聖人이 홀로 하늘에서 얻었다고 하였으니, 賢者 이하는 마땅히 어떻게 설명하여야 되는지?"라고 하였습니다.

이 性字는 淺見으로 고찰하건대 그 性의 理를 지적한 것이 아닙니다. 원문에 말하기를 "천성 그대로 편안한 것을 聖이라고 이른즉 천성을 잘 따르는 근거는 聖人이 하늘로부터 가득히 얻음이며, 湯武로부터 이하는 그것을 돌이켜서 회복한 賢明인즉 모두 얻은 바의 것만은 아닙니다."

賢人이 회복하여 지극하게 되는 근거가 어찌 氣稟의 아름다움이 聖人에게 미치지 못함이 아니리까? 그러므로, 聖人은 힘써 노력하지 아니하여도 저절로 천성대로 하는 것인바, 그 까닭을 알 수 있습니다.

朱子가 말하기를 "이것은 聖人은 근본적으로 淸明을 完全히 갖추고 어그러짐이나 모자람이 없는 것을 말한다."라고 하였으니, 이것은 사람이 홀로 얻은 바의 것입니다.

이에 비하여 復字는 상대적입니다. 회복하였다고 말함은 이미 잃었던 것을 그 처음으로 돌아갔다는 것이니, 문득 聖人이 홀로 얻었던 곳과는 똑같지 아니합니다.

이른바 淸明完具는 그 性의 理를 지적한다고 말할 수 없는 것인즉 淸明이 完具한 내용이 이에 性이라고 할 것입니다. 이것이 논리의 근거입니다.

聖人이 천성 그대로 잘하는 근거가 어찌 홀로 얻은 것이 아니겠습니까?

孟子가 말하기를 "形色이 天性이니 오직 聖人이 된 다음에 제 모양 그대로 실천할 수 있다."라고 한 것이 이를 말함이 아니겠나이까?

답전장령(答田掌令) (辛丑正月)

답전장령(答田掌令) (辛丑八月)

답전장령(答田掌令) (壬寅四月十七日)

※ 이상의 3편은 간단한 안부 편지이므로 번역하지 아니함.

답전장령 1(答田掌令 一)

지난번에 보고드린 나의 이야기는 말도 되지 아니한 것이었습니다. 이는 비록 갑자기 쓴 것입니다만 그러나 그 心地가 荒粗하여 精密하게 思索하지 못하였음을 추측하여 아실 것입니다.

이렇게 학문을 하니, 어찌 그 발전을 기약할 수 있으리까? 뒤에야 點檢하여 보니, 두려워서 어쩔 줄을 모르면서도 바늘방석에 앉은 듯 온몸이 아픕니다.

程子가 東西彼此中內의 說을 經緯橫豎로 나눈 것을 진실로 아직 접근하지 못하였으나, 近思錄小註에 動靜으로 말하는 것이 온당한 듯하나이다.

대저 主一의 工夫는 실로 動靜을 꿰뚫어서, 東西로 달려가지 아니한다면 이는 寂然不動한 未發의 中에 있음이요, 또한 彼此에 걸리지 아니한다면 곧 事物에 따라서 밖에 있으면서도 문득 안에 있는 것이 아니리까? 어떤지요?

敬은 講學의 道다에서 道字가 未安하여 本字로 고치고자 하온데 어떤지요?

이른바 涵養은 未發, 已發의 工夫를 아울러야 된다고 말하는 것은 더욱 未安하게 생각한다고 하셨으나 내가 생각하기에는 대개 涵養의 工夫가 비록 未發時의 일이라고 말하더라도 그러나 發한 뒤에 힘차지 못한 때에 이르면 항상 살펴야만 또한 이 마음을 涵養할 수 있습니다.

朱子가 말하기를 "日用生活에서 이 四端을 시험할 것 같으면 분명히 아울러 함께 나오는데 이에서 문득 操存涵養하여 나아가는 것이 바로 下手處이다."라고 하였습니다.

또 말하기를 "靜坐하여 涵養할 때를 당하여 바로 體察하여 道理를 생각하여야 되나니, 오직 이것이 涵養이다."라고 하였습니다.

朱子도 또한 涵養을 發한 뒤의 思慮處로도 말하였는데, 先儒들은 모두 涵養을 未發時라고 하여 本原工夫를 省察과 相對的으로 말하였나이다.

이제 後學이 감히 未發과 已發을 아울러서 論理를 세운 것은 실로 당돌하다고 하겠나이다. 涵養此意에서 意字는 다시 생각하니 實用의 글자가 아니고, 그냥 이야기 속에 들어간 것입니다.

明道가 李籲에게 答하여 말하기를 "다만 이 涵養의 뜻을 오래 간직하면 자연히 익숙해진다."라고 하였습니다. 敬하여 內心을 곧게 함이 涵養意입니다. 이제 이 意字도 이 例가 아닐까요? 가르쳐 주십시오.

답전장령 2(答田掌令 二)

東西彼此中內는 動靜으로 말한 것입니다. 대개 主一의 工夫는 참으로 動靜을 꿰뚫어서, 東西로 달려가지 아니하면 이는 靜時의 寂然不動으로 未發의 中에 있음이요, 彼此에 걸리면 動時라도 또한 物에 따라 밖에 있음이 아니라, 문득 안에 있는 것입니다.

天理는 자연히 밝다는 말은 象山의 頓悟의 見解와는 다른 뜻입니다. 대개 敬하면 마음이 스스로 간직되는지라. 마음에 갖춘 바의 理가 자연히 빛나서 꿰뚫으니, 곧 이른바 위로 天德에 통달함입니다.

朱子가 이른바 "東西로 달려감이 없는 上面에 오직 天德이 있다."고 하는 말이 이것입니다.

다만 天理가 어떻게 스스로 밝느냐고 말하면 또한 어떤 물건이 있어가지고 저절로 빛나서 꿰뚫는다고는 생각지 아니합니다. 또한 이는 講學을 말함이 아니요, 다만 高明을 말할 뿐이니, 敬은 스스로 講學의 근본이지만 좇아서 말하는 바의 지경이 다른 까닭입니다.

涵養此意에서 意字는 淺見으로 고찰하건대 實用의 글자가 아니고 그냥 말속에 끼어든 것으로 이 意思라는 말 같습니다.

明道가 李籲에게 答하는 편지에서 말하기를 "但存此涵養意久則自熟矣"라고 하였으니, 敬以直內가 涵養意입니다. 이제 이 意字도 이 例로 보아야 하지 않을까요?

그러나 이른바 涵養은 비록 未發時의 일이지만 실제로 全體工夫로서 未發과 已發을 아울러 포함하나니, 곧 發한 다음에 힘찬 데 이르지 못할 때에 항상 하여금 보살피면 또한 이 마음을 함양한다고 말할 수 있을 것입니다.

마음이 發用하는 곳에서는 涵養의 功夫를 하면 無理하게 되지 않고, 意字를 未發에다 잘못 귀속시키는 의혹도 필요 없게 될 것입니다.

朱子가 말하기를 "만약 일상생활에서 이 四端을 省察하여 보면 분명히 아울러 함께 나오는데 이에서 문득 操存涵養하여 나아가는 것이 바로 下手處이다."라고 하였나이다.

또 말하기를 "當靜坐涵養時 正要體察思繹道理 只此便是涵養"이라고 하였으니, 朱子도 또한 涵養을 發한 뒤의 思慮處에 속한 것으로 말하였는데, 홀로 劉念臺가 誠意로서 마음의 主宰를 삼은 것은 생각건대 大學에 誠意가 正心보다 앞에 있는 까닭으로 本源으로 인식하여 發 後의 工夫에 귀속시키지 아니한 것입니다.

程子는 이 줄에서 劉와 같은 뜻이 있음을 찾아보지 못하겠나이다. 어떤지요?

論語에서 智識이 미쳤으면 仁으로 지키라고 말하고, 中庸에서 三達德을 顏子가 골라서 잘 지켜 仁하다고 하였으니, 仁이 잘 지키는 방법이지만 대저 그것을 지키는 원리는 敬입니다.

敬이 아니면 하루도 자기에게 있을 수 없나니, 敬으로 지킨다고 말하지 아니하고, 仁으로 지킨다고 말하였은즉 仁이 지키는 바의 근거는 무슨 논리인지요?

답전장령 3(答田掌令 三)

心經附註에 程子의 東西彼此中內의 말은 겹쳐서 말하는 데 지나지 않은 듯하지만 자세히 나누어 보면 이는 經緯와 橫豎의 논설입니다.

동쪽으로 가고 서쪽으로 가는 것은 緯요, 가운데 하여 기울지 아니함은 橫說입니다. 이리 가고 저리 가는 것은 經이요, 안팎이 相對함은 竪說입니다. 어떤지요?

天理自然明이라는 一句는 象山의 頓悟의 견해와는 내용이 다릅니다. 대저 敬하면 마음이 저절로 간직되어, 마음에 갖추어진 바의 理가 자연히 비치어 꿰뚫으니, 곧 이른바 위로 天德에 통달함입니다.

朱子가 이른바 東西로 달려감이 없는 곳 위에 자못 天德이 있다고 함이 바로 이 뜻입니다.

다만 天理는 스스로 밝다고 말할 수 없다고 하면, 또한 하나의 물건이 있어 저절로 비치어 꿰뚫는다고 말하는 것이 아닙니다.

만일 또 講學을 말함이 아니라고 하는 것을 의심한다면 敬은 講學의 道이지만 쫓아서 말하는 경지가 다른 까닭입니까?

涵養此意의 意字는 心字로 바꾸어 보라는 盛敎가 좋을 듯합니다만 劉念臺가 意를 心의 主宰라고 하는 견해와는 다릅니다. 대개 意는 心의 發用한 것인데 여기에서 이른바 涵養은 全體工夫니, 저 未發, 已發을 아울러 포함한즉 意字는 未發에 포함되지 않는다고 의심할 필요가 없습니다.

念臺가 誠意를 心의 主宰라고 하는 것은 誠意가 正心의 앞에 있는 까닭으로 本源處로 인식하여 發處의 工夫로 보지 아니한 까닭인지요?

念臺의 原文을 볼 수 없으니, 또한 臆測할 수 없을 뿐입니다. 이는 모두 淺見으로 갑자기 연구한 것이라, 생각건대 불합리한 것이 많습니다만, 상세히 비판하여 가르쳐 주시면 다행이겠나이다.

여전장령(與田掌令) (己亥)

여러 해 우러러 사모한 나머지 하룻밤 찾아뵙고 가르침을 받는 것으로는 쌓인 이야기를 다 할 수 없었나이다.

어른이 머물러 자라는 盛意를 또한 받들지 못하고 돌아오니, 허전함을 또한 스스로 이기지 못하나이다.

생각하건대 가을에 道體氣候 모두 康旺하시오며, 天理를 體認한 工夫에 남이 알지 못하는 妙가 있으신지요? 우러러 날로 정신 쾌청하시기를 축원하나이다.

邦憲은 게으름이 버릇이 되어 참으로 頭緖가 없나이다. 어쩌면 좋을까요?

우리 사람이 학문을 하는 것은 대개 그 氣質을 變化하여 그 본성을 회복하고자 함입니다.

先儒가 이른바 모름지기 본성을 따라 치우쳐 극복하기 어려운 곳을 극복하여 가는 것이 對症의 良劑라고 말하였습니다.

邦憲은 비록 昏惰한 病을 스스로 알고 극복해가는 약을 쓰려고 하지만 고통스러워서 힘을 내지 못하오니, 이것은 참으로 알지 못한 까닭입니까? 알면서도 행하지 아니한 까닭입니까?

이에 반드시 倉公의 藥方文이 있어 다행히 頂門에 一鍼을 베풀어 주심이 어떨지요?

그윽이 생각하니 心性理氣는 이에 學問의 宗旨이므로, 학자가 진실로 마땅히 밝게 분별하여야 됩니다.

그러나 凡人의 소견이 차이가 없을 수 없는 까닭에 異同의 論이 있는 것을 先儒도 면할 수 없었습니다.

晦翁도 또한 初晩의 다름이 있었거늘 後學에게 어찌 이러한 근심이 없으리오? 참으로 功力을 오래 쌓으면 반드시 마땅히 뚜렷하게 바른길로 돌아가는 날이 있을 것입니다.

비록 간혹 論議가 각각 다르고, 같음이 있다고 하여도, 다같이 孔子를 배운 사람들이니, 또한 마땅히 서로 사랑하고, 서로 아껴서 진리를 호위하는 자리로 생각하는 것이 좋겠습니다.

세상에는 혹시 다른 사람의 의논이 자기의 견해와 조금이라도 차이가 있음을 보면 문득 彼我를 나누어 꾸짖고 뿌리치며 서로 용납하지 못하는 일도 있으니, 저는 매우 싫어합니다.

明道의 南廟對策에 이른바 "聖人의 시대가 멀어지니, 諸儒가 어지럽게 집집마다 異論을 고집하고, 사람마다 다른 말을 하여 서로 꺼리어 싫어함이 仇讐보다 심하다."고 함과 불행히 비슷하나이다.

伊川이 漢州試策에서 이른바 "訓辭를 해석함에 先儒의 長短을 비교하여 異說을 세우고 자기의 공부로 여기니, 이러한 학문으로 과연 道에 이르러 가겠는가?" 하였으니 참으로 지극히 절실한 교훈입니다.

그윽이 관찰하건대 文丈은 또한 이러한 習俗에 아주 감개하시고, 和平하게 講磨하는 길을 생각하시니, 그 盛德한 사람의 일을 알겠나이다.

邦憲처럼 極陋한 사람에게 이르기까지 특별히 보살펴 사랑하셔서 어리석은 사람이 되지 않게 하시니, 이 뜻을 어찌 잊으리까?

邦憲은 구구하여 족히 말할 것도 없습니다만 그러나 平日에 先輩의 論을 講究하다가 思索이 뚫리지 아니하고, 또한 의심이 풀리지 아니한 것이 있어서 좌우에 참고한 지가 오래되었습니다.

다행히 말을 하여도 깨닫지 못함을 허물하지 아니하시니 어찌하리오! 나의 생각을 버리고 남을 따르며, 감히 자기를 믿지 아니하고, 그 스승을 믿는 것이 비록 좋은 일이지만, 그러나 마음에 깨닫지 못하면서 오로지 남의 말에 붙어 부질없이 따르고자 한다면 나의 身心과는 상관이 없으니, 도리어 自得의 效果가 없을 것입니다.

이에 끝까지 생각하여 반드시 일이 있도록 함이 어떨는지요?

지난번 盛敎에서 湖論은 諸先生이 늘 天命의 性을 氣質의 性으로 돌렸다고 말한 까닭으로 집에 돌아와 여러 선생의 글을 고찰하니 또한 그러한 이야기가 보이지 아니하였나이다.

遂菴이 말하기를 "天命性의 세 글자는 하나로 꿰뚫은 말이니, 天은 곧 太極이요, 命은 곧 流行이며, 性은 곧 人物의 各正이다. 天은 未生物前의 渾然全體요, 命은 바야흐로 生物의 大用이며, 性은 物物이 각각 얻어서 스스로 온전한 것이다. 이것이 孟子가 이른바 性善이요, 곧 말하는바 本然의 性이다."라고 하였습니다.

또 말하기를 "비록 天命의 性이 반드시 氣質 속에 담아 두었다고 하여도 이는 그 氣質에 따라 타고난 바와 더불어 같지 아니하는 것이다."라고 하였으니, 모두 같은 말입니다.

이것은 저 程張이 논한 바의 氣質之性과는 그 뜻이 조금 다른 것 같습니다.

南塘이 말하기를 "天命之性과 率性之道는 天理의 本然한 것으로 말함이다."라고 하였고, 또 말하기를 "天이 一原이면, 性은 分殊요, 性이 一原이면 道는 分殊며, 道가 一原이면 敎가 分殊니, 性이나, 道나, 敎가 天理의 自然이 아님이 없다면 이른바 分殊에도 一原이 있지 아니함이 없는 것이다."라고 하였습니다.

屛溪는 말하기를 "性命道는 단순히 理만을 말하지 아니함이 없다. 그러나 天命으로부터 이하는 또한 氣가 乘載하여 오지 아니함이 없나니, 氣가 아니면 命이 어떻게 賦與하겠는가?"라고 하였습니다.

또 말하기를 "天은 오로지 理의 全體를 말하고, 命이라는 것은 이 理가 流行하여 萬物에 賦與한 것이다. 天命이 流行함에 氣가 아니면 어떻게 敷施하리오, 性도 또한 氣에 乘載하여 成形하는 것이니, 이 理를 받아서 各正한 것이다."라고 하였습니다.

諸先生의 논한 바는 대개 이와 같은데 程朱의 가르침과 특별히 조금도 다름이 없습니다.

대개 性은 人物이 稟受한 뒤에 形氣 속에 떨어져 있는 이름이니,

이른바 天命의 性은 곧 그 形氣 속에 나아가 단순히 그 理만을 지적하므로, 또한 그 氣에 섞이지 아니한 이름입니다. 그러므로 그 本然이 됨에 해치지 아니합니다. 어떤지요?

中庸或問에서 智愚와 賢不肖를 구별하여 논하면서 말하기를 "오직 聖人의 마음이어야 淸明純粹하다."고 하였는데 그 아래 小註에서 말하기를 "淸明은 氣로서 말함이요, 純粹는 質로서 말함이다."라고 하였습니다.

이에서 관찰하면 마음을 氣質로 말하는 것이 이미 오래되었나이다. 대저 心과 氣質은 對待하여 말하면 또한 界位의 분별이 있습니다. 그러나 마음은 본래 한 몸에 氣의 精英이므로 통틀어 氣質이라고 말하면 마음도 그 가운데 포함되어 있는 까닭에 또한 氣質로 논할 수 있는 것입니다.

이른바 氣質을 變化하는 것도 마땅히 육체의 고르지 못한 혈기를 지적하여 변화시키려는 것이 아니요, 당연히 그 마음의 氣質이 濁駁한 것을 가리켜 변화하여 淸明純粹한 곳에 이르게 하여 그 본성을 회복하는 것입니다. 어떤지요?

巍岩이 일찍이 未發의 前은 本然之性이요, 그 發함에 미쳐서는 바야흐로 氣質之性이라고 일컫는데 南塘이 분별하여 말하기를 發하여 氣質之性이 된다면 이는 불과 이른바 情에 해당할 뿐이라고 하였습니다.

그윽이 塘翁의 뜻을 생각하여 보건대 대개 發한 뒤에는 情이요, 性이 아니다, 어찌 氣質之性을 情에다 귀속시키리오? 함입니다.

지난번에 盛敎에서 湖賢은 情으로 氣質之性을 삼는다고 말하신 까닭에 감히 이 글을 올립니다.

여전장령(與田掌令) (己亥十一月)

먼저 편지를 접어둔 지 이미 오래되었으나, 부칠 인편이 없어 오늘에 이른지라 어쩔 줄을 모르던 차에 또다시 글월을 내려주시니, 감사하옵기 끝이 없사오며, 마치 존안을 뵌 듯하나이다.

다시 문후 여쭙니다만 寒天에 道體 더욱 보호하사 安旺하시고, 膝下의 근심은 요즈음 다시 어떠하나이까? 엎드려 간절히 축도하나이다.

邦憲은 도무지 변화가 없어 올릴 말씀도 없습니다만, 齋記를 써주신 은혜 백번 절하고 삼가 받나이다.

마치 鳥頭를 服用하여 힘이 솟은 것처럼 勤勉하게 깨우쳐 주신 盛意를 어찌 감히 잊으리까?

다만 스스로 돌아보건대 너무도 고루한 不肖者는 이 뜻을 받들 수 없으니 한갓 당세의 군자에게 죄를 얻었을 뿐만 아니라 장차 아비를 잊은 사람이 되는 것을 면치 못하게 되었나이다.

부끄러워서 죽고 싶을 따름입니다. 全生이 돌아기기 바쁘다고 하므로 급히 글을 씀에 모두 뜻을 다하지 못하오니, 오직 보살펴 주소서!

서(書)

여유중화인섭(與柳仲華寅攝) (辛卯六月)

큰비가 지루하니 사람으로 하여금 짜증나게 합니다. 이러한 때에 侍體는 貞吉하시며, 농사일은 과연 묵히지는 않았는지요?

시시콜콜한 일을 어찌 다 감내하리오. 우리들을 둘러보건대 태반이 농사가 잘 안 되는 것만을 걱정하고 있으니, 그저 웃음과 탄식만 나옵니다.

나는 집안이 무고한 것을 다행으로 여기고, 모든 백 가지 근심 걱정에 눈썹만 찡그리니, 平淡한 좋은 소식이 없나이다. 어떻게 할까요?

근일에 心經을 읽다가 의심이 있어서 글월을 올리오니, 형은 어떻게 생각하는지요?

어떤 사람이 致知와 涵養의 先後를 물으니, 朱子가 말하기를 모름지기 먼저 致知하고 뒤에 涵養하라고 하였습니다.

伊川에게 물으니 致知를 함에 敬이 있지 아니함이 없다고 말하였는데 어떻습니까? 대답하기를 이것은 大綱을 말한 것이다.

또한 程允夫에게 答한 글에서 말하기를 대개 이 일은 本原을 涵養하는 것이 먼저니 經傳의 뜻을 講論하는 것은 특별히 이것을 북돋움일 뿐이라고 하였습니다.

이 두 가지 가르침이 서로 어긋나는 것 같은데 왜 그럴까요?

모여서 생각해 볼 곳입니다. 回教하여 주십시오. 땀이 나서 이만 줄입니다.

여유중화(與柳仲華) (壬辰十一月)

눈이 쌓인 산골에 쓸쓸한 생각 못내 괴로운데, 이에 더불어 말할 사람이 없으니, 오직 멀리 바라보며 생각만 자주 하나이다.

추운 겨울에 文體 莊重하시며, 旅館에서 周易을 읽으심에 과연 좋은 자리를 얻으셨는지요?

賤狀은 완고한데다가 원한도 깊어서 달리 道를 받들기에 족하지 못하나이다. 그저 옛날 工程만을 걸어갈 뿐이니, 어찌하리까?

그윽이 한 말씀 올리오니, 高明께서 어찌 생각하실지 모르겠나이다.

일찍이 들으니, 金剛山에 萬物抄가 있어, 色相이 纖悉, 珍瓏璀璨하여, 참으로 千古奇觀이라.

일찍이 가서 놀던 사람이 그 모양새를 그리고, 그 途程을 기록하여, 돌아와서 천하에 전파하니, 이에 사람이 모두 그 勝狀을 알아 구경을 가지 아니할 수 없었나이다.

그러나 그 길이 멀어서, 혹시 가서 보고 싶은 사람이 있어도, 힘이 모자라는 사람도 있고, 또한 시들하게 여기고, 돌아보지 않는 사람도 있는데, 이에 몇몇 사람은 그 이야기를 듣고는, 흔연히 즐거워하면서 그 그림을 휴대하고, 출발한 지가 또한 며칠 되었나이다.

그러다가 다시 머뭇거리며 中路에서 주저앉거나 혹 일이 생겨 발걸음을 되돌리거나 혹 고달파서 쉬어 버리거나 하여 단지 우거진 산마루 길 끝만을 볼 뿐입니다.

진실로 다시 그 기록을 잘 고찰하여, 자세히 그 길을 찾아서 발걸음도 가볍게 반드시 이르기를 기약한다면 탄탄한 넓은 길로 며칠이 안 되서 이를 수 있을 것입니다.

어찌하여 손에 이 그림을 들고, 갈까 말까 하면서 상상만 하고, 오직 萬物의 色相을 아련히 마음과 눈 사이에 그리기만 하리오?

그러고만 있으면 비록 해가 다 가고, 달이 다 차도 반드시 볼 수 있는 날이 없을 것이니, 마침내 또한 스스로 보고 싶어도 능력이 없는 사람과 똑같은 것이며, 일찍이 시들하게 여기고 처음부터 관심이 없는 사람과 무엇이 다르다고 할 것인가? 사람으로 하여금 큰 탄식만 나오게 하나이다.

우리들 몇 사람 가운데 함께 가자는 이들은 이미 준비가 다 끝났는데 아직도 이렇게 머뭇거리기만 하니, 장차 가보지도 못하고 중지할 것인가? 아니면 가기는 가는데 기일만 조금 늦추는 것인가?

시시한 사람들처럼 또다시 올해를 길에서 배회하고 만다면 필경 못가고 말 것입니다.

오직 高明의 三冬 나들이만 해도 이미 90리의 반은 지났다고 생각합니다. 모름지기 날짜를 정해놓고 추진하여 몸이 洞府에 들어간다면 반드시 그 珍瓏璀璨한 것을 모두 볼 것입니다.

그래서 萬象이 一理임을 파악하여 주머니 속의 물건으로 만들 수 있을 것입니다.

그런 다음에 그 구경 가지 않을 수 없는 경치를 가지고 와서 자세히 이야기함으로써 시시한 사람들의 보고 싶어도 갈 수 없는 이들을 감격하여 일어나게 해야 합니다.

바야흐로 책상 위에 매화가 꽃이 피어 高明의 손에 이미 잡혔을 것입니다. 과연 그 뿌리를 잘 간파한다면 金剛의 萬物象도 또한 그 깨달음 속에 있을 것입니다.

高明께서는 이미 간파하였는지요? 남은 이야기를 많이 하지 아니합니다.

여유중화(與柳仲華) (癸巳四月)

일전에 講席에서 高明으로부터 未發은 性에 속하고, 已發은 心에 속한다는 말을 들은 듯합니다.

제가 잘못 들었는지요? 아니면 高明의 말이 우연히 실수를 하였는지요?

만일 그것이 진실로 본 견해라면 이것은 문득 작은 일이 아닙니다. 그 자리에서 질문하지 못한 것을 한하고 있습니다. 가르쳐 주시지 않겠나이까?

대저 未發과 已發은 오직 心氣의 一路일 따름입니다. 未發은 진실로 性이요, 已發은 스스로 情입니다. 心은 性과 情을 포함한 物이라, 곧 虛靈洞徹하여 萬理를 모두 구비한 것은 未發時니 氣가 理를 실은 體段입니다.

造作運用에 萬事가 차례로 나온 것은 已發時이니, 理가 氣를 탄 機括입니다. 그러므로 心의 動靜을 已發, 未發로 말함에 性이 비록 未發이 된다고 하면 情을 已發로 상대적으로 말하여도 되는 것입니다.

그러나 心을 상대적으로 말하여 마음이 已發에 속한다고 하면 단연코 옳지 못합니다. 未發時도 어찌 일찍이 마음이 아니리까? 어떻게 생각하신지요?

여유중화(與柳仲華) (癸巳五月)

지난밤에 돌봐주심은 적이 위안이 되었나이다. 다만 講說에 나의 생각과 맞지 않아서 부득불 다시 글월을 올리나이다.

高明께서 말하기를 "간직하면 있고, 버리면 없으며, 들고 남에 때가 없어 그 있는 곳을 알지 못한다는 말은 단지 衆人의 心을 말할 뿐이요, 聖人인즉 원래 '가지고 버리고 들고 나고' 하는 것으로 말할 수 없다."고 하였습니다.

范純夫女가 孟子를 이해하지 못하면서도 마음을 인식하였다는 程子의 말을 인용하여 증명한 高見은 또한 정밀합니다.

그러나 나의 생각에는 전부 그렇지 아니하나니, 孔子가 말한 操存 이하 네 구절에 대하여 오직 心을 말한다고 결론 지은 것은 바로 心의 體用이 神明不測하고, 周流無窮한 妙를 지적한 것으로, 단지 衆人의 마음만을 말한 것이 아니라고 생각합니다.

그러므로 비록 聖人이라고 하여도 그 마음의 體段는 또한 스스로 이러한 것입니다. 만일 聖人의 마음은 간직하여 지킬 만한 것이 없고, 없애서 버릴 만한 것이 없어서, 본래 들고 나는 것으로 말할 수 없다고 하면 이것은 단지 釋氏의 入定이나, 道家의 不起念일 뿐입니다. 어찌 그러하리오?

'잘 생각하면 聖人이 되고, 엉터리로 생각하면 미친놈이 된다.(克念作聖, 罔念作狂)'가 어찌 操存捨亡을 말함이 아니며, '고요히 움직이지 아니하다가, 느끼면 다 통하는 것.(寂然不動 感而遂通)'이 어찌 出入을 말함이 아니리오!

聖人은 간직하므로 있고, 버리지 아니하므로 없어지지 아니하며, 그 들고 남에 때가 없음은 곧 順理로 應하고, 順理로 그치어 動靜하는 사이에 순수함이 또한 끊임없는 것입니다.

胡文定이 이른바 하루 사이에 百起百滅하여도 마음은 참으로 自若하다고 하였던 것입니다.

다만 衆人의 마음이 들고 남에는 모두 善惡이 있나니, 昏昧하지 아니하면 곧게 나아갑니다.

학자는 마땅히 여기에서 省察하고, 克治하여, 그 濁駁한 氣質을 변화하여, 바로 순수한 경지에 이르게 하면, 天理가 확립하고, 人慾이 끊어져, 곧 出入의 順理함이 聖人과 一般인 것입니다.

대개 마음은 活物이니, 본래 스스로 두루 흘러 끝이 없고, 끝없이 神明하여 한 모퉁이에서 막히지 아니한 까닭으로 가히 변화하는 道가 있나이다.

朱子가 石子重에게 答하는 글에서 말하기를 만약 버리면 없어지는 것이 이와 같이 달아나 버린다는 것만을 강조한다면 孔子가 心體를 말하는 것이 되는바 아마도 聖人이 논리를 전개하고 사물을 판단하는 뜻이 이렇지 아니할까 두렵다고 하였고, 또 말하기를 純夫女가 이에 대하여 실로 고민하지 아니한 까닭에 出入이 없다고 하였지만 사람에게 出入이 있는 것을 알지 못하였으니 마치 질병이 없는 사람은 남의 질병을 알지 못하는 것과 같은 것이라고 하였다.

또 이 부분에 대하여 논하면서 말하기를 마음은 死物이 아니므로 모름지기 活看하여야 된다. 그렇지 않으면 이는 釋氏의 入定이나 坐禪처럼 간직함이다. 오직 應事接物하는 사이에 일마다 이치에 적중하는 것은 문득 간직함이요, 만일 오로지 오뚝하게 앉아서 이 이치만을 지키다가 갑자기 눈앞에 일이 생기면 간직하던 것이 금방 흩어져 버린다면 이것은 버리면 없어진 것이다.

陳北溪가 또한 일찍이 말하였으니 마음의 본래 모양새가 홀연히 여기에 있는 듯하다가 홀연히 저기에 있고, 홀연히 여기를 떠났다가 홀연히 저기로 간다고 하였으니 北溪가 잘 형용한 부분이라고 하였다. 이러한 말들을 아울러 살펴서 연구하여야 될 것이다.

내가 말하는 바는 물론 聖人이나 凡人이나 본래 出入이 있다는 뜻인데 高明은 어떻게 생각하는지요, 만일 盛意에 이해되지 못한 것이 있다면 다시 연구하는 것이 좋겠나이다. 일간에 혹시 兪友를 만나 보시면 나의 학설을 이야기함이 어떨는지요, 대단히 송구스럽나이다.

여유중화(與柳仲華)

人心과 道心은 저절로 分界가 있어서 待對하여 雙說하나니, 혼합하여 말하는 것은 옳지 못합니다. 道心은 純粹한 善이요 人心은 善도 있고 惡도 있는 것이니 모름지기 많은 말이 필요치 아니합니다.

그러나 精一하게 中을 잡는 공부는 다만 人心에 대하여 붙인 것이요, 道心에 대하여는 처음부터 精密이나 專一이나 執中이 없는 것이라고 말할 수 있을까?

大舜은 어찌하여 오직 人心만을 들어 저 精一執中을 가르치지 아니하시고 특별히 道心을 상대적으로 열거하여 곧바로 오직 정밀하고 오직 전일하여 中을 잡는다고 논리를 전개하였을까?

이에 대한 번거로운 이야기는 접어두고 다른 이야기를 하심이 어떨는지요.

의여유중화유유정치일(擬與柳仲華兪惟精致一) (癸巳九月)

엎드려 절 드리고 생각하옵건대 僉體萬護하신지요? 날마다 서로 만나시어 物理를 講評하심에 반드시 날로 새로운 맛이 있으리라. 비록 그 남은 실마리라도 얻어듣고자 하오나 어찌 가능하리오.

孤哀는 병든 사람처럼 허약한 몸으로 이웃 부락에 떨어져 사니, 생각건대 염라대왕이 늙은이를 심판하여 바야흐로 큰 처분을 하는 같아 운명에 순응할 뿐 다른 길이 없나이다.

이제 四端七情의 人心道心에 대한 理論과 道心에도 過不及이 있다는 논설은 愚淺한 소견을 혼자 말한 것이므로 兄輩들이 믿지 아니함이 당연합니다.

나도 또한 감히 스스로 옳다고 생각하는 것은 아니었는데 요사이

屛溪集을 읽다가 屛翁도 또한 이에 대한 논설이 있어 四端七情이
人心과 道心은 다같이 情의 分界라고 하였고, 또한 道心도 과연 過
不及한 곳이 있다고 누누이 말하였습니다.

이래서 다시 나의 견해가 이치에 어그러지지 아니하였다는 것을
처음 확신하게 되었나이다. 그러나 屛翁의 학설이라도 兄輩들이 믿
어줄지 어찌 알리오. 오직 나만 홀로 이러한 先賢의 證明을 단단히
지킬 뿐입니다.

대저 신분이 寒微하고 지식이 얕으면 비록 이치에 합당한 소견이
있더라도 사람들이 반드시 크게 비웃으면서 말하기를 너와 같은 하
찮은 학설로 어찌 능히 微妙한 境界를 살피리오 하면서 배척하는
것이 자연한 형세입니다. 평소의 행실에 부끄러움이 많은지라 그렇
게 되는 것을 어찌하리오.

이제 우러러 말씀드림도 또한 감히 내 자랑을 하자는 것이 아니
라 先賢의 定論을 얻은 까닭에 兄輩들에게 알리고 싶어서입니다.

나의 병이 심하여 초고를 다듬지 못하오니 용서하시기 바랍니다.

遂菴이 屛溪에게 답하는 편지에 "이른바 四端은 모두 孟子가 말
한바 善의 一邊을 지칭하여 말한 것이니 道心이라고 말함이 옳다.
만약 그 不善한 것까지 아울러 지칭하여 道心이라고 하면 크게 어
그러진다."라고 하였습니다.

兄輩가 만약 이 학설만을 본다면 반드시 크게 기뻐하여 증거로
삼을 것입니다. 그러나 遂翁의 생각은 不善한 것은 道心이 될 수
없다고 말한 것이요, 道心은 원래 過不及한 곳이 없다는 말이 아니
니, 이른바 잘 봐야 됩니다.

屛溪의 過不及論이 어찌 스승의 학설을 듣지 아니하고 그렇게 주
장하겠습니까? 兄輩는 늘 南塘의 心性情圖說을 인용하여 증명하면

서 人心의 惡과 道心의 反을 情의 惡字 아래에다 묶어 놓았으니 그 뜻이 매우 분명합니다만 道心의 反에서의 反字는 방패의 반대쪽이라고 하는 것과 같은 反인즉 그 前面의 反對는 後面이 됩니다. 그 後面도 또한 방패라고 말할 수 없겠습니까? 反字는 마땅히 活看해야 합니다.

여현군현인병(與玄君鉉仁秉) (壬辰十二月)

오호라 그 옛날 우리 先君子께서 諸賢에게 기대하여 바라던 바가 과연 무엇이었는가? 가르침이 엄격하시고, 깨우침에 정성을 다하여 항상 강의하는 자리에서는 공경하여 예의를 갖추며 이치를 살펴서 강의하여 조금이라도 공부에 진보가 있으면 문득 기쁨이 얼굴에 넘쳤습니다.

항상 스스로 익히 말씀하시기를 몇 사람의 제자들을 장차 어떻게 성취하리오라고 하셨으니, 그때에 여러 賢弟子들도 열심히 공부하기로 결심하였던 것이 어찌 우연이었겠습니까?

불행하게도 儒道가 어려운 때를 만나 훌륭한 선비가 흉액을 당하여 모두 사방으로 흩어지고, 不肖한 몸만 외로이 옛집을 지키고 있으니, 원통하기 그지없나이다.

不肖와 같은 형편없는 사람을 어찌 말할 것이 있겠습니까, 이미 뜰에서 모시는 날에도 道를 깨닫지 못하였거늘 이제 바야흐로 옛집에 쓸쓸히 살면서 강의를 하려는 것도 또한 망령입니다. 그 게으르고 산만한 버릇과 어둡고 어리석은 재질이야 이미 諸賢께서 잘 아시는 바입니다.

그러나 또한 諸賢께서도 어찌 또한 힘쓰지 않으리까? 兪·柳諸益友들이 도리어 힘차게 날로 발전하는 기쁨을 보이지 않고 있으니, 픔輩들을 돌아보건대 이래서야 되겠습니까? 부끄럽고 탄식만 나옵니다.

　기억하건대 옛날에 先人이 하루는 나를 불러서 물어 말씀하시기를 君鉉은 進退의 禮法과 持守의 節度가 내 앞에 있을 때에는 별로 실수가 없는데 집에 돌아가 사생활을 할 때에도 과연 그러한가라고 하였나이다.

　오호라! 이러한 교육은 참으로 보살펴 사랑하는 지극한 뜻에서 나온 것으로 다른 사람에게 비교할 바가 아니었습니다.

　또한 일찍이 그대를 가르침에 경건한 마음씨는 괜찮은데 智識이 좀 부족하니, 마땅히 格物 致知의 공부에 더욱 힘써야 된다고 하였습니다. 그대는 아직 잊지나 아니하였는지요? 그윽이 오늘날의 일을 헤아린다면 그대가 얻은바 先人의 知鑑之明은 대개 특별히 하신 말씀입니다. 그대도 생각하면 또한 마음에 쓸쓸한 느낌이 들 것입니다.

　모름지기 분발 直進하여 성공을 기약하고, 그때 가르쳐 주신 은혜를 저버리지 아니하시면 다행이겠나이다. 一念으로 낡은 절을 받들어도 이름은 부처의 은덕에 보답하는 것이라고 하였으니 이것은 晦翁의 교훈입니다. 그대는 잘 살피시기 바랍니다.

　요즈음 읽는 책이 무엇이기에 계속 他鄕의 諸賢과만 交遊하는가? 생각건대 많은 깨달음이 있으리라고 봅니다. 나 같은 사람은 비록 부러워하지만 어쩔 수 없나이다. 이른바 수를 셈하는 공부란 바야흐로 易經에 있는데도 전혀 힘을 얻을 곳이 없으므로, 여러 가지 공부가 모두 느려지고 말게 되니 어찌하오리까? 오직 분통한 생각에 눈 덮인 깊은 산속에 혼자 앉아 눈물을 삼킬 뿐입니다.

　돌아보건대 평소 不孝한 죄과가 의당 神明의 큰 벌을 받아 더 이상 용서될 수 없지만 지루하게 붙어살면서 아직도 인간 세상에 남아 있는 것이 과연 무슨 마음이리오? 생각하건대 이는 造物者가 짐짓 이 병든 몸을 살지도 못하고 죽지도 못하는 사이에서 延命케 하면서 한 몸에 주림과 추위와 근심과 슬픔을 모두 겪게 하여 도저히 견디지 못하게 함으로써 그 죄악을 스스로 깨닫게 하려는 것입니다. 다시 하소연하고 원망할 데도 없으니 단지 운명을 달게 받을 뿐이오 니 그 누가 이 심경을 이해하겠습니까?

엎드려 바라옵건대 한겨울 추위에 옥체 건강하시기 바랍니다. 그 리운 마음 간절하여 아침저녁으로 생각만 합니다. 듣건대 令允이 元 坪에 와서 머문 지가 數月이 지났다고 하는데 아직도 만나보지 못 하였으니 서운한 마음 그지없나이다.

그윽이 생각하니 10년 동안 이웃에 살면서 한방에 정답게 놀며 사귀던 약속이 점점 멀어지니 그 쓸쓸함을 어찌하오리까? 이만 줄이 면서 오직 철따라 옥체 보중하시기를 바라나이다.

여현군현(與玄君鉉) (甲午九月)

令胤으로부터 개략적인 이야기를 다소 들었습니다. 나는 참으로 不肖하여 답변드릴 길이 없나이다. 대저 말하고 싶지 않고 말할 필 요가 없으며, 심지어 차마 말을 할 수도 없지만 마침내 또한 차마 한마디 말이 없을 수가 없나이다.

대략 가슴 속에 치밀어 오르는 소리를 한두 마디 하겠사오니 執 事께서는 헤아려 주시기 바랍니다.

오호라! 옛날 우리 先子가 執事輩에게 기대하여 바라는바 그 따 뜻한 사랑이 과연 어떠하였습니까? 오늘날 우리들이 어리석어서 비 록 크게 성공은 못하였지만 나아가 그때 가르쳐주신 뜻에 부응하여 마땅히 부지런히 몸을 닦고 聖門의 宗旨를 잃지 아니하여 은덕에 보답하는 생각을 가져야 될 것입니다.

그러나 이와 반대로 훌쩍 떠나가서 陳相의 무리들처럼 스승이 가 르친 학문을 버리고 다른 길로 돌아가니 사람들이 장차 執事를 어 떤 인간이라고 하겠습니까?

혹시나 師門의 德에 누를 끼치지는 않겠습니까? 先人이 평생 고심하여 가르치신 것을 깨끗이 다 버리시니 통한스럽기 그지없나이다. 執事는 성실하게 생각하여 보십시오. 이것이 과연 순수한 우리 학문 사업이겠습니까?

무릇 학자마다 소견은 조금씩 다를 수가 있지마는 스스로 門戶를 세운다면 문득 스승을 배반하고 道를 어기게 됩니다. 그러므로 象山과 같은 鴻儒로도 紫陽의 門에서 비방을 들었거늘 하물며 이제 名目이 아주 다른 사람이겠습니까?

그 학설이 처음부터 합리성이 없는 까닭에 한번 웃어버리고 말 것이지만 그러나 그 파동의 흐름은 어리석은 백성을 오도하여 풍속을 무너뜨리니 나라에 해로움이 홍수나 맹수보다도 심하므로 다만 하나의 무지한 혼란의 무리일 따름입니다.

그래서 세상에 자기의 몸을 아낄 줄 아는 사람도 오히려 죽음으로 맹세코 가입하지 않거늘 일찍이 수십 년 학문에 종사한 사람이 차마 가입할 수 있겠는가?

허허! 돌아보건대 이제 말 한마디만 하여도 금방 앙화가 돌아와 그 형세가 매우 두렵도다. 그러나 옛날의 두터운 정분을 믿고 이런 말을 하노니 이것으로써 執事에게 죄를 얻는다고 하여도 나는 원망하지 않겠나이다.

오로지 즉일로 先人의 무덤에 달려가서 울며 執事의 일을 보고드리렵니다. 통한스럽습니다. 경전에 말하기를 길이 같지 아니하면 서로 함께 일할 수 없다고 하였으니 나와 집사는 이로부터 멀어집니다.

나는 마땅히 先人의 책을 안고 깊은 산속으로 들어가서 다시는 世間事를 묻지 아니하겠사오니 집사가 비록 나를 만나고자 하여도 못 만날 것입니다.

말이 여기에 이르니 오장이 찢어지고 두 눈에 눈물이 철철 흘러서 이만 줄입니다.

답현군현(答玄君鉉)

매번 왼쪽 골짜기에서 오는 사람을 만나면 일찍이 형의 안부를 묻지 아니함이 없었나이다. 듣건대 요즈음에는 문을 걸어 잠그고 글을 읽으면서 교제를 끊고 출입을 아니 한다고 하오니 정말인지요?

이것은 허물을 반성하는 일단이라 조금 위안이 되었습니다만 곧 또한 令胤으로부터 편지를 받고는 일백 가지 생각이 엉클어져 도저히 마음을 잡지 못하나이다.

형의 편지에 무슨 의리를 끊느냐고 하면서 이미 직접 만나보지도 않고 어째서 전해들은 말만 깊이 믿고서 이 죄 없는 사람을 버리느냐고 하고, 또한 자청하여 사람들로부터 모함을 받아서 임시로 피하여 숨었다고 하시니, 나는 이에 대하여 조금은 용서하지만 조금은 용서할 수 없습니다.

대개 내가 끊는다고 하는 것을 어찌하여 의리가 없다고 하면서 형은 어찌하여 죄가 없다고 스스로 말하십니까?

아! 금세기에 저들에게 물들어 스스로 士流에게 배척을 당한 사람이 한없이 많아 모두 셀 수도 없으니 내가 어찌 하나하나 모두 끊으리오? 이는 모두 나에게 평범한 인간들로서 나도 범연하게 보는 사람들입니다.

老兄이 죄를 얻음에는 우리들이 끊지 않을 수 없는 이유는 무엇인가? 옛날 우리 先君子가 吾兄을 敎育함에 있어 얼마나 기대하여 바랐으며 吾兄을 이끌어 주심에 늘 君鉉은 君子가 될 것이라고 칭찬하였으나 길 가는 사람도 그 식견의 밝지 못함을 걱정하여 탄식하므로 格物致知의 공부로 힘써 가르쳐서 아끼고 사랑함이 子姪과 똑같이 한 까닭에 나도 또한 父母는 같지 않지만 형제처럼 여기고 遠

大한 학업을 기약하였던 것입니다.

이른바 그러한 사람이 하루아침에 스스로 異流 속에 물들어 마침내 불측한 경지로 빠졌으니 이게 무슨 도리며 이게 무슨 일인가?

저이들이 서로 착한 길로 바로잡지 못하였으니 朋友의 과실입니다. 처음 이러한 이야기를 들었을 때에는 몇 번이나 눈물을 흘렸지만 비록 친구들이 등한했다고 하더라도 만일 낭패한 일이 있어서 師門에 누를 끼쳤다면 응당 북을 치고 성토해야 합니다.

하물며 吾兄의 처지에서 그 죄가 얼마입니까? 그렇다면 내가 끊는 것이 의리입니까? 아닙니까? 대개 전해 들은 이야기는 늘 허황하기 마련입니다. 나도 모두 믿는 것은 아니고 또 모두 의심하는 것도 아닙니다. 다만 그 물든 사실을 문책하는 것입니다.

아! 저 사람들의 일을 말하자니 입이 더러워질까 하여 말하지 않거니와 그 극성할 때에도 세상에 조금이라도 제 몸을 아낄 줄을 아는 사람은 오히려 죽음으로 맹서하여 들어가지 아니하였거늘 일찍이 십여 년을 학문에 종사한 사람이 차마 그들과 함께 이러한 이름을 뒤집어쓰는가?

이른바 사람들의 모함을 받아 임시로 화를 피함이라고 하는 것도 우리 儒林의 논리는 아닙니다. 孔子가 말하기를 죽음으로써 道를 지킨다고 하였고, 孟子는 말하기를 죽음보다도 더 싫은 것이 있으므로 근심도 피하지 아니하는 바가 있다고 하였거늘 어찌 君子로서 주검이 두려워서 道를 버릴 것이며 걱정을 피하고자 도무지 싫어함이 없을 것이랴!

이렇다면 선비가 글을 읽어서 장차 어디다 쓸 것인가? 이처럼 계산하고 이해를 비교한 논설은 모두 우리 儒家의 法이 아니므로, 나는 취하지 아니하나이다.

비록 그렇더라도 한편 불쌍히 여기고, 용서할 점은 형이 본래 식견이 밝지 못한 까닭으로 처음에는 그들로부터 속임을 당하는 것을 깨닫지 못하였고, 기질이 유약한 까닭으로 마침내 그 화를 두려워하여 스스로 빠져나올 수 없었다는 사실입니다.

이것은 참으로 格物致知의 공부가 부족하여 의리를 명확히 살피지 못한 것이니 先君子가 평소 걱정하여 탄식한 바로써 마침내 그 징험이 오늘날 나타난 것이라고 할 것입니다.

오호라! 애석합니다. 옛말에 이르기를 '사람이 누군들 허물이 없으리오. 고침이 귀중하다.'라고 하였으니 吾兄께서는 이제부터라도 다시 공부를 하여 우뚝하게 인격을 확립하세요.

글을 읽고 몸을 닦아 뚜렷하게 道德이 있다는 소문이 들리면 조금이라도 속죄가 될 것이고, 동시에 동지들도 또한 점점 이해하게 될 것입니다. 내가 형에게 믿고 기대하는 것이 바로 여기에 있사온바 형께서는 살펴주시기 바랍니다.

비록 쇠바퀴가 정상으로 돌아 올라간다고 하여도 다시는 발을 옮기지 아니하고, 눈을 우리 유교사업에만 붙이고, 죽거나 살거나 이 길로만 가야 합니다. 다시 어지러운 세상에서 무엇을 기대하리까? 오로지 한마음으로 나아가 잠깐 동안이라도 일찍이 잊지 못하는 것이 진실한 감정입니다, 이 마음을 종신토록 어찌 변하리까?

나와 형이 서로 절교하는 문제는 마땅히 얼굴을 맞대고 한 잔의 술을 나누면서 그 사유를 자세히 들으면서 결정할 일입니다. 하고 싶은 말은 많지만 이만 줄이나이다.

오직 요사이 고요한 발길 편안하시기를 바라오며, 철따라 귀체 보중하소서.

답척숙김덕천봉수(答戚叔金德川鳳洙) (庚寅十二月)

며칠 동안 문후를 드리지 못하와 사모하는 마음 더욱 간절하온데

편지를 받자오니 감격하기 그지없나이다.

한겨울에 기력이 떨어지지 아니하셨다니 적이 위로가 됩니다만, 응래가 딸을 낳았다니 느지막에 고대하시던 나머지 얼마나 쓸쓸하십니까? 그러나 외종질의 건강이 아직 잘 지내고, 종제 재명이 관례를 올렸으니 아주 다행이 아닙니까?

말씀드리는 것은 아이를 낳으면 제사를 지내지 않는다고 하는 말은 집에 産婦가 있으면 깨끗하지 아니하므로 제사를 지낼 수가 없는 것입니다. 그러나 이제 이미 다른 집에 살면 이러한 염려가 없으므로 練祀나 大祭라도 먼저 날을 받아 告由해야 되는 것이요, 이러한 연고로 해서 물릴 수는 없는 것입니다. 살펴 주십시오.

遂菴이 말하기를 '同春이 묻기를 집안에 일꾼의 초상이 있거나 아이를 낳으면 제사를 어찌하나요?' 愚伏이 대답하기를 '그만두어야 옳겠지 산부가 있으면 깨끗지 않아서 제사를 지내지 아니한다.'라고 하였으며, 沙溪 선생도 또한 鄭愚伏의 말이 옳다고 하면서 3일이 지나면 괜찮지 않을까라고 하였습니다.

沙溪의 논설은 疑禮問解에 있사오니 상고하여 보시기 바랍니다. 날씨가 너무 추워서 이만 줄이나이다.

답김덕천(答金德川)

國喪에 온 나라가 슬퍼하온데 편지를 받자와 그간 옥체 안녕하시다니 그윽이 안심이 되나이다. 외종질의 건강이 다행히 편안하나 先考의 상복을 입은 가운데 다시 國喪이 나니 얼마나 망극하십니까?

國喪의 卒哭 전에는 관직에 있는 사람은 마땅히 忌祭를 廢止하고, 관직이 없는 사람은 간략하게 차려서 제사를 지낸다고 하였습니다.

退溪, 栗谷, 龜峰, 寒岡, 南溪가 모두 그렇게 말하였으며, 遂菴이

李箕洪에게 답한 편지에도 말하기를 '일찍이 沙溪 선생에게 들으니 國喪에 成服 전에는 비록 忌祭라도 또한 폐지하고, 成服 후에는 간략하게 차려서 술 한 잔만 올림으로써 초상 치는 날을 보낸다.'고 하였습니다.

이러한 까닭으로 先師가 평일에 말씀하신 것도 또한 孝子의 마음이 차마 이날을 그냥 보내지 못한 것이라고 하였으니 내가 또한 그러한 강의를 여러 번 들었던 것입니다.

지난번 선조의 忌日이 여러 번 있어서 간략하게 차려서 제사 지냈다고 하였는데 이미 先賢의 定論이 이와 같이 명백하거늘 더 이상 의심하실 것이 없습니다. 우리 집에서도 또한 종전에 간략하게 거행하였던 것입니다.

대개 士庶人의 집에서 간략하게 차려서 제사 지내는 것은 곧 이날을 차마 그냥 보내지 못하는 뜻이요, 현직 관료의 집은 너무 미안할까 해서 폐지한 것입니다. 불비하게 답장을 올립니다.

여김판서윤식(與金判書允植) (代叔父)

눈이 뒤덮인 집, 바람 치는 창문 속 화롯가에 앉아 있으니 경치가 매우 쓸쓸하고, 일만 가지 생각이 떠올라, 이리 뒤척 저리 뒤척이며 잠을 이루지 못하다가 홀연히 한 줄기 생각이 의두암 아래에 이르렀나이다.

이 순간 雲養大人閤下는 동북쪽 불영에 기거하시면서 책상 앞에 앉아 글을 읽으시리라, 일만 골짜기에는 소나무 바람 소리가 가득할지니, 사람들이 모두 물러간 다음에 등불을 환하게 켜고 밤늦도록 앉아서 가슴속에 품은 나라의 걱정과 집안의 살림을 생각하고 있을 것입니다.

모두 허물어져 버린 옛날 일을 회상컨대 눈앞에 달라진 일도 없이 이 해가 또다시 저물어 가거늘 쓸쓸히 하늘을 바라볼 제 정말 무한한 그 생각을 누구와 더불어 이야기하리까?

나는 어떻게 위로할지 모르겠나이다. 비록 그렇지만 운명에 순응하여 의리를 지킴이 곧 君子가 곤궁한 데서 단단해지는 도리입니다. 가만히 閤下의 평소에 모습을 관찰하오니 태연자약하시어 아주 자연스러우시니 이미 장중하고 달관하신 분입니다.

오늘의 형편에서도 반드시 흔들리지 아니하시고 잘 극복하시거늘 부질없이 천한 이 사람이 앞질러 감정을 노출하여 감히 이렇게 말씀 드립니다.

눈보라 속에 얼고 굶주리며 사는 것도 스스로 분수가 있거늘 어찌 감히 大人이 변화에 대처하는 때에 시끄럽게 말하리오. 오직 물구덩이나 산비탈을 만년의 내 집으로 여길 뿐입니다.

아! 어찌 평소에 보살펴 사랑해 주시던 군자에게 조문하는 수고를 드리리까? 도리어 배를 쥐고 웃을 일입니다.

바라옵건대 한겨울에 옥체 건강하시기 바라오며 간절한 말씀을 조금이라도 드리고자 글월 올리오니 두루 살펴주소서.

답김부솔용학(答金副率容學) (辛卯七月) 간단한 안부이므로 번역하지 않음

답김부솔(答金副率) (壬辰五月)

물으신 禮說에 대하여 諸說을 널리 고증한 다음 이에 보고를 드립니다. 대저 이 친구의 집안일이 이미 형이 죽었다고 아우로 잇는 예절을 쓸 수는 없나이다.

國家의 典禮에 형님의 아내가 있으면 아우로 상속하는 것을 허락하지 아니한즉 次子로서 題主로 함은 옳지 못하고, 반드시 큰며느리가 祭祀를 주관하여 題主를 하여야 옳습니다.

婦人이 題主를 함에는 본래 旁題가 없는 것이니 3년 뒤에 改題하는 절차도 시행할 수 없는 것입니다.

沙溪가 말하기를 婦人은 제사를 받들 의리가 없다고 하였으나, 周元陽의 祭錄에는 며느리가 시아버지 시어머니를 제사 지냄에는 祝文에 顯姑某官……이라고 쓴다고 하였으니 만일 부득이 하면 이에 의거하여 題主하면 어떨는지요? 물론 旁題에는 또한 明文이 없겠지요.

遂菴이 말하기를 長子가 자식이 없이 죽고 이어 그 아버지가 또한 죽을 때 長子婦가 養子를 들이지 아니하였으면 題主는 長者의 妻가 하여야 되나니 次子 題主를 하는 것은 결단코 옳지 못합니다.

屛溪가 말하기를 周元陽의 祭錄을 인용하여 해석함에 顯辟으로 題主하는 禮가 있다고 하였으니 이제 이 禮法에 의거하여 嫡婦가 題主를 하고 次子가 도와주면 거의 엄정한 宗統의 의미를 잃지 않을 것입니다.

여러 선생들의 논설이 이와 같은데도 南塘 선생만이 홀로 婦人은 祭祀를 주관할 수 없다는 학설이 있으니 또한 감히 어떠한 뜻인지 알지 못하겠나이다. 오로지 잘 살피시기 바랍니다. 陶菴의 說은 또한 여러 선생의 학설과 같은 뜻입니다만 바빠서 적어드리지 못합니다.

어제 물으신 禮說은 오로지 次子가 題主를 하였을 때에 旁題가 있느냐 없느냐 뿐입니다. 나의 생각으로는 次子는 題主가 될 수 없다는 뜻이므로 자상하게 대답하지 아니하였던 것입니다. 이미 次子가 題主하는 禮가 없다면 旁題의 있고 없음이야 말할 필요가 없는 것입니다.

그러나 어쩌다가 次子로 題主를 하였다면 아마도 旁題가 없을 듯하나이다. 妻喪에 旁題가 없고, 旁親에도 旁題가 없다는 학설에 기초하여 비교하면 그러합니다. 나의 생각은 이러하오니 어떻게 처리할지 모르겠나이다.

遂菴이 李葃에게 답한 편지에는 金安陰의 초상에 老先生께 부탁하니 顯辟이라고 題主하여 주었습니다. 그때에 安陰은 長子의 청상 과부와 次子 두 사람이 모두 생존하였습니다.

屛溪集에도 曹世鵬에게 답하는 편지에 보면 말하기를 옛날 金松崖子 安陰의 아내가 죽었을 때에 長子는 먼저 죽고 다만 그 妻와 次子兄弟가 있었는데 그 主喪은 尤翁의 학설에 근거하여 長子婦로서 주관케 하여 題主를 하였다고 하였습니다. 이것을 보면 先賢이 이미 시행한 定論이라고 할 것이요, 이와 같은 분명한 증거를 얻으니 나의 견해가 크게 어그러지지 아니하였다는 확신을 비로소 가지게 되었습니다.

厚齋가 말하기를 禮는 하나가 必須다. 男主가 없이 죽으면 부득이 하여 女主를 쓰는 것이다. 이제 次子가 있는데도 顯舅라고 題主하면 禮의 뜻이 아니니, 次子가 제사를 도와서 題主를 하고 長孫을 기다림이 아마도 합리적일 것이다. 몇 해를 지나서 尤丈에게 건의하니 이와 같이 대답하셨다고 하였습니다,

旁題는 某가 제사를 도움의 위에 다만 아들이라고만 쓰고 孝는 쓰지 아니한다…… 운운하였는데 간절히 생각하여 보건대 尤翁의 이 말이 一生의 定論인가? 아니면 일시적인 우연한 견해인가? 알 수 없나이다.

이제 禮說을 연구하였으나 또 이와 같이 여러 가지의 諸賢의 논설이 각자 같지 아니하니 오직 후학이 가려서 시행할 것입니다.

나의 생각에는 큰며느리가 題主를 하는 것이 아마도 엄격한 宗統의 의리를 잃지 않을 듯하온데 어찌 감히 질정하여 말하리오.

여김부솔(與金副率) (壬辰四月)

절하옵고 말씀드립니다. 邦憲이 전후로 받은 은혜가 이미 심중하와 비록 온몸이 가루가 된다고 하여도 갚을 길이 없나이다. 밤낮으로 생각하오나 산처럼 높고 땅처럼 깊어 갚으려고 하여도 갚을 길이 없나이다.

다만 원컨대 죽어서 太上老君의 자리 아래에서 문서를 처리하는 仙官이 되어 대대로 德門에 福과 祿을 내리고자 하나이다.

그러나 저승은 아직 멀리 있으니, 다만 이 순간이라도 생각하고 생각하여 한 가지라도 잊지 말고 기억해야 될 것이니, 또한 여러 말을 할 필요가 없을 것입니다.

엎드려 바라옵건대 오로지 喪制로써 법도에 따라 몸을 편안히 지탱하옵고, 叔父께서 가보시니 그 사이에 允玉은 잘 있는지요? 슬픈 이야기입니다만 從弟는 자식을 잃고도 죽지 못하고 끈질기게 살거늘 해와 달은 속절없이 흘러서 장례 날짜가 가까워 옵니다. 슬프고 원통하게 울부짖다가 아득히 깨달으니, 평소에 불효한 죄가 하늘에 닿아서 이와 같이 쓰라린 고통을 당하는 것이라고 생각한즉 눈물만 줄줄 흐르나이다.

하늘이 구차하게 이 가련한 목숨을 남겨둔 까닭이 무슨 심사일까요? 도리어 한 가닥 지루한 느낌이 듭니다.

叔父께서 주신 것 가운데 한 섬의 벼는 또한 바라지 않았던 은혜로써 더욱 서러운 느낌을 가지게 합니다. 喪中에 인사는 편지로 하는 것이 아니오나 사례하는 뜻을 모두어 황망한 속에서 간략하게 올리나이다.

여김부솔(與金副率) (乙巳三月)

봄날이 맑고 따뜻합니다. 생각하옵건대 슬퍼하시는 몸가짐에 기력

건강하게 지탱하시기를 비나이다. 들건대 期年服은 사람이 자기의
분수대로 할 것이니, 스스로 버리는 사람이야 어찌 말하리까?

令胤을 장차 아무 곳에 있는 학교에 보낸다는 소문이 들리온 바
사실입니까? 아니면 전한 사람이 헛소리를 한 것입니까? 혹시라도
그러한 의사가 있다면 나는 이에 대하여 의심을 가지지 아니할 수
없나이다.

감히 나의 경솔함을 접어두고 그 부당함을 모두 밝혀 말씀드리겠
습니다. 그윽이 생각하건대 德門은 宗師의 古家로서 본디 一世의
標準이었고, 執事께서도 벼슬을 버리고 歸鄕하시어 숨어 삶에 淸名
과 雅望이 한 지방의 모범이 되었습니다.

이러한 때를 당하여 세상의 도덕을 붙들어 세울 사람으로서의 책
임이 작지 아니한 것입니다. 그런데도 하루아침에 갑자기 아들을 보
내서 時務學校에 입학시키고 日語와 洋算과 地誌 등을 좋지 않은
명목으로 배우게 되면 그 평일 집안 대대로 이어온 淸望이 모두 虛
僞로 돌아갈 것이요, 한 고을 사람에 德門을 표준이나 모범으로 보
던 사람들은 장차 모두 따라서 時務를 배워야 된다고 생각할 것입
니다.

이렇게 되면 令胤한 사람이 다소의 士類를 이끌고 開化의 쪽으로
돌아가는 것인즉 그 세상의 도덕에 해를 끼침이 얼마이겠나이까?

남의 말을 해서 무엇하리오만 적이 德門을 위하여 애석하고, 동시
에 世道를 위하여 걱정스러운 탄식을 금할 길이 없나이다. 아마도
令胤은 나이가 어리고 마음이 거칠어 한번 그 속에 들어가서 날마
다 그 듣지 못했던 이야기를 들으면 반드시 그 신기함을 기뻐하여
빠져서 돌아오지 아니할 것인즉 이 뒤로는 金黃中은 開化 속에서
활동하는 사람이 될 것입니다.

詩禮의 家風과 淸苦한 士節을 마치 쓸데없는 것처럼 하시니 어찌

소중하지 않으리오. 안타깝습니다. 만일 令胤에게 時務를 익히어 벼
슬하는 빠른 길이 어찌 없으리오. 이제 도리어 시골구석의 私立學
校에 넣어서 野漢村氓의 아들과 더불어 어깨를 나란히 하여 서고
무릎을 마주대고 앉아서 너와 내가 일반이니, 입으로는 일본 말을
지껄이고, 걸음걸이는 비틀비틀 하면서도 괴상한 줄을 깨닫지 못함
이니까?

지난해에 金 대감이 편지로 令胤에게 英語를 배우도록 권유하였
을 때에 先叔主께서 거절하는 답장을 쓰셨으니 그 盛德達論을 어디
다 비유하리오! 능통한 말씀으로 異端을 거절하던 사람이 이제는 스
스로의 학문을 버리고 다른 것을 배우는 이유는 무엇입니까?

만일 令胤이 집에 있으면서 글도 읽지 아니하고, 하는 일도 없으
므로, 방종하고 편벽된 데에 쉽게 빠지는 까닭에 차라리 학교에나
보내서 하여금 오로지 학업에만 열심히 종사하도록 하려고 한다고
생각하였다면 이것은 내가 알 바가 아닙니다.

집에 있으면서 비록 어물어물 세월만 보낸다고 하여도 오히려 법
도 있는 집안의 子弟가 되는 길을 잃지는 않지만 이제 그 속으로
들어가서 한패거리가 된다면 어떤 名目이 되나이까?

그러한즉 집에서 공부하는 것이 名分도 없는 一般學生이 되는 것
보다는 더욱 낫지 아니합니까? 또한 이 학교의 설립은 그 취지가 따
로 있어서 京城學校와는 그 節目이 자못 같지 아니합니다. 서울에서
는 먼저 經書를 읽고, 다음 楷字를 익히며 그 여가에 여러 가지 時
務를 익히거늘 반드시 聖經을 근본으로 삼으니 또한 내가 아는 바
가 아닙니다.

대개 들으니 시골 그 학교에서는 巳時에 가서 申時에 돌아오는데
모두 4시간으로써 經書一章, 楷字 쓰기 몇 줄, 日語번역, 洋算놀이,
時務書 읽기, 地球圖 관찰 등 여러 가지 학업이 실로 한나절에 하

나하나 정밀하게 익히기는 어려운즉 이른바 넓게 배우지만 정밀하지
는 못한 것입니다.

한번 잘못된 세계로 마음이 빠져들면 담백하여 별맛이 없는 聖賢
의 글에 대하여는 관심도 없게 됨으로써 반시간의 읽은 바도 번개처
럼 사라져 버릴 것입니다. 무슨 소득이 있으리까?

그러한즉 도리어 經書를 그만두고 오로지 時務만을 익히는 것만
못할 것입니다.

어처구니없게도 앉으면 책상에 기대고, 다니면 뛰면서 검은 외투
를 입고, 소매는 좁은데, 입은 倭語를 지껄이며, 손에는 洋算을 들고,
地球圖를 걸어 놓고 땅이 돌고 하늘은 가만히 있다는 무리한 일을
설명하고, 바다가 둥글게 되어 있다는 글을 읽으며, 立憲民權의 常道
를 어지럽히는 法을 말하니, 순전히 모두가 외국의 제도로되 다만 아
직도 머리 위의 상투를 자르지 아니한 것만이 조금 이상할 뿐입니다.

이러고도 오랑캐가 되지 않았다고 한다면 나는 믿지 않겠습니다.
간혹 말하기를 무슨 상관인가? 방금 우리나라가 반드시 일본에게 유
린되고 있으니, 일본이 우리나라 사람을 대하는 것이 장차 주검의
길로 몰아넣는 까닭에 먼저 그 事務를 배우고, 言語를 익힌 다음에
야 그들과 격의 없이 만나서 萬國公法을 주장할 수 있는 것이다. 학
교의 생도는 비록 사건이 생겼을 때 감히 손을 쓸 수는 없지만 이
학교는 오로지 화를 면하고 살길을 찾도록 하나니 만일 살길을 도모
한다면 이것을 버리고는 다른 길이 있지 않다고 합니다만 나는 또한
그 이야기를 취하지 아니하나이다.

왜냐하면 만약 義理를 돌아보지 아니하고 한갓 利害의 일 돌아가
는 형편만을 따진다면 현재의 나라 형세는 바야흐로 일본사람의 손
바닥 속에 있는 것입니다. 일본에 붙으면 이롭고 붙지 않으면 해로
우니 그렇다면 어찌하여 직접 자기 자신이 일본인에게 항복하여 눈

앞의 큰 이익을 얻지 않고, 이렇게 반쯤 올라갔다가 내려오는 사사로운 꾀로 구구하게 후일 미래의 계책을 삼고자 하겠습니까?

왜놈에게 투항하는 일을 정말 못한다면 왜놈을 배우는 짓을 어찌 하리까?

비록 죽고 사는 문제로 논한다고 하여도 대저 하늘의 진리는 모두 죽이는 이치가 없거늘 저들이 어찌 감히 우리를 죽임에 군대를 뽑고 부역을 시켜서 한 사람도 빠질 수 없게 하는 논리가 있겠습니까? 천추에 반드시 常道로 돌아갈 것입니다.

저들이 비록 지극히 강성하다고 하여도 우리의 周禮가 魯나라에 있는 고장을 모두 삼키지는 못할 것이며, 만일 남김이 없이 모두 삼킨다고 하여도 어찌 天理에 그러한 논리가 있겠나이까?

나의 믿는 바가 여기에 있으므로 두려울 것이 없나이다.

아무개가 여기에 학교를 설치하고, 아는 사람의 子弟를 모으면서 그들로 하여금 화를 면하게 하고자 한다고 하니, 그 생각은 좋습니다만 서로 아는 사이에 그 好意를 받아들이고자 하면 모름지기 銀圓을 약간 보조하면 되는 것입니다. 하필 아들을 보내 입학시켜서 스스로 자신의 체모를 잃어야만 되겠나이까? 令胤은 결단코 보낼 수 없습니다.

오호라! 바야흐로 온 세상이 서로 윤락하여 오랑캐나 금수가 되어가는데 우리가 그 사이에 살면서 비록 훌륭한 역할은 못할망정 마땅히 예법이라도 지켜야 될 것입니다. 조금이나마 전통을 지킨다면 그래도 우리의 道에 죄는 얻지 않을 것이며, 우리의 父祖께 부끄럽지는 아니할 것입니다.

그러나 물결에 따라 떠돈다면 얼마나 두렵나이까? 孟子가 말하기를 삶이 또한 내가 하고자 하는 바이나, 삶보다 더 하고자 하는 바가 있으므로 근심도 피하지 아니함이 있고, 죽음이 또한 내가 하고 싫지 아니하는 바이나 죽음보다도 더 싫어한 바가 있으므로 근심을 피하지 아니함이 있다고 하였습니다.

만일 사람이 싫어하는 바가 죽음보다도 심한 것이 없다고 한다면 환난을 피할 수 있는 것을 어찌하지 않으리까? 사람이 하고자 하는 바가 삶보다도 심한 것이 있지 않다면 모든 살 수 있는 짓을 어찌하지 않으리까?

그러나 이렇게 하면 살 수 있을지라도 하지 아니함이 있는 것이요, 이렇게 하면 환난을 면하는 길이 있을지라도 하지 아니함이 있는 것입니다. 이런 까닭으로 하고자 하는 바가 삶보다 더 심한 것이 있는 것이요, 싫어하는 바가 죽음보다도 더 심한 것이 있는 것입니다.

오직 어진 이만이 이러한 마음이 있는 것이 아니라 사람은 모두 있는 것이나, 어진 사람만이 능히 잃지 아니한다고 하였습니다.

늘 이 구절을 읽을 때마다 일찍이 무릎을 치며 읽으면서 눈물을 흘리지 아니함이 없었나이다. 내가 형에게 의리를 주장하여 기쁨과 슬픔을 같이하고자 하는 한 조각 붉은 마음이 있어서 다시 간절히 생각하시기를 부탁하오니, 나의 어리석은 충정을 받아주시면 다행이겠나이다.

답전장령(答田掌令)

생각하옵건대 눈보라 속에 道體 건강하시고 心氣 和平하신지요, 그리고 여러 제자들의 학업도 날로 발전한지요, 우러러 사모하는 마음 더욱 간절합니다만 나는 공부가 날로 황폐하여 다만 이 시대의 君子들에게 부끄러운 사람이 되어버렸습니다.

지난번에 내려주신 편지를 요즈음 연구하여 보니, 그 가운데 몇 가닥은 깊이 생각하여야 될 점이 있는 까닭으로 엄숙히 다시 질문하나이다.

盛敎에서 말하기를 "止於至善은 본래 明明德과 新民을 아우르나니 定, 靜, 安, 慮도 어찌 일찍이 그렇지 않으리오."라고 하였고, 또 이 네 가지는 단지 知 쪽에 속하는데 得의 한 글자는 바야흐로 行에 대한 말이라고 하였습니다.

明明德과 新民에 모두 定靜安慮가 있다고 함은 참으로 그러려니와 이 네 가지는 모두 知의 한쪽이라고 해서는 옳지 아니할 듯하나이다. 定靜은 일이 닥치기 전에 있으니 마땅히 知에 속한다고 할지나, 安慮는 일이 바야흐로 닥치는 순간에 있으므로 마땅히 行에 속하고 得은 행동을 하는 시발점입니다.

章句에 말하기를 安은 있는 곳에서 편안함을 말하고, 慮는 일을 처리함이 정밀하고 자상함을 말한다고 하였으니, 處한 바와 일을 처리함이 어찌 行하는 곳이 아니리까? 安은 참으로 마음이 편한 것이라고 하거나 몸이 편안 것이라고 하거나 다 좋다고 하겠습니다.

盛敎에서 또 말하기를 心의 本體는 理에 있나니 理란 공중에 매달아 측량할 수 없는 까닭에 반드시 理를 담고 있는 物字로서 으뜸을 삼아야 한다. 이 物字는 실로 天命과 物則을 포함해서 하는 말인즉 外物의 形態에 長短方圓이 있는 것만을 오로지 지적하는 것은 아니다. 意와 知의 두 글자도 또한 모름지기 이러한 物의 理를 근본으로 하여서 바야흐로 準則이 생기는 것이니, 그렇지 않으면 이른바 知나 意는 사사로운 情欲과 利害에 지나지 못하게 될 따름이다. 어찌 족히 心의 本體가 되리오라고 하였습니다.

대저 大學의 道는 修身에 있고, 修身의 근본은 正心에 있으니 知는 心의 大用이요, 意는 心의 발동하는 바입니다, 그러므로 반드시 發用處에서 공부를 하여야만 이에 전체적인 효과를 거둘 수 있는 까닭에 知와 意의 두 글자는 正心의 機要가 됩니다.

知로써 物을 對하면 저것과 이것을 상대적으로 파악하여 內와 外
를 合하는 道이지만 그러나 誠意 이하로는 心, 身, 家, 國, 天下가
모두 이 理를 포함하고 있으므로 理가 온갖 사물의 本源이 되는 것
이니, 곧 理는 실로 心의 全體가 되는 것으로써 반드시 知와 意가
心의 本質이 된다고 생각하는데 어떤지요?

회답하여 가르쳐 주시면 다행이겠나이다. 백여 가지의 남은 문제
는 아직 하나도 연구하지 못하였습니다. 바라옵건대 새해에는 學德
에 상응하는 큰 慶事가 있으시기를 엎드려 바라나이다.

이번에 金經濟友에게 전해 들으니 令允이 金明烈에게 편지를 보
냄이 있어서 분하였습니까? 全朋錫이 혹시 門下에서 나의 학설을
인용하여 누를 끼치는 허물이 있었습니까?

아직 그 원문을 보지 못하였습니다만 邦憲은 이에 미안하기 그지
없습니다. 당초에 朋錫이 우리 서당에 와서 머무를 때에 그가 어떤
사람인지를 자세히 알지 못하고 다만 초야에 은거하는 것으로만 알
았을 뿐입니다.

그가 下流를 自處하지 아니하므로 나이가 비슷한 젊은 제자들이
만나서 이야기함에도 下待하지는 않았던 것입니다. 그러나 그가 불
과 한 달쯤 있다가 거두어 돌아간 뒤로 崔命喜를 만나서 朋錫이 어
떤 사람이냐고 물으니, 그가 스스로 말한 대로 대답하므로 별다른
것을 알 수 없었나이다.

朋錫이 禮를 높이면서 와서 묻는 것이 또한 이러한 까닭으로 단
지 눈으로 본 대로 글을 써서 보고합니다만 편지 속에 자세히 알
수 없다는 세 글자로밖에 말씀드릴 것이 없나이다.

그 뒤로 소문을 알아보니 그가 스스로 말한 바와 달라서 그에게
속임을 당한 줄을 알았습니다. 이러한 때문에 항상 마음이 불쾌하였

지만 또한 일찍이 말하지 않았던 것입니다. 우리 마을과 그의 집이 가깝지 아니하여 아득히 가고 오는 사람이 없으므로 단지 그의 말만 믿게 된 형편이었사오니 어쩌겠습니까?

이로 미루어 보면 門下에서 그 사람을 처리할 방법을 알겠습니다. 한결같이 속이기만 하는 것입니다. 나의 주변에서 배우는 사람들이 어찌 門下를 의심하겠습니까? 다만 朋錫이 무례하게 선생께 분수를 지키지 아니함을 꾸짖을 뿐입니다. 어찌 이른바 한 선비가 전해준 것을 망령된 사람이라고 하리까?

말을 듣고도 행실을 관찰하라는 聖人의 탄식은 예나 이제나 공통된 근심거리입니다만 그러나 오늘날은 人心이 아주 불성실하여 날로 허위해지니 풍기가 그런 건가요, 탄식이 납니다.

여전장령 1(與田掌令 一)

새해를 맞이하여 道體 더욱 康寧 하신지요? 엎드려 頌祝하나이다. 듣자오니 지난겨울 슬하에 근심이 있었다 하온바 자못 가볍게 해소되지는 않겠지요! 그러나 이제 모두 회복되었다고 하니 때가 지나면 모두 새로워지지 않겠나이까?

나는 말할 거리도 없습니다만 단지 光陰을 잃기 쉬움이 물결과 같다는 詩를 외이고 있습니다. 요즈음 尤菴集을 보니 淸坐의 文字를 엮은 가운데 여러 번 同春公을 일컬었습니다. 이것은 先祖의 遺墟碑 가운데 일을 주관한 사람의 아래에다 氏字를 붙이는 傍證이 아니겠는지요?

屛溪가 논한바 大學序의 6절과 拜法을 기록하여 올리오니, 門下諸生의 拜法考證한 곳의 本文을 어느 기회에 보여주시면 감사하겠습니다. 이만 줄이오며 道德을 위하여 自重하시기 바라나이다.

'語大莫能載'에 관한 논설을 나도 또한 어떤 士友로부터 일찍이 들었사오나, 얄팍한 식견으로 고찰하건대 반드시 그러한지 알지 못하겠나이다. 만일 이와 같이 설명한다면 다른 점은 말할 것 없고 위아래의 文理도 매우 순조롭지 못하고 서로 이어지지도 않습니다.

위에 구절에서 이미 말하기를 '천하에 道 밖의 物을 실을 수 없다.'고 하였으면 아래 구절에는 마땅히 '道 속의 物을 깰 수 없다.'라고 해야 되는데 이것이 어찌 합리적인 논리이겠습니까?

대저 道의 금이 밖이 없는 까닭에 비록 천하라고 하여도 다 싣지 못하며, 그 작음이 속이 없는 까닭에 천하도 깨지 못한다는 것이니 道體의 보편성을 극언한 것입니다. 그러므로 朱子가 無外, 無內로써 해석한 것이 아니겠습니까?

나에게 보여주신 呂東萊와 朱子의 논설은 근래 학자들의 병통에 절실한 교훈입니다. 나도 또한 마땅히 수용하여 지키겠나이다. 그러나 세상에는 간혹 또 한 가지의 사람이 있사오니, 그 처음에 배울 때에는 힘써 행하고 실천하여 자못 볼만한 점이 있다가도 나중에는 도리어 태만함을 면치 못하고, 심지어 낭패하게 되는 경우도 있사오니, 이 어쩐 까닭일까요? 그 진리를 정확히 알지 못함일 것입니다.

처음 한때는 좋은 생각을 가지고 진리에 나아가는 마음을 가지지만 아득히 식견이 없으므로 갈수록 재미가 없어서 그 힘써 행하고 실천하는 바가 문득 고통스러운 까닭에 마침내 스스로 그만두는 것입니다. 그러니 이러한 병통을 어떻게 고칠까요?

朱先生이 知와 行은 先後와 輕重이 있다고 가르친 원리를 후학이 어찌 두 길에서 하나를 폐하리까?

事林廣記에 절하는 법이 있는데, 한 번 절함에 두 번 읍한다고 하였으니, 먼저 한 번 읍하고 조금 물러나서 또다시 한 번 읍한 다음 즉시 엎드려서 손을 땅에 짚고, 먼저 왼발을 무릎 꿇고, 다음에 오른발 펴서 머리를 땅에 대며, 다음 오른 발로 먼저 일어나는데 두 손을 가지런히 무릎 위에 포개고 나서 왼발을 일으킵니다. 이렇게 두 번 하면 再拜요, 四拜를 할 경우에는 이렇게 네 번 하는 것입니다.

이 법은 한 번 절함에 두 번 읍하는 것인즉 좋기는 하지만 절하기 전에 두 번 읍하고 절한 뒤에는 읍이 없으니 갖추지 못한 듯하오며, 또한 먼저 한 번 읍하였는데 조금 물러나서 또 읍을 하니 전혀 의미가 없는 것입니다. 혹 당시의 중국 풍속이 아직도 그는지요?

지난해에 여러 士友들과 이것을 강론할 때에 조금 고쳐서 먼저 한 번 읍하고, 이어 엎드려서 이 법에 따라 절한 다음 일어난 뒤에 다시 한 번 읍하였사온데 대체로 이것과 다름은 없었나이다. 다만 절하기 전에 조금 물러나서 한 번 읍한 것을 없애고, 절을 한 다음으로 옮겼어도 괜찮겠습니까? 평일의 절하는 예절에서도 이렇게 해도 되는지요?

머리를 땅에 대고 절하는 것은 후세에는 이러한 법이 없어졌으니, 왼발을 펴는 것은 장차 머리를 땅에 대려고 하는 까닭인즉 오늘날 머리를 땅에 대는 예절이 없어졌으니 오른 발도 또한 마땅히 무릎을 꿇어야 마땅할 것입니다.

여전장령 2(與田掌令 二)

가을에 내려주신 편지를 지금도 받들어 읽으면 족히 위로가 되나이다.

얼마 전에 金生이 급히 돌아가서 감사의 말씀을 올리지 못하오니 송구스러운 마음 그지없나이다.

바라옵건대 찬 서리 내리는 날씨에 道體 萬寧하옵시고, 항상 멀리서 벗이 많이 찾아와 講誦하심에 즐거우시겠습니다. 그리운 생각이 어찌 일찍이 책상머리에 있지 아니하리까?

나는 본시 게을러서 반쯤 오르다가는 떨어지고, 될 듯하다가는 되지 못하니 아까운 세월만 쏜살같이 보내고 있나이다. 어찌 족히 말하리까?

바야흐로 二程 선생이 소동파와 왕안석에게 대처한 분명한 논리가 매우 좋아서 후학이 법으로 본받아 취하면 얼마나 좋겠습니까?

후세의 이른바 窮理는 단지 理氣의 형식논리에만 매달려서 그 同異만 비교분석하니, 그 논설이 지리멸렬하여서 그 행하는 곳이 대부분 空缺하다는 가르침의 뜻은 바로 근세 학자의 큰 병통을 설파하신 것입니다.

생각건대 그 약을 얻으려면 마땅히 힘써 행하고 실천함밖에 없으니 가르침 속에 보이는 '보는 것이 진실하고, 행하는 곳이 정당해야 된다.'는 한 구절이 이에 倉公의 良藥인즉 나도 또한 여기에 힘을 써서 大承氣湯이 되도록 하렵니다.

그러나 다시 생각하오니 이른바 窮理란 것도 또한 力行의 일입니다. 만약 진리로 하여금 실제로 있게 하는 것은 그 힘써 행하는 가운데의 일이 아님이 없습니다. 그러므로 오로지 한스러움은 窮理를 함에 있어서 일찍이 힘을 쓰지 아니한 까닭에 행동을 하려고 하는 곳이 모두 진실하지 못함으로써 걸음이 의거할 곳이 없는 것입니다.

늘 英才들을 교육하시는 뒤끝에서 지극한 이치를 얻어들어 진리를 탐구하는 자료로 삼으려고 생각하면서도 마침내 가서 배우지 못하니 탄식만 가득하나이다.

兪鎭敏이 병으로 골골하여 틈이 없어서 독서도 또한 전념하지 못한다고 하오니 한탄스럽습니다. 이번에 찾아뵈면 아마도 많은 가르침이 있을 듯하오니 남은 이야기는 편지에 다 쓰지 아니하나이다.

살펴 주시기 바랍니다.

여전장령 3(與田掌令 三)

오랫동안 격조하였사오니, 의당 편지로 정분이나 통해야 되지만 편지를 전할 사람이 없었으므로 늘 생각만 하였나이다.

듣자오니 令季孫이 끝내 회복하지 않았다고 하니 참척의 극치에 뭐라고 드릴 말씀이 없나이다. 생각하건대 慈愛하심이 더더욱 각별하였으니, 어떻게 그 비통한 생각을 참고 견디신지요?

다시 묻습니다만 新正에 尊體道養 어지간하십니까? 간절히 사모하는 마음 간절하나이다. 나의 몰골은 시시하여 말할 것도 없습니다만 다만 평생에 지키는바 울타리를 타파하고 한계를 두지 않기로 하였습니다.

생각하건대 우리 고을의 선비들과 서로 도우면서 함께 지내려고 합니다. 그러나 朋友들이 서로 믿지 아니하니, 어찌하오리까?

崔生이 지나면서 말하기를 장차 門下에 나아가려고 한다기에 바쁘게 편지를 쓰나이다. 남은 생각은 오로지 높이 헤아려 주시기 바라나이다.

여이몽뢰상설(與李夢賚象說) (壬辰十一月)

옛날에 늙은 농부가 동서 양쪽 집에 살았는데 사귄 정분이 매우 두터웠답니다. 하루는 동쪽 집의 농부가 서쪽 집의 농부를 찾아가 보고 말하기를 그대의 논은 기름지거니, 어찌하여 깊이 갈아 잘 가꾸어 거름 주고 물 대어 튼튼한 모를 심어서 장차 많은 수확을 거두지 아니하는가라고 하였더니, 서쪽 집에 농부가 비웃으면서 말하기를 그대의 논은 거칠거늘 아직까지 스스로 가꾸지 못하였으면서 어느 틈에 남의 집 일을 걱정하는가라고 하였답니다.

동쪽 집 농부가 말하기를 "그렇소이다. 참으로 그대의 말처럼 나의 논은 매우 메말라서 힘쓸 것도 없습니다만 원컨대 그대는 가을에 우리 집의 수확과 다름이 없으니 이래서 나의 논을 잊고 그대의 논을 생각한 것이니 오직 그대는 힘쓸지어다."라고 하였답니다.

안타까워라! 동쪽 집 농부가 자기 노력은 잘하지 못하면서 구구하게 남에게 힘쓰라고만 하니 마치 바보 같도다. 그러나 그 서쪽 집 농부를 사랑하는 마음인즉 지극하다고 하리니, 하여금 서쪽 집 농부가 능히 그 말을 수용하여 자기 논을 잘 가꾼 다음에 그 기술과 남은 힘으로 동쪽 집 농부의 박한 논을 갈아서 소득이 있게 한다면 그 지혜가 또한 동쪽 집 농부에 비교할 바 아닐 것인즉 그 사랑하는 마음이 한가지일 것입니다.

孟子는 일찍이 밭에 김을 매지 아니하는 것으로 학자가 마음 다스리는 공부와 비유하였으므로 나는 감히 이 이야기를 말씀드리나이다. 내가 비록 동쪽 집 농부의 바보 같음을 면할 수 없지만 그러나 집사는 마땅히 서쪽 집 농부와 같은 지혜로써 이 말을 수용하시어 스스로 닦는 묘방을 삼으시고, 이에 그 道德이 게으른 사람에게 미치어 힘쓰게 하여 주시기 바라나이다. 그러면 나에게 내려주신 은공이 또한 더욱 많으리다. 오직 집사께서는 어떻게 생각하시는지요!

바라옵건대 눈보라 치는 날씨에 생활이 어떠하신지요? 아침저녁으로 그리워하는 생각 간절합니다만 이 조카는 성질이 게을러서 농부가 김을 매지 아니하는 것처럼 스스로 풀밭에 엎드려 꾸물꾸물 하거나 호미를 드는 날이 없으니, 필경 아무런 소득이 없을 것입니다.

부끄러워 탄식만 거듭합니다. 벼루가 얼어서 거친 붓을 이만 줄이오니 오직 밝게 살피소서.

여이몽뢰(與李夢賚)

나는 늘 이불을 끌어안고 병을 알거니와 바야흐로 눈보라는 하늘에 가득하고, 소나무 파도는 해일처럼 들끓는데 문을 닫거니 쓸쓸한 산속에 외로운 등불만 홀로 비치나이다.

오직 학도들이 책상 앞에서 글 읽는 소리만 들으면서 끝없는 생각에 뒹굴다가 긴 숲 속에서 글 읽던 밤을 생각하게 되었나이다. 일찍이 몇 달 며칠이나 보냈는가? 손가락을 꼽아보니 불과 18~19이군요!

少泉子가 통곡하며 돌아가 다시 東山의 精舍에서 글을 읽으시니 생각이 긴 숲 속에 이르러 나에게 잊을 수 없는 까닭입니다. 어찌 일찍이 나와 함께하지 않는지요? 이 밤도 별다른 일이 없을진대 쓸데없이 몽상을 하는 것보다는 차라리 부지런히 쫓아가서 함께 노는 것이 더욱 좋을 것입니다.

그대를 내가 보지 못한 세월이 벌써 3주가 되니 어찌나 간절한지 곧장 뛰어 일어나서 날아가고 싶지만 할 수 없군요! 아마도 집사는 이러한 감회가 없으므로 오래도록 찾지 않으시겠지요? 현실에 얽히다 보면 사람의 일에 쫓기어 어쩔 수 없이 그렇게 된다는 것을 진실로 알고 있습니다만 그러나 현실적 일거리가 어찌 끝까지 사람의 우정을 막으리오!

나는 깊은 산골에 엎드려 있어서 실로 하루라도 이야기할 만한 사람이 없으므로 스스로 말하기를 나의 知己는 오직 少泉子 한 사람뿐인데 멀리 100리 밖에 산다고 합니다.

옛날에 司馬德操가 일찍이 龐德公을 찾아가니 마침 그가 先人의 묘에 제사를 지내므로 지름길로 집에 들어가서 德公의 妻子를 불러 제수를 차리라고 재촉한즉 徐元直이 향하여 말하기를 곧 오실 터이니, 德公과 말씀하시지요라고 하였다. 잠깐 사이에 德公이 돌아옴에 바로 들어가 서로 나란히 서서 제사를 거행하니 누가 주인인지를 알

수가 없었나이다.

옛날의 賢人君子는 어지러운 세상을 만나면 서로 도와주고 함께 살면서 끊임없이 왔다 갔다 하였으니, 진솔한 즐거움이 이와 같았나이다.

나의 벗이 어디 다른 곳에 좋은 인연을 맺었는지는 알 수 없지만 오랫동안 격조하니 생각을 억누를 수 없어서 갑자기 편지를 써서 간절한 이야기를 썼으니 천만 밝게 살펴 주소서.

여김익찬유증(與金翊贊裕曾) (代叔父) 간단한 안부이므로 번역하지 않음

답김익찬(答金翊贊) 간단한 안부이므로 번역하지 않음

여김익찬(與金翊贊) 간단한 안부이므로 번역하지 않음

답혹인 1(答或人 一)

나에게 물어주신 禮法에 관한 말씀은 내가 감히 감당할 수 없습니다만 그러나 또한 물으시는 것을 대답하지 아니하는 것도 합당치 못하여 엄숙한 자세로 나의 소견을 말씀드립니다.

尤翁이 말하기를 承重孫은 그 어머니가 죽으면 祖父가 비록 살아 계시더라도 服을 내리지 아니하나니, 할아버지는 손자를 싫어하지 아니한다는 禮文을 어길 수 없는 것이라고 하였습니다.

이것은 할아버지가 계셔도 어머니의 복을 내리지 아니한다는 분명한 증거이며, 동시에 題主 및 主祀는 아무리 그 아들이 3년의 喪을 행하더라도 마땅히 시아버지가 주관해야 되는 것이니, 이제 次子의 며느리가 다른 집에서 산다고 하여 다르게 의론하는 것은 옳지 못합니다. 이것은 國朝 이래의 통례입니다.

옛날에 大夫는 다른 집에 사는 庶子의 喪을 주관하지 아니하였는데, 옛날의 大夫는 尊貴한 까닭으로 卑賤한 사람의 喪을 주관하지 아니한 것입니다. 그러나 우리나라는 본래 이러한 것을 가리지 아니하였습니다.

그 아들이 3년의 喪을 행하더라도 練, 祥, 禫의 제례에 있어서(妻喪에 아버지가 살아 계시면 아버지가 마땅히 主喪이므로 남편의 주관으로 禫祭를 거행하지 못합니다. 그러나 만약 그 아들이 있으면 또한 마땅히 아들의 주관으로 禫祭를 거행할 것입니다.) 손자가 어찌 할아버지가 계시다고 하여 어머니의 禫祭를 거행하지 아니하리오?

그 할아버지야 9개월이 지나면 며느리의 服을 벗겠지만 練, 祥, 禫의 祭祀 때에는 마땅히 家長으로서 제사를 주관하여야 되고, 다만 祝文은 마땅히 항상 시아버지가 며느리에게 알리는 祝文을 써야 되며 常事나 祥事나 禫祀 등의 글자는 알맞게 고쳐서 쓰는 것이 어떨는지요?

혹시 너무 지나치다고 비웃지나 않을는지요?

할아버지가 비록 손자를 싫어하지 아니한다고 하여도 손자가 할아버지와 함께 있을 때에는 또한 감히 어머니의 服에 따른 지팡이를 짚고 서서는 아니 되겠지요!

답혹인 2(答或人 二)

지난번 갔을 때 여러 집사들이 물었던 緬禮에 대한 일은 갑자기 대답하느라고 先師의 학설에 의한 증거를 제시하지 못하였습니다.

이치에 합당하지도 아니하는 이야기를 한 듯하나이다. 경험도 없고 학식도 짧은 사람이 망령스럽게 남의 집 큰일에 관하여 이러쿵저러쿵 이야기하였습니다. 집에 돌아와서 생각하니 미안하기 그지없나이다.

대저 이 문제는 先祖의 마음으로 보면 나의 子孫을 내가 사는 집 옆에 葬禮하는 것이니 옳지 못한 것은 아니나 子孫이 先祖를 받드는 道里로써 말하면 또한 어려운 점이 있나이다.

廟宇는 魂靈을 편안히 하는 곳이요, 塋域은 體魄을 埋藏하는 자리입니다. 각각 位次가 있어서 한가지로 섞을 수는 없는 것이며, 하물며 토목공사를 祠堂 바로 옆에서 한다면 先靈을 놀라게 할 것이요, 또한 무덤의 높이가 4尺으로 좌우에 병렬한다면 보기에도 좋지 않을 것입니다.

여러 종족들이 싫어하는 바도 반드시 尊祖敬宗의 뜻으로만 그런 것이 아닙니다. 朱子가 말하기를 "만일 할 수 있다고 하여도 또한 그만두는 것이 낫다."라고 하였으니 이것이 遷墓의 明證입니다.

僉執事의 尊意가 어떤지는 알지 못하겠습니다만 집에 돌아와서 옛날의 자취를 두루 찾아보아도 끝내 근거할 만한 자료가 없어서 이렇게 말씀 전합니다만 이것도 스승들의 마음일 것입니다.

바라건대 모름지기 널리 찾아 물어서 의논하여 의사가 통일된 다음에 큰일을 추진하시면 어떨는지요? 나머지 생각은 아직 연구 중에 있습니다만 스스로 반성하니 너무나 당돌하였던 나의 죄를 깨닫고 있나이다.

상외부대신(上外部大臣)

邦憲은 말씀드립니다. 시절은 이제 여름으로써 궂은 날 갠 날 고르지 못하온데 두루두루 도우셔서 氣體 일향 康旺하신지요? 밤낮으로 빌어 마지아니하나이다.

생각하오니 明公께서는 宿德雅望으로 儼然히 登庸하시니 朝野가 소중히 여겨 목을 빼고 눈을 닦으며 쳐다봅니다. 국가가 안정되어 上下의 소망에 부응하시면 다행이겠나이다.

邦憲은 평소 두터운 은혜를 입었으므로 일찍이 한번 편지를 올려 구구한 저의 생각을 말씀드리려고 하지 않은 것은 아니지만 돌아보니 미미한 書生으로 감히 尊嚴하신 분을 욕되게 할 수 없어서 물러나 웅크리고 오늘에 이르렀사옵니다.

그런데 부끄럽게도 어느 날 뜻밖에 閣下의 편지를 받아 엎드려 읽고 세 번 감격하였사오니, 무슨 말을 할지 알지 못하겠나이다.

대저 閣下는 사람을 사랑하고 선비를 좋아하시는 마음으로 과분하게도 저를 이렇게 추천하여 나라에서 인재를 거두어 쓰는 끝줄에 넣어 주셨으니 그 은혜가 크고 그 가르침이 부지런하신 것으로 어찌 귀찮지 않으시겠나이까?

그러나 결단코 감히 門下에 바라는 바가 아닙니다. 邦憲은 草野에 하나의 賤品으로 타고난 성질이 졸렬하고, 학식이 멸렬하여 몸소 산골에 붙어살면서 주림을 참고 글이나 읽는 것이 그 마땅한 분수인즉 조금도 이 세상에 바라는 바가 없습니다. 정말로 아무런 집착이 없는 사람이오니 처음부터 쓸모가 없는 것을 잘 알고 있나이다.

하물며 이 시대는 事物을 更張하는 시기인즉 모든 관료를 씀에 인재를 엄격히 가려서 뽑아야 됩니다. 시골의 구차한 선비가 무슨 능력이 있다고, 갑자기 敎授를 養成하는 직책에 선발되리까?

가사 邦憲이 돌봐주시는 사랑을 믿고, 영화와 이익을 탐하여 거들먹거리고 그 자리에 나간다면 반드시 나의 행적을 무너뜨리고 사무를 어그러뜨릴 것이니, 위로는 불러주신 뜻을 부응치 못하고, 아래로는 직무를 태만히 하는 비방을 면치 못할 것이므로 進退에 기준도 없이 한갓 門下의 부끄러움만 남길 뿐입니다.

어찌 일찍 처음의 생각을 지키어 자기의 뜻이나 온전히 보전함만 하겠나이까? 바라옵건대 閣下는 저의 충정을 굽어 살피시어 널리 용서하시고, 천한 이름을 추천장에서 지워주심으로써 하여금 자유롭게 편안히 살게 하여주시면 천만다행이겠나이다.

尊聽을 소란스럽게 여러 가지 말을 하여 죄송하기 그지없습니다.

여족제선전지헌(與族弟宣傳智憲)

아무것도 하지 않으며 효자가 삼년상을 정하여 마치게 하는 것은 이른바 先王이 禮法을 제정함에 감히 지나치지 않도록 함입니다. 생각건대 애통하는 마음 한이 없겠지요? 오직 가을 날씨에 몸조심하시기를 빌어 마지않습니다.

墓表를 이미 세우고 일을 끝냈는지요? 이어서 듣고 싶은 말씀은 族從이 도시에서 온 이야기입니다. 옛날에는 형편이 없어서 말할 것도 없었나이다.

요즈음 듣자니 賢從이 振興會長의 책임을 맡아서 자못 일을 하려고 한다는데 이는 너무도 생각이 없는 짓입니다.

오늘날 우리들이 살아 있는 것은 구차한 것입니다. 죽고자 하여도 할 수 없이 이 세상에 붙어산다면 마땅히 문을 걸어 잠그고 글이나 읽거나 호미 들고 밭이나 갈면서 남은 인생을 보내어 세상일을 듣지 말아야 합니다.

하물며 어진 이가 자다가도 놀라는 어지러운 땅에 사는 길은 일체의 세상일에 대하여 간섭하지 말고 부지런히 회피하여야 되거늘 하필 그 속에 들어가 스스로 의기양양해하리오?

賢從의 뜻이 정말로 풍속을 착하게 하는 데 있어서 이러한 기회를 이용하여 옛날 어진 이들이 행하였던 鄕約法을 시행코자 하는 것은 분명 알고 있지만 그러나 지금은 그럴 때가 아닙니다. 栗谷 같은 大賢도 오히려 나라에 두루 행하게 하지 못하였고, 孤靑 徐公은 한 고을이나마 행하고자 하였지만 마을의 惡少輩가 毁辱한 바 되어 중지하였습니다.

오늘날 그 누구의 德行力量으로 이 시대에 시행할 것입니까? 중
지하고 마땅히 자기 몸이나 깨끗이 할 뿐입니다. 또한 그 절차조목
을 가만히 보니까 이에 그 行政하는 일이 오늘날 里長의 소임입니
다. 어찌 제 몸을 아끼는 사람이 피할 일이 아닙니까?

바라건대 모름지기 즉일로 사퇴하여 그만두고 동참하지 아니함이
어떨는지요? 바야흐로 人心이 지극히 험악하여 반드시 민중의 분노
를 살 것이니, 더욱 두렵습니다. 郡守가 비록 놓으려고 하지 않을지
라도 내가 이미 원치 않는다면 그 누가 잡아 붙들겠습니까?

賢從을 위하여 걱정하는 것이오니, 반드시 여러 가지로 살폈겠지
만 망령되게 하는 말이라도 이 뜻을 밝게 살피셔서 기어코 그 직임
을 내놓게 하실 줄 믿나이다. 나머지 생각은 대부분 말하지 아니하
니 명철하게 헤아리기 바랍니다.

답김정순홍기(答金正純鴻基)

서로 생각하면서도 보지 못하여, 그리움이 간절하던 차에 편지를
받아 읽고 은은한 정에 감격하였나이다. 歲暮에 눈보라가 심합니다.
이때를 조심하여 여러 학생을 가르치신 몸 잘 보중하신다니 적이 위
안이 됩니다.

再婚은 비록 禮敎에 어그러지지만 참으로 事勢가 부득이한 데서
나온 것으로, 어버이의 지시가 이와 같다면 또한 다시 어찌하오리
까? 모름지기 스스로 그 非禮를 알아서 허물로 생각하여 俗輩처럼
지나친 文飾으로 잘못을 감추지 말고 보는 사람으로 하여금 예사롭
게 한다면 또한 하나의 반성하는 몸가짐이 될 것입니다. 깊이 생각
하십시오.

비가 안 와서 농사에 걱정이 많으나 이로 인하여 공부를 쉰다면
더욱 탄식할 일입니다. 그러니 또한 모름지기 배우는 바를 잊지 않고

늘 생각하며 비록 독서할 틈이 없다고 하여도 또한 장차 내일에 독서할 기초가 되나니 애오라지 바라옵건대 옛날처럼 부지런히 하소서.

나는 여러 士友들과 三冬을 함께 보냈으나 이제는 모두 돌아가고 쓸쓸히 홀로 앉아 있나이다. 남은 이야기 다 쓰지 못하오니 오직 바라건대 보내고 맞이함에 복을 더하시고 학업이 날로 진보하소서!

답유진민(答兪鎭敏)

부인의 喪을 당했다는 소문을 듣고 이미 경악함을 이기지 못하여 늘 몸소 가서 얼굴을 보고 위로하려고 하면서도 아직까지 실천하지 못하니 자나 깨나 부질없이 탄식만 하다가, 갑자기 편지를 받고 보니 또한 편지 한 장이라도 먼저 하지 못한 것이 한이 됩니다.

부부의 의리가 무겁거니 그 아득한 생각을 어찌하오리까? 그 슬프고 애처로운 가슴을 억눌러야지요! 집안이 적으니 더욱 관심이 갑니다. 이는 晦翁도 탄식한 바로써 오늘날은 슬픔이 자못 더함이 있나이다.

사람이 감당할 수 없는 일을 당하면 기운이 떨어져서 뭐라고 할 말이 없는 것이니, 요사이 우리들이 정신 기력이 굳세지 못하거늘 언제나 어려운 지경을 만나 비록 원망이 없고자 하지만 가능하겠나이까?

비록 그렇지만 모름지기 옛사람이 지극히 감당하기 어려운 경지에 스스로 비교하여 스스로 닦음을 풀지 아니하면 인간성을 지키어 굳세게 완성하는 교훈을 저버리지는 아니할 것입니다.

다시 바라건대 슬픈 몸이지만 억지로 밥을 먹고 자중하시어 위로 저승의 자애로운 임을 위로하시고, 아래로 어린 아이들을 보살펴야 할 것입니다. 남은 이야기 종이가 모자라서 다 쓰지 못하나이다.

禮法에 大夫는 3개월 만에 장례를 거행하고, 士는 달을 넘겨 장
례한다고 하였는데 이번 장례 날짜는 이미 달을 넘겨서 40여 일이
되었으므로 장례가 빠르다고 말할 수 없는 것이 분명합니다. 어찌
반드시 3개월을 기다린 다음에야 卒哭을 행하리까? 陶菴도 또한 이
것은 논한 것이 있습니다.

家廟에 초하룻날 參拜는 卒哭 뒤에 행하는 것이니, 모름지기 다
시 상론할 필요가 없습니다.

남의 양자로 들어간 사람의 아들은 本生祖父母에 대한 服을 왜
의심한다는 말입니까? 마땅히 한 등급만 내리면 됩니다.

妻喪은 비록 중대하지만 父母喪과 더불어 나란히 논할 수는 없는
것입니다. 아마도 母服은 練服이요 妻服은 練服이 아닌 것으로 輕
重을 논하여 말하시는 것 같은데 이른바 几筵에 행사가 있으면 각
각 해당하는 喪服을 입고 행사를 할 것이며, 平日에 居處할 때에는
마땅히 무거운 쪽의 喪服을 입어야 하는 것이니, 이는 아주 분명한
것입니다.
父母가 함께 돌아가신 喪期에는 그 葬, 練, 祥에 따라 서로 바꾸
어가며 해당하는 喪服을 입는다고 예로부터 비록 이러한 논설이
있지만, 그러나 祖喪 中에 父喪을 당하면 항상 祖喪服을 입는다는
것이 또한 先賢의 正論인즉 어찌 尊卑로써 輕重을 논한 것이 아니
리까?

禮法에는 비록 凶時에는 吉祭를 행하지 아니한다고 하였습니다만
그러나 重喪도 父母가 함께 돌아간 喪과는 다르니, 妻喪에 葬禮를

마친 뒤에는 母喪의 禫祭를 거행하지 못할 이유가 없는 듯하오니
어떠하신지요?

서(書)

답이순고건상(答李順高建祥)

喪服을 아울러 입은 사람은 먼저 당한 喪의 小大祥을 맞이하여 服制를 바꾸는 절차에 대하여 沙溪는 말하기를 前喪의 大祥祭에 그 喪服을 입고 들어가 哭한 다음에 大祥服을 입고, 祭祀를 마치면 後喪의 服으로 바꾸어 입어야 옳다고 하였고, 屛溪는 말하기를 前喪은 服을 벗는 것이 중요하므로 이에 吉禮로 향하는 服을 입을지나 그러나 잠시라도 진실로 미안한 것이 있는 까닭에 前喪의 大祥에 衰服을 벗고 들어가 哭한 다음 나와서 後喪의 直領을 입고 祭祀를 거행하여야 마땅할 것이라고 하였습니다.

내가 생각하기에는 屛溪說이 더욱 엄중하다고 봅니다. 대개 前喪의 大祥 때에 그 衰服을 벗고 後喪의 直領을 입는 것은 바로 前喪의 服인 것이니, 服制를 바꾸지 아니하였다고 말할 수는 없는 것입니다.

承重한 喪服은 잠시도 벗을 수 없으니, 亡者의 마음으로 말하면 그 아들이 자기의 제사를 지내기 위하여 자기의 아버지의 喪服을 벗고 吉禮로 향하는 服을 입은 것을 보면 어찌 불안하지 않겠나이

까? 아버지에게 孝道를 하고자 한다면 더욱더 承重의 喪服을 벗어
서는 아니 됩니다. 어떻게 생각하십니까?

두 선생의 禮說 가운데 내 마음에 편안한 것으로 골라서 따르면
무방하리다.

답김진사동필(答金進士東珌)

이제 嬪宮의 喪에 임금이 功服에 해당하는 喪服을 입었으니 臣民
의 喪服은 아마도 王后의 喪과는 차이가 있을 듯하나이다. 그러면
臣民의 私家에서 行禮하는 여러 가지 절차도 마땅히 大喪의 卒哭
前에는 祭祀를 폐지하는 것과는 같지 아니할 것입니다.

國喪의 卒哭 前에는 忌祭와 墓祀의 두 가지 제사를 官僚는 마땅
히 폐지하고, 士庶人은 간략하게 차려서 제사 지낸다고 하였으니 또
한 退溪, 栗谷, 龜峯, 寒岡 諸先生의 논설이 있습니다.

이제 嬪宮의 喪은 大喪보다는 가볍지 아니할까요? 栗谷 先生이
말하기를 喪을 당한 사람이 期年服을 입으면 葬禮 前에는 제사를
폐하고, 緦功의 喪服을 입으면 成服 前에는 제사를 폐지한다고 하
였으니 지금 嬪宮의 喪은 이미 期年의 服이 아닌즉 이 말을 비교하
여 볼 수 있는 증거가 아닐까요?

그렇다면 成服한 뒤에 忌祭나 墓祭를 행하지 못할 이유가 없다고
보는데 어떨는지요? 이것은 모두 좁은 소견이오니 증거할 것이 못되
오나 다행히 재량하시어 처리하시면 좋겠나이다.

위박종렬상자서(慰朴琮烈喪子書)

전하여 들으니 모진 이야기가 사실인지요? 뜬소문인지요? 가만히
생각하니 座下는 仁厚하시어 의당 복을 받아야 하고 어진 아드님은
건강하니 의당 오래 살아야 하거늘 이게 웬 소식입니까?

돌아보건대 오늘날 時運이 좋지 못하여 늙은이가 어린이를 哭하고, 애비가 자식을 哭한 사람이 천하에 수두룩한데 그 태반이 仁厚한 사람이요, 完好한 사람입니다.

아득히 저 하늘에 어찌 다함이 있겠나이까? 옛날에 이른바 太上老君은 人情을 잊었다고 하였으니, 참으로 그가 어떤 사람인지 알지 못하겠사오나, 晦翁은 거의 聖者였지만 그 아들이 죽음에 오히려 말하기를 낳지 아니함만 같지 못하다고 하였나이다.

그 뜨거운 사랑과 애끓는 아픔이야 聖者나 凡人에 차이가 없으리니 장차 어찌 감당하리오? 하물며 座下는 지금 老親을 받드는 몸이니, 정경이 더욱 참담합니다. 그러하오니 비록 한마디 위로의 말씀을 드리고자 하여도 할 말이 없으니 오직 눈물만 줄줄 떨어뜨리나이다.

나도 일찍이 이런 일을 겪었으니 이 소식을 듣고 오장이 찢어지는 듯하여 어찌할 줄을 몰랐으나 날이 가면 날로 잊어지더이다. 비록 지나간 일이라고 하여도 금방 여러 가지 고약한 생각이 떠오르면 불길처럼 솟아서 폭발하니 그를 또한 어찌하리오?

늦더위가 기승을 부리니 바라건대 건강을 유지하시어 위로 노인을 위로하시고 아래로 처자를 보살피어 너그럽게 대처하소서. 이만 줄이나이다.

답민지운삼현 1(答閔芝雲參鉉 一)

그리운 생각은 늘 산마루의 구름과 함께 저 하늘을 날았더니, 어디서 온 편지인가 홀연히 책상머리에 떨어지도다. 손을 씻고 큰소리로 읽으니 값진 보배를 얻은 듯하나이다.

다시 묻습니다만 兄體께서는 萬穆하신지요, 지난번의 고뿔은 이미 나으셨습니까? 건강하시기를 비나이다.

집안의 자질구레한 농사일이 어려우실 터인데 어떻게 헤쳐가십니

까? 걱정이 됩니다만 그러나 이것이 우리들 분수에 알맞은 일이니 또한 어찌하리까?

나의 형편이야 게을러서 산만하오니 족히 말씀드릴 것도 없습니다 만 江湖의 시골에다 살아갈 계책을 만들어 놓고 山房에 와서 머물 거니 이른바 깨끗한 취향이라고나 할까요.

다만 令胤들과 아침저녁으로 같이 자리를 지키며 주어진 글을 읽 으면서 더위를 보내니 또한 족히 즐겁습니다. 令侄은 숨은 재주가 없 지 않으니, 그 글자를 씀에 자못 진보할 가망이 있어서 기쁩니다. 아 드님도 實地를 밟은 듯 그 뜻이 嘉尙하니 어찌나 위안이 되나이다.

老兄을 위하여 만만 치하 하나이다. 내가 아드님과 함께 있으면 항상 나도 모르게 사랑하는 마음이 가득히 생겨서 즐겁게 상대합니 다. 이는 吾兄의 아들이라서 그럴까요? 아니면 그 또한 사람됨이 사 랑스러워서 그럴까요? 나는 왜 그러는지 자신도 모르나이다.

내가 그들보다 조금 더 배운 사람이라, 보고 들은 것이 그들과 비 교할 때 길을 아는 말이라고 할 것입니다. 만약 다시 처음부터 끝까 지 함께 공부하면 그 지도하는 책임을 어찌 내가 사양하리까? 그로 하여금 중간에서 폐하지 않게 하시면 다행이겠나이다. 어떨지요?

貴鄕에서 鄕約을 설치하여 시행한다고 하니 참으로 성사입니다. 옛 철인들과 선배들도 잘 행하지 못하여 병통으로 여긴 것을 능히 오늘에 다시 거행한다고 하시니 어찌 더욱 귀한 일이 아니겠나이까?

보고 느끼는 교화가 장차 반드시 근방으로부터 멀리멀리 퍼져 갈 것이니, 무릇 우리 다 같은 인간성을 타고난 사람으로 누군들 기뻐 하지 않으리오? 나는 생각하건대 이렇게 타락한 세상을 당해서는 아 름다운 풍속을 펴는 것보다 중대한 일은 없으니, 斯文을 일으키어 吾道를 북돋는 것이 또한 마땅히 그 근본일 것입니다.

더욱더욱 부지런히 회원들을 분발하게 하여 반드시 尊聖衛道, 講

學立教로써 鄕約의 先務를 삼아야 될 것입니다.

우러러 생각하건대 貴鄕의 士友들에게 반드시 밝은 계산이 있을 터인즉 그 序文은 내가 쓸 수 없나이다. 형편없는 글 솜씨로 감히 他鄕僉賢의 規約에 망령된 논리를 전개하겠습니까? 부탁을 들어드릴 수 없습니다. 이해하여 주시기 바라면서 남은 이야기는 다음 편지로 미루나이다.

답민지운삼현 2(答閔芝雲參鉉 二)

흰 눈이 내리는 시골에 문을 닫고 조용히 있는데 홀로 賢胤이 멀리 와서 같이 있으니 자못 쓸쓸한 마음이 위안이 되나이다. 이어 생각이 吾兄이 고독하게 근심 속에 사는 것에 미치니 또한 측은하고 불쌍한 느낌이 없지 아니하나이다.

즉시 찾아가서 좋은 말로 위로하여 드리고 싶으나 얼음바다와 눈산이 아득히 가로막고 있나이다. 요즈음 슬픔 속에 건강 유지하시며 尊丈께서도 氣體 안녕하시옵니까?

나는 별로 말씀드릴 만한 좋은 일이 없고, 아내가 아파서 시름시름하는 것을 눈으로 보니 늙은 노인처럼 늘어져서 오래 자리에 누워 있으니 정말 불쌍함을 느낍니다.

아드님의 독서량이 파도처럼 뛰어넘지는 못하였으나 어찌 하루아침 하루저녁에 효과가 나타나기를 기다리겠습니까? 차례차례 진보하면 알지 못하는 사이에 발전이 있을 것입니다.

올해에 와서 머문 지가 불과 한 달이거늘 어찌하여 양식을 보내셨습니까? 兄이 항상 이런 것으로 신경을 쓰는 까닭에 그 遊學이 늘 여의치 못한 것입니다. 다시는 그러지 마시오. 담배가 요즈음 귀한데 아주 끊어버리고자 하여 피우지 않던 차에 이처럼 은혜롭게 보내주시니 형은 이른바 사람으로 하여금 일거리를 만들어 주시는 것이라 감사하지 아니하고 오히려 탄식이 나옵니다. 이만 줄이오니 널리 헤아려 주소서.

斬衰나 齊衰의 의미는 記疏에 衰는 그 가운데 넓이가 4寸이므로 그 슬픔에 온몸을 감쌀 수 있는 까닭에 옷의 이름도 또한 衰라고 합니다.

父母의 喪은 11개월이 되면 練이니 練服을 입고, 13개월이 되면 祥이니, 喪服을 바꾸고, 15개월이 되면 禫이니, 禫服을 입나이다. 練에는 白笠을 쓰고 禫에는 墨笠을 쓸 것 같으면 이 喪服은 1년이 차지 아니한 것입니다. 그래도 되겠습니까? 혹자의 학설이 과연 어디에 근거하였는지 알지 못하겠나이다.

대저 大祥 뒤에 服色은 비록 先儒의 같기도 하고 다르기도 하는 논설이 있습니다만 그러나 白笠과 白布帶는 이미 五禮儀에 나타나 있사오니, 이는 당시의 王制이나 오늘날도 通行하니, 마땅히 따르고, 禫時에 비로소 거무스레한 布笠과 거무스레한 布帶로써 행사하여야 될 것입니다.

답이중길철승(答李重吉喆承) (乙巳八月晦日)

三晦에 보내주신 편지가 지금도 책상 위에 있어 소리 내어 읽어 보니 깨닫지 못하는 사이에 아주 위안이 됩니다. 그 감사한 말씀 어찌 다 이르리오?

나는 사람들로부터 버림을 받은 지가 이미 오래되었나이다. 근심과 슬픔과 질병이 있어도 구해주고 위문하는 벗이 얼마 없으니, 편지로 위문을 받음에 이와 같이 비통한 형편을 보살펴주신 성의를 어찌 잊을 수 있겠나이까? 이것이 평소 벗들과 지내던 정의입니다만 다만 한번 오셔서 돌아보시고 가르쳐 주심을 바랐사온데 빈 골짜기에 발자국 소리를 마침내 듣지 못하니 기다린 나머지 더욱 슬픕니다.

전례가 없는 비바람 끝에 사람과 곡식이 모두 병들었으니, 바라옵건대 몸가짐 담담하게 가지시고 즐겁게 지내십시오. 구구하게 우러러 바라나이다.

나는 期年服을 歲前에 입었사온데, 참으로 인간의 도리로는 감당하기 어려웠나이다. 晦翁이 이른바 낳지 않음만 못하다고 하는 말이 어찌 경험담이 아니겠나이까?

가장 애석한 것은 그 애가 타고난 재질이 아름다운 것인즉 참으로 쉽게 얻을 수 없는 집안의 희망이 마침내 허무하게 되어버린 점입니다.

이 슬픔 이 원통이 저 푸른 하늘처럼 아득한 것을 그 누가 알겠나이까? 이것은 오직 이 몸에 재앙이 많이 쌓여서 자식이 죽는 불행을 당한 것입니다.

그 인생이 아주 불쌍한즉 그 이후로 질병이 몸에서 떠나지 아니하고, 늘 까무러쳐서 있으니, 아마도 造物者가 가련하게 생각하여 일찍 잡아가서 슬픔을 그치게 하는 大處分이 있을 듯하나이다.

올봄에 華陽洞에 간 것은 정말 성사로 느끼어 분발하는 마음과 시를 지어 노래하는 공부에 소득이 적지 않으리다. 돌아보건대 이 병든 몸도 항상 한 번 가고자 하지만 아직까지 뜻을 이루지 못하였나이다. 이제 어진 분이 먼저 가시니 그 용기를 거의 따르지 못한바, 비록 우러러 부러워만 하면서 어찌 이루리오. 남은 말씀 일일이 적을 수 없사오니 오직 바라옵건대 밝게 헤아리소서.

일찍이 듣건대 栗谷先生은 우리 동방의 夫子라고 하였습니다. 道體를 洞見하여, 그 性命理氣의 論說이 千古의 疑案을 劈破하였으니, 모두 晦翁의 密旨要訣을 紹述한 것입니다. 그러므로 沙溪, 尤庵 두 선생이 朱子 이후로 1人이라고 하였는바 後賢, 後學이 다시 평할 수 없는 것입니다.

따라서 心性을 논함에 반드시 準則이 되나니, 선생이 말하기를 '발동하는 것은 氣요, 발동하는 원리는 理이다.'라고 하는 것이 그 定論이며, 이른바 '動機는 自然일 뿐인즉 시키는 것이 있지 않다.'라는 말은 비단 牛溪에게 보내는 편지 속에 證示하였을 뿐만 아니라 또한 聖學輯要의 임금께 告하는 篇에 실려 있나니 또한 定論임을 알 수 있습니다.

後人은 진실로 마땅히 믿고 따를 것이요, 달리 의논할 여지가 없는 것입니다. 南塘 선생의 明白灑落하고 玲瓏穿貫한 道理나 心性論과 같은 것도 모두 孔子 이래로 朱子, 栗谷, 沙溪, 尤庵, 遂菴 선생이 서로 전해준 宗旨로써 一言一字도 評議할 수 없는 것입니다.

尤翁이 朱子를 일러 말마다 옳고, 일마다 옳다고 하였는데 나도 또한 栗谷과 南塘 두 선생은 말마다 옳고, 일마다 옳다고 생각합니다. 만일 두 선생을 다르다고 논리를 전개하면 이것은 두 선생의 도덕을 알지 못한 까닭인 것입니다. 後學은 마땅히 여기에 門路를 보아야 할 것입니다.

나의 의견은 이와 같사오나 아시는 분이 무어라고 하실지 모르겠나이다. 회답하여 가르쳐 주시면 다행이겠나이다.

답김동려종휴(答金東藜鍾休)

내가 가면 公이 오고, 내가 오면 公이 가니, 이 어찌 일백 가지 실마리가 공교롭게 어그러지나이다. 그러나 公이 섭섭함을 내가 알고, 나의 섭섭함을 公이 아니, 마음에 느끼는 감정은 똑같다고 하리라.

기러기나 제비를 본래 싫어하고, 부질없이 메뚜기나 귀뚜라미를 부러워하거니 가르침을 받음이 끝이 없나이다.

만나 뵐 날은 언제나 올지요? 아름다운 글월을 멀리 보내 주시어, 책상을 깨끗이 쓸고, 먼지 묻은 책을 치운 다음 소리 내어 읽을 제 이 봄도 반쯤 어우러짐을 깨닫게 되었나이다. 尊體의 글 솜씨가 나의 마음을 위로하여 줍니다.

바야흐로 體가 있으면 用이 있는 一貫의 이치는 진정 절로 그러하오니 저기가 고요하면 거기에 아무것도 없을 뿐입니다. 三生의 說을 어찌 족히 믿으리오. 人間事를 다시 누구로 하여금 경영케 하겠나이까? 道理는 가슴 속에 流轉하나니, 外物이 나를 읽을 수 없는 것입니다.

구름과 노을이 공중에서 일어났다가 사라집니다만 그러나 이 아련한 공기는 모두 저기압이 엉긴 공기이니, 다시 청컨대 東藜詞伯이 怡齋의 棟床을 돌아 여기로 왔다가 바다로 떠나감인저!

오늘을 살아가는 지혜는 저자에서 살펴보지 않으리까? 팔을 걷어붙이고 시끄럽게 두런거리는 것보다는 몸을 숨기고 검소하게 사는 것만 하리오!

깔닥깔닥 하면서 수레바퀴가 지나간 자리에 고인 물에 있는 붕어가 매우 가련하지만 절인 생선 가게에 오래 앉아 그 냄새를 느끼지 못한 것도 매우 두려운 것입니다.

이런 것들은 덮어두고 말을 할 필요도 없습니다만, 슬픈 일은, 이제 琉璃樓臺와 電火舟車를 멀리 하고, 몸소 청빈한 선비들이 높은 冠, 넓은 帶로 젊잖게 걷는 것을 해괴하게 보는 것이니, 이것이 세상과 친해지기 어려운 점입니다.

바다 하늘이 아득하여 꿈속의 생각도 이르지 아니하고, 안개 속에 배가 금방 사라지니, 잠깐 소식도 기대할 수 없는지라 아득히 瑞

山의 구름숲을 바라볼 뿐입니다.

돌아보건대 栗里의 水月이 皎然하여 몇 마디 적어서 아득한 나의 생각을 밝히오니 어진 분별 있기 바라나이다.

답김동려 1(答金東藜 一)

요즈음 긴 말씀을 머물러 두고 있는 것은 가만히 말고삐를 잡고 산골을 나가 볼까 하는 계획이 있었기 때문이었습니다.

이제 편지를 받고 보니 죄송하기 그지없나이다. 절친한 사이라 다시 묻습니다만 봄날이 점점 화창한데 喪服을 입은 몸을 잘 보살펴서 유지하시며 슬프고 한스러운 생각 어떻게 이겨내십니까?

날이 가면 조금씩 잊는다는 네 마디 말씀 이외에는 다른 길이 없어 비록 한마디의 위로 말을 드리고자 합니다만 또한 달리 할 말이 없나이다.

주신 편지를 한번 읽으니 사람으로 하여금 가슴을 벅차게 하여 한 글자에 한 번 눈물 흘렸나이다. 대저 어버이는 자식에 대하여 한없는 생각이 있을진대 이런 효녀에게 어찌 오만 정이 들지 않겠습니까?

墓誌에 대한 부탁은 그 사람을 잘못 택하였습니다. 학식이 얕고 말이 가벼운 사람이 어찌 감히 不朽한 글을 쓰리오? 그렇지만 집사의 말씀이 지극하시고 이에 슬픔을 푸는 한 가지 일인즉 그 서로 아끼고 서로 동정하는 처지에서 비록 스스로 한번 써본다고 하여도 그 일이 근거 삼을 수 없으니 어찌하겠습니까? 헤아려 주십시오.

나의 몰골은 오직 게으르고 산만하여 버려진 인간으로서 족히 말씀을 받들지 못하겠나이다. 梅谷에게 듣고 문득 이렇게 말씀드립니다.

답김동려 2(答金東藜 二)

이번 봄에 찾아뵙고 많은 가르침 받고자 하였으나 곧 산속으로 들어가서 오직 하늘만 쳐다보다가 돌아오니 가슴속에 가득한 이야기를 다할 길이 없어 생각만 간절하던 차에 어디서 파랑새가 와서 편지를 전해주니 이 마음 위로되기 그지없나이다.

얻은 바가 있으면 편지를 아니 할 수 없는 것이 이와 같은 것입니다. 평소 듣자니 집사는 뛰어난 재질로 또한 이미 馬鄭의 문하에서 배운 지가 몇 년이 되었다면서요?

이제 말씀하신 뜻이 心性의 本領을 스스로 깨닫지 못했다고 하시나 이는 집사가 겸허하심이 지나친 것입니다. 邦憲 같은 사람이 장차 어떻게 하겠나이까?

보내 주신 편지에 이른바 '마음의 병은 반드시 눈에 나타난다.'는 말은 참으로 이치에 통달하신 논설입니다. 대개 마음은 火에 속하니 火는 반드시 木의 기운으로 나타나는 것인즉 肝木은 눈에 속하니 어찌 서로 응하지 않으리오?

이래서 사람의 마음이 바르고 바르지 아니한 것이 반드시 눈동자에 나타나므로 熱이 있는 병을 앓으면 그 눈이 반드시 붉게 되는 것이 그 징험입니다. 어찌 마음을 다스리는 길을 생각지 않으리오? 그러나 이것은 俗人들의 道입니다.

이제 집사의 눈은 또렷하니, 그 마음의 바름을 알 수 있습니다만 血肉의 질병이 있으면 자기 자신이 병들지 않았더라도 성현도 면하지 못할 바가 있는 것입니다.

邦憲은 별다른 治心術이 없으므로 한갓 눈에 보는 바가 없을 뿐만 아니라, 온몸이 병들어서 게으르고 방탕하여 참으로 촌사람과 다름이 없사오니, 원컨대 좋은 약을 얻어서 치료하고자 하지만 도무지 그 약을 구할 수 없습니다. 高明께서 경험하신 방법을 일러주시면

다행이겠나이다.

생각하건대 고요하신 몸 기력 유지하시고 다시 철따라 기운 내시기를 비나이다.

답김동려 3(答金東藜 三) (戊午十月)

한번 병들어 반년을 앓음에 스스로 꼭 죽었다고 여기고, 문득 東藜翁이 나의 祭文을 어찌 써줄까를 생각하고, 다만 미리 만나서 부탁하지 못한 것이 한이었더니 이제 다행히 소생하니, 그 그리움이 간절하던 차에 홀연히 반가운 글월을 받았나이다.

죽음에 이르러 살아난 것을 위문하여 주시니 큰 위로가 됩니다. 금년의 돌림감기는 빠진 사람이 없으니, 참으로 무서웠습니다.

묻자옵건대 우환 끝에 계신 몸 일에 지치지나 아니하셨는지요? 老人은 한 번 병이 들면 금방 늙음을 재촉하는 실마리가 되나이다. 조심 하십시오!

令孫이 成人이 된 것은 가정의 慶事입니다. 어찌 반드시 婚禮에 賀禮하지 아니한다고만 하리오?

나는 부스럼이 완전히 낫지는 아니하였으나, 氣力은 아직 늠름합니다. 그러나 남아 있는 조심이 많으므로 하느님이 마침내 어떻게 처분할는지 모르겠나이다. 저승의 호출장이 오면 바로 떠나가기도 또한 쉬운 일이 아니군요?

敎示하신 深衣에는 겹을 쓰고 홑을 쓰지 아니한다는 말씀은 아마도 俗說인듯 하나이다. 禮書에 보이지 아니합니다. 黃帝 이래로 禮服을 어찌 억지로 하겠습니까? 내가 증명한 바는 한결같이 家禮를 준수하고, 禮記의 玉藻와 深衣篇을 검증하였사오니, 白雲朱氏의 說은 쓰지 아니하였나이다.

古今의 논설이 白雲에서 증거를 취하여, 家禮와 어그러짐이 있어서, 是非가 많이 생긴 이유를 알지 못하겠나이다. 새해에 兄이 혹시 한번 오시면 소상하게 밝히어 옷을 재단하는 법이 저절로 확인할 수 있을 것입니다. 꼭 한번 계획하시지오.

보내 주신 글월은 맑고 깨끗하여 고우니 노래 할 만합니다만 한은 蒼淵公과 함께 읽지 못함입니다. 蒼淵이 죽으니, 士友間에 서로 의지할 만한 사람이 없는지라, 그 우아한 문장과 바른 행실을 어디서 찾으리오? 통곡할 뿐입니다.

'두견새 울음 그치니 소나무 그늘이 저물도다.'의 구절은 우리들의 정경을 그려낸 것으로 오늘날 누군들 죽는 것만 같지 못하다는 탄식이 없으리오!

손이 마비되어 더 이상 붓을 잡을 수 없어서 이만 줄이오니 오직 밝게 헤아려 주소서!

여이선전병재(與李宣傳秉在)

지난번에 몇 번 보이면서 허심탄회하게 학문을 논하여 깊이 토론하고자 하였으나 여러 가지 사정으로 다하지 못하고 돌아오니 한만 가슴속에 남아서 구름처럼 피어납니다.

다만 나에게 부탁한 뜻이 정중함을 깨달았사오니 감히 잊지 못하나이다. 바라건대 그동안이라도 玉體 萬重하시며, 발과 눈이 모두 날로 새로운 취향을 얻으셨는지요? 江衙로부터 다시 안부편지를 받으니 사모하는 마음 그지없나이다.

나는 게으르고 산만한 버릇이 생겼으니 족히 말씀드릴 것도 없습니다만, 다만 善하고자 하는 마음은 문득 남에게 양보하지 아니하므로 실천궁행하는 군자가 있다는 말을 들으면 그 밑에서 배우고자 하는 생각이 납니다. 대개 이 일은 우리들 필생의 사업인즉 중도에서 폐지할 수 없는 것이며, 또한 풀지 못하는 의심을 품고, 반쯤 올라

갔다가, 떨어져서 중지할 수 없는 것입니다.

이제 집사는 이미 다리를 세우고, 허리를 부착하였으므로 반드시 저러한 근심이 없고, 아울러 古人의 地位에 이르지 못할 근심도 없나이다.

그러나 모든 사람의 현실이 항상 小成에 만족하여 세속에서 이른 바 好人이 되고자 할 뿐입니다. 聖賢의 사업을 스스로 기약하지 아니하는 까닭에 세속 속에서 머물러 힘차게 날로 발전하는 것을 볼 수 없으니, 안타까운 일입니다.

하물며 오늘날 우리들은 이와 같은 혼란한 시대를 만나서 夷狄禽獸를 면하려면 斯道를 버리고 어떻게 할 것인가? 오직 집사는 반드시 두려워하여 스스로 분발하여 曾子의 任重道遠의 교훈을 실천해야 될 것입니다.

거리가 비록 멀다고 하여도, 路程은 10일 남짓하오니, 아주 멀리 사는 것도 아닌데, 善을 좋아하면서도 용기가 없어서 자주 찾아 가지 못한바 德不孤 必有隣의 의미가 어찌 있으리오? 느낌이 많습니다만, 이만 줄이나이다.

여성진사주형(與成進士周亨)

暮春에 驛路에서 一別하니 마치 꿈속의 일인 듯한데, 그 뒤로 소식이 끊기어 오래도록 그리워만 하니, 어떤 까닭인지 알지 못하겠도다.

각별히 묻건대 여름 가을 사이에 어른 모시면서 학문과 몸이 다 같이 莊重하며 무슨 책을 주로 보고 날로 힘차게 실천하는 좋은 소식이 있는지요?

여름에는 집에서 공부하였는가? 아니면 다른 데로 가서 배웠는가? 듣고 싶은 마음 이기지 못하도다.

대저 이 일은 우리들 필생의 家計인즉 중간길에서 폐하여도 안 되고, 또한 유유히 아까운 세월만 흘려보내도 아니 되나니, 任重途遠의 聖訓을 실천해야 되나이다.

이 사람의 천한 몰골은 모두 옛날과 똑같으니 말할 필요도 없으나, 오직 다행한 것은 일가족이 별 탈이 없는 것입니다. 봄여름은 이미 지났으니 찬바람이 나면 한번 만나기를 바라노니 부질없는 생각이지만 백 리의 땅에 서로 잊어버리는 사이가 될까봐 쓸쓸하고 괴롭도다.

내가 賢者에게 기대하고 바라는 것이 실로 작지 않노니, 어찌 빨리 오지 않으리오?

李成甫가 끝내 그 정든 임을 잃으니 사람으로 하여금 눈물을 흘리게 하나이다. 이 벗은 집안이 고단하니 집안에 격려할 만한 어진 이가 없고, 외롭게 홀로 살거니, 그 공부를 오로지 한결같이 할 수 없는 것을 생각하면 매우 한탄스럽도다.

여름에 書齋에 와서 공부한 사람이 4~5人이었는데 모두 文法이나 배우면서 떠들다가 이제는 모두 돌아갔고, 나만 홀로 쓸쓸히 앉아 있을 뿐이노라. 이제 近行을 이와 같이 간략하게 전하노니, 잘 생각하여 惠好同歸하기 바라노라.

답성진사(答成進士) (丁巳正月)

내가 賢者에게 기대하여 바라는 것이 큰 까닭에 사랑하는 마음이 깊었도다. 이제는 의당 바라는 바는 없지만 그러나 사랑은 아직 식지 아니하였도다.

조그마한 소망이야 다시금 있다고 하여도 듣건대 처음 섬겼던 것을 되돌리려고 한다면 이미 지난 것을 어찌 또한 논하겠는가?

자못 한스러운 것은 나 같은 사람이 朋友의 列에 있으면서도 착함을 권하는 도움이 없이 賢者로 하여금 顚倒되어 오늘에 이른 것이로다.

멀리 찾아가서 보던 날 봄바람이 차가운데 몸이 건강하시니, 적이 위안이 되었지만, 萱堂께서 환후 중이시라, 얼마나 걱정이 됩니까?

邦憲은 말할 것이 없는데도 回甲을 이야기하니 놀랍고 가소롭습니다. 平生의 素志가 한 가지도 성취되지 못하였으니 하나의 재주꾼에 지나지 못합니다. 이 부끄러움을 장차 어찌하리까?

壽序는 삼가 받습니다만 칭찬하는 말이 너무 지나치시니 내가 어찌 편안하리오? 文體가 簡潔하고, 내용이 뜻 깊어 古人의 體裁라 사람으로 하여금 읽어보게 하나이다. 賢者는 더욱더 노력하여 前工을 그치지 아니하여야 되겠나이다.

보내주신 衣服은 깊은 友情에서 나온 것임을 알지만 그러나 너무 사치하여서 한탄입니다. 感銘이 깊어 무슨 말을 해야 할지 몰라 종이만 펼쳐 놓고 배회하다가 이렇게 謝禮합니다.

여최참판익현(與崔參判益鉉)

德義를 仰慕한 지 세월이 이미 오래되었사오나, 아직도 門下에 찾아가서 배우지 못하고, 단지 스스로 한탄만 하나이다.

어느 날 갑자기 南奎振이 찾아와서 만났는데 들은바, 先生께서 天下에 大義를 밝히고자 하신다니, 무릇 혈기 있는 사람으로 누군들 듣자마자 달려가지 아니하리까?

나는 학문에 뜻을 둠이 늦었고, 타고난 재질도 게으르고 산만하여 족히 당세의 일을 더불어 논할 것이 없고, 병까지 깊어서 옆으로 달려가 뒷줄에라도 참여할 수 없으니 그 인생이 부끄럽나이다.

그러나 양심이 있는 사람으로 또한 그래도 앉아 있을 수도 없어서 남은 말씀이라도 듣기 위하여 이에 趙英元을 보내오니, 구체적으로 타일러 주사옵고, 무례하다고 배척하지 아니하시면 다행이겠나이다.

간절히 바라옵건대 쌀쌀한 가을 날씨에 높으신 몸이 세상을 위하여 愛重하옵소서.

여노연곡정섭(與盧蓮谷正燮) (戊戌八月)

지난해 욕되게도 왕림하여 주심을 아직까지 찾아가서 사례하는 절을 드리지 못하니, 무례가 큽니다. 지난 가을 가려고 하였었는데, 어긋남을 면치 못하니 더욱 죄송합니다. 아마도 成上舍가 그 까닭을 상세히 말씀드렸으리라고 생각합니다.

경건히 묻습니다. 늦여름에 道體 萬旻하십니까, 英材를 敎育함에 그 즐거움은 알 수 있으나 天理를 體認함에는 저절로 남이 알지 못하는 妙가 있나이다.

우러러 칭송하면서 밤낮으로 흠모하나이다.

나는 성품이 게으르고 산만하여 하나의 재주꾼에 지나지 못하와 道 있는 사람에게 말씀드릴 것이 없습니다만 요즈음 우리 고을에 古禮가 폐지되어 강의하지 않은 지가 오래되었나이다.

여러 士友들과 의논하여 장차 今月 25日에 鄕飮酒禮를 거행코자 하온바, 여러 사람의 의논이 집사와 같은 어진 이가 의당 賓席에 왕림하여야 된다고 하는 까닭에 감히 金東旭을 보내서 나의 진심을 전하오니, 바라옵건대 모름지기 밝게 살피시어 사랑으로 임하옵소서. 禮法의 格式을 어김이 있어 죄송합니다만 우러러 생각하건대 군자는 용서를 잘하시니 반드시 죄를 삼지 아니하리라고 믿고 이만 줄이오니 어질게 처리하소서!

여김문오동욱(與金文五東彧)

사는 곳이 해 저물어 자지 않아도 갈 수 있는 거리인즉 매우 먼 길은 아니며, 깊은 의의가 소나무와 겨우살이처럼 서로 의지하니, 정분이 두텁지 아니한 것은 아닌데도, 만나는 날짜를 생각하니 어느 때나 가능할지 모르겠나이다.

이제 한 토막 편지라도 쓰지 아니하면 또다시 한 해가 지나가고 말겠나이다. 그리운 마음 간절하여 늘 산마루의 구름과 함께 날았더니 홀연히 편지를 받아 기쁘기 한이 없나이다.

바야흐로 겨울이 닥쳐오는데 고요히 계시는 몸 건강하시다니 안심이 됩니다. 부인의 병환은 비록 아는 병일지라도 깊이 염려하십시오.

令愛의 결혼 문제가 또한 大事날을 잡았다고 하오니 과연 어떻게 결혼식을 치를는지요? "개를 팔아서 딸을 시집보내고, 양을 잡아 잔치를 한다는 것."은 옛사람들의 멋이었습니다. 그러나 老兄은 아마도 이렇게 脫俗한 地位에 이르지 못하겠지요?

1년복을 입은 나는 지난 6월 달로부터 지금까지 계속 다리가 부어서 거동에 고통을 받을 뿐만 아니라 그 밖에 일백 가지 질병이 가지가지로 아파서 命物者의 처분이 어떠할지 알지 못하겠나이다.

가장 애석한 것은 죽은 내 손자처럼 美質 大器를 어디서 다시 얻겠나이까? 悲感한 情을 하루도 잊기 어려우니, 한갓 정이 들어서만 그런 것이 아닙니다.

오직 다행한 것은 식구들이 요즈음은 별고 없이 지내고, 젖먹이 손자도 잘 자라는 것입니다.

듣건대 귀 일꾼이 가지고 온 것을 보니까, 한 짐 보낸 것이 모두 생각하지 못한 품종이었다면서요? 큰일이 눈앞에 다가왔는데 어느 틈에 이러한 생각을 하였나이까?

俗語에 말하기를 "딸이 많은 사람은 반드시 딸을 사랑한다."고 하더니 老兄이 과연 그러하나이다. 크게 웃어봅니다.

時事가 점점 危險하여 갑니다. 평범한 우리 일반인들이 어찌 살아야 할지요, 깨달은 사람과 함께 의지하면서 살고자 하오나 그 또한 방법이 없나이다. 질병 속에 이만 줄입니다.

여김문오(與金文五) 간단한 안부이므로 번역하지 않음

답채여성성묵(答蔡汝成性黙)

아래로 물어주신 禮說은 감당 못할 사람에게 물으셨으니 어찌 감히 대답하리오만 나의 견해를 대략 말씀드리겠사오니 채택하시면 다행이겠나이다.

대저 들건대 承重者는 宗祀의 重責을 받드는 까닭으로 할아버지의 3년복을 입고, 次孫은 이미 宗祀의 重責을 받들지 아니하는 까닭으로 다만 할아버지의 服만 입어 嫡孫과 같게 하지 못하는 것입니다.

반드시 兄이 死亡하고, 아우가 이어받는 예법을 쓴 다음에야 次孫이 비로소 承重이 될 수 있지만 國典에 형수가 있으면 아우가 이어받는 것을 허락하지 아니하였으므로 次孫이 承重하는 것은 매우 편안키 어렵습니다. 그러니 어떻게 하겠습니까?

말씀하신 몇 가지의 禮說은 내가 연구하기로는 이끌어 증명할 수 없습니다. 問解에서 이른바 次子의 아들이 마땅히 제사를 받들어야 된다는 것은 長子에게 이미 後嗣가 없으면 그 형세가 장차 次子의 아들에게 傳重한다는 것입니다. 그러나 長子가 비록 사망하였어도, 長婦가 장차 그 養子를 들인다면 次子가 어떻게 奉祀를 하리까?

范宣이 말한 庶孫의 承重한 것을 여러 가지로 논하는 것은 할아버지는 마땅히 本服만을 입는다는 것입니다. 또 살피건대 趙希逸 正郞이 次子로서 主喪, 題主를 한 다음에 또다시 祖母의 喪을 당하면 服喪과 題主를 어떻게 해야 되느냐고 沙溪에게 물으니 대답하기를 古禮에는 반드시 長孫으로 承重하였다. 趙宋이 長子가 죽음에 조카를 쓰지 아니하고, 次子를 쓴 것은 禮가 아니며, 伊川이 太中의 祭祀를 주관함도 또한 禮法에 맞지 않는 것이라고 하였으니 沙溪의 뜻을 분명히 알 수 있는 것입니다.

더욱이 朱子가 候師聖의 禮說에 대하여 옳은 점을 찾아볼 수 없다고 하였으니 여기에서 근거를 삼는 것이 어떠할는지요?

다시 생각하건대 老兄宅의 이 일은 지극히 어려운 점이 있습니다. 次孫이 이미 喪服을 입고 장차 아우로 이어가는 예법을 써서 傳重함이 옳겠나이까? 즉시 衰服을 벗게 하고, 兄嫂로 하여금 主喪을 하게 하십시오.

널리 고증하고 물어서 처리함이 어떨지요? 또한 陶菴에게 한 가지 설이 있으니, 어떤 사람이 묻기를 '사람이 죽음에 嫡子나 長孫의 무거운 상복을 입은 자손이 마땅히 主喪을 해야 되지만 이제 남정네가 없고, 오직 嫡孫婦와 衆子 및 妾子만 있다면 누가 主喪이 되어야 합니까? 어떤 이는 말하기를 衆子의 아들이 祖母喪에 承重이 되어야 한다고 하나이다.'라고 한대 陶菴이 말하기를 禮法은 궁극적 상황에 이르면 부득불 변통하나니, 婦人은 비록 主喪을 하기가 어렵지만 이러한 상황에서는 아마도 嫡孫婦로 旁題를 해야 옳을 듯하다고 하였으니 이것을 고증으로 삼을 만하나이다.

말씀하신 다른 부분은 너무 번거로워서 모두 말하지 못하오니 죄송합니다.

여김승지복한(與金承旨福漢) (丁未)

작년에 두 번 닥친 액운은 모두 老兄이 大義를 自任한 결과였습니다. 탄복한 나머지 사모하여 존경하는 마음을 이기지 못하나이다.

나와 같은 사람이야 어찌 족히 말하리까? 평생의 글공부가 정의에 근거한 바 없고, 깊은 산골에서 白首로 늙어가니 듣고 보기 민망할 따름입니다.

일찍이 달려가서 가르침을 받고자 하오나 근심, 질병, 초상, 재앙이 움직이려면 문득 얽어매어, 한 장의 문안 편지도 오래도록 쓰지 못하였사오니 참으로 서로 의지하고 서로 사랑하는 도리가 아니었나이다.

復菴李公이 죽음에 슬픈 말씀 어찌 다하리까마는 늙어 죽은 사람이야 이러한 시대를 만나 元城의 命이 좋다고 할 것입니다.

그러나 이 湖右의 선비를 돌아보니 더욱더 고단하게 되니 늘 생각함에 눈물이 절로 납니다.

방금 湖右에 依賴하는 사람은 오직 우리 志山大人 한 사람이 있을 뿐입니다. 모름지기 自愛自重 하시어 어리석은 사람들로 하여금 또한 격려가 되도록 하여주십시오, 바라건대 吾道의 발전을 위하여 令體를 조절하시어 잘 보전하소서.

나는 私門이 不幸하여 그간 室人의 喪을 당하고 이제 장례를 끝냈습니다. 晚境의 悲悼를 스스로 감당하지 못하고 있사오니, 이러한 때에 의당 허다하게 강구하는 도리가 있을지나 멀리서 많은 말을 하지 말고, 말없이 깨달아야 옳겠지요?

時事는 들을수록 더욱 위험하여 가는데 돌아보건대 이 하늘이 준 몸을 어떻게 처치하여야 옳을는지요? 한두 마디의 말씀을 듣고자 하나이다. 바람결에라도 가르쳐 주시면 다행이겠습니다.

金商瓚이 보고 가는 길에 간략한 안부편지 쓰오니, 갖추지 못합니다, 밝게 헤아리옵소서.

여김승지(與金承旨) (戊戌八月)

洪陽城 밖에서 하루저녁 뵘은 이미 前塵事가 되고, 산골 초가집에 홀로 앉아 있으니, 늘 정신은 그곳으로 달려가나이다.

바라건대 늦더위가 다시 기승을 부리는데 令體履道 萬勝하시고 溫故知新, 學而時習의 공부가 道妙를 默契하시어 날로 高明廣大한 경지에 드시옵소서.

士友의 기대가 큰데 俗習이 바뀌지 아니하니, 요즈음 湖右에는 오직 令監한 사람이 그 책임을 지셨나이다. 아침저녁으로 그리워하는 이 마음 저버리지 마십시오.

나는 학문의 방법을 알지 못하여 혼자 헤매고 있사오니 어찌 법도 있는 사람에게 말하리오만, 요즈음 우리 고을에 士友들이 장차 鄕飮酒禮를 익히고자 하온바 여러 사람이 의논하여 만일 令公과 같은 분이 遵席에 엄연히 임하시면 우리 고을이 빛나고, 교육적인 효과도 클 것이라고 하는 까닭으로 감히 金生을 보내서 仰請하면서 우리들의 정성을 전합니다.

엎드려 바라건대 왕림하시어 이 외진 지역 사람들로 하여금 낙망하지 않게 하여 주십시오. 글월이 산만하여 예식을 잃었사오매 참으로 죄송합니다.

남은 뜻을 다 쓰지 못하오니, 높이 헤아려 주소서.

여김승지(與金承旨) (壬子)

산 것도 아니요, 죽은 것도 아니니 이것이 어떤 사람인지요? 아득히 저 푸른 하늘은 千秋에 반드시 돌아오거늘 과연 그러한 이치가 없을까요?

홀로 깊은 산속에 앉아서 오직 벗 생각만 하면서 지낼 뿐입니다. 가을 하늘의 기후가 추웠다 더웠다 변덕이 심한데 이러한 환절기에는 체력 조절 잘하시고, 자리가 편안해야 됩니다.

여러 가지 치욕적인 나라 소식에 길이 탄식하나이다. 그러나 또한 어찌 면하리까?

듣건대 四可 柳友가 머물러 글을 읽는다면서요? 밤낮으로 진리에 대한 이야기가 끝이 없으리라 생각합니다. 나도 달려가고 싶은 마음 간절합니다.

復菴公은 그 사이 장례를 지냈다면서요? 글을 지어 가지고 가서 조문하려고 하였는데 듣고 보니 시일이 지나버려서 또한 하지 못하니 지금까지 쓸쓸한 느낌을 떨칠 수 없나이다.

나는 올봄에 子婦喪의 변을 당하여 복을 입으니 늘그막 인생살이가 견딜 수 없나이다. 이 세상이 너무 지루하나이다.

屛溪 선생의 墓所를 重修하는 일은 한 지방의 士論이 집약된 것으로 오래전에 글을 띄워서 두루 알렸사오니 아마도 받아 보셨겠지요?

요즈음 士友 사이에 慕賢의 정성이 도무지 없으니 날짜가 가까워 옴에 도리어 실망의 탄식을 면치 못하나이다. 오직 믿는 바는 仙鄕과 暘谷韓氏뿐입니다.

또한 힘을 내서 일을 주선할 사람도 없사오니, 바라건대 모름지기 老兄이 가까이에서 한 사람을 幹事로 골라 돈을 모아 보내 주시면 어떨지요?

改莎는 마땅히 10월 이전에 해야만 시기가 적당한지라 급합니다. 밝게 살펴 주시면 천만 다행이겠나이다.

늘 한번 찾아가서 뵌다고 하면서도 아직까지 늦어져서 人事를 차리지 못하였습니다. 편지를 쓰니 이 생각 저 생각 밝게 헤아려 주소서.

여김승지이승지설(與金承旨李承旨偰)

생각하건대 6월 더위에 두 분 道體 안녕하신지요?

南塘 선생의 年譜를 重刊한 일은 참으로 斯文의 성사이온즉 우리 고을에 있는 모든 선비들이 그 누군들 즐겁게 참여하지 아니하리까?

나는 비록 매우 어리석고 천하지만 선생을 배우려는 마음은 남에게 뒤지고 싶지 아니하온바, 오늘 이 일에 몸소 붓을 들고 緖論을 듣지 못하고, 형세 또한 아주 가난하여 그 비용을 조금도 보태 주지 못하니 오직 탄식만 나오나이다. 오로지 바라옵건대 여러 집사께서 일을 잘 완성하시기만 비는 바입니다.

지난번에 李應珪友의 말을 들으니, 寒澗이 엮은 墓誌를 장차 附錄에 넣을 것이라고 하는데 여러분들이 여러 가지로 생각하고 의론한 결정이겠습니다만 나는 이에 대하여 대체로 동감하면서도 李友에게 그 뜻을 조금 밝혔나이다.

청컨대 여기에서 그 요지를 다 말하게 하여주십시오, 대개 선생의 學問道德은 진실로 後學이 감히 엿보고 헤아릴 바가 아닙니다. 그러므로 그 道를 봄이 분명하여 理氣의 論說에 앞사람이 밝히지 못한 바를 많이 밝혔은즉 東方에 탁월한 것입니다. 屛溪도 또한 학문이 天人의 妙를 꿰뚫었다고 칭송하였던 것입니다.

寒澗이 撰述한 주요 의미가 오로지 여기에 있는 것이므로 그 논리가 지나치다고는 하지 못할 것이나, 저 道統과 事功으로 말하면 또한 알지도 못하는 것을 어떻게 말을 하겠나이까?

보는 사람이 지은 이의 뜻을 알지 못하고, '云云한 바가 있다.'라고만 쓴다면 우리들이 선생을 尊崇한 자리에 있으면서 남의 말만 인용한다는 것이 미안하지 않겠나이까? 그러니 이 글을 부록으로 넣는 것이 정말 불편하오니, 百世 뒤에 바로잡는 날을 기다리는 것도 또한 하나의 방법인 듯합니다. 어떨는지요?

나는 不肖하여 斯文의 重大한 일에 족히 더불어 논하지 못합니다만 그 선생을 尊慕하는 정성에 있어 가만히 있을 수 없는 까닭에 감히 이에 앙청하오니, 분수를 지극히 벗어났사오나, 다행히 그 죄를 너무 꾸짖지 마시고, 자세히 살펴서 처리하시기 바랍니다.

여김승지(與金承旨) (壬子十一月)

小春(음력 10월)에 내려주신 편지 지금까지 열심히 읽나이다. 생각하건대 눈보라 속에 몸 건강하신지요? 그리운 생각 그지없나이다.

功服을 입은 아우는 몰골이 형편없이 눈 속에 갇히니 畏友를 향하여 말할 데도 없나이다.

바야흐로 屛翁墓所의 일은 至月 2日에 열심히 改莎하였으나 산 아래의 일은 아직도 대부분 끝내지 못했는데 비용이 적지 않으니 걱정이 큽니다.

이제 들으니 尊啣이 적힌 글이 通章 속에 있다고 하는데 이것은 무슨 일입니까? 아주 놀랐나이다. 대저 이 일은 발론할 때에 令監은 이미 참여하지 아니하였는데 어찌 반드시 尊啣을 기록하리까?

만일 존함을 넣는 것이 중요하다면 마땅히 통지하여 승낙을 얻은 다음에 써도 될 것을 어찌 감히 마음대로 앞에다가 근거도 없이 기록하였는지요? 또한 令監이 요즈음 처리하신 바를 아우가 어찌 모르리까?

생각건대 의당 내가 竣功한 것을 책망하면서도 편지의 말씀은 오히려 溫和하시니, 君子의 盛德이 잘 용서하여 포용하는 면을 볼 수 있어서 감사하였나이다.

당초에 통지문을 발송할 때에 기록된 이름은 이 근방 다섯 사람이었는데 金德云友가 자리에 있다가 令監의 성명을 기록하자고 요청한 까닭에 아우가 높이는 뜻으로 물리쳤던 것입니다. 그런데도 필경 부쳐 썼으니 이 무슨 의사인지요?

德云은 仙鄕의 有司를 자청해 놓고, 또한 5~6朔을 머물러 두었으니, 과연 무슨 연고인지요? 이상합니다. 金東瑗友가 부탁받고 갔을 때 그로 하여금 德云의 집에 있는 通章을 받아가지고 갔는데 이와 같은 착오가 있을 줄은 몰랐습니다.

이것은 모두 아우가 거칠어서 주밀하게 살피지 못한 까닭입니다. 아우는 마땅히 가시나무를 지고 문하에 가서 죄를 빌어야 하오리다.

저 南塘·屛溪 두 선생의 先後次序에 있어서는 경우에 따르는 遂翁의 뜻을 알 수 있나이다. 先輩들의 전래한 定論이 자연히 있거늘, 아우가 비록 배움이 없을지라도 어찌 감히 알리지 아니하고, 이제 고치고자 하나이까?

나의 생각에는 이 일은 오로지 屛翁을 위하여 발론하였으므로 屛翁이 이에 主가 되고, 塘翁은 賓이 되었으니, 主를 먼저 쓰고 賓을 나중에 쓰는 것이 筆勢의 자연입니다.

가령 일이 두 선생의 묘지에만 있는 것이라면 塘翁을 먼저 하고, 屛翁을 뒤에 한다고 하여도 여러 말을 할 필요가 없는 것이니, 누가 감히 이의를 하겠습니까?

이제 말이 道統淵源에 미치면서 오로지 塘翁께만 다하면 사심에 미안하지 않으리까? 그러므로 대략 이 말을 하여 나의 정성을 간직하려고 하나이다.

대개 나는 塘翁에 대하여 尊尙하는 마음은 한결같아서 늘 通透灑落함은 栗谷과 같고, 壁立千仞함은 尤庵과 같다는 말을 외우면서 心說誠服하여 소원인즉 배움이 정말 우리 선생께 있는 것입니다. 老兄이 의심하지 않으면 다행이겠나이다.

말씀 가운데 屛翁이 塘翁에 대함이 물론 牛溪가 栗谷에 대함이나, 同春이 尤庵에 대함에는 실로 우열이 있다는 구절은 결론 내리기가 아주 중대한 문제입니다.

두 선생은 同道同德으로 모두 江門의 眞傳인즉 尤庵이 同春에 대함보다도 더하거늘 어찌 栗谷이 牛溪에 대함에 미치지 못하리까?

寒水先生이 屛翁을 대접하기를 華陽에게 대우받는 것처럼 대접하였다고 말하고, 含忍齋號를 손수 써서 전해주면서 春秋大義를 부탁한 것은 秋月照寒水와 다름이 없으니 尤翁이 道를 전하는 바로서 그 師門에 정중한 면을 볼 수 있습니다.

塘翁이 경연에 올라 屛溪를 추천하여 말하기를 尹 아무개가 지금 淸道一境을 지키면서 移風易俗의 감화가 있다고 하였습니다. 임금께 아뢰는 말이 이와 같았다면 그 평생에 기약하여 허락함을 알 수 있을 것입니다.

寒澗金公은 항상 일컫기를 당금 經國濟民 할 인재는 오직 屛溪 선생뿐이라고 하였으니, 이 말은 비록 塘翁이 下世한 뒤에 한 것이지만 당시 문인들이 아첨하지 아니하는 말이 이와 같았다면 그 才德을 겸비한 사실을 알 수 있을 것입니다.

애석하게도 年譜가 세상에 전하지 아니하니, 세상은 장차 그가 어떤 모습의 儒賢인지 알지 못할 것이며, 湖學도 시들어 두 선생의 道도 위태위태하여 끊어지려고 하므로 이것만 생각하면 눈물이 떨어지나이다.

눈앞이 뿌얀데 입으로 불러주며 남보고 글씨를 쓰라고 하니 종이를 대함에 온갖 생각이 많습니다. 바다 산이 푸른데 오로지 바라는 것은 널리 헤아려 주시고 우리 유림을 위하여 道體를 自愛하소서.

여김승지 1(與金承旨 一)

늘 한번 찾아가서 뵈려고 하면서도 눈이 어지럽고 발이 무거워서 걸을 수가 없으므로 우두커니 살면서 이렇게 오래되었나이다.

사모하는 마음은 날로 간절하여 남쪽의 구름숲을 바라보며 오직 회포만 더했나이다. 年前에 당하신 액운은 이제 꺼낼 필요도 없지만 아직까지 위문을 못하여도 그 슬픈 원한을 알고 있나이다.

생각건대 봄여름이 바뀌는 계절에 道體 고루 기르시어 더하고 모자람이 없게 하소서, 令胤형제도 편안히 모시고 부지런히 배웁니까?

삼가 구구하게 궁금합니다.

아우는 노쇠함이 날로 심하여 命物者가 처분하려고 생각하고 있는 듯한데 듣고 보기 불쌍하여 다만 염라왕의 호출장이 늦은 것이 한입니다.

바야흐로 塘翁墓所의 石儀가 빠진 것은 결과적으로 湖右의 수치입니다. 다른 사람에게 알리지 말고 이제 令監이 힘을 내서 이 儀物을 마련하면 또 하나의 큰 사업일 것입니다. 얼마나 다행이겠습니까?

아우는 선생을 尊慕하는 처지에 의당 한쪽 모서리의 힘을 협조하겠습니다만 오직 한이 되는 것은 정성을 다하지 못함입니다. 근일에 동지 약간 인과 상의하여 각자 성의를 표하게 하여 200金을 仰呈하나이다. 재물은 비록 많지 아니하오나, 그 마음은 알 수 있으리다. 지극하게 보아 주시면 다행이겠나이다.

남은 이야기는 모두 줄이옵고, 받아쓰는 글월이 불비합니다. 오직 바라건대 世道를 위하여 尊體 自重하소서.

여김승지 2(與金承旨 二)

지난번 은혜로움은 감사하기 그지없나이다. 여름 해가 점점 길어져서 절기가 또 바뀌었나이다. 연모하는 마음이 더욱 간절하여 가슴이 타나이다. 바라건대 요즈음 체력 관리 어떠신지요? 건강하시기를 비나이다.

아우는 老病이 여러 가지 생겨서 날로 시들시들하여 저승사자가 오면 즉시 떠나기가 어렵지 않겠습니다만 단지 시골사람의 신세를 면하지 못하고 죽는 것이 한입니다.

이제 塘翁墓所의 石儀는 그동안 이미 설립하였는지요? 지난번 韓善覺友의 편지를 보고 4월 25일에 한다는 것은 알았으나 질병으로 가서 참여하지 못했나이다.

　모든 크고 작은 일을 폐하고, 참여하지 못하니, 인사를 차리지 못
하여 한탄만 하고 있나이다.

　屛翁墓所의 石物이 빠진 것도 우리들의 부끄러움이 되기는 일반
입니다. 尹喆甫가 사이에서 湖南의 여러분과 상의하였는데 모두
또한 찬성하여 앞으로 협조가 있으리라고 하니 얼마나 다행한 일
입니까?

　이 通章을 嶺湖 지방으로 발송함에 있어 충분히 상의하여 결정하
는 것이 어떨는지요? 남은 이야기는 받아쓰기 어려우니 이만 줄입
니다.

여류사가호근(與柳四可浩根)　(戊戌八月)

　德義를 景仰함이 참으로 하루 이틀이 아니온데 일찍이 찾아가 진
리의 말씀을 듣지 못하고, 늘 흐르는 세월만 허송하였으니 부끄럽기
짝이 없나이다. 듣건대 집사는 聰明宏達한 재질로써 학문에 분발하
여 남이 한 가지를 잘하면 나는 백 가지를 잘하는 공부를 하므로
우뚝하게 士友들의 의지하고 믿는 위치에 올랐다고 하더이다.

　나와 같이 어리석은 사람도 또한 찾아가서 배우고자 하였으나 기
회를 얻지 못하였나이다.

　돌아보건대 이 湖右가 쓸쓸한 지 오래되었나이다. 다행히 仙鄕의
諸君子가 일시에 일어남에 힘입어 무너진 실마리를 찾으니, 이는 皇
天이 지극히 仁愛로워 斯文을 망치고 싶지 아니함을 알겠나이다.

　이제 집사의 책임이 큽니다. 바라건대 영양 보충하시여 옥체 건강
하시고 학문이 날로 발전하여 平淡한 경지에 오르소서, 나도 그렇게
되고자 하오나 스스로 능력이 모자랍니다.

　나는 망령되게 자기 역량을 깨닫지 못하고 道를 찾는 데 뜻을 둔

지가 이미 여러 해가 되었지만 아직도 방법을 알지 못하여, 쓸쓸히 갈 곳이 없으니, 어찌 불쌍하지 아니하리까? 집사께서 불쌍하게 여기어 가르쳐 주시면 다행이겠나이다.

이제 우리 고을은 조용히 古禮가 없어지고, 강의하지 아니하온바 이를 안타깝게 여기고, 士友들과 더불어 이달 25일에 향음주례를 거행하나이다. 이에 여러 사람이 상의하여 집사를 모시고 예법을 학습하고자 소원하므로 金肅玆 儒生을 보내오니, 특별한 사랑을 내리시고 왕림하시어, 우리 고을 사람들로 하여금 보고 감동케 하여 주시기 바라나이다.

천만의 말씀을 이만 줄이오니 밝게 헤아려 주시기만 바랍니다.

여민남규태용(與閔南珪泰瑢)

찬바람이 나는데 혹시나 한번 찾아 주실까 생각하였으나 오래도록 기대에 어긋났도다. 金聖瑞도 또한 그러니 쓸쓸히 탄식만 하도다!

가을 날씨 점점 깊어 가는데 각별히 묻건대 환절기에 두 분 어른 모시고, 몸 건강하며 집안에 여러 가지 일을 주간하기에 다른 여가가 없는지?

어른 모신 살림살이가 가난한 집에 어버이는 늙었으니, 진실로 있는 힘을 다하여 살아야 되겠지만 그러나 책을 가까이하여 끊임없이 공부하여 평소의 학업을 아주 포기하고 쓸모없는 물건이 되지는 말아야지!

옛날 배운 공부를 전부 버리고, 오늘날 할 일 없는 무리들과 함께 어울리면 어찌 부끄럽지 않으리? 모름지기 깊이 생각하라.

나는 홀로 외롭게 앉아서 단지 세상 사람들이 위축당했다는 지목만 받고 있을 뿐이로다. 이하 생략하고, 이 말만 전하노라.

답신참봉석권(答申叅奉錫權) (乙卯七月三日)

불볕더위에 땀이 비 오듯 쏟아지는데 새골의 대밭을 생각한바, 切利天처럼 그립지만 미칠 길이 없었는데, 홀연히 구름 한 점이 날아와서 책상머리에 떨어지기에 손을 씻고 힘차게 읽으니 나도 모르는 사이에 시원하나이다.

하물며 글월이 아름다워서 금옥처럼 아름다우니, 소리를 내어 한 번 읽음에 사람으로 하여금 눈썹이 춤을 추고, 신바람이 나게 하여 500간의 淸風보다도 더하였나이다.

살피건대 文人의 몸 壽康하시다니 얼마나 위안이 되는지요, 그간 일향 안녕하셨습니까?

나의 모양새는 매우 괴로워서 옛날 사랑했던 사람들이 말을 하려고 아니하나이다. 다만 가슴속에 뭉쳐진 한이 남아 돌아다니면서 가끔 화산처럼 폭발하면 슬픈 노래를 부르며 통곡을 하여도 진정시킬 길이 없나이다.

이에 酒席이나 舞筵을 피하지 아니하고 찾아가서 잠시 울분을 풀고자 하지만 또한 어찌 미치리까? 부질없이 邯鄲의 옛 걸음걸이를 배우다가 비틀비틀 넘어져서 流俗으로 함께 돌아갈 뿐입니다.

나를 아는 이는 나의 마음에 걱정이 가득하다고 이르고, 나를 알지 못한 이는 내가 무엇을 찾는가라고 하면서 괴상하다고 비웃고 비방하여 떠드니 그들이 어떻게 생각한들 무슨 소용이 있으리오? 내버려둘 뿐입니다.

창가에 비친 달은 응당 나의 한을 알고서, 또한 나의 회포를 자극하므로 발걸음에 맞추어 지어 올리나, 아마도 엉터리라고 배척하리라.

庸學疑義는 高明의 학문에 대한 노력이 깊고 오래됨을 볼 수 있습니다.

전일에 단지 문장만을 많이 읽은 사람은 빨리빨리 숨은 뜻을 알아낸다고 하겠습니다.

　나와 같이 학식이 없는 사람이 어찌 감히 상대가 되리까마는 또한 물어도 대답을 3일 동안 아니하는 신부의 모양으로 자처하고 싶지도 아니한 까닭에 하나하나 보고합니다만 그러나 그 이치에 어그러지고 뜻을 잃음을 알고 있나이다. 다시 비평하여 보내 주십시오. 남은 뜻은 밝게 헤아리기만 바라나이다.

답차성구봉대(答車成九鳳大) (己未七月)

　가뭄에 너무나 더워서 아무것도 살아남지 못하는데, 이러한 계절에 더위를 물리치고, 편안하기를 축원합니다.

　나는 病席에서 움직이지도 못하거니와, 큰 병을 앓은 끝에 노쇠함이 이와 같이 되었나이다. 한탄을 한들 어찌하리까? 8살 된 손자가 이 할아비를 버리고, 죽었으니, 아프고 쓰라린 마음 한이 없나이다. 아무리 무정한 저 하늘이라고 한들 어찌하여 이와 같이 할 수 있다는 말입니까?

　가르쳐 주신 明德說은 내가 보기에는 본래 氣를 주장하지는 아니하였습니다. 상상컨대 이는 賢者께서 들은 것을 착각하지 않으셨는지요? 비록 어리석은 생각입니다만 어찌 일찍이 이러하리까?

　대저 明德은 心性情의 總稱이니, 朱子 이후로 栗谷까지 일관되게 말하여 온 것입니다. 나도 또한 이 교훈을 삼가 지키어 혹시라도 어그러질까 두려워하는데, 요즈음 학자들은 사람을 죄인처럼 공격하면서 늘 主氣論으로 제목을 삼고 있습니다.

　나는 이제 賢者로부터 主氣의 꾸지람을 듣는 것은 참으로 뜻밖의 일입니다. 大學章句에 말하기를 虛靈不昧하야 以具衆理하야 應萬事라고 하는 것이 明德의 體段面目을 남김없이 설파한 것이니 다시 무슨 이의가 있겠나이까?

虛靈不昧는 明德의 體段인데, 具理와 應事는 모두 虛靈에 속한 것인즉 저절로 賓主의 구별이 있는 것이니, 이른바 마음이 性과 情을 統一한다는 것은 朱子도 칭찬한 가장 자상하고 세밀한 논리인 것입니다.

虛靈不昧는 心이요, 具衆理는 性이며, 應萬事는 情이니, 章句와 橫渠의 학설이 어찌 일찍이 다름이 있으리까? 다만 글자만 바꾸었을 뿐입니다.

傳에서 明命으로 明德을 해석한 것은 하늘이 준 바의 것은 命이요, 사람이 받은 바의 것은 性인 까닭에 本源을 추리하여 明德이 하늘에서 얻음을 밝혀서 말함이거늘 어찌 반드시 이것으로 明德이 性이라고 말하리까?

理는 造作이 없는데, 明德이 處理하고 處事하는 것이 어찌 心이 情을 아울러서 조작한 것이 아니리까? 만일 明德을 性이라고 하여 그 德을 표현한 것이라고 말한다면 朱子는 어찌하여 明德은 性이니 程子가 말하기를 性은 곧 理이라는 가르침과 같다고 말하지 아니하고, 먼저 心의 虛靈함을 말하고 具衆理와 應萬事를 갖추어 말하였을까요?

그 心統性情을 말함인 것을 알 수 있으니, 이른바 明德은 밝은 德입니다. 그 물건 됨이 밝힐 수 있는 방법이 있는 까닭에 밝은 德을 밝힌다고 한 것입니다.

만약 오로지 性으로만 본다면 性을 어떻게 손대서 밝히는 길이 있겠나이까? 그 마음을 밝히면 性은 스스로 밝아지는 것입니다. 孟子가 말하는 存心養性도 그 마음을 간직하면 그 性이 길러진다는 것입니다.

大學은 한 권의 存心養性의 길이므로 첫머리에 心統性情하는 明德의 한 물건을 내세워 그 性을 돌이키는 공부로 삼은 것입니다.

釋氏는 마음을 性으로 인식하였으니, 明德을 性이라고 오로지 주장하는 사람과 거의 같은 병통이 아니리까?

先儒가 心性을 논함에 源頭에서 말한 것이 있고, 流行處에서 말한 것이 있으며, 本體를 지적하여 말한 것이 있고, 作用을 지적하여 말한 것이 있어서 말에는 비록 다름이 있지마는 근본적으로 같지 아니함이 없는 것입니다.

塘翁은 마음을 주장하여 明德을 말하였으니 그 體段을 지적한 것이요, 屛翁은 性을 주장하여 明德을 말하였으니, 그 本源을 지적한 것입니다. 모두 心이 性情을 統一한다는 논리로써 南塘과 屛溪가 다같이 道統을 이어받은 大賢입니다. 그 평생의 학설이 어찌 일찍이 栗谷 이래의 定論에 어그러짐이 있으리오?

더욱이 마음은 그 性을 포함하고, 性은 그 마음을 아우른즉 비록 서로 떨어지려고 하여도 되지 아니합니다. 그러나 二氣는 결단코 二物인 것입니다.

大舜은 마음을 설명함에 오직 그 마음만을 설명하였고, 成湯은 性을 설명함에 오직 性으로만 말하였으며, 孔子는 仁을 말하고, 孟子는 仁과 義를 상대적으로 말하였으니, 모두 말하는 경지가 같지 아니하는 까닭입니다.

어떻게 이해하실지요? 모두 말하지는 않겠나이다. 오직 잘 살피셔서 용납하시기를 바라나이다.

여창택제생(與滄澤諸生)

滄湖의 諸君子 奢年閣下 지난번에 光霽한 容儀를 살짝 보고, 마음이 쏠려 간이라도 빼주고 싶었는바, 돌아온 뒤로 오래도록 잊을 수 없나이다.

그윽이 생각하니 여러 君子는 타고난 바탕이 아름다웠습니다. 하

느님이 주신 것이 참으로 얄팍하지 아니하였으니, 마땅히 스스로 有
用한 그릇이 되어야만 하늘이 낸 뜻을 저버리지 아니할 것입니다.
그리고 家庭에서 기대하여 바라는 마음도 받들지 아니할 수 없는
것이니 더욱 힘쓰지 아니하리까?

여기에 아름다운 玉이 있습니다. 반드시 조각을 하여 그릇이 완성
된 다음에야 쓸 수 있는 것입니다. 그렇지 않으면 옥돌이라는 이름
을 가지고 있고, 질이 좋은 보배라고 하여도, 정말 일반 돌멩이와
다름이 없는 것이니, 귀할 것이 없습니다.

대개 이른바 그릇이 완성되었다고 하는 것은 사람으로서 인간의
도리를 실천하는 것을 말합니다. 聖人은 이에 인간의 도리를 다한
사람입니다. 인간의 도리를 닦고자 하면 모름지기 聖人을 배워야 하
는데 이제 聖人을 볼 수가 없으니, 그 책을 읽고 실천하는 것이 준
칙이 됩니다.

제군은 또한 이미 독서에 종사하여 文章에 노력하였으니, 나갈
바를 안다고 할 것입니다. 무릇 文章은 道德을 싣는 그릇입니다. 文
章을 통하여 道德에 들어가고, 道德에 들어가서 文章을 하면 文章
이 곧 道德이요, 道德이 곧 文章인즉 어디로 간들 聖人의 길이 아
니리오?

만일 글을 읽고 문장만 하게 하면서 道德을 추구하지 아니하고,
단지 옛사람의 글귀만 따다가 모아서 글월을 만들려고만 하면 수박
겉핥기나 호도를 통째로 삼키는 것처럼 무미건조한 글이 될 뿐만 아
니라 또한 문장도 조잡하게 되는 것인즉 어찌 경계하지 아니하리오?

제군은 공부에 파묻혀 한 몸을 돌보지 말고 곧장 앞으로 용기 있
게 나아가, 부지런히 힘쓰면 큰 길이 활짝 열려 날로 발전할 것이니
가면 갈수록 더욱 좋은 소식이 있어서 그만두려고 하여도 도저히 그
만둘 수 없는 지경에 이를 것입니다. 어찌 하늘이 낸 큰 그릇이 되

지 아니하리오?

　안타깝게도 요즈음은 글을 읽는 종자가 거의 멸절하였으니 제군은
더욱 자중하지 않으면 아니 되나이다. 邦憲은 매우 어리석어서 좋은
선비들의 벗이 되기에는 부족하지만 그러나 선비를 사랑하는 간절한
마음이야 더할 나위 없나이다.

　나의 간절한 생각이 이와 같은즉 老生의 常談이라고 버리지 말고
깊이 헤아려 주시면 다행이겠나이다. 남은 생각 쓰지 아니하오니 모
두 살피소서.

방산선생문집 제12권

잡저(雜著) · 잡지(雜誌)

시제생 1(示諸生 一)

내가 일찍이 한 농장을 지나다가 머리가 하얀 늙은이가 한 어린아이를 데리고 꾸짖어 말하기를 '무릇 네가 이 밭에서 일하는 것은 남을 위함이 아니고, 모두 자기의 일인 것이다. 모름지기 부지런히 힘써서 게으르지 말지어다.'라고 타이른 것을 보았다.

이 어린아이는 늙은이의 아들로서 남의 집에 들어가 머슴살이를 하는 까닭에 그 아버지가 이와 같이 가르친 것이다.

슬프도다! 제군이 능히 늙은이가 아들을 가르치는 뜻을 깨달아 어린아이가 부지런히 일하는 것이 남을 위함이 아니라는 의식으로 날마다 학과 공부에 임하면 거의 말뜻을 알았다고 하리로다. 저 어린아이는 남의 집에 고용되었으니, 일을 부지런히 하면 실로 주인의 이익인 것이다. 저 어린아이가 손발을 부지런히 움직여서 종일 수고롭게 노동을 하는데도 또한 반드시 밭일을 잘 해야만 기뻐하는 것은 무엇인가? 그 까닭은 분명한 것이다.

그렇다면 제군이 독서를 하는 것은 자기 자신을 위하는 일인가? 남을 위하는 일인가? 또한 남의 집에 머슴살이 하는 사람은 혹시 하루라도 태만하면 그 주인으로부터 반드시 노여움을 받아 꾸지람을 듣나니 그 집안일을 해치기 때문이다.

오호! 학자가 스승을 따라서 글을 읽음에 만일 일취월장하여 발전의 가망이 없다면 그 스승이 걱정하고, 꾸짖나니 이것은 공부하는 사람에게 방해가 되기 때문인가? 자기 일에 도움이 되도록 타일러 주기 위함인가?

제군은 모름지기 저 어린아이가 부지런히 일하는 것을 본받아 그 주인으로부터 꾸지람을 듣는 고통이 없도록 하여 주면 다행이겠도다. 늙은이가 어린아이를 가르치는 말의 뜻을 깊이 음미하면 거의 느낌이 있을진저! 나도 느낌이 있어서 이 글을 써서 보이노라.

시제생 2(示諸生 二)

무릇 글을 읽음에 그 문장의 뜻을 전혀 이해하지 못하는 사람이 있고, 또한 문장의 뜻을 대략 이해는 하지만 구두와 장절이 뒤바뀌어 어긋나는 사람이 있는데 이것은 모두 마음을 간직하지 아니하는 까닭이다.

만일 마음을 간직하고 있으면 저절로 뚜렷하여지는 것이니 文理가 통하지 못하는 것을 어찌 근심하리오?

대저 사람의 재질은 본래 淸濁明暗의 다름이 있다. 그러나 재질은 心氣의 知能인즉 마음을 간직하여 淸明하면 才質이 心氣의 知能에서 나오나니 어찌 흐린 것을 맑게 하고 어둔 것을 밝게 변화시키는 이치가 없으리오? 세상에 재주가 부족하다고 근심하는 사람들이 어찌하여 마음을 간직하는 데 힘쓰지 아니하는고?

고제생 1(告諸生 一)

지난해에 일을 잘 주간한다는 이름난 사람이 있다는 소문을 듣고,

어느 날 人家에서 만나 보았는데, 그 동작이 침착하고, 언어가 신중하여 나는 마음속으로 일을 잘 주간하는 방법이 이러한 것이구나 하고 생각하였다.

이에 세상 사람들을 두루 훑어보니까 浮薄한 사람은 일마다 부박하고, 침착한 사람은 일마다 침착하여서, 비록 農工商賈의 한 가지 기술 한 가지 재능을 가진 사람이라도 그 일을 잘 주간한다는 이름이 있는 이는 모두 그러하였다.

나는 소리 내어 탄식하고 말하기를 마음은 일만 가지 일의 근본인즉 마음이 한번 흩어지면 일에 통일적 질서가 없어지는 것이다. 一技一能도 오히려 남처럼 잘하지 못하거늘 하물며 글 읽는 선비일까 보냐고 하였다.

대저 독서는 장차 그 흩어진 마음을 수습하는 것이니, 흩어진 마음을 모은 다음에 비로소 글을 읽을 수 있는 것이다.

독서는 衣冠을 바로 하고, 瞻視를 존엄히 하여, 容貌를 갖추고, 威儀를 두어 책상을 가지런히 하고, 책을 펼쳐서, 무릎을 꿇고, 소리 내어 읽으면서, 聖賢을 마주 대하듯 하여야 되는 것이다.

기울거나 의지하지 말고, 태만히 하는 기분이 없게 하며, 거칠고 난잡하고 경솔함이 없게 하며, 흐릿함이 없게 하며, 방종함이 없게 하여 外物에 뜻을 빼앗기지 말고, 나의 몸을 법도 속에 두어서 조금도 放失함이 없어야만 이 마음이 비로소 專一하여 독서에 진도가 있는 것이다.

이것은 모두 옛사람이 이른바 敬이니 항상 惺惺하는 방법이다. 여기에서 힘을 얻으면 천하의 크고 작은 일을 분별하기가 어렵지 아니하는 것이니, 바야흐로 글 읽는 사람이라고 말할 수 있을 것이다.

이제 여러분은 글을 읽지 않았다고는 못하리라, 그러나 글을 잘 읽었다고도 말하지 못하리로다. 어찌하여 이에 程子가 일찍이 글을 읽지 아니함과 똑같다고 하는 경계의 말을 생각하고, 서로 권면하여 힘쓰지 아니하리오!

고제생 2(告諸生 二)

무릇 글을 읽고 학문을 연구함에 만일 요긴하게 오로지 힘쓰지 아니하면 이 마음이 수습되지 아니하여 저절로 유유하게 되어서 발전할 가망이 없는 것인즉 이른바 진보하지 않으면 퇴보하는 것이라고 할 것이다.

만일 희롱하여 농담이나 한다면 그 德性을 해치고, 그 威儀를 잃어서, 공부를 방해하고, 일을 해침이 이루다 말할 수 없는 것이므로 학자는 마땅히 깊이 경계하여야 된다.

이제 제군은 이와 같은 버릇을 버리지 못하니 어찌 하리오? 이것이 어찌 제군이 나를 따라 山寺에 온 뜻이겠는가? 제군이 양식을 가지고 집을 떠나올 때에 집에서 부탁하는 말이 무엇이었는가? 제군들이 안타깝도다.

돌아보건대 같잖은 이 사람이 사실 사람을 가르칠 자격도 없으면서 얼굴을 들고 윗자리에 앉아서 감히 제군의 아침저녁 문안을 받는 것은 특별히 제군의 父兄과 일찍이 맺었던 자식을 부탁하는 약속을 저버리지 못하는 까닭입니다.

이제 제군이 만일 또다시 이렇게 아까운 세월을 허송한다면 피차에 손실이 얼마나 클 것인가? 다시 바라건대 제군은 오늘로서 옛날 버릇을 통렬히 고쳐서 착실히 독서하고 威儀를 가다듬어 덕성을 길러서 발전하는 기초를 삼도록 함으로써 이 사람으로 하여금 떳떳이 서로 힘쓰게 하라.

만일 다시 전철을 밟는다면 내가 알 바 아니니 제군은 이해하기 바란다.

향음주례후고제생(鄕飮酒禮後告諸生) (庚子六月)

庚子(서기 1900년)년 6월 7일 丁丑에 제생이 靈塔寺에서 향음주례를 거행함에 賓, 主, 介 및 여러 집사들이 모두 모였고, 원근에서 구경을 온 사람도 약간이었다.

예법이 무너지고 음악이 사라진 이때를 당하여 諸生이 능히 古禮를 거행한 것은 오늘날의 아름다운 일이라고 할 것입니다. 마땅히 士友들이 보고 느낀 바를 원근에 전해야 될 것입니다.

孔子가 말씀하시기를 향리에서 보면 王道의 쉬움을 안다고 하였으니, 어찌 정말로 그렇지 아니하랴?

내가 여러 유생들의 예절을 거행하는 揖讓進退의 과정을 보니 참으로 어그러지고 실수도 많아서 夫子가 보인 바에 비교할 수는 없지만 그러나 또한 三代에 행하던 遺法이 아니라고는 못할 것입니다.

오직 이 揖讓進退하는 과정이 곧 王道를 행하는 것입니까? 禮라던가 樂이라는 것이 참으로 玉帛이나 鍾鼓를 말함이 아닐진대 聖人이 어찌 여기에서 취하였으리오?

무릇 우리들이 각자 내 마음의 王道를 가지고 미루어 실천함으로써 그 쉬운 것을 알 수 있을 것입니다.

제생은 揖讓進退의 과정에서 손을 가지런히 들며, 공손히 무릎을 꿇는 것으로 일을 삼지 말고, 모름지기 나의 마음에 갖추어진 王道를 공경히 행하는데 힘을 써야 될 것입니다.

그래서 夫子의 집안 일꾼이 땅속에서 나온다고 하여도, 반드시 빙그레 웃으면서 말하기를 정말 王道는 하기 쉽구나! 하게 해야 될 것입니다. 제군은 이 말을 어찌 생각합니까?

관선재지(觀善齋識) (乙未六月)

내가 거처하는 書屋의 옆방 한 칸을 깨끗이 청소하고, 제군자들이 서로 모여서 글을 읽음에 내가 그 방의 이름을 觀善齋라고 지었다.

이는 程子의 교훈에서 취하여 경계를 삼자는 것으로, 학자의 공부는 善으로 옮겨가는 것보다 좋은 게 없고, 남에게 보고 느끼게 하는 것은 朋友의 道가 있는 것이다.

만일 저 사람에게 착한 점이 있으면 내가 취하여 법받은즉 정말로 훌륭한 것이다. 나의 착함이 남에게 보이기에 부족하다면 어찌 두렵지 않으리?

오직 바라건대 제군은 남의 착한 점을 잘 관찰하여, 나의 착함도 남에게 보이기에 좋도록 생각하라!

나는 평소 한 가지의 착함도 보일 만한 것이 없으니 여러분들과 공부하기에 또한 부끄러운즉 장차 제군의 착함을 보고 스스로 힘을 쓰고자 하노라.

어찌 또한 서로 더불어 경계하고 격려하면서 이름을 돌아보고 뜻을 생각하지 않으랴! 乙未년(서기 1895년) 榴月 上元 方山 識하다.

제산신각기후(題山神閣記後)

湖西에 名山이 많은데 泗州 남쪽으로 10리쯤에 이른바 象王山이 있으니, 대개 伽倻의 한 가지가 꾸불꾸불 북쪽으로 달려서 둘레 100里의 精靈이 모두 여기에 모인 것이다.

蓮花 한 봉우리는 땅을 뽑아 우뚝 솟았는데 어여쁘기는 芙蓉 꽃이 처음 피어나는 것 같고, 늙은 돌은 겹겹이 쌓여서 山麓을 둘렀는데 어떤 것은 일어나는 듯 어떤 것은 서 있는 듯 그 형세가 塔을 쌓은 것처럼 우뚝하게 하늘에 솟구쳤고, 그 형체의 생김새가 佛像과 같아 높이 공중에 올라 있도다.

단풍 숲에 푸른 소나무가 어우러진 殿閣은 아득히 神靈이 있는 듯한데 그 얼마 오른쪽에 작은 집 한 칸이 있어 기와를 얹고, 단청을 하고, 幀畵 한 폭을 걸어 놓고, 이름하여 山神閣이라고 하도다.

雲養 金尙書가 그 전말을 기록함이 상세하거니와 郡人이 절에 스님을 믿고 받들면서 산의 신령이 여기에 계신 듯이 생각하도다.

나는 생각건대 物이 있으면 神이 있는 것이나, 神이 아님이 없는 것이므로 神은 物에만 있는 것도 아니다. 땅이 빼어나게 솟아 있는 것이 산이라면 地靈이 神이 되는 것인즉 온 산이 神이 아님이 없거늘 어찌 산신각을 지어서 신이 있다고 할 것인가?

돌아보건대 온 산의 神을 어찌 조그마한 집에다가 모실 수 있겠는가? 그러나 온 산을 둘러 집을 지은 다음에 비로소 이 산의 신을 모셨다고 말할 것인가? 아니다. 하늘땅에 가득한 것이 신이 아님이 없거늘 이 산의 신도 장차 하늘땅으로 두루 흘러 다니는 것인즉 한 채의 집을 세워 하늘땅과 똑같이 크게 만든 다음에야 神이 편안하다는 것인가? 어찌 이러한 이치가 있으리오?

하늘땅은 자연의 집이다. 名山의 神도 모두 그 속에 있는 것이니, 집이 어찌 반드시 필요하랴! 없어도 상관이 없는 것이다. 또한 옛사람의 말이 있나니 있다고 말하면 있는 것이요, 없다고 말하면 없는 것인즉 이른바 山神이라는 것은 있음과 없음의 사이에 있거늘 또한 어찌 집을 지어서 모실 것이냐?

나는 들으니 佛氏는 形骸를 外物이라고 하여 제거할 것을 생각하나니 이제 그 금부처의 상도 또한 佛性이 아니다. 山神도 또한 어찌 이와 다를 것이냐?

이제 이 산신각은 外物 중에서도 外物인즉 어찌 집을 반드시 지으리오? 비록 그렇지만 말하기를 不誠이면 無物이라고 하였으니, 郡人이 절을 믿고, 스님도 성실하여 거짓이 없이 향을 피우거니 산신령이 이 집에 있을까? 이 집에 있겠지!

제불경후(題佛經後)

어떤 사람이 와서 전하기를 伽倻山 속에 한 스님이 있는데 이미
見性을 했다고 말하기에, 내가 말하기를 達摩도 또한 이미 見性을
한 사람인데 9년 동안 벽을 향해 앉아 있다가 겨우 말한 것이 '사람
의 마음은 지극히 착하다.'라고 한 것은 무슨 의미인가?

지난번에 내가 老僧을 만나서 묻기를 佛家에서 流注想을 제거하
려면 마땅히 어떤 공부를 해야 되는가라고 하니, 스님이 말하기를
"話頭가 있으면 이 想念을 제거할 수 있습니다."라고 하였다.

내가 老僧에게 듣는 것은 달마의 마음이 착하다는 이야기와 합하
는데 伽倻山의 스님이 見性한 공부를 상상한즉 佛家에서 보는 바의
차이점이 실로 여기에 있도다.

대저 이른바 性은 理이니 볼 수 있는 형체가 없는데도 그들은
이른바 보았다고 하는 것은 무엇인가? 단지 마음인 것이요, 性이
아니다. 달마가 이른바 至善이라는 것도 또한 마음이 아니라 情인
것이다.

그 情이 오래도록 사물에 얽히지 아니하는 까닭으로 그 나타남이
또한 착한 것인데, 佛家에서 話頭法을 만들어 이 마음이 흩어지는
길을 막아가지고, 지극히 고요하고 지극히 밝은 경지에 들게 하는
것이니, 이것은 그 情을 集約하여 그 마음을 붙잡아 두는 방법이다.
어찌 일찍이 性을 보는데 이를 것이냐? 그러한즉 그들이 이른바 性
이라고 하는 것은 心이며, 心이라고 하는 것은 情인 것이다.

程子가 말하기를 釋氏는 本心에 있어서 그들이 昭昭靈靈한 곳을 지
적하여 性이라고 하나니, 허다한 공부가 모두 여기에 바탕 함으로 단
지 그 달여가는 길을 끊고자 하니 이른바 망령된 것이라고 하였다.

心은 氣이다. 氣가 가지런하지 아니함은 氣의 本色이다. 저들은
氣의 本色을 알지 못하고, 단지 昭昭靈靈한 가운데서 힘을 쓰면서

이 性을 準則으로 삼지 아니하는 까닭에 七顚八倒하여 猖狂自恣하
므로 이에 그 道가 어그러지는 것이다.

비록 어쩌다가 어느 날 그 달아나는 길을 단절하여 昭昭靈靈한
경지에 들었다고 하여도 순간에 放心하면 다시 그들이 보았다는 실
체를 회복하지 못하는 것이니 어찌 그리도 생각지 못하는고?

이른바 話頭란 단지 이는 사람을 속여서 죽을 때까지 깨닫지 못
하게 할 뿐인 것이니, 애달픈 일이로다. 내가 우연히 느끼는 바 있
어 이 佛經 끝에다 기록하노라.

제제생시첩후(題諸生詩帖後)

날씨가 따뜻하고, 풍경이 산뜻한데, 붉은 꽃 푸른 풀이 어우러지
니 바로 늦은 봄의 경치로다. 詩人의 회포가 마땅히 바람 쐬고 시를
노래하는 취미를 알지 못하리오? 또한 王右軍의 蘭亭會는 아닐지라
도 일찍이 조그마한 즐거운 모임이야 갖지 않으리오? 동시에 金谷에
서 시를 못 지으면 벌주를 주었던 李謫仙의 桃李園序도 애오라지
읽기만 할 것이냐?

明道 선생의 시에 말하기를 '옆 사람이 모르는 나의 즐거움 장차
한가롭게 공부하는 소년에게 말하리.'의 일도 족히 선생에게 취하지
않고 어찌 하리오? 이것을 알지 않으면 안 된다.

제유진민낙치설후(題俞鎭敏落齒說後)

嵋山 아래 俞士訥君이 나에게 落齒說一通을 보이기에 내가 한
번 읽고 나도 모르게 마음에 느낌이 있었다. 대저 이빨이 빠지는 것
은 병이 아니면 늙은 것인즉 俞君은 몸을 잘 간수하여 처음부터 아
무런 허물이 없었으니, 范雎의 욕됨을 당하지 아니하였고, 經典에
마음을 두어 화려한 문장만 지으려는 것을 깨끗하게 여기지 아니하

나니 靈運의 詩癖이 있는 것도 아니며, 이미 또한 병을 앓지도 아니하였으니, 그 늙음을 알 수 있는 것이다.

안타까워라! 兪君이 어쩌다가 이렇게 늙었다는 말인가? 우리들이 모두 壯年에 진리를 향하는 마음으로 聖賢의 사업에 종사하여 각각 분수에 따라 열심히 노력하였거늘 이제 한 가지 일도 성취하지 못하고 갑자기 늙어 버렸다는 말인가?

만약 사업의 성공을 비교하여 계산한다면 비록 의욕적으로 기필하려는 병통이 없는 것은 아니었지만 그러나 옆 사람이 보기에 어찌 슬퍼하지 않으리오?

내가 兪君에 대하여 정말 그랬도다. 그러나 兪君은 이 이빨에 대하여 상심하지 말지어다. 이 이빨이 세상을 떠나간 까닭은 그 몸을 깨끗이 간직하고자 함인즉 기름진 고기를 사양하고, 나물 뿌리만 씹으면서 일찍이 不義한 음식을 씹어 兪君을 더럽히지 아니하였도다. 더욱이 입술과 혀와 함께 아리따운 말만 하였으니 일찍이 입으로 허물을 남기어 兪君을 뉘우치게 하는 일을 하지 아니하였으니, 오직 죽으면 편안하다는 한 가지 일로만 일관하였도다.

허허! 오늘날 세상은 禽獸가 횡행하여 인류가 장차 멸절하려고 하니, 우리들 몸뚱이도 개골창에 쓰러질 날이 바야흐로 눈앞에 있거늘 이 이빨이 스스로 먼저 떠나가서 깊은 산속 돌 사이 깨끗한 곳에 잘 두어 고기 냄새에 찌들지 않으려고 하니 어찌 고귀하지 않으리오?

兪君은 슬퍼 말라! 그 남은 이빨이나 잘 간수할지어다. 나는 이제 兪君의 한 몸이 끝까지 깨끗하다는 것을 알게 되었으니, 늙음이 또한 무슨 상관인가?

서이민창민발효우통장후(書李敏昌敏發孝友通狀後)

故 都事 德水李公 兄弟가 孝友한 행실은 한 고을에 드러나서, 한

고을의 인사들이 보고 감동하여 公論으로 통지하고 서로 알리게 하니 이것이 그 글월이다.

나도 또한 얻어 듣고, 공경하여 倉澤里의 집에 가서 公을 보았다. 伯公은 仁厚하면서도 謹飭하고, 季公은 愷悌하면서도 端潔하였다. 형제가 나란히 앉아서 기뻐하는 모습이 정답고 아름다워서 내가 정말 마음에 느낄 수 있었다.

이제 그 글월을 읽으니 과연 듣고 보던 대로 틀림이 없으며, 더욱 자상하도다.

公은 容齋 相公의 후손으로 가문의 명성을 계승 발전시켜서 평소 행실이 매우 훌륭하였는데 가장 아름다운 점은 그 孝友의 德이 남보다 뛰어난 것이다.

평일에 그 어버이를 섬김이 효도를 극진히 하였는데 그 어버이가 병이 드니, 집안일을 포기하고, 오로지 약을 구하는 일에 전념하였으며, 밤이면 목욕하고 북두칠성께 기도하여 자기와 바꾸기를 소원하였다.

그 대변을 검사하여 병의 진도를 징험하였으니, 이와 같이 걱정함이 6년이라는 긴 세월이었다. 마침내 위독할 때에는 손가락을 베어서 피를 내어 약을 버무려 올렸고, 마침내 돌아가시니 애통하여 실신하여 마치 살지 않으려는 듯이 하였다.

죽을 먹고 물을 마시면서 여막에서 초상을 치르고, 상복을 벗지 않고 삼년상을 마치었다.

형제가 한결같아 그 우애하는 정분이 어려서부터 늙을 때까지 60년을 하루처럼 지내서 잘 때에는 이불을 나란히 하고, 먹을 때에는 밥상을 함께하며, 출입을 함에는 서로 따라다니어, 앉으나 누우나 떨어지지 아니하였다.

비록 조그마한 일이라도 처음부터 둘이 나누려는 빛이 없으니 마을 사람들이 모두 칭송하였다.

伯公의 長子는 일찍 죽어서 適孫 種憲이 承重하여 일을 주간하여 선조의 유업을 잘 지키고, 季公은 아들이 없으므로 형의 둘째 아들 完永을 양자로 삼으니 질병을 간호하고 음식을 봉양함이 자기가 낳은 것과 다름이 없었다.

병이 들어 몇 년을 지냄에 種憲이 약을 구하여 드림에 근심하고 걱정함이 그 할아버지와 아주 똑같았다.

집안의 孝友하는 행실이 또한 자손에게 이어진 것이리라, 詩에 말하기를 孝子는 숨기지 아니하고 길이 효자들을 가르친다 하였으니 公의 집안에 의당 훌륭한 효자가 있으리로다.

種憲이 나에게 한마디 말을 부탁하지만 나의 말이 어찌 족히 가볍거나 무겁게 하리오? 다만 그 마음에 느낀 바를 기록할 뿐이다.

열녀최씨전(烈女崔氏傳)

烈女 崔氏는 본관이 慶州인데 대대로 瑞山에서 살았다. 나이 열일곱에 같은 고을 사람인 金海 金永斗의 아내가 되어 시아버지와 시어머니를 받들어 모심이 저절로 婦道에 합하였다.

흉년을 만나 먹을거리가 없어서 이리저리 남편을 따라 떠돌다가 沔川 元央里에 이르러 집을 빌려서 살면서 삼을 삼고, 누에를 치면서, 밥을 짓고, 소를 먹이며, 그 남편의 농사를 도와 옷과 식량을 부지런히 생산하였다.

庚申년에 이르러 그 남편이 병이 들거늘 음식과 약을 정성으로 공양하다가 그 증세가 악화되니, 최씨가 그 어찌 할 수 없음을 알고, 드디어 입을 다물고, 음식을 먹지 아니하며, 남편을 따라 죽으려고 하였다.

그 남편이 끝내 죽어서 살아나지 아니하니 스스로 힘을 내어 장례를 치르고는 한 방울의 물도 입에 넣지 아니하다가 10여 일 만에 자리에 누워 죽었는데 그날이 6월 25일이다.

세 아들을 두었으나 모두 어린아이들로 울부짖는 것도 오히려 돌아보지 아니하였다.

瑞山 獨谷에 장사하니 남편과 아내가 한곳에 묻혔다. 오호라! 세상에서 烈婦라고 일컬음은 일찍이 강요해서 되는 것이 아니거늘 모두 자기의 몸을 돌보지 아니하고, 의리를 따름에 죽는 것을 집에 돌아가듯이 여긴다.

그러나 간혹 그 슬픔을 이기지 못하여 죽는 수도 있고, 혹 갑자기 흥분하여 죽는 수도 있고, 혹 독약을 마시고 죽는 수도 있고, 혹 목을 매어 죽는 수도 있으니, 모두 몸을 상하는데, 조용히 의리를 따라서 죽으려고 남편이 병들었을 때에 미리 마음을 먹고, 담담하게 스스로 죽어서 그 天性을 온전히 하며 그 육체를 훼손치 아니한 사람은 매우 드물다.

崔氏는 평일에 간직한 마음으로 烈女의 행실을 세웠으니 아주 훌륭한저! 어찌 더한층 어려운 일이 아니리오?

무릇 선비가 글을 읽고 의리를 말하면서도 죽고 사는 중대한 고비에 임하여 그 지키는 도리를 잃지 아니한 사람이 드물고, 士族世德의 閨門 안에서 날로 內則을 읽으며 禮法을 익히는 사람도 많지마는 또한 항상 이와 같은 절개를 들어보지 못하였다.

오직 홀로 이 여염집 농사짓고 누에 치는 집에 崔氏가 있어 나오니 대단히 고귀한 일이다. 詩經에 이른바 하늘이 민중을 낳으니 물질이 있으면 법칙이 있다는 것이 아니겠는가?

허허! 아름다운 포상을 아직까지 받지 못하였으니, 그 어떻게 소문이 나서 풍기를 바로잡아 조금이라도 사회에 교화를 일으키겠는가? 마을 사람들이 매우 한탄 하는도다!

만약 劉宗正이 이 이야기를 들었다면 마땅히 채택하여 烈女篇에 넣어서 널리 소개하여 이제껏 사람에게 빛났을 것을 …… 아무리 돌아보아도 세상에 그럴 인물이 없으니, 거듭 애석하도다.

아들의 이름이 鎔準인데 사람 됨됨이 謹厚忠實하여 향리에서 큰 사람이라고 칭찬하는바, 나이 50에 이르러도 그 어머니에 대한 말만 나오면 문득 울면서 눈물을 줄줄 흘리니 그 孝心의 천성을 알 수 있는 것이다. 崔氏는 그 아들을 두었는저!

하늘이 장차 그 子孫의 어짐으로 崔氏의 착함을 갚으려는가? 鎔準이 正과 坤의 두 아들을 두었는데 모두 佳妙하도다.

민석규태우자사(閔錫圭泰瑀字辭)

君子는 玉을 귀중히 하나니, 德을 닦음에 비유하여 몸에서 떠나지 않게 하고 아름답게 꾸미어 차고 다닌다.

쪼아서 圭도 만들고 가지고 다니며 信票도 삼으며, 그 모양새를 관찰하여 움직임에 반드시 신중히 하느니라.

禹의 圭는 禹의 德을 나타내나니, 聖人을 배우려고 할진대 어찌 이것을 본받지 않으리오?

대저 禹의 功을 취하여 그대의 字를 지었느니 모름지기 그대는 힘쓰고 노력하여 가르침의 말씀을 받들지어다.

박의관종헌애사(朴議官琮憲哀辭)

密陽朴琮憲 議官이 泗川 城北精舍에서 병으로 죽었는데 내가 그 부음을 듣고 매우 가슴 아파, 가서 조문하고, 여러 유생의 자리에 앉으니 그 아우 琮烈 察訪이 통곡하고 나에게 말하기를 형님은 純心至行이 있었는데 이제 불행히 늙은 어머니를 버리고 죽었으니, 청컨대 誄辭를 내리셔서 우리의 슬픔을 막아 주소서 하면서 이에 그

平生의 사업을 간략하게 말하는데 흐느끼어 말을 제대로 하지 못하
였다.

나는 말하기를 내가 그 사람됨의 착함을 많이 들어서 귀에 익거
니, 한 장의 誄文을 어찌 쓰지 않으리오!

그 말을 살피건대 말하기를 우리 형님은 어려서부터 어질고 착하
며 효도하고 우애하여 일생동안 어버이 옆을 떠나지 아니하였으며,
형제간에 서로 나누고자 아니하다가 그 처자를 둔 다음에야 세간을
나누어 살았지만 또한 잠을 잘 때 이외에는 항상 좌우에서 모시고
받들었습니다.

늘 옛날 말씀이나 세상일의 알아야 될 것은 친절한 말씨로 이야
기하여 어머니의 뜻을 즐겁게 하고는 물러나와 아우와 더불어 자리
를 함께하고 베개를 나란히 하여 밤낮으로 같이하였으며 자기의 집
안일을 보기를 마치 外物처럼 두려워하여 염두에 두지 아니하였습
니다.

여러 아들에게 허물이 있으면 엄중히 금지시키고 절실하게 꾸짖어
반성하게 하였지만 그러나 아우와 더불어 항상 화애롭게 상대하여
조금도 어그러지는 감정이 있지 않았습니다.

아우에게 혹시 잘못된 거동이 있어도 또한 면전에서 배척하지 아
니하고 간략하게 옛날이야기 속에서 경계할 만한 것으로 글을 써서
그 일의 실마리를 논하여 살짝 책상머리에 놓거나 혹은 보는 책 속
에다 끼워 두어 우연히 보고 느끼어 뉘우치게 하였습니다.

오직 즐겁게 보신 글이나, 또는 즐겁게 읽은 시는 하루 종일 읊고
노래하여 韻格이 淸新하였고, 한가한 날은 시냇가에 가서 고기를 낚
아서 어버이 반찬을 마련하였습니다.

俗人과 더불어는 오고 가지 아니하였고, 누구든지 殖産謀利를 경
영하는 사람은 장차 자기의 몸을 더럽힐 것처럼 여기었고, 비록 평

일에 교우하던 사람이라도 이익을 말하여 의리를 해치면 마음으로 증오하여 통렬히 절교하였으며, 더불어 담론할 때에도 文字에 대한 이야기를 하다가 조금이라도 貨利 쪽의 말을 하면 문득 앉아서 졸며 듣지 아니하였습니다.

이번 10월에 조금 몸이 편찮으셔서 사람들이 하여금 조리를 하라고 권하여도 사양하면서 말하기를 내가 어찌 병이 있다고 말하리오 하였으니 대개 어버이가 걱정하실까봐 그런 것입니다.

마침내 병이 깊어 움직일 수 없는데도 또한 힘을 내어 일어나 앉아서 말하기를 장차 가서 어버이께 아침 문안을 해야겠다고 하여 아우가 이에 업고 가려고 하였지만 갈 수가 없어서 눕혔더니, 일어나지 못하다가 드디어 세상을 뜨셨습니다.

대저 그 마음씨가 오직 부모와 형제만을 아셨으니, 비록 처자에 대하여는 관심을 두지 아니하였습니다. 그러므로 임종에 家事에 대하여는 한마디의 말도 아니하였습니다.

訃音을 듣고 이웃 마을이 모두 달려와서 엎드려 울면서 눈물을 흘리고, 친소간에 다같이 말하기를 착한 사람이 죽었다고 하였다.

先山 아래에 장례를 치르니 고을사람 몇 백 명이 와서 모였고, 원근의 士友들이 추도시를 지어 온 挽章이 상여 앞에 휘날렸으며, 절에서 중들도 와서 가사를 입고 偈語를 송독하면서 상여를 인도하니 그 의로운 행실이 사람을 감동시킨 것이 많았음을 볼 수 있었다.

오호라! 나는 일찍이 말하기를 石庵은 天眞을 잘 간직한 사람이라고 하였다. 이른바 天眞이라는 것은 그 하늘이 준 본성을 따라서 人慾으로 해치지 아니한 것인즉 百行이 모두 착한 것이다.

그는 글도 잘하고, 시도 잘하며, 또한 글씨도 잘하지만 모두 남은 일에 지나지 않은 것이니 이는 石庵을 깊이 아는 말인저!

지난해에 내가 여러 벗과 더불어 절에서 공부할 때에 石庵도 또

한 와서 모여 시를 지었는데 慷慨하여 불평하는 뜻이 있기에 내가
말려 중지시켰거늘 회상하니 어제 일과 같은데 石庵은 千古의 옛사
람이 되었도다.

哀辭 一通을 지어서 나의 슬픔을 서술하노니 石庵은 그 自號이다.

김도사중근애사(金都事仲根哀辭)

壬寅年(서기 1902년) 菊秋에 나는 여러 士友들과 더불어 靈塔山
寺에서 講會를 하였다. 松石 金殷卿도 그 아들을 데리고 모임에 와
서 하룻밤, 하루 낮을 머물다가 講會를 마치고 파하여 돌아감에 동
구문 밖을 나와서 헤어지다가 다시 약속하여 나는 石橋 丹霞의 宅
으로 가서 시를 읊기로 하고 또한 文字의 부탁이 있었다. 돌아와서
겨우 열흘쯤 지나서 홀연히 흰옷을 입은 사람이 편지 한 장을 들고
대문에 이르러 말하기를 松石 金都事가 세상을 떠났다고 하도다.

나는 듣고 망연히 놀라서 이것이 꿈이 아닌가 하고 의심하면서
그 편지를 펼쳐 보니, 말하기를 金炳興家 大人 都事公이 10월 4일
질병으로 살아나지 못하였다고 하였다.

나는 편지를 던져버리고 일어나 그 집에 도착한대 목수들이 그
마당에서 관을 짜고 있는데 여러 아들은 늘어앉아서 머리를 늘어뜨
리고 있었다.

그 아우 潤根이 나를 보고는 지극히 통곡하면서 그날의 일을 말
하기에 나도 다시 소리 내어 한번 슬퍼하면서 말하기를 나의 벗 松
石이 정말 죽었는가? 쓸쓸히 절에서 이별 한 지가 며칠이나 되며,
石橋의 약속을 이루지도 못하였고, 문자의 부탁은 이제 겨우 탈고하
여 붙이지도 못하였거늘 이제 갑자기 죽었다고 하니 이 얼마나 슬픈
일인가?

어떤 사람이 나의 슬픔이 이러함을 의심하기에 대답하여 말하기를

무릇 사람의 감정에 가장 잊을 수 없는 것은 나를 알아주고 나를 아껴주는 것이다. 관중이 포숙아를 일컫는 것을 보면 알리라.

말할 것도 없이 우리 고을을 돌아볼 때에 나처럼 불초한 사람을 깊이 알아주고, 귀중하게 아끼어주는 사람은 오직 이 벗이 그러했도다. 이제 그가 죽었으니 내가 어찌 슬퍼하지 않으리오?

그러면 이 사람을 슬퍼하는 이유가 단지 이에 그치는가? 대답하여 말하기를 그럼 그럼, 아니 아니, 松石은 참으로 孝悌한 사람이요, 文華한 선비다.

그가 늙은 부모를 봉양함에 사랑과 공경을 돈독하고 지극히 하였고, 그 형제 다섯 사람이 단란하게 고루 화목하였으며, 집안을 다스림에 법도가 있었고, 자녀를 가르침에 규범이 있으며, 處世에 실수가 없고, 人倫을 愛好하였다.

風流가 弘長하였고, 詩酒가 迭蕩하였으며, 筆翰이 高邁하였으며, 성품이 담백 정직하였다. 慷慨한 風儀와 軒昂한 容貌는 玉雪과 같아 참으로 巨人長者이었으니, 오늘의 세태에 이러한 사람을 어디에서 다시 보리오? 이것이 내가 깊이 슬퍼하는 까닭이다.

늘 나에게 이야기하기를 어려서 일찍이 학문에 뜻을 두고도 마침내 종사할 수 없었다고 하였으니, 그렇다면 善을 좋아하여 권태로워하지 아니함이 流俗과는 다른 것인즉 그 뜻에 간직한 바를 알 수 있는 것이다. 나를 사랑하고, 나를 알아주는 것이 반드시 이것을 말미암지 아니함이 없었다.

그 이름은 仲根이니 殷卿은 그의 字이다. 松石은 그 號인데 安東人으로 점쳐서 벼슬하여 都事에 멈추었으며, 나이는 겨우 50남짓하였다.

淸陰 선생과 文谷相公과 老稼齋公이 곧 그 선조인데 그 아버지 知事公은 謹愼忠厚하여 한 고을에 소문이 났으니, 家法의 아름다움

이 근원이 있음을 알 것이다.

아들 셋을 두었는데 맏아들은 炳興이니, 일찍이 나를 따라 공부하였는데 나는 炳興에게 가문의 명성을 기대한다. 이제 炳興은 弱冠에 의지할 곳을 잃고 가정교육을 받을 데가 없으니 저승과 이승을 생각하며 눈물이 그치지 아니하리라.

이에 哀辭 一篇을 서술하여 나의 슬픔을 풀고 하여금 상여노래로 부르게 하노라. 노랫말에 말하기를

나와 그대가 친했던 일 생각하니 서로 알아주며 늙었도다.
오래도록 공경하는 친구의 도리여! 맑은 물처럼 담담한 사귐이어라.
그대의 집과 나의 집 사이여! 바로 한 고을이라 멀지 않도다.
자주 한 번 가면 한 번 옴이여! 가을엔 단풍 국화 봄에는 꽃구경.
옛날에 영탑사에서 머묾이여! 어진 아들을 보내 가르침을 청하였도다.
술잔을 돌리면서 정다움이여! 시를 지어 화답하도다.
향산의 계놀이를 함이여! 바다산에서 마음껏 풍류를 즐기도다.
오래도록 사귀어 봄이여! 정말 큰 사람의 행실이로다.
시와 예를 익힌 집안의 명성이여! 효도와 우애가 천성이로다.
화려한 풍채가 한 고을에 알림이여! 시와 술로 늙음을 노래하도다.
학문에 뜻을 두었음이여! 우리 유도가 외롭지 않도다.
가슴속에 가득함이여! 세상에 필요한 지혜로세.
점쳐서 벼슬하여 한직에 멈춤이여! 자연 속에서 한가롭게 쉬도다.
옥과 눈처럼 하얀 모습이여! 거동이 봄버들처럼 깨끗하여라.
성품이 중후한 아리따움이여! 오래 살 것을 믿었도다.
하루아침에 홀연히 죽음이여! 뒤에 남은 사람이 슬퍼하도다.
어허! 꿈같이 허무한 세상이여! 어찌 인생을 족히 믿으리오?

산속 절에서 모임을 파하고 돌아감이여! 쓸쓸히 옷소매를 잡고 머뭇거리도다.

다시 橋月에 만나기로 약속함이여! 어찌하여 그대는 오지 못하나?

저녁 구름이 아미산으로 돌아감이여! 석양은 산꼭대기에서 밝도다.

아득히 머리를 들어 바라봄이여! 거리에 사람이 없어 쓸쓸하도다.

상여 길에 무슨 노래를 부를까? 황천길을 어디로 가는가?

한 번 가면 다시 못 옴이여! 안타까워라, 모두 끝났도다.

상여 줄을 잡고 눈물을 흘림이여! 내 마음을 알도다.

애오라지 글을 쓰며 슬픔을 푸노니, 영령이시어 굽어보소서!

종제경구자서(從弟敬九字書) (庚寅十二月)

從弟 容憲이 冠禮를 거행하여 머리에 관을 쓰는 날 雲養 金尙書가 字를 지어 주기를 敬九라고 하였다.

이것은 玉藻의 九容의 거동에서 취하여 敬字를 더한 것이니 이에 가르치고, 경계하는 말뜻이 있다.

옛날에 智武子가 趙文子를 가르침에 옛사람의 文과 忠의 일을 일컬으니 君子가 좋은 규범으로 삼았던 것이다. 敬九는 힘쓸지어다.

내가 생각하기에 학문의 길은 身心을 收斂한 것보다 절실한 것이 없나니, 진실로 수렴코자 한다면 지극히 공경함에 있다고 할 것이다.

이른바 九容은, 즉 居敬의 조목인데 스스로 태만하고 어긋나는 버릇이 없어야만 학문이 이에 발전하는 것이다.

그러므로 朱子가 말하기를 행동에 모양을 갖추고 思慮를 가지런히 하는 것이 문득 敬이라고 하였으니, 敬하면 마음이 저절로 간직된다고 하였으며 또한 일찍이 정신을 가다듬어 九容하는 방법을 자세히 체험하라고 하였다.

진실로 이 학문에 종사하여 행동에 어그러짐이 없고, 안팎이 똑같이 바르게 되면 자연히 이치에 적중하여 곧 천하의 큰 근본이 여기에서 완성되는 것이다.

敬九는 올해 18세로서 容姿가 淸雅하니 마치 九陽이 바야흐로 剛健함과 같은즉 더불어 道에 나아가기 알맞은 시기이다. 날로 더욱 부지런히 힘써서 반드시 敬으로 道에 들어가는 방법을 삼아야 할 것이다.

九容의 조목에 힘을 쓰고, 다시 君子의 九思로써 究意의 法을 삼아서 안팎을 바꾸어 가며 기름으로써 엄연하게 인격을 완성한다면 洪範의 九疇와 中庸의 九經에 대하여서도 통달할 것이니, 천하의 크고 작은 일에 어찌 알기 어렵고 행하기 어려운 이치가 있겠는가? 敬九는 힘쓸지어다.

나는 여기에 대하여 그윽이 느낌이 있나니, 지난날 先君子께서도 또한 일찍이 敬으로 철두철미하게 聖學의 과정으로 삼아서 일생의 공부가 모두 여기에 있었던 것이다.

動靜語默에 간혹 한 가지라도 九容에 합하지 못한 점이 있으면 평일에 子弟를 불러서 일깨워주면서 잊지 못하게 하였던 것이다. 오늘 너에게 가르쳐주는 바도 또한 어찌 이것을 벗어나겠는가? 경건히 기억할지어다.

나처럼 불초한 사람은 그 당시 가정교훈을 친절히 받았으면서도 아직까지 제대로 실천하지 못하니, 한낱 어리석고 게으른 사람일 따름이다. 아버지의 뜻을 계승하지 못하니, 나의 몸을 어루만지면서 스스로 부끄러워하노라.

이제 나는 못하면서도, 너 敬九에게 힘쓰라고 하는 것은 비록 第一等을 남에게 양보하는 탄식이 있지마는 그러나 너에게 힘쓰라고 하는 바는 실로 스스로 힘쓰고자 함이다.

마땅히 밤낮으로 공경하고 경계하여 집안의 명성을 흐트러뜨리지

말라

崇禎四周之庚寅(서기 1890년)歲除前一日 從兄書

인아혼서(寅兒婚書)

咸平 李 아무개는 李判官執事께 말씀드립니다. 오랫동안 德義를 사모하온데 고을의 선비들이 말하여 사돈을 맺으니, 친한 사이에 기쁘기도 하고 두렵기도 하지만 형편이 서로 비슷하고 호감이 가니 지극히 가깝게 여겨지나이다.

생각하건대 집사는 훌륭한 선조를 둔 깨끗한 집안으로 璿源의 후손이시니 자손에게 예법을 교육하셨습니다. 내가 사랑하는 그러한 분이 물러나서 한가로이 湖鄕에서 머무르심에 평소의 지조를 알 수 있나이다.

아름다운 명령으로 令侄을 우리 아들 啓寅의 아내로 허락하여 주시었나이다. 令侄女는 일찍이 네 가지 婦德을 닦았다는 소문이 있어 이에 크게 吉함을 추구하였거늘 우리 아들은 아직도 六藝의 교육에 어두우니, 가정교육에 대하여 부끄러움이 많습니다.

이 부부가 꼭 맞는 짝은 아니지마는 이에 우애하고 금슬 좋은 기쁨을 얻을 것이요, 집안이 가지런하면 內助의 성공도 있을 것이며, 간소한 음식이라도 깨끗이 차리면 조상의 제사에 다행일 것입니다.

비록 훌륭한 사위는 못될지나 또한 모름지기 羊을 잡아 사돈 사이에 즐겨야 하리다. 龍門의 夷虜를 경계하고, 鮑家의 布甕을 바라면서 이제 鴈鳴의 吉日을 맞아 감히 먼저 儷皮의 儀를 행하오니, 모두 받아주기만 바랍니다. 이만 줄이나이다.

영아혼서(永兒婚書)

聖人이 혼인의 예법을 중요시함은 대개 백성을 낳는 근원이기 때문이요, 君子가 아내와 의좋게 지내는 것은 실로 인격을 형성하는 실마리가 되기 때문입니다. 그러므로 온순하고 마음씨 고운 아가씨를 골라야만 이에 內助를 얻을 수 있는 것입니다.

그윽이 생각하니 집사께서는 月城의 世家로써 우리 고을의 문벌 높은 집안으로 가정의 법도가 엄격하여, 효도하고 우애하며 서로 신뢰하면서 자녀를 옳은 길로 가르쳐서 才能과 心德이 의젓함을 알고 있습니다.

令愛는 閨房의 소질이 뛰어나고, 네 가지 婦德이 훌륭하다는 소문이 있어 들었나이다.

우리 아들 啓永이 나이 成年이 지났으므로 이에 좋은 배필을 구하오나, 그릇이 南容처럼 어질지 못하므로 아내를 맞이하기가 부끄럽나이다.

외람되지만 두 집안이 서로 비슷하고 호감이 가서 드디어 혼사가 이루어져서 영광스럽나이다.

이에 밝은 아침이 오기를 기약하면서 먼저 儷皮의 禮典을 행하니 秦晉의 짝인지요? 이에 훌륭한 집안의 따님을 골라서 아내로 맞이하니 朱陳村인가요?

혼례를 거행함에는 農夫나 野夫라도 응당히 禮를 해야 하므로 엄숙히 작은 정성이나마 표하나이다.

동아혼서(東兒婚書)

禮는 혼인식보다 중요한 것이 없으니, 대개 인륜도덕이 부부로부터 비롯하기 때문입니다. 그러므로 반드시 집안의 법도를 골라서 형편이 비슷하고 호감이 가야만 기뻐하는 것입니다.

令妹를 우리 셋째 아들 啓東의 아내로 주심을 허락하시는 아름다운 명령을 받았습니다.

생각건대 令妹는 네 가지 婦德의 아름다운 소문을 익숙히 들었고
나이도 이미 笄禮를 거행하였지만 啓東은 아직도 六藝의 교육에 어
두운데 나이만 들어 成人이 되었으니, 다행히 과분한 짝을 만났으나
정말 부끄럽나이다.

두 집안이 모두 선비의 가난한 형편이니, 일찍이 龍門의 夷虜의
경계를 들었고, 그 內助의 길에 감히 鮑氏의 布襖의 德風을 바라나
이다.

비록 훌륭한 사윗감은 못 되지만 羊을 잡아서 禮를 하나이다. 이
에 吉日을 잡아 삼가 儷皮의 儀式을 행하오니 조용히 받아주시기
바랍니다.

범손혼서(範孫婚書)

太極이 나옴에 兩儀가 나뉘었으니, 이른바 하늘과 땅이 제 자리를
정함으로써 人道가 확립되어 한 집안이 바로잡아지나이다.

이는 아내와 남편이 화목한 실마리로써 반드시 才德을 고르는 것
입니다.

집사는 鳥川의 아름다운 후예요, 丈巖의 법통 있는 가문인즉 생각
건대 令從妹는 淑女의 꽃다운 재질로 일찍이 네 가지 婦德의 뛰어
난 소문을 들었나이다.

우리 손자 學範은 재주가 없어서 아직까지 六藝를 제대로 익히지
못하였는데도 그 아내로 주기를 허락하시니 감사하나이다.

앞으로 우리 집안 선영의 제사를 잘 받들고 집안을 법도 있게 하
여 內助를 잘 하리라고 믿어 의심치 아니합니다.

비록 훌륭한 사윗감은 못 되지마는 오직 羊을 잡아 禮를 하나이
다. 이에 吉한 결혼날짜가 가까워 옴으로 감히 먼저 儷皮의 儀式을
행하오니 아무 말 마시고 받아주시기 바라나이다.

조이불망(釣而不網)

낚시꾼이 있었는데 하루 종일토록 고기를 한 마리도 잡지 못하고 낚싯대를 거두어 돌아가고, 그물질하는 사람이 있었는데 큰 시내에 그물을 쳐서 비늘이 하얀 물고기를 대바구니에 가득히 채워 짊어지고 돌아가다가 갈림길 아래에서 서로 만나게 되었다.

그물질하는 사람이 낚시꾼에게 일러 말하기를 그대는 어찌하여 나를 따라 배우지 않고, 부질없이 낚시에 정신을 팔아 종일토록 아무 소득도 없는 짓을 하는가?

낚시꾼이 말하기를 나는 그대를 위하여 탄식하노니, 그대는 비록 그물질이 좋다고 하지만 나는 하지 않는도다. 씨를 말리고 잡는 것은 仁者의 마음씨가 아니니 차라리 소득이 없을 진정 君子가 어찌 仁을 해치는 일을 하리오?

그물질하는 사람이 웃으면서 말하기를 그대가 비록 나를 不仁하다고 책망하지만 그러나 그대의 不仁은 나보다도 오히려 심하도다.

무릇 그물질은 그물을 들어 물에 던지면 물고기가 빨리 도망가거나 피하여 숨어버리면 잡히지 아니할 수 있으니, 저 그물 속에 들어온 놈은 숨어서 피할 줄을 알지 못하고, 스스로 죽을 곳으로 들어온 것이다. 잡은들 무엇이 나쁜가?

그러나 그대가 낚시하는 법은 낚싯대 끝에다 가는 줄을 매어 굽은 낚싯바늘에 먹이를 꿰어 물속에 살짝 넣어 놓고, 헤엄치는 물고기로 하여금 낚싯바늘임을 알지 못하게 속이어 한갓 낚싯밥만 보이게 하다가 입을 대어 삼키면 그 순간을 포착하여 낚아채나니, 물고기가 저도 모르는 사이에 교묘한 술수에 속아가지고 마침내 냄비 속에서 끓임을 당한다. 물고기가 낚시꾼에게 무슨 빚을 졌는가? 낚시꾼이 교묘한 방법으로 고기를 잡는 것이 어찌 仁을 해치는 행위가 아니며, 속임수로 혹 잡기도 하고, 혹 못 잡기도 함이 명백하게 잡을 것을 잡는 것과 그 얻고 잃음이 어떠한가?

낚시꾼이 말하기를 그렇지 않다. 그대는 이기려고만 하는 마음이 있도다. 나처럼 하는 것은 君子의 일이고, 그물질하는 사람이 그물을 던지는 것은 모두 잡으려는 마음이 있고, 반드시 잡는 것만을 성공으로 여기니 만약 반드시 잡으려는 마음이 있으면 무슨 짓인들 아니하랴! 내가 不仁이라고 하는 것은 이것을 뜻한다.

대저 낚시꾼은 낚싯밥을 물에 던져놓고 있나니, 탐욕스런 놈은 먹고, 지혜로운 놈은 도망간다. 고기가 먹거나 말거나 오직 한결같이 맡겨둘 따름인즉 잡지 않으려고 해도 소용없고, 꼭 잡으려고 해도 소용이 없는 것이다. 어찌 일찍이 나의 仁을 해침이 있으리오?

낚시법의 기교를 말할지라도 그것은 사실 고기를 낚는 법도이다. 낚시질을 안 하면 몰라도, 낚시질을 한다면 속임수를 쓰지 않고 어떻게 고기를 낚는다는 말인가? 그 법제의 조리를 이해하지 못하고 도리어 그 낚시하는 사람만 꾸짖는단 말인가?

옛날에 孔子도 어린시절에 또한 낚시는 하였지만 그물질은 아니하였으니 그물과 낚시 사이에 취하고 버림이 있음을 볼 수 있는 것이다. 어찌 仁을 해치는 것을 聖人이 하겠는가?

묵경세가(墨卿世家)

墨卿은 卽墨人이니, 그 고향을 따서 氏를 삼고, 고을 사람이 높여서 卿이라고 일컬었다. 그 이름은 陳玄이요, 字는 子墨이며, 號는 松烟子인데, 학자들이 玄雲 선생이라고 일컬었다.

그 선조는 墨翟인데 兼愛를 주장하니, 楊朱와 더불어 당시에 나란히 유행하여 천하의 사람이 많이 따랐다.

墨卿은 나면서부터 자질이 침묵하고, 형용이 검으며, 신체가 짧고 작았다. 그러나 그 德이 사물을 감화하여 조금만 가까이하여도 금방

물을 드리는 까닭에 俗言에 먹을 가까이하면 검게 된다고 하였다.

그 兼愛하는 풍채를 대대로 잘 이어 받아서, 참으로 천하에 이로우면 비록 머리를 갈아 발끝까지 이를지라도 사양하지 아니한다고 하였다. 이래서 사람은 모두 사랑하여 아끼고, 學士와 文人은 더욱 그 예술적 가치를 품평하여 귀중히 한다.

벗이 있으니 붓, 종이, 벼루의 네 가지가 서로 벗하여 가까이하나니 시속사람은 이것을 文房四友라고 일컫는다.

붓은 조정에 추천하여 記注官이 되었는데 붓이 말하기를 먹과 함께 가지 아니하면 저는 아무것도 할 수 없나이다고 하므로 이에 같이 임명을 받아 記注官 兼帶監察御史가 되었다.

종이와 벼루도 또한 아울러 추천을 받아 함께 조정에 들어가니, 항상 좌우에서 모시며, 서로 벗이 되어, 임금님의 뜻을 받들어 어기지 아니하였다.

늘 敎令이 있으면 넷이서 소리에 맞추어 똑같은 말을 하였으니, 마치 한 입에서 나온 듯이 하였다.

임금 곁에 항상 따라다니므로 사람들이 자못 아첨하여 총애를 받는 것이라고 지목하였다. 그러나 史局에서 붓과 더불어 直書할 때에는 꺼리거나 피함이 없었으니, 사람들도 또한 인정하였다.

監察府에 있음에 만약 사람의 집에 불미한 행실이 있으면 문득 그 집에 가서 그 대문에 검은 먹물을 뿌려주나니, 즉시 그 사람은 폐인이 되어 사회에서 용납하지 아니하였다. 그러므로 행실이 무상한 사람은 모두 호랑이처럼 두려워한 것인데 이것은 그 벗과 함께하지 않고, 혼자 그 직분을 맡은 것이다.

貞觀의 시대에 天子가 飛白을 쓰기 좋아하여서 墨卿이 소외를 당했는데 그 벗 세 사람에게 말하기를 나는 떠나가야겠도다. 가지 아니하면 관리들이 시장에 내다가 팔아버릴 것이다 하고 이에 글을 올려 물러감을 청한대 天子가 차마 물리칠 수 없어서 좌천을 시켜서 郡守를 삼아 또한 그 印綬를 내리고 墨卿을 영화롭게 하였으나 깨끗이 여기지 아니하고, 드디어 그 고향으로 돌아와서, 예전에 사귀던 文人, 學士와 文房에서 더불어 놀면서, 간혹 畵師와 더불어 山水間을 逍遙하였다.

그의 벗 세 사람도 또한 致仕하고, 돌아와 잠시도 서로 떨어지지 아니하면서 名樓에 題額하고 畵謝에 柱聯하니 그 자취가 천하에 가득하였고, 聖經子史와 百家의 글을 이들이 쓰지 않은 것이 없었다.

이때에 歐洲에서 연필이란 놈이 백로지를 가지고 와서 세상에 횡행하면서 스스로 記注의 재능을 뽐내다가 큰 도읍지에서 墨卿을 만나거늘 분노하여 말하기를 너는 형편없는 재주로 이에 감히 나의 능력을 얕보고, 나의 벗인 붓의 이름을 모독하면서 세상 사람을 속이고, 간사하게 진실을 왜곡하며 거짓을 일삼는가?

내가 장차 한입의 기를 뿜어 너의 본질을 소멸하여, 하여금 세상에 행세하지 못하게 하리라.

연필이 스스로 부끄러워서 얼굴을 들지 못하고, 얼굴이 빨개지며 도망갔다.

이에 墨卿이 세상의 일을 어찌 할 수 없음을 알고, 시장의 상점에 숨어서, 스스로 黑色이라 이름하고 실을 염색하는 데나 쓰려고 한대 또한 외국의 雜色들이 그 교묘한 재능을 다투는지라 분개하여 탄식하기를 우리 先祖 墨子가 슬퍼하는 이유가 바로 이러한 작태 때문이라고 하고는 다시 목수의 일터로 가서 먹줄 통에 의지하니, 먹줄을 당겨씀에 세상 사람이 모두 그 곧음을 칭찬하였다.

그러나 墨卿은 탄식하여 말하기를 내가 지금 이러한 일에 쓰이고 있으나, 그 곧음은 먹줄의 공이지 나의 공이 아니라고 하면서 세상을 피하는 길일 따름이라고 하였다.

비록 그렇다고 하여도 하늘이 나를 낸 까닭은 문화국의 쓰임에 알맞음인즉 어찌 다시 학사나 문인 곁에서 그 野史를 다듬어 正事를 기록하고, 正言을 기재하여 堯舜文武孔孟程朱의 繼往開來의 道를 서술하지 않으리오?

저 新語謰言이나 法律章程은 연필 따위에게 맡겨서 하도록 하니, 이에 지난날의 文人, 學士들이 山林泉石 사이에서 모두 다시 사랑하여, 버려두어 멀리 하지 아니하고, 더불어 서로 의지하며 평생을 같이하였다.

그 겨레가 천하에 두루 퍼져 있는데 중국에서 생산한 것이 으뜸이니, 향기가 나고 그 품질이 단단하여 붓이 함부로 쓰면 싫어한다. 일본에서 생산한 것은 重濁하여 쓸모가 없고, 오직 靑邱에서 생산한 것은 貴族이라고 이르나니, 大邱, 尙州, 報恩, 高山 등지에 흩어져 사는 것은 鄕品을 벗어나지 못하고, 盈陽, 陽德에 사는 것은 조금 알아준다.

그 宗派는 海州에 사는데 그 관직을 세습하면서 대대로 직업을 이어오니, 혹 벼슬하여 翰林이 되어 風月이란 이름을 내려받아 宮中을 출입한다. 그 號가 있어 芙蓉堂이라고 하는바, 그 德이 매우 높고 石潭九曲, 第一江山 등도 모두 이름이 있다.

그러나 그 머리를 갈아, 발끝까지 닳아져도 천하를 이롭게만 하려는 마음씨는 귀하고 천한 파벌이 없이 똑같은 것이다.

太史公이 말하기를 나는 墨卿을 관찰함으로써 世道의 汚隆을 점칠 수 있고, 또한 君子가 숨고 나타나는 道를 볼 수 있다.

治世의 人君은 어진 이를 좋아하여 신하로 삼으니, 어진 이가 등용되고, 배운 것을 세상에 펼쳐서 典章法度가 모두 진리의 현상으로 나타난다.

세상이 어지러우면 文學이 폐지되고 어진 이가 쓰일 데가 없으므로 숨어서 나타나지 아니하나니 세태가 날로 혼탁해지는 것이다.

무릇 君子가 그 임금을 훌륭하게 섬기고 민중을 윤택하게 하는 마음만은 나아가고 물러남에 관계없이 한결같으나니, 조정에 나아가 그 임금을 섬기면 正道를 밝혀 斯道를 만회하여 一世에 三代의 모범정치를 하고, 물러나서 농촌에 살면 비록 홀로 그 몸만을 착하게 하면서도 또한 일찍이 세상을 잊음에 용감하지 아니하고, 斯道를 後進에게 전하여 萬世에 太平을 열도록 노력하는 것인즉 몸이야 비록 숨었다고 하여도 그 마음은 또한 괴롭다고 말하리라. 墨卿이 그 이러한진저!

우기(偶記)

근래에 학문하는 사람은 각자 門戶를 세우고, 心性理氣의 說을 주장함에 자주 程朱의 말을 인용하여 증명한다.

그러나 聖賢의 말씀을 왜곡하여 취하여서 자기의 소견대로 해설하는 것을 면하지 못하도다.

대개 理氣를 강의하려는 사람은 반드시 理는 하나에서 나누어진 것임을 깨달은 다음에야 폐단이 없을 수 있다. 한편은 보는 바가 나누어진 곳에만 한정되어 理가 하나임을 알지 못하고 理氣에 앞뒤가 있음을 알지 못하여 二物로 나누어서 마침내 氣를 理로 인식함을 면치 못한다.

그러므로 氣의 靈한 것을 모두 一貫之理의 완전한 자리로 생각한다. 이래서 그 행동이 성취되고 사업의 성공을 많이 얻었다고 하여도 그 끝에 가서는 반드시 氣를 숭상하고 中庸을 잃어서 자기의 행동원칙을 달리 세운다.

또 다른 한편은 보는 바가 오로지 理는 하나인 곳에만 한정되어 나누어진 분야를 살피지 못하니, 理氣는 앞뒤가 없는 一物이라는 것

을 알지 못하여 마침내 스스로 性善을 形氣의 外物로 인식하는 데 빠진다.

그러므로 本源 이하 萬殊의 理가 모두 氣로 귀속되어 버리니, 천하의 일천만 가지의 본연적 道理가 전부 分數 밖에 물건으로 귀착하여서, 비록 君國의 存亡이라 해도 儒者의 책임이 아니라고 하면서 오직 홀로 착하기만 생각하여 진취하는 바 없도다.

이들은 그 끝에 가서 하지 않은 것으로 고상함을 삼아서 스스로 편벽되고, 저절로 이기주의자가 되나니, 요점은 두 쪽이 모두 本源 上에서 보는 바의 차이가 생긴 것이다.

未發時는 오직 本然의 理만 있고, 發한 뒤에 바야흐로 氣質之性이 있다고 말하는 것은 이른바 本然의 性이 공중에 매달린 독립적 물건이란 것인가? 아니면 氣質 속에 매어 있는 것인가? 이른바 氣質은 본래 없었는데 發하는 곳에서 홀연히 뭉치어 생긴 것인가?

未發時에 만약 氣質이 없다면 이 性은 어느 곳에 安頓하여 그 未發하고 있는가? 만일 그렇다면 사람의 마음과 血氣 및 形質을 모두 남김없이 으깨어 없애버려도 단지 本然의 性은 오뚝이 남아 독립한 一物이 되어 공중을 날아다니다가 氣質이 있으면 홀연히 엉겨 붙어 性이 그 속에 들어가는가?

더불어 發하여 나온다고 하면 이에 氣質의 性이라고 지적하니 어찌 이런 이치가 있으리오?

대저 本然의 性은 단순히 그 理만을 지적한 것이요, 氣質의 性은 그 氣까지 아울러 지적한 것이다. 未發時는 氣質이 작용하지 아니함이나, 氣質은 곧 自在한 것이요, 發함에 大本의 性이 중간에 가득히 있으면서 亭亭當當하여 기울고 의지함이 없는 것이다.

그러므로 未發이라고 하더라도 비록 작용은 하지 않으나 氣質이

自在하고, 發한 다음의 淑慝善惡은 곧 氣質의 淸濁粹駁에서 말미암
는 것이다. 이것을 아울러 지적하여 氣質의 性이라고 말한다.

　先儒가 매양 거울의 형체로 未發時의 모양을 비유하여 설명하였
으니, 나도 또한 거울로서 가정하여 비유하겠다.

　무릇 거울은 마음이요, 거울의 이치는 性이다. 거울쇠의 순수하고
조잡한 것은 氣質이요, 거울의 光明은 明德이다. 거울의 비침은 情
이니, 거울이 물건을 비치지 아니한 때는 光明한 형체 속에 거울의
이치가 실로 自若하거니와 그 精粗의 氣質이 또한 일찍이 있지 아
니함이 없는 것이다.

　거울이 물건을 비치지 아니한 때라고 하여도 이는 거울의 실체가
없는 것은 아니며, 거울의 이치도 그대로 있는 것이다.

　순수하고 조잡한 거울의 쇠도 물건을 비친 다음에 바야흐로 있는
것이 아니며, 거울이 물건을 비침에 바르고 치우치고, 밝고 흐림의
다름이 있는 것은 실로 그 쇠의 氣質에 精粗가 있는 까닭이다. 그러
므로 이것을 看破하면 未發時에 氣質이 있고 없음을 알 수 있을 것
이다.

　人間과 動物의 性이 같다고 주장하는 사람에게 묻고 싶은 것을
말하면 人物의 性이 이미 同一하다고 말한다면 사람과 동물이 다른
근거는 무엇인가 하면 반드시 氣라고 말하리라.

　그렇다면 사람과 만물의 氣가 다른 까닭은 어째서인가? 반드시
말하기를 氣는 본래 이와 같이 가지런하지 못하다고 하리라.

　氣가 이와 같이 가지런하지 못한 이유는 무엇인가? 반드시 말하
기를 氣의 理致가 본래 이와 같다고 하리라.

　오호라! 氣의 理가 일만 가지로 다른 것은 곧 人物이 形體를 이룰
때에 理가 붙어서 달라지는 바이다. 또한 어찌 말을 많이 하리오?

艮齋가 말하기를 "湖賢의 말은 本然의 不同함이 장차 氣質이 不同함을 인한 것이 아닌지?" 人物性의 本然이 不同함은 일찍이 그 氣質의 不同함에 따르지 않는 것은 아니다.

대저 사람과 동물은 받은 바의 기질이 같지 아니하는 까닭으로 각각 그 氣質上에 준 바의 理도 반드시 스스로 같지 아니하다. 그 기질 위에 각각 준 바의 理는 곧 그 이른바 각각의 본연이다.

이것이 이른바 기질이란 것이니, 그 善惡을 지적하여 말함이 아니라 그 각각 스스로를 형성하는 곳을 지적하는 것인즉 人物이 형성함에 갖춘 바의 理는 本然이라고 말한들 무슨 해가 되리오?

이른바 本然이라고 말함은 본래 스스로 이와 같음을 말하는 것이다. 간혹 단지 渾然한 太極을 일컬어 本然이라고 하는 것만 알고, 氣質이 不同하게 갖추어진 理도 또한 각각 그 本然임을 살피지 못한다.

무릇 性을 論함에 비록 氣質을 섞어서는 안 되지만, 간혹 단지 氣質을 섞어서 善하고 惡한 것은 氣質의 性임만을 알고 氣質上에서 단순히 그 理만을 지적하여 形氣에 犯하지 않는 것을 말하여 本然의 性임을 살피지 않는다.

그러한즉 人物의 氣質은 不同하고, 本然의 性은 같다고 말하여 善惡이 같지 아니함은 氣質의 性이라고 하여야 되겠는가?

艮齋가 人物을 논함에 반드시 聖凡을 가지고 말하면서 人物이 같지 아니함은 진실로 氣質의 차이에 있고, 聖人과 凡人이 가지런하지 아니함도 또한 기질의 차이에서 말미암는다고 한다.

그러나 人物의 氣質에 차이가 있는 것은 大宇宙의 分數요, 聖人과 凡人의 기질이 간혹 다른 것은 지나치거나 모자라서 나타난 현상이다. 그러므로 똑같이 비교하여 논할 수 없는 것이다.

聖凡은 다 같은 인간으로 그 氣像과 形質이 일찍이 동일하지 아
니함이 없나니, 다만 그 淸濁粹駁의 고르지 못함이 있을 뿐인데, 인
간과 동물은 종류가 다른 것으로 사람은 곧게 살고, 짐승은 옆으로
살며, 나무는 거꾸로 산다. 어찌 일찍이 비슷한 모습으로 서로 똑같
다고 할 것인가?

이것은 하늘이 人物을 냄에 각각 그 종류대로 모양을 만든 까닭
에 人物의 기질은 같지 않고, 사람은 사람끼리 같고 物은 物끼리 같
은 것이다.

그러므로 사람의 머리에 뿔이 나거나, 옆구리에 날개가 생기거나,
발에 굽이 있거나, 엉덩이에 꼬리가 있어서 한 사람이라도 짐승과
같다는 것을 듣지 못했고, 또한 짐승이 어느 하나라도 사람의 머리
나, 사람의 얼굴이나, 사람의 손이나, 사람의 발을 가지고 있어 천연
적으로 사람과 똑같다는 이야기를 듣지 못하였다.

이것이 이른바 氣의 制限性이다. 대저 人物의 생김새가 이와 같
이 판이하니 그 받은 바의 理도 또한 반드시 같지 아니함을 알 수
있는 것이다.

사람은 사람의 기질을 갖춘 까닭에 그 性도 다름이 없나니, 그 凡
人의 가지런하지 못한 기질을 변화하여 그 性을 따르게 하면 또한
聖人에 이를 수 있는 것이다.

소는 소의 기질을 갖춘 까닭에 그 性이 다름이 없나니, 게으른 소
의 가지런하지 못한 기질을 이끌어 그 性을 따르게 하면 또한 밭을
잘 갈게 할 수 있는 것이다.

말은 말의 기질을 갖춘 까닭으로 그 性에 차이가 없나니, 사나운
말의 가지런하지 못한 기질을 고치어 그 性을 따르게 하면 또한 잘
달릴 수 있는 것이다.

소나 말의 기질도 또한 각각 같지 아니한 까닭에 밭 갈고, 달리는

性이 스스로 같지 아니하므로 또한 말로 밭 갈고, 소로 달릴 수 없는 것이다.

더욱이 천지가 개벽한 이후로 짐승의 몰골을 가진 것이 聖人의 일을 잘 행하였다는 말을 듣지 못했다면 그 聖人의 性을 타고나지 아니함을 알 수 있는 것이다.

대저 性은 곧 理요, 理는 所以然의 까닭이며, 所當然의 법칙이다. 그 理가 있는데도 그 理를 실현할 수 없다면 어찌 족히 所以然, 所當然의 理라고 말하겠는가?

禽獸가 이미 사람과 同一한 理를 타고났다면 어떤 까닭으로 사람과 똑같은 도리를 행하지 못하는가? 이것은 禽獸는 所以然의 까닭은 있지마는 所當然의 법칙은 없다는 것이니, 천하에 어찌 이처럼 활발하게 통하지 못하는 理가 있으리오?

만약 잘 추리하고, 잘 추리하지 못한 것으로 말한다면 禽獸가 잘 추리하지 못한 것은 과연 무슨 까닭인가? 理이면서 추리하지 못한다면 또한 어찌 족히 理라고 말하겠는가?

그 理가 있으면서도 실행할 수 없는 것을 나는 보지 못했다. 人物이 타고난 기질이 동일하지 아니한 까닭으로 받은 바의 理도 또한 다르지만 단지 이 物이 된 바의 理는 일찍이 갖추지 아니함이 없는 것이다.

이제 人物이 대체적으로 같지 아니한 기질을 확대 해석하여 聖凡이 간혹 다른 기질에까지 적용하고는 반드시 말하기를 聖凡의 기질이 비록 일만 가지라고 하여도 그 性은 두 가지가 없으며, 人物의 기질이 비록 일만 가지라고 하여도 性은 똑같다고 하도다.

人物의 性이 氣로 인하여 다르고, 聖凡의 性도 또한 氣로 인하여 다르다는 것을 핵심적 道理로 삼고, 人物性不同論을 배척하거늘 만

약 그렇다면 聖人과 凡人, 人間과 物의 사이가 단지 一等級을 다툴 뿐인즉 聖凡, 人物이 모두 同類가 되고, 人間과 禽獸를 장차 가리지 못할 것이다. 어찌 하리오!

程子가 말하기를 君子가 禽獸와 다른 까닭은 仁義의 性이 있기 때문이라고 하였고, 朱子는 말하기를 人物은 타고난 形氣가 같지 아니한 까닭으로 그 마음에 밝고 어둠의 차이가 있고, 그 性에 온전하고 온전치 못한 차이가 있다고 하였다. 또 말하기를 그 기질이 같지 아니함을 인연하여 받은 바의 理도 또한 다르다고 하였던 것이다.

栗谷은 말하기를 萬物은 性을 온전한 德으로 타고나지 못하였다고 하였고, 尤庵은 말하기를 만약 천하 만물이 仁義禮智信의 德을 갖추지 아니함이 없다고 말하면 대단히 옳지 못하다고 하였으니 이에 거의 단안을 내릴 수 있을 것이다.

잡지(雜誌)

李晤堂이 未定한 원고에서 四端七情을 논하여 말하기를 情은 일곱 가지에 그치지 아니한다. 栗谷이 七情을 四端에다 나누어 부치는 것은 억지로써 자연스럽지 못하다. 情이 진실로 일곱 가지에 그치지 않다면 어떻게 나누어야 될까라고 하였다.

이것은 전혀 性情의 개념을 구별하지 못하면서도 오히려 스스로 논리를 세우려는 결과이다. 대저 천하에는 性을 벗어난 물건이 없으니, 이른바 四端七情도 性이 發한 것으로 모두 情인데, 四端은 그 善한 한쪽을 지적하는 것이요, 七情은 善惡을 아울러 말한 것이다.

이 밖에도 여러 가지 현상이 情이 아님이 없는 것인즉 모든 四端의 情은 發處에서 곧게 나와 더불어 橫流한 것이다. 이제 저 喜怒哀樂에 있어서 喜는 仁의 發이요, 怒는 義의 發이며, 哀는 智의 發이요, 樂은 禮의 發이다. 기쁨을 당하여 기뻐하고, 성냄을 당하여 성내고, 슬픔을 당하여 슬퍼하고, 즐거움을 당하여 즐거워하면 情의 善함이다.

그 마땅히 기뻐하고, 성내고, 슬퍼하고, 즐거워하지 않을 데서 기뻐하고, 성내고, 슬퍼하고, 즐거워하면 情의 惡함인즉 性이 곧게 나오지 못하고, 도리어 氣에 가려서 橫流한 것이다.

그렇다면 情의 조목이 그 수가 비록 백 가지라고 하더라도 四端을 벗어날 수는 없는 것이다.

또한 그는 말하기를 忮克, 夸矜, 憾恨, 歆羨, 疑惑, 希覬 등등이 모두 천하 사람이 항상 가지고 있는 情이거늘 情에 함께 포함시키지 않아도 되겠는가라고 하였다. 이것은 情이 전혀 不善한 것들을 情의 조목에다 넣고자 함이니, 그것이 情의 어그러진 것임을 인식하지 못함이로다.

더욱 미안할까 하여 더 말은 않지만 그러나 어찌 일찍이 性에 근본하지 아니 한다고 하여, 四端에 나누어 부침을 불가하다고 하리오!

啎堂이 또 말하기를 四端은 理가 發함에 氣가 타고, 七情은 氣가 發함에 理가 따른다는 말은 退溪說이 아니라, 朱子說이다. 語類에 말하기를 四端은 理의 發이요, 七情은 氣의 發이라고 하였는데, 이제 退陶는 그 아래에다가 蛇足을 부쳐서 말하기를 氣乘, 理隨라고 하였으니, 이것은 朱子의 말에 그 미비한 점을 보충한 것이라고 하였다.

그윽이 살피건대 朱子의 이 논설은 記錄의 잘못이 아니라면 반드시 初年의 논설이다. 그러나 四端은 오로지 그 理만을 지적하여 말하므로 理의 發이라고 말하고, 七情은 그 氣가 發하여 작용한 곳을 지적하여 말하므로 氣가 發한다고 말한 것이니, 후학이 자세히 살펴서 밝게 분별하면 해가 없으나, 그 語意가 理氣를 두 쪽으로 나눈 듯하여 후세 사람에게 자주 의혹이 생겼던 것이다.

우리나라에 와서도 權陽村이 잘못 본 까닭이 실로 여기에서 근원하였고, 退溪 선생과 같이 큰 賢人도 오히려 개념파악에 실수를 하여 栗谷 선생이 통쾌하게 가리어 밝혔은즉 아주 뚜렷하여 고칠 것이 없게 되었다.

이제 晤堂이 또다시 朱子의 未定之論을 인용하여, 退溪와 栗谷의 소견이 다른 곳을 억지로 논하여, 퇴계를 옳다고 하고, 율곡을 그르다고 하니, 완전한 논설을 이상하게 이끌어 가도다!

晤堂이 陰隲文圖說序에서 말하기를 佛敎人은 오로지 因果論으로 죄와 복을 논하여 어리석은 군중을 깨우치니, 족히 사람을 감동하여 王化에 도움이 있고, 때로는 刑賞이 미치지 못한 점을 보충하기도 한다고 하였다.

晤堂은 儒者이다. 이러한 논설을 왜 말하는가? 佛氏가 이른바 善心은 우리가 말하는 善이 아니다. 본래 仁에서 나왔지만 義로써 절제하지 않으니 도리어 그 仁을 해치는 것이다.

仁을 해치고, 義를 해치면서 善이라고 말하면 옳겠는가? 王化에 어찌 일찍이 仁義를 어겨서 도움이 있으리오! 무릇 罪福의 말에 빠진 사람은 간혹 殺生이 죄가 된다고 하므로 祭祀에 犧牲을 쓰지 않으니, 비록 죽이지 아니하는 착한 마음에서 나왔다고 하여도, 그 조상님께 은혜를 갚는 방법이 너무 박하거든 이게 어찌 착한 행실이리오?

大本이 이미 어그러졌거늘 어떻게 行事가 착하게 될 것인가? 異端者가 베푼 善은 우리가 말하는 善이 아닌즉 天理를 어긴 까닭이다.

晤堂의 논설이 어찌 어리석은 세속을 물들게 하는 데 도와줌이 아니리오? 이러한 文字는 짓지 않아야 된다. 篇名이 未定草稿라고 하였으니 모두 未定한 논설인가? 알지 못하겠도다.

理는 所以然, 所當然, 本然, 能然, 必然의 까닭이 있다. 솔개가 날고, 물고기가 뛰는 것으로 말하면 솔개가 날고 물고기가 뛰는 것은 이치의 당연함이요, 솔개인 까닭에 날고, 물고기인 까닭에 뛰는 것은 이치의 本然이며, 솔개가 날기에 알맞고, 물고기가 뛰기에 알맞음은 이치의 能然이다.

나는 것, 뛰는 것은 이치의 自然이요, 하늘에서 날고 물에서 뛰는 것은 이치의 必然이다. 나는 원리, 뛰는 원리는 곧 所以然이니, 대개 所以然者는 隱微한 理의 本體이며, 所當然者는 廣大한 理의 作用이다.

本然한 것은 그 主體요, 能然, 自然, 必然은 모두 廣大한 作用이다. 그러므로 君子의 道는 費而隱이라고 하였으니, 대개 道는 理氣上의 流行하는 것이다.

所以然者는 所當然으로부터 추구하여 善에 一貫하여 氣에 섞이지 아니함이요, 本然者는 氣에 나아가 단순히 그 理만을 지적한 것이며, 能然者는 理가 氣를 타고 變化하는 것이요, 自然者는 理가 氣를 타고 流行하는 것이요, 必然者는 理가 氣를 타고 作爲하는 것이다.

이것은 곧 理氣가 서로 떨어지지 아니하는 오묘한 이치인즉 能然, 必然, 自然을 말미암아 추구하여 올라가서 理의 善한 것을 本然이라고 이르고, 그 혹시 착하지 못한 데로 흐른 것은 本然이라고 말하면 안 된다.

저 自然, 能然, 必然과 같은 것은 理가 氣를 탄 것이므로 오로지 그 理의 本善이라고 믿어서는 안 된다. 그러므로 말하기를 理에 善惡이 있다고 하고, 善惡이 모두 天理라고 하며, 天理를 인연하여 人慾이 있다고 하나니 이것은 理가 氣를 탄 것으로 氣에 善惡이 있으므로 理가 홀로 착할 수 없는 결과이다.

그러므로 오로지 自然, 能然, 必然에만 의지하면 氣를 理로 인식하는 폐단에 쉽게 떨어지는 것이요, 단지 所以然만을 말하면 쉽게 玄妙로 들어간다.

所當然上의 本然者는 實理의 本色인즉 所以然의 까닭이다. 理氣를 講論한 사람은 여기에 이르러야 거의 어그러지지 않을 것이다.

만약 心을 理라고 한다면 마음도 또한 純善하거늘 어찌 性의 善함에 의뢰한다는 말인가? 그렇다면 善이 두 가지 뿌리가 있게 되어 性의 善함은 추상개념이 되어서 一心의 準則이 되지 못한다고 할 것인즉 옳겠는가?

性이 發하여 情이 되나니, 性은 本善하므로 그 發함도 마땅히 善하지 않음이 없어야 되는데 情에는 善도 있고, 惡도 있는 것은 무엇 때문인가? 心의 氣에 善함과 不善함이 있는 까닭으로 發하는 곳에 善함도 있고 不善함도 있는 것이다.

性도 또한 善하고, 心도 또한 善하면 情이 어떻게 善하지 않으리오? 栗谷이 말하기를 氣의 本質은 湛一淸虛할 뿐이라고 하였고, 또 말하기를 道心은 本然의 氣라고 하였으며, 또 말하기를 聖賢의 千言萬語가 다만 사람으로 하여금 그 氣를 檢束하여 그 氣의 本然을 회복하도록 할 따름이라고 하였다.

氣의 本然한 것은 浩然之氣인데, 그윽이 혼연의 기라고 말함은 사람에게 있어서 充體의 氣가 되나니, 流行하는 것은 心의 氣이다. 나의 本然한 마음을 회복하면 本善한 天理가 여기에 있는 것이다.

氣節이 있는 것과 氣를 숭상하는 것은 다름이 없는 것 같지만 실은 같지 아니하나니, 公私의 분별이 있다. 氣節이 있는 사람은 義를 말미암아 勇敢하게 결단하는 것이요, 氣를 숭상하는 사람은 이기기만 좋아하여 스스로 방자한 것이다.

正義를 말미암으면 公이요, 이기기를 좋아함은 私이다. 사람을 관찰함에 분별하지 아니할 수 없다.

理는 性이요, 心은 氣이다. 만일 心을 理라고 하면 이는 氣를 理로 인식한 것이다.

理는 一源인데 萬殊는 理가 氣上에서 流行한 것이다. 만약 理로써 理를 갖추고, 理로써 理를 처리한다고 생각하면 이것은 理上에 나아가 그 氣의 萬殊한 곳을 보았을 뿐인 것이다. 어찌 氣를 理로 인식하는 실수를 면하겠는가?

性分內에 同異의 兩面을 가지고 있다고 말하면 이것은 性이 一原의 理가 아니니 본래 스스로 千形萬狀이게 된다. 어찌 한없이 어지러운 理가 있으리오?

단지 氣上에서 萬殊處를 보고는 理가 본래 이와 같다고 말하면서 스스로 일컬어 主理論者라고 말하지만 이것은 실로 主氣論者를 면치 못하는 것이라. 사물을 하나하나 추구하여 나아갈지라도 氣의 범주를 벗어나지 못한다.

근래에 天理가 스스로 主張한다는 논설은 모두 理發氣隨, 氣發理乘의 변론에서 근원한 것으로 朱子語類에 四端은 理의 發이요, 七情은 氣의 發이라고 하는 發의 한 글자가 千古의 의문점이 된 것이다.

이른바 금가루가 비록 귀하다고 하여도 눈에 떨어지면 어지러운 것이니, 退溪 선생의 大賢으로도 여기에서 실제로 보는 견해 차이가 조금 있으므로 栗谷 선생이 단호히 부정하고 말하기를 오직 氣發理乘의 한 길뿐이라고 하고, 發하는 것은 氣요, 發하는 所以는 理이니, 氣가 아니면 發할 수 없고, 理가 아니면 發하는 바가 없다고 하면서 스스로 註를 달기를 聖人이 다시 나온다고 하여도 이 말은 고치지 못할 것이라고 하였다.

대저 이 말은 通透灑落하여 大本을 洞見한 것이니, 朱子 이후로 한 사람일 뿐이다. 후세 사람이 그 누가 감히 의논하리오만 柳稷이란 자가 있어 이에 자칭하여 退翁을 尊尙한다고 하면서 栗翁을 비난하여 배척하는 데 꺼림이 없으니 尤庵 선생이 이미 통쾌하게 분석하여 물리쳤는지라, 이러한 의론은 마땅히 다시는 세상에 나올 수가 없는 것이다.

간혹 조금 才辨이 있는 사람이 문득 栗翁을 능가하고자 하여 옛 어진 이의 頂上으로 돌진하여 가려고, 스스로 신기하고도 기묘한 논설을 만들어 가지고는 이에 감히 '理氣는 서로 떨어지지 않는다. 氣가 發함에 理가 탄다. 氣가 스스로 그러하나니 부리는 것이 있지 않다.' 등의 몇몇 구절을 뽑아내어서 비방하고 헐뜯고 모욕을 하니, 드디어 내려오는 풍습이 되어 버렸다.

拙修 趙聖期가 말하기를 만약 개괄적으로 理는 하는 바가 없다고 하여 마침내 心의 善惡을 오직 心에만 귀속시킨다면 理는 善에 더불을 바 없으므로, 理라는 것이 아리송한 事物이 되어 버려 있어도 또한 좋고, 없어도 또한 좋은즉 어찌 족히 만사, 만물의 主宰가 될 것인가?

栗谷은 이 점에 대하여 실로 한 구절의 말을 스스로 빠트렸으니, 그 실수는 말을 분석하지 않더라도 알 수 있는 것이라고 하였다.

또 말하기를 일찍이 율곡의 理氣辨을 읽고 3년을 연구하여, 비로소 그 어그러진 곳을 알겠더라 하고는 그 어그러진 곳의 논리를 4가지로 立說하였으니, 本然命物, 乘氣流行, 渾融合一, 分開各主張 등으로 나누고 栗谷이 보는 곳은 流行과 渾融에 치우쳤다고 하였다.

本然命物과 各主張은, 즉 그 宗旨로서 이것은 곧 天理가 스스로 主張하는 妙見이라고 하면서 栗谷과 달리 논리를 세웠다.

滄溪 林泳이 말하기를 理氣는 서로 떨어지지 않는다고 하니, 어떤 理를 지적하여 말하는 것인가? 만일 淸氣는 善하고, 濁氣는 惡한 것을 모두 理라고 말하면, 진실로 서로 떨어지지 아니하나니, 互發로 말할 수는 없지만, 다만 이와 같은 논리는 이른바 理가 善하기도 하고, 惡하기도 하여, 문득 일정한 방향이 없게 되므로 만약 空虛하여 主宰가 없는 물건이 아니라면, 곧 곁다리 골동품이다.

만약 善도 또한 氣가 發함에 理가 탄 것이니, 애당초 互發한 일은 없다고 말한다면 理가 일체의 循理한 것과 똑같은 것으로, 전부 氣가 發하고 理가 탄 것이란 말인가? 라고 하였다.

이것은 또한 天理는 스스로 主張한다는 논리로서 栗翁과 다른 이론이다.

또한 그 詩에 말하기를 "어찌하여 오백 년 동안 道를 전하는 선비를 보지 못하는가? 위로 程朱만 본받고 아래는 논하지 않노라!"라고 하였으니 대개 그 마음속에는 처음부터 栗谷을 생각지 아니한 것이다. 이것은 자기가 天理는 스스로 主張한다는 학설을 가지고 앞선 어진 이를 업신여기면서 따로 門戶를 세운 것이다. 어찌 그리 겁이 없이 자기 자신의 역량을 이처럼 깨닫지 못하는가?

근세에 蘆沙 奇正鎭은 猥筆에서 말하기를 "陽이 動하고 陰이 靜함을 피상적으로 보면 저절로 가고 저절로 멈추는 듯하지만 만일 그 실체를 깊이 연구하면 한결같이 天命이 그렇도록 시킨 것이다."고 말하였다.

이것도 모두 天理는 스스로 主張한다는 학설인데 그 淵源은 모두 趙林에게서 나온 것이다. 어찌 부정하리오? 오호라! 슬프도다. 오호라! 불쌍하도다.

한 글자의 실수가 그 禍가 여기에 이르렀도다. 비록 논리의 차이라고 하더라도, 탄식 소리가 나오도다.

그러나 그 목적은 모두 栗谷을 비웃고, 栗翁을 배척함이니, 어찌 감히 그만두리오? 근래에 天理는 스스로 主張한다는 논리가 거의 한 세대에 퍼졌으니, 栗谷의 理氣說을 쉽게 변론하여 반박하면서 스스로 서로 傳授하도다.

후세의 사람이 과연 율곡보다 어질어서 율곡의 定論은 족히 취할 것이 없다는 말인가? 나는 알지 못하겠도다.

天理가 과연 능히 스스로 主張하여 氣로 하여금 發하게 한다면 氣의 淸濁을 논할 것 없이 그 本善을 직접 이룩한 뒤에야 바야흐로 스스로 主張하는 실체를 확인할 수 있는바, 濁氣가 發하여 惡한 것이 천만 가지이거늘 어디에 天理가 스스로 主張함이 있다는 말인가?

대저 善은 理의 常이요, 惡은 理의 變이니, 善惡이 나옴은 모두 氣가 發함에 理가 타는 한 길이 있을 뿐이다. 淸濁의 氣가 發하여 善惡이 되지만 理의 本體는 어느 곳에서나 참으로 自若한 것이다.

本體가 진실로 自若하다면 실제로 그 主宰가 되는 것이니, 이른바 主宰라는 것은 主客의 主요, 宰相의 宰인바, 理가 스스로 主張함을 말하는 것이 아니다.

理라는 것은 渾然하여 자취가 없고, 寂然하여 함이 없으면서도 造化하여 만물을 發育하고, 人心에 부응하여 萬變하나니 모두 所以然之故이다.

만일 理를 하나의 물건이라고 말하여 만물이 만변하는 위에서 왔다 갔다 하면서 指揮하여, 저 氣를 부리면서 일을 하도록 한다고 하면, 이러한 理는 존재하지 않는 것이다.

性은 理요, 心은 氣이다. 性이 본래 착함은 비록 心의 氣에 根本
한 것이 아니지만 善이 있고 없음은 참으로 心氣의 淸濁에 말미암
은 것이다. 善惡이 나옴은 이에 心의 氣가 하기에 달린 때문이다.

그러므로 말하기를 存心養性이라고 말하였으니 그 마음을 간직함
이 바로 그 性을 기르는 원리이다.

학자는 마땅히 그 기질을 다듬음에 理를 準則으로 해야 되나니,
만일 마음을 理라고 하여 마음도 또한 본래 善하다고 하면서 스스
로 準則이 되면 性의 善에 무엇을 의뢰하리오?

善에 두 가지 근본이 있으면 性은 虛無한 자리에서 참으로 이른
바 아리송한 물건이 되어 있어도 또한 좋고, 없어도 또한 좋은 것
이다.

心은 理氣가 合一한 물건이라고 하여 하나의 사물을 봄에 그 마
음을 분별하여 理로 보았다고 하여도 곧 理氣 두 물건으로 보는
것이다.

이것은 모두 마음이 純善하다는 논설인데 나는 전혀 이해가 되지
않는다. 그들이 늘 程子의 마음과 理와 性은 一理이다. 라는 말을
인용하여 이에 마음은 理임을 증명하지만 그러나 程子의 말은 理氣
가 서로 떨어지지 아니하는 둘이면서 하나인 경지를 꿰뚫어 밝힌 것
이다. 만약 어떤 사람들의 논리와 같다면 程子는 마땅히 性은 곧 理
이는 말 아래에 바로 이어 心은 곧 性이다고 했어야 되는데 왜 그
렇게 말하지 않았을까?

朱子가 性은 理요, 心은 氣이다고 하는 가르침은 理氣는 결단코
두 가지 물건이라는 말인데 모두 족히 취하지 않는다는 것인가?

後世에 글을 읽고도 무식한 사람들은 단지 齊東에서 傳來한 이야
기에만 익숙하여 孟子에 대하여 가볍게 논변하여 말하기를 어느 구

절은 미안하고, 어느 줄은 아무개의 이야기가 아니니, 참으로 聖賢
의 말이 아니다 등등 여러 가지로 지적하여 화제로 삼는다.

이것은 모두 司馬溫公이 孟子의 말을 의심한 다음에 세상에 전파
되어, 후세 학자의 입을 막을 수가 없게 된 것이다.

孟子가 孔子를 관찰할 때 그 말씀의 본래적인 유형무형의 깊고
얕은 사실에 대하여 논할 수는 있는 것이다. 그러나 그 말씀은 곧
聖賢의 道로서 모두 天理가 行한 경지이니, 후세에 그 누가 감히
의심하리오?

曾子와 子思도 孟子와 더불어 동등한 聖人인 것이다. 후세의 사
람이 曾子와 子思의 말에 대하여 의심하였다는 말을 들은 일이 없
는데, 오직 孟子에 대해서만 감히 그러한 것은 司馬溫公이 주장하였
던 까닭이다. 溫公은 참으로 聖人의 門에 죄를 지었다고 할 것이다.

우리나라에 있어서도 栗谷 선생은 東方의 夫子인즉 의당히 높이
지 아니함이 없는데 후세에 다소 변론을 감행하는 사람으로는 柳稷
의 무리가 우두머리요, 拙修 趙聖期와 滄溪 林泳이 이어받았으며,
蘆沙 奇正鎭이 완성하였다.

이들은 드디어 栗翁의 이전에 밝히지 못했던 학설을 밝혀 百世에
바꾸지 못하는 진리를 暗昧한 견해로 돌려버리고, 마침내 斯道를 흐
리게 하였으니, 柳稷의 무리는 마땅히 흑룡강으로 유배 감을 면치
못하는 것이다.

尤庵 선생은 朱子 이후로 集大成한 大賢인데도 東南의 黨에서
분리되어, 허다한 모욕적 비방을 지금까지 듣는데 이것은 당시에 배
반자 몇 사람이 저지른 논설이거늘 어찌 그리 사람들은 이해하지 못
하는가?

오직 南塘 선생은 500년 傳道한 옷을 받아 道統의 所在를 기술하
였거늘 그 道가 온 세상 학자들에게 인식되지 아니하고, 늘 비방을

당하는 것은 李巍巖이 江門에서 스승을 배반한 것이 그 일의 실마리가 되었다.

人間과 禽獸를 구별함이 없고, 儒敎와 佛敎를 분별함도 없고, 文化人과 野蠻人을 구분함도 없는 논설이 一世에 성대하게 유행하거늘 塘翁은 또한 모든 사람으로부터 비방만 받으니 탄식하지 않을 수 없도다.

봉서집기의(鳳棲集記疑)

俞莘煥公이 讀書記에 말하기를 朱子 이래로 大原을 洞見한 사람이 두 사람이니, 中國에는 羅整菴이요, 東方에는 李栗谷이다.

整菴은 朱子說에 대하여 간혹 따르지 아니하였는데, 整菴이 비록 朱子를 이해하지는 못하였지만 문득 道는 인식하였던 것이라고 하였다.

일찍이 들었노니, 沙溪와 尤庵은 단연코 栗谷 선생을 朱子 이후로 한 사람이라고 하였거늘 이제 鳳棲가 이에 整菴에게 비교하였으니 이미 미안하고, 또한 朱子를 이해하지 못했지만 문득 道를 인식하였다고 말하였으니, 朱子의 道는 이른바 道가 아니라는 것인가?

그가 이른바 洞見한 것이 朱子의 道를 버리고 무슨 道를 보았다는 것인가?

만일 朱子學이 道를 가지고 있다면 그 지혜가 朱子도 이해하지 못하고서, 어찌 능히 道를 인식하였다고 말하겠는가?

대개 羅整菴의 困知記는 理氣가 一物이라는 견해를 주장함으로써, 朱子學에 대하여 겉으로는 높이고 속으로는 비방하는 뜻을 나타내어 감히 朱子에게 不服함이 이와 같거늘 이것을 道를 인식하였다고 할 것인가?

俞公은 어찌하여 整菴의 困知記를 推尊함이 이와 같은고? 혹시

朱子說에 대하여 다소 일치하지 아니한 곳이 있는 까닭에 그 말이
이와 같은가? 그렇다면 朱子의 道에 대하여 어찌할 것인가?

栗谷이 말하기를 整菴은 大本에 대하여 보는 것이 있으면서도 도
리어 朱子에게 두 가닥의 견해가 있다고 의심하였으니, 이는 비록
朱子를 이해하지 못하였을 뿐만 아니라 문득 大本上의 견해가 이와
같은 것이라고 하는 것이 옳을 것이다.

絅堂 徐應淳에게 答하는 글에 이르되 南塘이 말하기를 太極은 形
器를 초월한 명칭이요, 五常은 氣質을 인연한 이름이다. 이제 여기
서 크나큰 집을 짓는다면, 房室堂廂序를 만드나니, 크나큰 집이라는
말은 나무와 돌을 구비하지 못했을 때의 이름이요, 房室堂廂序라는
것은 棟宇를 이미 세운 다음의 이름이라고 하면 인정하겠는가?

太極은 크나큰 집과 같고, 五常은 房室堂廂序와 같으며, 人物이
未生할 때는 木石을 구비하지 못함과 같고, 氣로써 形體를 이루면
棟宇를 이미 세움과 같으니, 크나큰 집과 堂室은 이미 앞뒤를 분별
하지 않거늘 太極과 仁義만 그 앞뒤를 나누어야 옳겠는가라고 하였
다.

크나큰 집을 太極에 비유함은 참으로 접근하지 못하였거니와, 太
極과 仁義를 분별함이 없이 渾然히 하나로 본다면 그 理一分殊를
어떻게 구분하여 분별하겠는가?

무릇 太極은 理의 尊稱이요, 理는 天地間의 公共法則을 이름함이
다. 性은 人生이 태어난 다음 形氣에 들어 있는 이름이요, 仁義禮智
는 性에 갖추어 있는 내용인 것이다.

타고난 이후의 性을 人物이 탄생하기 전의 公共의 物로 보려고
하여 그 앞뒤를 가리지 아니함이 옳겠는가? 性의 本然이 비록 太極
이라고 하여도 그러나 실은 形氣上에서 단지 그 理만을 지적한 이

름이다.

어찌 氣質 가운데의 五行의 理를 性으로 따로 이름 지어 渾同한 一物로 볼 것인가? 五行은 진실로 太極을 말미암아 생겼지만 五常의 이름도 반드시 五行을 인연하여 확립된 것이다. 太極이 만약 五行을 타지 아니하면 五常의 이름이 어디로부터 확립되겠는가?

돈이나 물건이 축나는 일에 찾으려고 하여도 찾지 못함은 무엇인가? 이제 저 크나큰 집은 棟宇를 이미 세운 것이니, 곧 氣로써 形體가 이루어짐에 理가 또한 주어진 것이요, 房室堂廂宇라는 것은 크나큰 집의 棟宇 사이에 만든 것이니, 곧 性 속에 仁義禮智가 찬연한 것이다.

나무와 돌은 크나큰 집을 세우는 公共의 재료니, 곧 公共의 理다. 만약 그 크나큰 집을 세우기 이전의 나무와 돌을 지적하여 이것이 房室堂廂序라고 말하면 이야기가 되겠는가?

의례문해속집기의(疑禮問解續集記疑)

○ '嫡統을 이은 庶子의 神主는 마땅히 本宗의 祠堂에 들어갑니까?'라고 물으니 대답하기를 당연히 사당에 들어가지만 아마도 나란히 앉음은 옳지 않을 듯하다고 함에 대하여.

내가 생각건대 비록 庶子라고 하여도 이미 嫡統을 이었으면 이것은 繼世者다. 어찌 그 世代를 이었는데 先世와 나란히 앉으면 옳지 않다는 이치가 있겠는가?

○ '제사 지내는 代의 수가 다 된 할아버지는 당연히 가장 긴 방으로 옮기지만 庶曾孫이나 만약 嫡玄孫이 있으면 庶曾孫이 奉祀합니까?'라고 물으니 대답하기를 庶曾孫이 마땅히 奉祀해야 한다고 함에 대하여

나는 생각건대 嫡庶의 분수가 매우 중대하니, 嫡派가 제사 지내는

대의 수가 끊어진 다음에야 庶派에게 넘어가야만 마땅하다고 본다.

○ 妾子가 承重을 하였으면 그 生母를 위해서는 마땅히 緦麻의 服을 입어야 하지만 妾子의 長子는 마땅히 어떤 服을 입어야 하는 지요? 嫡子에 대한 本文은 있어도 嫡孫에 대한 禮文의 근거가 없으니, 아마도 本服을 입음이 마땅치 않을는지요? 妾子의 第2子는 곧 祖母를 承重한 사람이니, 그 아버지가 아직 살아 있어서 3年服을 입지 못하는가요? 대답하기를 편지에 말한 바가 타당하다. 다만 喪은 비록 微賤하다고 하여도 喪主가 없을 수는 없으니, 그 아비가 비록 살아 있다고 하여도 이미 主人이 아닌즉 第2子가 承重의 服을 입는 것이 마땅하다고 본다에 대하여

내가 생각건대 이 문답에는 모두 의심점이 있다. 妾子가 이미 承重하였으면 그 所生母는 문득 庶母가 되므로 마땅히 緦麻를 입어야 하고, 그 큰아들도 그 아버지를 따라서 할아버지를 이은 사람이다. 그 所生祖母는 곧 庶祖母가 되므로 庶祖母에 대하여 무슨 服이 있는가? 다만 마땅히 弔服加麻할 뿐인 것이다.

그 第2子도 嫡子를 계승한 아들의 자식인즉 또한 庶祖母를 위하여 복을 입을 수 없는 것이다. 또한 이른바 承重한 사람은 祖統을 이은 중책임을 말하는 것이거늘 어찌 가히 할아버지의 妾을 承重한다는 말인가?

하물며 아버지가 이미 嫡統을 이었으면 그 아들은 所生祖母에 대하여 一世의 사이가 있게 되는데 一世의 사이에 承重한다는 논리는 의심스럽고 의심스러운 것이다.

尤翁은 續問解說이 원래 의심스럽다고 하였으니, 이러한 점을 지적함이 아니겠는가?

○ 侑食은 祭祀를 지내는 하나의 절차로 의식을 행하는 일이다. 그러므로 時祭나 忌祭에서 主人이 몸소 거행하여 拜禮한다. 그런데

喪中의 祭祀에는 吉祭에 비하여 또한 減殺의 절도가 있지만 侑食의 禮를 또한 폐지할 수 없는 까닭으로 집사로 하여금 代行하게 하므로 拜禮가 없을 따름이라고 함에 대하여,

虞祭로부터 祥禫에 이르기까지는 스스로 孤子라고 일컫고, 吉祭에 비로소 孝子라고 일컫나니, 만약 禫祭에 孝子라고 일컬으면 家禮에 어긋남이 있다.

祝版에 初虞로부터 禫祭에 이르기까지 앞과 같다고 하는 뜻은 初虞祝은 題主時에 의거하여 孤子라고 일컬으니, 앞과 동일한 까닭이다.

備要에 말하기를 儀禮에서는 祔祭時에 처음으로 孝라고 일컫는다고 하였으니, 대개 祔祭에 孝라고 일컬음은 마땅히 曾祖에 대하여 일컬음인 것이다.

小心畏忌 不惰其身 여덟 글자는 家禮에 小祥으로부터 禫祭에까지 모두 있는데 四禮便覽에는 小祥에서부터 모두 버리고 쓰지 않으니 의심스러운 일이다.

부사미빈조사주지설(父死未殯祖死周之說)

아버지가 죽어 殯을 하지 못하고 할아버지가 죽으면 할아버지의 喪服은 두루 통용한다는 예법은 賀循의 학설이다. 이는 일찍이 沙溪, 尤菴, 遂菴이 모두 통렬히 배척하여 비난하였으니, 家禮增解에서 단연히 承重으로 立論한 것이 부당하다고 하였고, 愚伏과 寒岡, 南溪의 學說을 인용하여 증명하였거늘 雲坪의 논리는 더욱 알 수 없도다.

대개 承重의 服을 입은 것은 아버지가 죽어서 할아버지의 중책이 전하여 자기에게 있음이니, 그러므로 할아버지가 죽음에 3년의 복을 입는 것이다.

이제 아버지가 이미 죽었다고, 할아버지의 3년복을 입지 않으면 할아버지는 장차 주인 없는 喪이 되어야 한다는 말인가?

한 방에다가 두 궤연을 설치하여 할아버지는 主喪이 없고, 아버지는 喪主가 있다면 그 아버지에게 생전의 마음이 편안켔는가?

孫子가 통용하는 服을 입은 다음에 장차 几筵을 撤한다면 子孫을 두고도 3년의 喪禮를 행하지 못하나니 어찌할 것인가?

그 논설은 차마 그 아버지를 주검으로 보지 않으려는 뜻을 소중히 여긴 것이지만 그러나 그 할아버지로 하여금 主喪이 없게 하였으니, 어찌 더욱 중대한 일이 아닌가?

그 不當代重之論을 살펴건대 말하기를 아버지의 뒤를 이은 사람은 할아버지의 斬衰 3년의 복을 입음이 마땅치 않다고 하는 것이 한 가지 조건이다.

나는 말하노니 아버지의 뒤를 이었으므로 마땅히 할아버지의 斬衰 3년의 복을 입어야 하는 것이다. 아버지의 뒤를 잇지 아니하는 衆子가 어찌 모두 할아버지의 斬衰 3년의 복을 입을 것인가?

그들의 뜻은 대개 두 번 斬衰 3년의 복을 겹쳐서 입을 수 없는 것이라고 하는 것이지만 그러나 아버지가 있지 아니한 까닭에 할아버지도 또한 斬衰 3년의 복을 입어야 하는 것이다.

또 말하기를 감히 아버지의 복을 빼앗아 자기가 承重할 수 없다는 것이 두 가지 조건이다.

나는 말하건대 그 아버지의 3년복을 입는 것은 父子의 倫理이며, 그 손자가 아버지의 斬衰 3년복을 대신 입는 것은 할아버지의 중책을 이어받은 까닭이다. 아버지가 죽어서 아버지를 대신하여 할아버지의 복을 입는 것을 아버지의 복을 빼앗아 자기가 중책을 이었다고 말한다면, 가령 아버지가 죽을 때에 할아버지가 살아 있다면 진실로 마땅히 자기는 長子의 3년복을 입어야 하고, 이것은 傳重인 까닭에 아버지가 이미 죽었으면 그 아들은 마땅히 할아버지의 3년복을 입어야 하는 것이거늘 이때에 또한 장차 아버지가 할아버지를 傳重한 것으로 하여 아버지의 복을 빼앗아 자기가 承重하였다고 말할 것인가?

또 말하기를 할아버지가 이미 아버지에게 전해 주었으니 거듭 이을 것이 없다는 것이 세 번째 조건이라고 하였는데 나는 말하건대 할아버지가 이미 아버지에게 전해 주었으므로 그 아들이 의당 그것을 거듭 이어야 된다. 그 아버지에게 중책을 전해 주지 않았다면 그 아들이 어찌 감히 그 중책을 이을 것인가?

또 말하기를 차마 아버지에게 있는 것을 바꾸지 못함이 네 번째 조건이라고 하였는데 나는 말하건대 이것은 오로지 그 아버지를 차마 죽었다고 여기지 않으려는 뜻이지만 차마 그 아버지가 죽었다고 여기지 아니하는 의리가 비록 중대하다고 하여도 아버지의 孝心을 펴는 일이 어찌 더욱 중대하지 않으리오?

또한 喪主를 세워 嫡統을 잇는 것이 얼마나 큰 절차인데 이제 喪主도 없이 그 家統을 끊어 버린다는 말인가?

또 말하기를 그 아버지의 喪服을 靈床에 진열한다는 것이 다섯 번째 조건이라고 하였는데 나는 말하기를 喪服을 차마 빼지 못하고 그 靈床에 진열하는 것이야말로 차마 그 어버이를 죽었다고 여기지 못한 일이다.

만일 喪服을 진열한 것을 가지고 喪主로 삼아 다시 喪主를 세우지 아니한다면 虛僞가 너무 심하지 아니한가? 祭奠의 절도를 主喪이 마땅히 몸소 거행하여야 하거늘 장차 진열한 바의 喪服이 행할 것인가?

또 말하기를 題主를 마땅히 祖考라고 해 놓고, 孫子 아무개가 도와서 제사 지낸다고 旁題한다고 말하지만 나는 말하건대 이른바 돕는다는 것은 그 주관하는 사람이 있는데 代行한다는 말이다. 그 아버지가 이미 죽었다면 누구를 대신하여 도와주는가? 그 사람이 없는데 도와주는 것은 거의 속임수가 아닌가?

만일 오로지 아버지가 있었을 때의 예절로 행한다면 題主에 祖考라고 쓰는 것은 또 무슨 연고인가? 祥禫의 祭禮를 이미 생략할 수 없다면 孫子가 단지 素服만을 입고 그 일을 돕는다고 하면 반드시 너무 어색하게 될 것이다.

庚蔚가 이른바 아버지가 중책을 전해 받았으니 정통 주체요, 자기는 행사를 도와서 빠진 바가 없도록만 한다고 말하는 것은 매우 의심스럽도다.

여자어부지고자형제질지처불강
(女子於夫之姑姉兄弟姪之妻不降)

아내가 남편의 고모, 누나, 여동생, 사촌누이동생에 대하여 비록 시집을 갔더라도 모두 내리지 아니하는 것은 이것은 喪服이 없는 것을 있게 하려고 하는 까닭이다.

服이 없는데도 또한 내리면 거의 없어지기에 이래서 내리지 아니하는 것이다.

여자는 형제와 조카의 아내에 대하여 자기는 비록 시집을 갔더라도 내리지 아니함은 服에 보답하기 위함이다. 서로 갚는 도리가 있으므로 마땅히 더하거나 덜함이 없다.

사제수숙보복(姒娣嫂叔報服)

며느리 동서와 제수가 서로 복 입고, 형수와 시아주버니가 喪服을 입어 갚는 것은 사실 복이 없는데도 입어 주는 것이다. 함께 사는 친척은 情理에 복을 입을 수 있는 것이니, 이는 또한 天理와 人情에 의당히 그래야 할 것이다.

진찬우반좌갱(進饌右飯左羹)

제사에 음식을 드림에 메는 오른쪽에, 국은 왼쪽에 놓는 이유는 무엇인가? 산 사람이 밥을 먹을 때에는 밥이 왼쪽이요, 국이 오른쪽이거늘 이와 다른 까닭은 귀신을 섬기는 것은 산 사람을 섬기는 것과 달리 하려고 한 때문이라고 말하는 것은 混淪한 이야기다.

무릇 제사 음식은 모두 중요한 것은 왼쪽에 놓고, 가벼운 것은 오른쪽에 놓나니, 왼쪽이 높고 오른쪽이 낮은 까닭이다.

국은 하늘에서 생산되는데 오른쪽에 놓고, 밥은 땅에서 생산되는데 왼쪽에 놓는 것은 그 질서를 잃었는데 왜 그런가?

생각건대 주인이 국을 들고 동쪽 섬돌로 올라와서 그쪽에다 국을 놓고, 주부가 밥을 들고 서쪽 계단으로 올라와서 그쪽 자리에다 밥을 놓으니, 형세가 그러한 것이다. 陰陽이 동서로 자리를 나눔은 자연적인 것이다.

만일 초상 때의 奠과 上食에서는 산 사람의 밥상처럼 밥이 왼쪽이고 국이 오른쪽으로 차리는 것은 비단 차마 그 어버이가 죽은 것으로 여기지 못함일 뿐만 아니라, 主人, 主婦가 아직 자리를 나누지 아니하고 행사를 거행하는 까닭이니 祭祀의 예식에서 안팎의 직책을 갖춤과는 같지 아니함인저!

조동율서변(棗東栗西辨)

세속에서 이른바 대추는 동쪽에 놓고, 밤은 서쪽에 놓는다고 하는데 어느 책에서 보았는지 알지 못하겠도다.

어떤 이는 대추는 과일 가운데 가장 동쪽에 놓고, 밤은 가장 서쪽에 놓는데 의심스럽도다.

과일 가운데 자연생 실과는 중대하니 마땅히 서쪽에 놓고, 만든 과일은 가벼우니 마땅히 동쪽에 놓으면 그만인 것이다. 대추를 중요

한 과일로 보고 서쪽에 놓으라고 하는 말이 禮記에 보이는가?

지방설위시고사(紙榜設位時告辭)

紙榜으로 제사 지낼 때 지방을 제상 위에 모시면서 전혀 告辭가 없으면 항상 미안함을 느낀다.

이제 伊川의 祭禮를 고찰하니 말하기를 孝遠孫 아무개는 이제 만물이 소생하기 시작하는 이때에 先祖께 공손히 청하나이다. 先祖 考妣께서는 下降하시어 神位에 머무르옵소서 운운하였다. 이제 이 告辭에 의거하여 말하기를 '이제 아무개 조상님께서 옛날에 돌아가신 제삿날이옵니다. 감히 아무개 조상님께서는 내려오시어 神位에 머무소서!'라고 하면 완곡하도다.

위처담부재수불담위자신담(爲妻禫父在雖不禫爲子伸禫)

閔南圭君이 왔기에 내가 묻기를 이 달은 바로 군의 집안에 禫月인데 어느 날 행사를 하는가?

南圭가 대답하기를 汝陽 兪丈에게 물은즉 禫이 없다고 하는 까닭으로 禫祭를 거행하지 아니하나이다.

내가 말하기를 汝陽은 단지 아버지가 살아 있으면 아내의 禫祭를 지내지 아니한다는 말만 듣고, 자식은 禫祭를 지내야 되는 이치를 알지 못하는가? 어찌 자세히 고찰하지 않고 망령되게 사람에게 非禮를 가르치는가?

아버지가 살아 있으면 아내의 禫祭를 비록 감히 거행하지 못한다고 하여도, 아들이 있으면 그 아들은 禫祭를 지내야 하는 것이니, 할아버지는 비록 높아도 손자를 압도하지는 아니한다.

또한 杖練 祥禫이 한 가지로 계속되는 일인데 이미 지팡이 짚고 大祥을 거행하고도 禫祭를 거행하지 아니한다면 어찌 반쯤 오르다가 내려옴이 아니겠는가?

古禮로 말하면 尊公은 王丈에 대하여 次子이다. 王丈은 당연히 따로 사는 아들의 喪을 主人하지 아니하는 것이니, 尊公은 또한 지팡이를 짚어야 옳은 것이다.

또한 家禮에 아버지가 살아 있는데 어머니가 죽으면 지팡이 짚고 1년상이라고 하였으니, 지팡이를 짚으면 禫祭를 지내야 한다.

하물며 그대는 王丈에 대하여 따로 사는 衆孫으로 이미 지팡이 짚었고, 이미 練을 하였으면서도 오직 禫祭만 행하지 아니한다는 말인가?

君은 급히 집에 돌아가서 禫事를 행하라, 혹시라도 시기를 놓치지 말라. 우리나라는 본래 大夫의 禮가 없어서, 비록 따로 사는 庶子의 喪까지도 모두 아버지가 主喪을 하므로 아버지가 살아 있으면 아내의 喪에 지팡이를 짚지 않지만, 그러나 손자는 할아버지가 살아 있다고 하여 그 어머니의 喪에 지팡이를 짚지 않을 수 없는 것이니, 지팡이를 짚었으면 練禫을 모두 거행하여야 되는 것이요, 제사를 거행할 때에 할아버지가 반드시 제사를 주관하는 것은 할아버지가 이에 그 喪을 주관하기 때문이다.

독자출후종가(獨子出後宗家)

父子는 天倫이다. 아버지와 아들이 서로 이음은 하늘이 끊임없이 만물을 생기게 하는 이치인즉 만일 아들이 되어 가지고 나를 낳아준 아버지를 버리고, 다른 사람의 뒤로 나아가는 것은 이미 情理에 편안치 못하거늘 하물며 獨子를 養子로 보내서 하여금 나를 낳아준 사람의 대가 끊기게 할 것인가?

조상을 계승하는 宗統이 비록 중대하다고 하여도 아버지의 제사가 끊어지는 것은 더욱 중대한 일이다. 아들을 둔 사람은 뒤가 없고,

아들을 두지 아니한 사람은 도리어 뒤가 있게 하는 것이 어찌 天理라고 할 것인가?

또한 어떤 이는 獨子로서 宗家의 뒤를 잇고, 生父에게 뒤가 없으면 다시 다른 사람의 아들을 취하여 양자를 들인다고 하는데 이것은 더욱 무리한 일이다.

이렇게 아들이 없는 이는 아들을 두고, 아들을 둔 사람은 도리어 아들이 없어서 다른 사람의 아들로 양자를 들인다면 이것은 人力으로 하늘의 生生하는 이치를 관장하는 것이다.

대저 아들이 있고 없음은 모두 하늘의 뜻이니, 하늘이 하여금 아들이 없게 하였으면 하늘의 뜻을 따라 대가 끊어지는 것이 또한 옳지 않겠는가?

兄이 죽으면 아우로 미쳐 가는 禮로써 그 아우를 세워 宗家로 삼아, 조상의 뒤를 이으면 天倫이 서로 붙어서 자식 없는 이가 뒤가 끊어져도, 아들과 손자가 있는 조상은 그 宗統이 그대로 있는 것인 즉 또한 옳지 않은가?

무릇 宗統은 마치 나무의 곧은 줄기와 같아서 옆가지가 나오는 것이다. 그러나 늘 보노라면 나무의 곧은 줄기가 말라죽더라도 옆가지가 나와서 그 곧은 줄기를 대신하여 곧게 올라가는 것이다.

사람이 아우를 세워 宗家를 삼는 것도 어찌 나무의 옆가지가 나와서 곧은 줄기가 되는 이치와 다르리오?

程子가 이른바 만일 형이 없어서 아우가 또한 조상의 宗祀를 이으면 당연히 조상을 이은 宗孫이 되는 것이요, 외아들을 宗家에 후계자로 보냄은 조상의 중책을 이음이라고 하였다.

부위본생구고복(婦爲本生舅姑服)

며느리가 시아버지와 시어머니에 대한 服制는 남편을 따르되 한 등급을 내리는 것이다. 그러므로 남편이 本生父母에 대한 喪服이 朞年服이면 本生 시부모의 복은 남편을 따라 한 등급 낮춘 大功이 된다.

宋朝에 이르러 시아버지와 시어머니를 높이어 三年服으로 하니 이는 남편과 똑같은 服을 입게 한 것이다.

오늘날은 시아버지와 시어머니에게 남편을 따라 3년복을 입고, 本生의 시부모에겐 남편을 따라 한 등급 내려서 大功을 입게 하나니, 3년과 大功 사이는 2등급의 차이가 난다. 이것은 情理에 너무 서운하다고 할 것이다.

退溪가 말하기를 本生의 시아버지와 시어머니께 朞年服은 너무 두텁고, 大功에 그침은 너무 박정하다고 하였으니, 이 말이 아마도 좋은 듯하도다.

소공조위적손약증현손지당위후자지부기고재즉부 (小功條爲適孫若曾玄孫之當爲後者之婦其姑在則否)

孫婦의 服은 당연히 緦麻이지만 適婦가 되었을 때에는 小功이다. 이것은 嫡孫이 承重한 까닭에 그 아내에게 복을 더한 것이다.

그 시어머니가 비록 살아 있더라도, 그 시아버지가 이미 죽었으면, 그 며느리는 그 남편과 함께 장차 중책을 전해 받으므로 중책이 孫婦에게 있는 것이니, 시어머니의 있고 없음을 모름지기 말할 필요가 없는 것이다.

만약 그 시어머니가 살아 있으면 안 된다고 말하는 것은 그 시아버지가 살아 있으면 그 시어머니가 適婦가 되는 까닭에 孫婦는 자연히 중책을 전해 받을 길이 없으므로 庶孫婦와 똑같은 것이라는 이야기다.

家禮增解按說에 말하기를 適婦가 살아 있으면 適孫이 비록 承重을 하였더라도 그 아내는 庶孫婦와 똑같이 緦麻服을 입는다고 하는 것은 의심스럽다.

增解按說에 이르기를 庶子가 아버지 죽은 뒤에 承重을 하면 그 어머니의 복은 緦麻이다. 만약 아버지가 살아 있으면 당연히 父在母喪이니 杖朞라는 말이 의심스럽다.

아버지가 살아 있을 때에 자기가 이 아들에게 傳重하려고 했어도 또한 父在母喪에 해당하는가? 마땅히 庶母服을 입고 心喪을 해야 될 것이다.

嫡婦는 당연히 朞年服이지만 嫡孫婦와 曾玄孫婦는 大功을 입어야 마땅한데도 내리어 小功을 입는 것은 왜 그런가?

南塘이 말하기를 古禮에 嫡婦는 大功인 까닭으로 嫡孫婦가 小功이었으나, 후세에 嫡婦를 朞年으로 올리고, 孫婦는 그대로 두었기 때문이라고 하였으니, 이에 의심이 없으리라.

상복대하척변(喪服帶下尺辨)

家禮는 朱子가 다시 整理하지 못한 책이다. 참으로 마땅히 자를 것이 있는데도 잘라내지 못한 곳도 있고, 당연히 보충하여야 되는데도 보충하지 못한 곳도 있는 것이다.

深衣의 옷자락에 관한 것은 마땅히 잘라내야 하는데도 자르지 못한 곳이니, 蔡楊의 附註에서 상고할 수 있고, 喪服의 帶下尺은 당연히 보충해야 하는데도 보충하지 못했으니, 楊氏의 附註에 또한 자상하다.

喪服記에 이르기를 衣帶下尺이라고 하였는데 本疏에서는 이것을 일러 帶衣의 帶요 大帶나 革帶가 아니라고 하였다. 衣帶下尺은 이에 근거하면 위아래의 넓이가 一尺인 것이다.

喪服記의 衣帶下尺의 註에 또한 말하기를 衣帶下尺이란 것은 腰

이다. 넓이가 족히 喪裳의 윗부분을 가리는 것이라고 하였고 만약 腰가 없다면 윗옷과 아래옷이 맞닿은 사이가 드러나 보이는 까닭에 아래옷의 윗부분을 가린다고 疏에서 말하였다.

선생이 胡伯量의 질문에 답한 가운데 道服에 있어서 橫欄一條와 같은 것을 곧 帶下尺이라고 말한 것이라고 하였고 그 아래에 바로 말하기를 儀禮에 衰服은 베를 尺寸으로 써서, 윗옷이 겨우 띠를 매는 곳에 이르도록 하였는바 이에 半幅 정도를 그 아래에 꿰매어 붙였다고 하였으니, 이것으로 또한 증거를 삼을 수 있을 것이다.

이로부터는 喪服제도에 대하여 다시 異論이 없었으니, 沙溪 선생에 이르러서 喪禮備要도 家禮를 한결같이 따르고, 楊氏와 蔡氏의 註를 참고하여, 古今에 바꿀 수 없는 禮書를 만들었던 것이다. 그러므로 後賢도 모두 尊信하여 감히 의심하지 아니하였던 것이다.

陶菴 李公이 喪服新制를 製作하여 四禮便覽을 지으면서 근세에 또한 家禮에 帶下尺의 논증이 없다고 하여 버리고 쓰지 아니하였다.

그러면서 말하기를 윗옷의 몸통이 허리띠 아래로 一尺이 내려오니, 별도로 帶下尺이 있을 필요가 없다고 말하였다.

그렇다면 윗옷의 몸통이 2尺2寸 이외에 또다시 一尺을 더 이어서 윗옷의 몸통이 아래로 늘어지는가? 통틀어 2척2촌에 1척을 합하여 3척2촌이 되게 한다면 웃옷을 2척2촌으로 한다는 本文과는 맞지 않는 것이다.

絰帶도 높아야 양 옆구리의 아래인즉 윗옷의 몸통으로 하여금 2척2촌 가운데 1척2촌은 絰帶의 위에 있고, 1척은 絰帶의 아래에 늘어진 것인가?

윗옷의 몸통이 허리띠 위로 1척2촌이 남는다고 하고 양쪽 소매는 2척2촌이라고 하니 길고 짧음이 같지 아니한즉 어떻게 장차 옆구리를 재단하여 파내서 오늘날의 深衣처럼 만들 것인가? 좌우의 옷깃을 장차 1척의 위에다 붙일 것인가?

윗옷의 몸통이 2척2촌이라는 법은 어떻게 설명할 것인가? 혹은 1척의 아래에다 붙이는가? 소매길이가 또한 2척2촌이거늘 윗옷의 몸통이 2척2촌으로 같이 하고, 또 1척을 더하면 합하여 5척4촌이 되니 너무 길어서 입기가 어려운데 이것은 모두 이해할 수 없는 일이다.

반드시 縱布 1척 위에다 윗옷을 붙이고, 허리에 가로 돌려서 腰로 기준을 삼은 다음에 아래옷 위 끝을 가릴 수 있고, 經帶도 마땅히 윗옷 몸통의 아래에 있음으로써 그 아래가 자연히 1척쯤 남게 될 것이다.

과독규정(課讀規程)

매일 새벽에 일어나 세수하고, 옷 입고, 관 쓰고 들어가 어른께 절하고, 물러와 여러 학생이 양쪽으로 나누어 서서 읍한 다음에 바르게 앉아서 글을 읽는바, 느릿느릿한 소리로 낭송하여 음성을 맞추고, 토와 구두를 정확하게 떼어 마음속으로 생각하면서 외울 때까지 읽는다.

앉는 법은 무릎을 꿇는 것을 원칙으로 하고, 간혹 편히 앉되 기울거나 기댐이 없어야 하며, 반드시 차례로 앉아서 난잡함이 없게 한다. 아침부터 저녁이 깊을 때까지 읽는 소리가 끊어지지 않도록 하되 만일 너무 피로하면 조금 쉴지나 그래도 앉은 자리를 뜨지는 말고, 눈을 반드시 책에 두어서 그 글월의 뜻을 사색하라.

아침저녁 밥을 먹은 다음에는 잠시 휴식을 허락한다. 그러나 떠들면서 잡담을 할 수는 없으며, 간혹 문을 나가서 두루 거닐면서 氣血을 통하게 하여도 되지만 그러나 뛰어다니면서 품위를 잃어서는 안 된다.

어른이 들고 날 제는 반드시 일어나서 절하고, 같은 학생끼리 다

님에도 마땅히 또한 경례를 하라.

의관을 가지런히 하고, 품위를 간직하며, 말과 웃음을 신중히 하고, 반드시 흐트러진 마음을 수습하여, 희롱과 해학과 무도함을 경계하라.

每旬의 休日에는 相揖禮를 거행하여 10일 동안 읽은 글을 차례로 책을 보지 않고 돌아앉아서 외운 다음, 매일의 글 속에서 몇 구절의 어려운 대목을 질문한다.

그래서 通, 粗, 略, 不通의 4등급으로 나누어 賞罰을 시행한다. 文義를 통하고, 字音과 토가 바르며, 구두가 어긋나지 않고 능숙하게 외우면 通이요, 文義를 통하고, 音과 토가 바르면서도 구두가 어긋나면 粗이며, 文義를 통하고, 音과 토가 바르며 구두도 틀리지 않았지만 외우는 것이 미숙하면 略이다.

그 나머지는 모두 不通으로 논하되 전혀 외우지 못하는 것이 아래요, 비록 외우지는 못하여도 文義를 분명히 깨달아서 질문하면 잘 대답하면 또한 벌을 주지는 말고 다음번에 외우도록 허락한다.

능통한 사람에게는 자리에 있는 사람이 모두 일어나서 읍하여 치하하며 상을 주고, 不通하면 자리에서 일어나 문밖으로 축출하여 강이 끝난 다음에야 들어오도록 허락하여 벌을 준다.

향약홀기(鄕約笏記)

```
鄕　　約　　位　　次　　圖

　　　　　　　　先聖位　　約　　　直執
　　　　　尊賓　卓香堂　　正約正　　月禮
　　約長令　　　　　　　　　　　　　約直
　　　　　　　　　　　　　　　　　　正月

　　　　　　　　　　會實

　　　　　　　　　　　執禮　　　執禮
　　　　　　西階三揖　　　　阼階三揖　　約
　　　　會實　　　　　庭　　　　　正　　　位
　　幼者少者長者　尊賓門　約正大　直月執禮　洗
　　　　　少長者尊者實會　約正直月　直月約正
```

회집배읍례(會集拜揖禮)

先聖先師의 자리를 강당 위의 북쪽 벽에 설치하고, 향 그릇을 강당 중앙에 설치한다. ○ 尊賓 이하 대문 밖 오른쪽에 이르러 동쪽을 향하여 북쪽을 위로 하여 선다. ○ 約正과 直月이 대문 밖 왼쪽에 나아가서 서쪽을 향하여 남쪽을 위로 하여 선다(約正과 尊이 바로 마주보고 서고 直月은 조금 물러 나선다). ○ 約正이 읍하고 尊과

賓을 맞이하여 대문을 들어오면 여러 사람도 따라서 들어와 마당 가운데에 이른다.

○ 約正과 直月은 동쪽 마당에서 북쪽을 향하여 서쪽을 위로 하여 서고(直月이 조금 물러나는 것은 똑같다), ○ 尊과 賓 및 여러 사람은 서쪽 마당에서 북쪽을 향하여 동쪽을 위로 하여 선다.

○ 呼唱할 두 사람(卽執禮)이 먼저 두 번 절하고 이어 동서로 나누어 서로 마주보고 선다(양쪽 계단 사이에 선다). ○ 자리에 있는 사람은 모두 師席을 향하여 재배를 한다(鞠躬 拜興 拜興 平身).

○ 約正이 먼저 세수대로 가서 세수한다. ○ 약정이 동쪽 계단으로 강당에 올라가서 향을 피운다(무릎 꿇고 세 번 향을 향로에 피운다). ○ 약정이 내려와 제자리로 돌아온다. ○ 자리에 있는 사람이 모두 師席을 향하여 재배를 한다(국궁, 배흥, 배흥, 평신).

○ 直月이 동쪽 계단으로 강당에 올라가 先師의 자리와 향로를 거두어 치운다. ○ 直月이 내려와 제자리로 돌아온다.

○ 約正과 直月이 동쪽 마당에서 서쪽을 향하여 남쪽을 위로 하여 선다. ○ 尊과 賓 이하는 서쪽 마당에서 동쪽을 향하여 북쪽을 위로 하여 선다(대문 밖에서의 자리와 똑같이).

○ 約正이 읍하며 尊과 賓에게 오르기를 요청하여 말하기를 청컨대 먼저 오르십시요 한다. ○ 尊과 賓이 읍하며 사양하면서 '감히 못합니다.'라고 한다. ○ 약정이 읍하여 청하면서 말하기를 진실로 청하나이다. 尊과 賓이 읍하면서 사양하여 말하기를 '감히 못합니다.'라고 한다. ○ 約正이 읍하면서 청하기를 '원컨대 진실로 사양하지 마십시오.' ○ 尊과 賓이 읍하면서 사양하여 말하기를 '감히 명령을 따르지 못하겠나이다.'라고 한다.

○ 이에 約正은 동쪽 계단으로 먼저 오르고 直月이 그 뒤를 따르며, 동쪽 가장자리에서 서쪽을 향하여 선다. ○ 尊과 賓도 서쪽 계

단으로 강당에 올라 서쪽 가장자리에서 동쪽을 향하여 선다. ○ 約正 이하 재배한다. ○ 尊과 賓도 답하여 재배한다.

○ 尊과 賓이 물러가 북쪽 벽 아래 조금 서쪽에서 남쪽을 향하여 선다. ○ 直月은 어른들을 인도하여 강당에 오르게 하여 서쪽 가장 자리에서 동쪽을 향하여 남쪽을 위로 해서 세운다. ○ 直月이 물러 와 제자리에 선다.

○ 約正 이하 재배한다. ○ 어른들도 답하여 재배한다. ○ 어른들 이 물러가 서쪽 벽 아래에서 동쪽을 향하여 북쪽을 위로 하여 선다. ○ 약정은 강당 중앙에서 조금 동쪽으로 남쪽을 향하여 선다.

○ 直月과 집례가 약정 앞에 가서 북쪽을 향하여 재배한다. ○ 약 정도 답하여 재배한다. ○ 직월과 집례가 물러나 제자리로 돌아온다. ○ 어른들이 尊과 賓의 앞으로 가서 북쪽을 향하여 동쪽을 위로 서서 재배한다. ○ 尊과 賓도 답하여 재배한다. ○ 어른들이 물러나 서쪽 벽 아래로 가서 동쪽을 향하여 북쪽을 위로 하여 서로 재배한다.

○ 約正이 물러와 제자리로 돌아온다. ○ 直月이 강당 가장자리에 서서 읍하고 젊은이들을 인도하여 강당에 올라 서쪽 가장자리에 동쪽 을 향하여 북쪽을 위로 하여 선다. ○ 직월이 물러와 제자리에 돌아 온다. ○ 젊은 사람들이 재배한다. ○ 약정 이하도 답하여 재배한다.

○ 젊은이들이 尊과 賓 앞으로 가서 서쪽을 향하여 북쪽을 위로 하여 재배한다. ○ 尊과 賓이 답하여 절(跪俯)한다. 젊은이들이 어른 들 앞으로 가서 서쪽을 향하여 북쪽을 위로 하여 재배한다. ○ 어른 들도 답하여 절한다. ○ 젊은이들이 물러나 서쪽 벽 아래 어른들의 자리 남쪽에서 북쪽을 위로 하여 서로 재배한다.

○ 直月이 강당 가장자리에 서서 읍하고, ○ 어린이들을 인도하여 강당 서쪽 가장자리에서 동쪽을 향하여 북쪽을 위로 하여 세운다. ○ 직월이 물러와 제자리에 돌아온다. ○ 어린이들이 재배한다. ○

約定 이하 무릎 꿇고 엎드린다. ○ 어린이들이 尊과 賓에게 가서 북쪽을 향하여 동쪽을 위로 하여 재배한다. ○ 尊과 賓이 무릎 꿇고 엎드린다. ○ 어린이들이 어른들 앞으로 가서 서쪽을 향하여 북쪽을 위로 하여 재배한다. ○ 어른들이 무릎 꿇고 엎드린다. ○ 어린이들이 젊은이들 앞으로 가서 서쪽을 향하여 북쪽을 위로 하여 재배한다. ○ 젊은이들이 답하여 절하고 무릎 꿇고 엎드린다. ○ 어린이들이 서쪽 벽 아래 젊은이들 남쪽에 북쪽을 위로 하여 서로 재배한다.

○ 약정이 북쪽 벽 아래로 가서 조금 동쪽으로 남향하여 선다. ○ 약정이 읍하면, 네 자리에 사람들이 서로 읍하고 각각 자리에 앉아 손을 마주 잡고 단정히 한다.

○ 直月이 큰 소리로 鄕約을 읽고, 그 뜻을 해설하여 설명한다.

○ 善惡을 장부에 기록한다. ○ 이에 음식을 든다. ○ 음식상을 거두면 자리에 있는 사람이 모두 일어나 서로 읍한다.

○ 모두 제자리에 앉는다. ○ 다른 자리에 가서 조금 쉰다. ○ 다시 강당으로 돌아와서 강론이 끝나기를 조용히 기다린다. ○ 자리에 있는 사람이 모두 일어나 그 자리에서 재배한다. ○ 모두 서로 읍한다. ○ 尊賓 이하 차례로 나간다. ○ 約正과 直月도 이에 나온다.

덕업상권(德業相勸)

德이란 부모님께 효도하고 국가에 충성하며, 형제간에 우애하고, 어른께 공경하여, 제사에 정성을 다하고, 초상에 그 슬픔을 다하며 자손을 반듯하게 가르치고 아랫사람을 거느림에 법도가 있음이다.

겨레가 화목하고, 이웃과 사귀며, 벗을 골라서 어진 이와 친하고, 몸을 다스림에 道로써 하고, 가정을 바로 함에 禮로써 하여, 착한 것을 보면 반드시 실천하고, 잘못을 들으면 반드시 고치어 가난함에는 염치와 절개를 지키고, 부자면 은덕을 베풀기 좋아하는 것이다.

業이란 士農工商이 각각 그 직업에 부지런하고 詩書禮樂에 각각
그 藝能을 익혀서 선비의 행실로 몸을 지키어, 正義 아닌 것으로 가
정을 경영하지 아니하며, 능히 善으로 사람을 이끌고, 능히 사람의
患難을 救濟하는 것이다.

약속을 실천하여 믿음을 두고, 부탁받는 것을 속이지 않으며, 법
령을 무서워하고, 형벌을 범하지 아니한다. 세금을 부지런히 내어서
독촉을 받지 않으며, 사람이 다투어 싸우면 이치로 깨우쳐서 화해를
시키고, 일에 시비가 생기면 이치로 분석하여 하여금 그치게 하며,
자기만 이롭게 하여 남을 해롭게 말며 사사로운 얼굴로 公的인 일
을 그르치지 않아야 된다.

(이상에서 말한 德業은 同約한 사람이 각각 서로 닦아 나가면서
서로 勸勉하여 集會를 하는 날에 서로 추켜세워 주고, 그 잘한 사람
은 장부에 기록하며 잘하지 못한 사람에게 경고한다.)

과실상규(過失相規)

過失은 義理를 犯한 허물이 여섯이요, 鄕約을 犯한 허물이 넷이
며, 몸을 닦지 아니한 허물이 다섯이다.

義理를 犯한 허물은 첫째 술주정이니, 함부로 술을 마시고 떠들면
서 마을을 돌아다니고, 방탕하여 일을 하지 않고, 도박이나 놀이만
하는 것이다.

둘째는 싸우고 송사를 함이니, 작은 일로 문득 분노하여 혹 욕설
을 하고 때리어 관청에 송사를 일으키어도 그치지 아니하는 짓이다.

셋째는 행동이 공손치 못하여 예법을 벗어나 어기고, 늙은이와 덕
망이 있는 사람을 업신여김이다. 젊은이가 노인을 능멸하고, 천한 사
람이 귀한 사람을 능멸하며, 힘을 믿고 사람을 능멸하며, 자기를 높
이어 남을 낮추어 보면서 허물을 알고도 고치지 않고, 諫하는 말을

들으면 더욱 심하게 하는 것이다.

넷째는 말이 진실치 못함이니, 남의 일을 해 줌에 악한 길로 빠지게 하고, 혹 남과 약속을 해 놓고 물러가서 배신하는 것과, 혹 쓸데없는 말을 하여 여러 사람을 어리둥절하게 하는 짓이다.

다섯째는 말을 꾸미어 헐뜯고 속임이니, 남의 잘못을 들추어 없는 것을 있는 듯이 속이고, 작은 것을 큰 것으로 퍼뜨림이다. 면전에서는 옳다고 하고 뒤돌아서는 그르다고 하며 간혹 조롱하여 노래하고, 익명으로 문서를 만들어 남의 사사로운 비밀을 공개하고 남의 옛날 잘못을 이야기하기 좋아하는 짓이다.

여섯째는 너무나 사리사욕만 채우는 짓이니, 남을 손해 보게 하여 자기를 이롭게 하며, 오로지 진보하여 취하는 데만 힘쓰며, 혹 남의 부탁을 받은 것을 속이고 감추며, 혹 뇌물을 받아 관청에 청탁을 하며, 혹 연고도 없이 빌리기를 좋아하는 짓이다.

鄕約을 犯한 허물은 첫째는 德業을 서로 권하지 아니함이요, 둘째는 過失을 서로 바로잡지 아니함이요, 셋째는 禮俗을 서로 일으키지 아니함이요, 넷째는 患難을 서로 도와서 구해 주지 아니함이다.

몸을 닦지 아니한 허물은 첫째 나쁜 사람과 교제함이니, 선비나 庶民으로 제한하지 아니하고, 모든 흉악하고 간사한 무리와 하는 일도 없이 놀아 게을러빠진 까닭에 民衆이 상대도 아니하는 사람과 함께 놀아 친밀한 사람이다.

둘째는 유흥이나 즐기고 게을러빠진 것이니, 하는 일도 없이 出入하면서 절도가 없이 희롱하고 비웃으며, 학문을 좋아하지 아니하고, 집안을 가꾸지 아니하는 것이다.

셋째는 동작에 품위가 없음이니, 행동이 너무 느림과, 옷과 모자가 너무 화려한 것이다.

넷째는 일을 함에 성실치 못함이니, 일을 주간함에 잊어버리고,

모이는 시간에 늦게 오며, 태만한 사람이다.

다섯째는 쓰임새에 절도가 없음이니, 있고 없음을 셈하지 않고, 지나치게 사치하거나, 가난에 분수를 지키지 않고, 비인도적으로 삶을 추구하는 짓이다.

(이상의 過失은 同約한 사람들이 각각 스스로 반성하여 살펴서 서로 바로잡아 경계할지니, 조그마한 잘못은 은밀히 경계시키고, 큰 잘못은 公衆의 자리에서 경계시킨다. 경계하여도 듣지 아니하면 집회하는 날에 直月이 約正에게 보고하고, 約正은 義理로 깨우쳐서 당일에 사과를 받고, 고치기를 요청하여 장부에 기록한다. 만약 그 지시에 불복하여 마침내 어쩔 수 없는 사람은 모두 협의하여 鄕約에서 축출한다.)

예속상교(禮俗相交)

禮俗의 사귐은 첫째 어른과 어린이와 동년배의 항렬이 무릇 다섯 등급이다.

尊者는 나보다 20세 이상 많은 사람이니, 아버지의 항렬이요, 長者는 나보다 10세 이상 많은 사람이니 형의 항렬이요, 敵者는 자기 나이의 위아래로 10세 차이가 못 되는 사람이니 벗하는 사이요, 少者는 나보다 10세 이하 되는 사람이며, 幼者는 나보다 20세 이하 되는 사람이다.

절하고 읍하고 보내고 맞이함에 각각 그 禮를 다하고, 慶吊事에 서로 도와 품위를 갖추어야 한다.

(이상은 서로 사귀는 일이니, 直月이 기일을 정하여 주관하고, 기일이 되면 마땅히 자료를 모아서 어기거나 게으른 사람이나 제대로 못한 사람은 約正에게 보고하여 꾸짖게 하고 장부에 기록한다.)

환난상휼(患難相恤)

患難의 일은 일곱이다. 첫째는 水火인즉 작으면 사람을 보내서 구해 주고, 크면 친히 많은 사람을 데리고 가서 구해 주고 위로한다.

둘째는 도적이니, 가까우면 힘을 합쳐서 쫓아가 잡고, 힘 있는 사람은 관청에 알린다. 만약 이로 인하여 식량이 떨어지고, 옷이 없으면 회의를 부치어 돈을 모아 구제한다.

셋째는 질병이니, 적으면 사람을 보내서 문병하고, 심하면 의원이나 약방에 데리고 가며, 가난하면 회의를 열어서 그 비용을 돕는다. 만약 문을 닫고 병이 드러누워서 농사를 폐할 지경이면 마을 사람이 각자 힘을 내어 농사를 지어준다.

넷째는 죽거나 초상이 나면 그 장례비용을 넉넉히 돕고, 만일 너무 가난하여 장례를 치르지 못할 지경이면 회의를 열어 부의금 이외에 더 거두어서 재정을 돕는다.

다섯째는 고독하고 쇠약하거나, 고아가 의지할 데 없어 스스로 살길이 없는 사람은 함께 도와서 떠돌아다니지 않게 하여야 된다.

여섯째는 억울한 일을 당해서 스스로 어찌할 수 없는 사람은 형세가 관청에 알릴 만하면 말을 하여 주고, 구할 수 있는 방략이 있으면 해결하여 주며, 혹시 그 집안이 이로 인하여 살길이 없게 되었으면 여러 사람이 집단적으로 돈을 거두어서 구제한다.

일곱째는 가난하고 쪼들리면서도 잘 참고 분수를 지키지만 원체 생계가 모자라면 집단적으로 돈을 거두어서 구제하고, 또는 빌려 주었다가 나중에 갚도록 한다.

(이상은 患難에 서로 도와서 구제하는 세 가지 일인즉 구하여 도와주었으면 즉시 約正에게 보고하고, 約正은 直月에게 명령하여 널리 알리게 한다. 또한 사례를 수집하여 감독하되 무릇 財物이나, 用器나, 車馬나, 人僕 등은 모두 있고 없음에 서로 빌리는 것이다.)

입약범례(立約凡禮)

1. 처음에 향약을 만들 때에 鄕約文을 널리 公示하여 각각 조심하면서 몸을 단속하고, 허물을 고치어 착한 사람이 되기로 약속을 맺게 한다.

1. 衆意로 나이가 많고, 德이 있고, 學術이 있는 사람을 추대하여 面約正을 삼고, 일을 공정하게 열심히 주간하는 사람을 뽑아 直月을 삼는다.

1. 장부 2권을 만들어서 德業이 볼만한 사람을 한 권에 적고, 過失을 서로 바로잡는 사람을 다른 한 권에 적어서 直月이 관장하게 하고, 회의 때에 約正에게 보고하여 勸勉하고 징계하는 데 참고토록 한다.

1. 향약회의를 할 때는 約正이 主壁으로 앉고, 直月이 회원을 인도하여 동서로 나누어 들어와 나이 차례로 앉으면, 直月이 큰 소리로 향약을 한 번 읽고 난 다음 約正이 그 뜻을 풀어 설명한다. 이어 서로 講論하면서 회원 가운데 착한 사람이 있으면 여럿이 추천하고, 과실이 있는 사람은 直月이 규탄한다. 約正은 그 사실을 규명하여 모두 이의가 없으면 이에 직월에게 명하여 기록하게 한다.

直月이 마침내 善行을 기록한 것을 읽고, 다 읽으면 과실을 기록한 장부를 읽은 다음 모든 장부를 座中에 열람시킨다. 각자 조용히 한 번씩 보게 한다.

1. 착한 사람은 모두 문서로 관청에 보고하여 칭찬하고, 반대로 악한 사람도 조례에 따라 적어서 관청에 보고한다. 악한 행실 가운데 큰 것은 불효, 不慈, 不友, 不悌이며, 스승을 존경하지 않고, 법령을 두려워 아니하며, 부부가 화목하지 않고, 朋友가 믿음이 없으며 초상에 슬퍼하지 않고, 제사에 공경하지 않으며, 異端을 숭배하여 믿으며, 禮法을 경멸하며, 친척이 화목치 않고, 이웃마을과 화친

하지 않음이다.

1. 모든 善惡을 기록한 장부는 한번 참작한 다음에는 다시 문제 삼지 말아야 한다. 그러므로 다음에 만든 장부에는 옛날의 과실을 모두 지워서 없애고 다시 논설하지 않도록 한다.

1. 악한 행실을 기록한 장부는 허물을 고친 것을 알면 다음 집회에서 회의의 의결을 거쳐 모두 지우고, 착한 행실을 기록한 장부는 비록 그가 잘못한 것이 있다고 하여도 또한 지우지 말고 두었다가 반드시 크게 잘못한 행동이 있은 다음에 장부에서 지우고 쫓아낸다.

直月은 만일 同約人의 善惡을 들으면 자세히 그 득실을 물어서 자기 기록장에 적어 두었다가 회의하는 날 회의에 보고한다. 善惡이 적은 것은 자체적으로 조치하고, 큰 것은 관청에 보고하여 형벌을 받게 한다.

1. 善惡을 기록함이 공평하지 아니하면 일면 관청에 함께 알리어 사실을 규명한다.

이제 이 향약조문을 집집마다 적어서 비치하여 때때로 읽고 배운다. 늘 約會時에는 향약을 읽게 하고, 約正이 강평한다.

1. 네 철의 첫 달 上旬 안에 面內의 향약회의를 열어서 그 향약조문을 강의한다.

1. 회의 장소에는 의당 先聖, 先師의 자리를 강당 위에 마련하고, 향을 피워 拜禮를 한다.

그 다음에 相揖禮를 거행한다. 예법은 평소에 익혀 놓지 않으면 실수하기 쉬우니, 이러한 때에 익혀서 서로서로 講究하되 한결같이 儀式을 갖추어 禮를 거행하여야 된다. 이상이 立約凡禮이다.

강회입약(講會立約)

1. 3월 27일과 9월 27일 봄가을로 두 번 講會를 개최한다.

1. 강의하는 책은 紫陽과 石潭의 독서 차례에 따른다.

1. 講을 할 때에는 모두 한 가지 책을 합동으로 강하되 읽을 사람에게 책을 내려 주면 일어나 읽고 돌려준다.

初講은 小學이요, 次講은 大學이며, 次講은 論語, 孟子, 中庸으로부터 五經에 이르기까지 하고, 점점 더 나아가면 家禮, 心經, 近思錄, 節要, 輯要 등의 책을 보며, 講한 책은 반드시 全帙을 숙독하도록 하고, 단원을 뽑아서 講하되, 머리장에서부터 끝장에 이르기까지 각자 회원은 서로 돌아가면서 외우도록 하면 거의 終篇까지 모두 배우리니, 이 책을 마치기 전에는 다른 책으로 어지럽게 해서는 아니 된다.

1. 만일 평상 복장으로 강회에 나오면 講에 응하지 못하게 한다.

1. 모든 會中의 일은 司正이 주관한다.

1. 모든 儀禮는 司禮가 주관한다.

1. 講時에 토론한 글월의 내용을 종합하여 한 책에다 기록하되 글씨 잘 쓰는 한 사람을 뽑아 司講을 시켜 관장케 한다.

1. 會講處所는 반드시 조용하고 넓은 장소를 미리 상의하여 정한다.

1. 會時에는 날짜에 구애받지 않고 講을 마치는 것으로 기한을 정한다.

아침저녁으로 開講하기 전에 또한 반드시 性理禮書로 道理를 질정하여 토론한다.

1. 講員 中에 만일 어버이의 질병이나, 자기 자신의 병환이나, 부득이한 사고가 있으면 모름지기 문서로 보고하고, 무고하게 불참하거나 또는 문서로 보고하지 않으면 上罰로 처리한다.

1. 품위를 잃고 약속을 지키지 않은 사람은 下罰을 준다.

1. 부지런한 幹事 한 사람을 뽑아서 有司의 책임을 맡기고 모일 때에 자료를 준비하게 한다.

1. 무릇 추가로 가입하려는 사람은 반드시 회의에서 결의한 다음에 입회를 허락한다.

1. 上罰은 회에서 축출하고, 下罰은 面前에서 꾸짖는다.

강규(講規)

1. 무릇 우리 함께 講會하는 사람은 누구든지 講誦으로 일을 삼고, 반드시 몸에 돌이켜 생각하여 心通의 妙를 체험하고, 몸소 그것을 실행할 것.

1. 함께 講한 사람은 서로 만날 때에 서로 절하여 읍하고, 자기를 낮추고, 남을 높이는 것으로 법을 삼을 것.

1. 이제 좁은 소매나 넓은 소매나 모두 좌우의 옷깃을 가리는 논쟁과 다를 것이 없다. 하물며 禮席에 있으면서 아무렇게나 보아 넘길 수 없으니 반드시 先王의 옷으로 종사함이 옳다.

1. 사람과 짐승을 구별하고, 문화인과 야만인을 분별하는 것은 곧 고금의 大義理이다. 사람이 짐승에 가깝고, 문화인이 오랑캐로 바뀐다면 어찌 두렵지 않으리오?

필수적으로 마음을 바로잡아 進學하여 확고하게 서서 轉落하지 아니하고, 그 하늘이 준 떳떳한 良心을 잃지 않아야 한다.

1. 사람이 되는 절차와 조목이 모두 講義한 책 속에 갖추어 있나니 여기에서 다시 자상히 논하지 아니한다.

講禮圖

北壁下

```
        賓   賓   賓   講   賓   賓   賓
                    長
                              諸   司
   諸                          生   正
   生
                   講  讀  講   諸   司
   諸   司          籍  書  記   生   禮
   生   講
                      講席       諸   讀
   諸                            生   笏
   生              讀笏

           ▨▨▨              ▨▨▨
           西階              阼階

      賓                            講
      長                            長
   賓                            賓
   賓                            賓
                   司正
   賓              離位           賓
                   點檢
      拜 拜 拜          拜 拜 拜
      位 位 位          位 位 位
               大 門
```

강회홀기(講會笏記)

　每會에 이른 아침 司正, 司禮, 司講과 諸執事가 먼저 講堂에 모여서 司禮는 講長의 자리를 북쪽 벽 아래에 남쪽을 향하여 설치하고, 동서로 자리를 따로 하여 聽講을 할 衆賓의 자리를 講長과 같은 방향으로 만든다(나이가 講長보다 많은 사람이 講長과 가까운 자리에 앉는다).

　講長席 앞으로 책상을 설치하고, 또한 講에 應하는 자리를 그 앞

에 북쪽을 향하여 설치하고, 책상 좌우에는 대칭적으로 司正, 司禮, 司講의 자리를 만들고, 司講은 서쪽에서 동쪽을 향하게 한다.

또한 笏記를 읽을 사람의 자리를 그 남쪽에 설치하고, 司正, 司禮 는 동쪽에서 서쪽을 향한다. 그리고 벼루와 붓을 준비하여 講義 내 용을 기록할 도구를 司講席 앞에 준비하고, 書籍과 講名帖을 司禮 席 앞에 둔다.

동서의 벽 아래에는 대칭적으로 應講할 諸生의 자리를 설치하되 북쪽을 위로 하여 앉게 한다. 거기에 모두 앉을 수 없으면 남쪽 자 리로 계속 앉게 하되 북쪽을 위로 한다(만일 校生이 와서 참석하면 남쪽 끝에 북쪽을 향하여 앉게 한다). 설치를 끝내면 司正이 한 번 돌면서 점검을 한다.

衆賓이 문밖에 모두 모이면 문밖의 禮生이 양쪽 계단 사이에서 唱笏한다.

講長은 동쪽 계단 아래로 가서 서쪽을 향하여 선다. 司正, 司禮, 司講이 차례로 講長의 왼쪽에 조금 물러서 북쪽을 위로 선다. 司禮 가 문밖으로 나아가 衆賓과 諸生을 나이순으로 나란히 서게 한다.

司正이 줄줄이 衆賓을 인도하여 들어와서 서쪽 계단 아래로 가서 동쪽을 향하여 북쪽을 위로 하여 서게 한다. 다음 諸生을 인도하여 문안으로 들어와서 북쪽을 향하여 동쪽을 위로 하여 선다(여러 집사 들은 이 줄에 선다). 司正은 조금 앞에 서서 이들을 정렬시킨다(모 든 같은 줄에 선 사람들은 서면 눈썹을 가지런히 하고, 앉으면 무릎 을 나란히 하며, 읍하면 손이 가지런해야 한다).

모두 정렬하여 서면 司正과 司禮도 제자리에 돌아와 선다.

講長이 賓長에게 읍한다. 賓長이 답하여 읍한다. 講長이 賓長에게 강당에 먼저 오르기를 양보하면서 말하기를 '청컨대 먼저 오르십시 오.' 賓長이 대답하여 말하기를 '아무개는 감히 못하나이다.' 講長이

두 번 양보하여 말하기를 '아무개는 진실로 청하나이다.' 賓長이 대답하기를 '아무개는 감히 못하나이다.' 講長이 세 번 양보하여 말하기를 '원컨대 진실로 사양하지 마십시오.' 賓長이 대답하기를 '아무개는 감히 명령을 듣지 못하겠나이다.'라고 한다.

이에 講長이 오른발을 먼저 하여 오르고, 賓長은 衆賓에게 읍하고 드디어 왼발을 먼저 하여 오르면 衆賓 이하 모두 따라서 한 계단 오를 때마다 발을 모으며 연속적으로 오른다.

講長은 동쪽 계단 위에서 서쪽을 향하여 엄숙히 읍한다. 賓長 이하도 서쪽 계단 위에서 동쪽을 향하여 서서 답하여 읍한다. 이어 모두 강당에 올라가 자리에 올라 남쪽을 향하여 선다.

司正이 이에 諸生의 자리 앞으로 가서 엄숙히 읍하면 諸生도 답하여 읍한다. 司正이 다시 서쪽 계단을 통하여 오르면 司禮, 司講도 또한 따라서 올라가서 책상 좌우로 가서 북쪽을 향하여 선다(笏記를 읽는 사람도 또한 올라가서 선다).

諸生도 모두 서쪽 계단을 통하여 올라가서 북쪽을 향하여 선다. 모두 자리에 서면 일동 머리를 굽혀 발을 보며 손을 들어 가슴에 댄다. 司正 이하 諸生이 再拜하여 講長께 인사한다. 講長은 자리를 옮겨 답하여 읍하고 다시 자리에 오른다.

司正, 司禮, 司講 및 讀笏者가 자리에 올라 서로 마주 선다.

諸生을 두 줄로 나누어 동서 벽 아래의 자리에 오르게 하여 서로 마주 세운다.

講長 이하 모두 그 자리에서 앉으면 司正이 또다시 자리를 정돈시키고 떠들거나 산만한 사람에게 주의를 준다.

講長이 먼저 一篇을 암송한다. 聽講한 衆賓도 뜻을 따라서 차례로 한 편을 외운다(司講은 姓名을 기록하고 암송한 편명도 講記에다 기록한다).

司禮가 諸生 가운데 首席한 사람의 이름을 불러 앞에 나와 應講하게 한다. 應講者가 일어나서 應講席으로 가서 講長께 읍한다. 講長이 앉아서 읍하면 應講者가 자리에 올라가 앉는다.

講할 책과 課目用紙의 한쪽 머리에 성명을 쓰고, 그 아래에 외우려는 책을 써서 올리려고 일어나면 司禮가 받아서 講長의 앞에 책상 위에 올린다.

講長이 講書를 들고 一章을 외우라고 명하면 應講者는 이에 낭랑한 소리로 외워서 다 마치면 고쳐 일어섰다가 다시 앉는다. 뜻이 의심스런 곳을 질문하고, 혹 講長이 設問하여 文義를 토론한다.

司講은 講記에 토론자의 이름을 기록하고 講義에 대한 講說도 기록한다. 끝나면 講 받은 책을 應講者에게 준다. 이에 강에 응한 사람은 일어나서 자리에서 내려와 講長께 읍한다. 講長은 답하여 읍한다. 應講者가 물러와서 제자리로 돌아온다.

司禮가 또다시 다음 차례로 應講할 사람을 먼젓번과 같이 불러낸다.

講을 모두 마치면 司禮가 講規와 訓辭를 읽도록 요청한다. 소리내어 한 번 읽고나면 司禮가 講을 罷하기를 청한다.

講長이 일어나 자리에서 내려와 선다. 자리에 있는 사람이 모두 자리에서 내려와 선다. 일동 講長께 읍한다. 강장이 답하여 읍한다. 이에 罷한다.

자리를 정돈한 다음에 늦게 도착한 사람 속에 만약 聽講할 賓이 있으면 講長이 일어나 동쪽 계단 위로 가서 서쪽을 향하여 서면 자리에 있는 사람이 모두 일어나 자리에서 내려와 선다(만일 賓이 講長보다 등급이 높으면 강장이 계단을 내려가서 맞이한다. 자리에 있는 사람도 모두 따라 내려간다). 司正이 계단을 내려가서 인도하여 서쪽 계단 위로 올라와서 동쪽을 향하여 선다. 講長이 읍하고 사양함을 먼저와 같이 하여 차례에 따라 자리에 간다. 자리에 있는 사람

이 모두 자리에 오른다.

만약 諸生이 늦게 오면 講長도 일어나지 아니하고, 자리에 있는 사람들도 또한 일어나지 아니한다. 司正이 계단을 내려가서 인도하여 강당에 올라와 북쪽을 향하여 절하면 강장이 앉아서 읍한다. 이에 諸生의 자리로 가서 차례대로 앉는다.

잡저(雜著)

답인문목(答人問目)

　家禮에 新婦가 시아버지와 시어머니께 뵈인 다음 여러 尊長께 뵈인다고 하였고, 同居하는 사람이 시아버지와 시어머니보다 더 높으면(尤庵이 말하기를 남편의 할아버지와 할머니) 시아버지와 시어머니는 신부를 그 방에 데리고 가서 뵈이되 시아버지와 시어머니를 뵈이는 禮와 같이 한다(屛溪가 말하기를 시할아버지와 시할머니께도 각각 폐백이 있어야 한다)고 하였습니다.

　語類에는 신부가 먼저 신랑에게 절을 두 번 하면, 신랑이 답하여 한 번 절하고, 신부가 또다시 두 번 절하면 신랑이 또한 한 번 절한다고 되었습니다.

　살피건대 아내는 동등한 禮를 하는 사람이다. 평일에도 같이 절하여 서로 공경한즉 제사 때나 묘소에서 拜禮함도 모름지기 의심할 것 없다.

　살피건대 무릇 초상은 家長이 주관하나니, 곧 子婦의 喪도 그 시아버지가 주관한다. 제사 때도 늘 또한 그러하니, 이미 그 초상과 제사를 주관하였다면 어찌 제사에 참석하지 아니하는 이치가 있으리오?

살피건대 家禮에 宗家의 큰며느리는 당연히 朞年服을 입고, 여러 며느리들은 大功의 服을 입는다고 하였다. 喪服을 만들 때에는 각각 자기의 복에 따라 만들지나, 평상시에 입는 옷은 素服에 베띠를 맨다.

長子의 喪은 마땅히 家禮의 明文을 상고하여 행하여야지오?

살피건대 네 가지를 모두 갖춘 適子의 喪은 斬衰三年이다.

평상복의 색깔은 遂菴이 말하기를 適子의 喪에 관직에 있는 사람은 검은 紗帽를 쓰고, 일상생활에서는 布笠을 쓴다. 초야에 있는 사람은 비록 平凉子를 써도 되지만 벼슬을 그만두지 않고는 白笠은 아마도 쓰지 못할 것이다.

또 살피건대 長子의 喪에 先儒는 대부분 黑笠, 麻衣, 麻絞帶로 3년을 마치었다.

次子의 喪은 不杖朞인데 항상 흰옷 입고 베띠를 띠었습니다.

子婦의 神主를 사당에 함께 부침에는 명절날 茶禮도 당연히 각각 차려야 합니다.

살피건대 아버지가 살아 있을 때 어머니의 喪期를 마치면 吉祭가 없으니, 3年을 廢祭한 뒤로 성대하게 차릴 수 없는 까닭에 즉시 時祭를 행한다.

살피건대 아내의 제사 때에 그 남편이 출타하여 그 아들이 행사하면 그 제사 축문을 마땅히 남편 아무개가 일이 있어 출타하여 그 아들 아무개가 감히 대신 아뢰나이다……라고 한대 遂庵이 말하기를 대신 일을 하는 사람의 이름으로 아뢴다고 하였다.

살피건대 葬後에 返哭할 때 吊問하는 사람이 있으면 초상 때처럼 절하지만 大小祥에는 절하여 吊問한다는 明文이 없으니, 几筵이 있으면 마땅히 들어가 哭하고 절한다.

살피건대 아우가 죽었을 때에 만일 한집에서 살면 그 兄이 당연히 主喪, 主祭하지만, 따로 각기 살면 그 조카가 비록 어리더라도 마땅히 주관해야 한다.

　옛사람은 형제의 아내를 봄에 날마다 반드시 절하였은즉 그 묘소에도 반드시 절하지 아니하는 이치가 없는 것입니다.

　問喪에 말하기를 童子는 결혼하였어도 지팡이를 짚지 않는다고 하나 適子는 결혼하였으면 비록 어리더라도 喪服을 입고, 지팡이를 짚어야 할 것입니다.

　沙溪가 말하기를 童子는 8세 이상이면 이에 成服을 한다고 하였고, 遂庵은 童子가 이미 12세가 되면 衰裳腰絰을 생략할 수 없다고 하였습니다.

　살피건대 아버지나 어머니의 喪은 비록 어린 사람이라도 당연히 麻衣素服을 해야 된다.

　살피건대 禮에 婢僕도 모두 中單衣를 입는다.

　살피건대 婦人이 居喪함에 大袖長裙을 입지 않으면 이미 失禮이다. 비록 中單衣를 입었더라도 首絰과 腰絰이 없어서는 안 된다.

　常人은 그 父母에 대하여 감히 考妣라고 칭하지 못하고 亡父, 亡母라고 불러야 된다는 先賢의 論說이 있습니다.

　後娶한 아들과 庶子는 마땅히 자기의 外祖를 써야 된다는 것도 또한 先賢의 논설에 있습니다.

　살피건대 婚禮는 宗子가 마땅히 主婚한다.

　武王의 喪에 成王이 冠을 썼으므로, 喪으로 인하여 冠禮를 거행하는 것이 예로부터 그러한 事例가 있으니, 마땅히 따라야 합니다.

　銘旌이란 것은 그 널에 銘하는 것이고, 功布는 棺을 닦는 것이다. 運柩를 할 때에 쓰지 않을 수 없는 물건입니다.

　살피건대 遞遷之禮는 높이어 선조께로 가는 예식인즉 가장 긴 방으로 옮긴다고 하나니 가장 긴 방은 높은 데로 가는 것이다.

　살피건대 妻服이 朞年이라고 함은 13개월이 되어 大祥에 마땅히

喪服을 벗으므로 禪月을 기다리지 아니함이다.

先祖의 時祀라고 말하는 것은 四時의 正祭입니까? 일 년에 한 번 하는 묘사입니까? 時祭는 忌日을 기다릴 것이 없고, 일 년에 한 번 묘사 지내면 마땅히 10월에 거행해야 합니다. 古禮에 冬至에는 始祖를 제사 지내고, 立春에는 先祖를 제사 지내고, 季秋에는 어버이를 제사 지낸다고 하였으니, 忌日을 기다리지 아니한 뜻을 여기에서 볼 수 있습니다.

전쟁에서 죽은 忠臣의 不祧位에 偏將이나, 裨將, 또는 官奴로 함께 죽은 사람들의 虛位를 만들어 제사 지내는 것은 해당 충신의 제사에는 행할 수 있으나 그 부인의 제삿날에도 행하는 것은 그 의리가 없는 듯합니다.

후손이 없는 묘는 일 년에 한 번 묘사 지낼 때에 傍孫이 마땅히 주관하고, 그 外孫은 마땅히 제사에 참례만 해야 할 것입니다.

살피건대 家禮에 墓祭는 뫼와 국으로 술 세 잔 올린다고 하였으니, 일 년에 한 번 제사 지내는 것도 또한 그러하다. 庶羞는 庶饌을 지적하여 말한다.

자손이 榮達하여 돌아오면 마땅히 酒果를 조상님께 올려야 합니다.

沙溪가 말하기를 殯宮에 長燈은 禮가 아니라고 하였습니다.

살피건대 墓祭에는 侑食의 절차가 없나니, 先賢이 말하기를 언덕 벌판의 禮式은 응당 생략한다고 하였다.

살피건대 墓祭는 降神을 먼저 하고, 參神은 뒤에 하며, 사당 안에서는 參神을 먼저 하고 降神을 나중에 한다(家禮를 다시 고찰하니 墓祭도 또한 참신을 먼저 하고 강신을 나중에 한다고 하였는데 격몽요결에는 강신을 먼저 하고 참신을 나중에 한다고 하였다. 자세히 보니 疑禮問解를 참조했다).

大祥 뒤 禪이 되기 전에 베로 만든 網巾을 屏溪宅과 陶庵宅이

모두 썼습니다. 子婦의 祝文은 固陋하여 그 정해진 서식을 보지 못하였습니다. 근거할 만한 것은 아버지가 아들에게 알리는 祝文을 대략 고쳐서 써도 될 듯합니다(다시 朱子가 아내에게 알리는 이하의 祝文에는 悲念을 이기지 못한다고 말하였으니 子婦의 제사 축문도 당연히 亡日이 다시 돌아오니 悲念을 이기지 못하여 이에 맑은 술과 여러 음식으로……해야 될 것입니다).

喪服을 입은 가운데 시집가고, 장가드는 것은 禮法을 크게 잃은 짓이니 행해서는 아니 됩니다. 집안에 음식을 장만할 아내가 죽어서 없으면 제사를 지내지 아니한다고 말하는 것은 보호하려는 말이고, 流配 사는 집안은 內外를 분별한다고 말하는 것은 구차한 논리인즉 많은 말이 필요치 않습니다.

아내를 잃은 사람이 어찌 다시 장가드는 의리가 없으리까? 장가를 들기 전에 죽으면 곧 養子를 들이는 것이 당연합니다. 尤翁이 말하기를 禮에 어머니를 改嫁시킨 아들은 아버지의 후계자가 된다는 글이 있고, 子思의 어머니는 庶民에게 改嫁하였으나, 子思가 孔子나 泗水候의 후계자가 될 수 없다는 이야기는 듣지 못하였다고 하였으니 논설을 傍照해야 될 것입니다.

姑母의 祠版이 시집 사당 안에 있으면 형세가 그 사당에 들어가 절하지 못할 것입니다.

前母의 아들이 비록 繼母의 친정에 대하여 복을 입지 않지만 그러나 무릇 자기 어머니가 섬기는 父母와 兄弟에게 어찌 외할아버지 외숙이라고 부르지 아니하리오! 대개 繼母의 친정에 대하여 喪服을 입지 아니함은 이미 親母의 외가에 대하여 喪服을 입었으므로 비록 外親이라고 하여도 二統으로 하지 못하는 까닭입니다.

이른바 婦人은 平拜한다는 것은 모두 非禮인즉 모두 禮拜해야 합니다.

先賢의 影幀은 古人이 대부분 改本한 것입니다.

前妻의 아버지와 형제가 後妻로 하여금 인사하게 하는 것은 無禮가 심한 것이니, 어찌 족히 논하리까?

어떤 사람이 그 할아버지가 그 외할아버지에게 傷害를 당했다면 이는 큰 변고이다. 마땅히 관청에 고발하여야 되지만 그러나 어찌 감히 금방 그 일을 論斷하리까?

親함은 아버지요, 높은 의리로는 큰아버지니, 한방에 같이 있으면 親으로 하고, 아버지보다 행실이 높고 나이가 많은 분은 존경하되, 아버지와 함께 앉아 계시면 拜禮에 그 마음에 편한 바를 따라 행하여도 무방할지나, 그러나 아버지는 아들의 벼리인즉 아버지보다 높은 것은 없습니다.

禮에 말하기를 집을 지으려고 조상의 무덤가에 있는 나무를 베지 말라고 하였으니, 비록 宗孫이라고 하여도 그 나무를 베려고 하면 支孫이 진실로 마땅히 예로써 말려야 하지만, 그러나 종손이 어쩔 수 없는 까닭이 있는데도 支孫이 私慾으로 시비를 하면 대단히 不可합니다.

世俗에 그 아내에게 敬對하지 않는 것은 대단히 非禮입니다.

妻家의 侄女와 侄婦도 禮로 마땅히 공경해야 합니다.

妻侄 가운데 나이가 적은 사람은 당연히 侍生의 禮로 대우해야 합니다.

아들이 비록 卿相이 되었다고 하여도 그 아버지는 당연히 아들의 道로 대우하여야 합니다.

답남중희문목(答南重熙問目)

家禮의 不杖朞條에 말하기를 庶子의 아들은 아버지의 어머니를 위하여 할아버지의 후계자가 되면 복을 입지 아니한다고 하였습니다.

備要에는 오히려 心喪期가 당연하다고 하였습니다.

尤菴은 말하기를 承重한 庶子의 아들은 아버지가 살아 있거나
없거나를 논할 것 없이 모두 당연히 복이 없지만, 承重이 아닌 사
람의 아들은 다만 本服三年만 입으면 다른 말이 없을 것이라고 하
였습니다.

愼獨齋에게 물어 말하기를 嫡子가 있는 사람이 嫡孫이 없어서 妾
子의 長子로 承重하면 所生祖母에 대하여 마땅히 本服朞年을 입어
야 합니까? 한대 愼獨齋가 말하기를 합당하다고 하였습니다.

遂菴이 말하기를 庶子가 承重하면 문득 嫡子가 되는 것이요, 그
아들도 곧 嫡子의 아들이 되므로 庶祖母에 대해서는 服이 없다고
하였습니다.

살피건대 여러 선생의 학설은 모두 服이 없는 것으로 定論을 삼
았는바 備要의 心喪說도 또한 복이 없다는 뜻이다. 愼齋는 마땅히
本服을 입어야 한다고 말하였지만 또 妾子로 承重한 사람은 그 어
머니의 喪을 당해서 아직 중책을 전해 받지 아니한 까닭으로 마땅
히 本服을 입어야 한다는 것이다.

그렇다면 이미 承重하여 자기에게 책임이 있는 庶子의 아들은 所
生祖母의 복을 입지 못하는 것이 당연하다.

이제 南重熙君은 所生祖母의 喪을 당하여 三年服을 입을 수 없
을 뿐만 아니라 비록 本服朞도 또한 당연히 입어서는 아니 된다. 처
음에 비록 失禮를 하였으나, 이제 脫服하여 잘못을 바로잡는 것이
참으로 禮의 本意를 얻을 것이다.

비록 그렇지만은 亡者로 말하면 親孫이 있는데도 문득 후손이 없
는 喪이 되어 버리고, 산 사람도 나를 낳아준 親祖母께 하루의 服도
입지 않고, 几筵도 마련하지 못한다면 天理와 人情에 마땅히 어떠할
것인가?

감히 말하노니 弔服에 加麻하여 3월을 입고, 几筵은 卒哭前까지 모시어 上食하고, 几筵을 거둔 다음에는 別室에 神主를 두어, 小大 祥을 거행하면 아마도 人情과 禮에 합할 듯하도다. 쓸데없는 말이 니, 모름지기 禮를 아는 사람에게 물어서 행할지어다.

인의체용운운(仁義體用云云)

陰陽의 현상 구조로 볼 것 같으면 陰은 義요 陽은 仁으로서 義는 體가 되고 仁은 用이 되나니, 陰의 翕聚한 것이 體가 되고, 陽의 發 生한 것이 用이 된다.

그러므로 義가 收斂하여 속으로 들어가는 것이 體가 되고, 仁이 發出하여 나오는 것이 당연히 用이 되는 것이다.

本心의 德으로 말하면 仁은 體가 되고 義는 用이 되는바, 仁은 渾然한 全體요 義는 판단하여 절제하는 바의 것이다.

그러나 仁義는 각각 體用이 있으니, 仁의 用은 惻隱이요, 義의 用 은 羞惡이며, 곧 또한 性은 體요 情은 用이다.

대개 仁義의 剛柔와 動靜은 서로서로 體用이 바꾸어지나니, 곧 이것이 陰의 뿌리는 陽이요, 陽의 뿌리는 陰이라고 하는 이치인 것 이다.

십년의불백유고운운(十年衣不帛襦袴云云)
(열 살 옷은 비단 바지저고리로 아니한다……)

小學에서 이른바 童子의 옷은 비단으로 하지 아니한다고 말하는 것은 너무 반짝이는 까닭이다.

20세가 넘으면 가죽이나 비단옷을 입을 수 있다고 말하는 것은 반드시 비단옷만 입히려는 것은 아니다. 어린 童子에 비하여 비로소 입을 수 있다는 것이다. 이것은 옛사람이 어린이를 가르쳐서 기르는 도리였다.

만일 孟子가 이른바 50세가 된 사람은 비단옷을 입어야 한다고 말하고, 50세가 못 되는 사람은 비단옷을 입지 못하게 함은 聖王이 국민의 산업을 제정하는 大經大法이다. 聖人이 어찌 젊은이에게 비단옷을 입히고 싶지 않으리오만은 어른을 奉養하는 데 따라 미치지 못함이 있기 때문이다.

말은 각각 지적하여 가리키는 바가 있으므로 이것을 고집하여 저것을 의심해서는 아니 된다.

용학답문(庸學答問)

集傳, 集註, 章句의 뜻이 모두 합리적이다. 尙書는 上古의 글이라는 말이므로 尙書라고 한다는 것은 이미 孔安國의 학설이 있다.

唐나라 孔氏가 또한 말하였으니, 그 上古의 글을 일컬어 尙書라고 하는데 尙字는 이에 伏生이 더한 것이다.

夏柯山도 또한 말하였으니 上代의 글을 후세에 尊尙하는 바 되는 까닭에 尙書라고 한다고 하였다.

德이라는 것은 得이다. 마음에서 얻어 萬善을 모두 갖춘 것을 德이라고 말하나니, 대개 大學의 註에 말하기를 사람이 하늘에서 얻었다고 함은 德이 말미암아 오는 本色을 지적하여 하는 말이요, 論語의 註에 말하기를 道를 행하여 마음에 얻음이 있는 것이라고 함은 德이 完成하는 곳의 體段를 근거할 만한 것을 지적하여 말한다.

이 두 가지 학설은 사람이 타고난 것과 학문으로 된 것을 나누어 두 가지의 德이 각각 다른 區域을 占有하고 있다고 하면 옳지 않다.

明德은 心性情을 總稱한 것이니, 그 體段는 마음에 갖추어 있는 까닭으로 朱子가 마음의 해석과 明德의 해석이 다름이 없었던 것이다.

그러나 마음은 氣의 精爽이요, 明德은 虛靈한 마음과 純善한 性을 합하여 이름한 것이다. 어찌 한가지로 혼동하여 분별이 없으리오?

대저 明德은 心性情을 합하여 이름한 것이라는 것은 栗谷 이래로 塘·屛 등 여러 선생에 이르기까지 一貫된 定說로 내려왔거늘 近世의 儒者들은 所見이 같지 아니하여, 혹 단순히 理만을 지적하여 말한다고 하고, 혹 단순히 心을 지적하여 말한다고 하나니, 이것이 곧 仁者가 보면 仁이라고 말하고, 智者가 보면 智라고 말하는 것인가? 알 수 없도다.

단순히 心이라고 지적하는 사람은 말하기를 明德은 虛靈한 마음인데, 性理를 갖추어 情意로 나타나서 事功을 세우는 것이라고 하고, 단순히 理라고 지적하는 사람은 明德은 바로 性이 表出한 德이라고 하도다.

만일 明德을 心으로 귀속시킨다면 心은 氣인즉 聖人이 세운 萬世의 교육 원리가 어찌 오로지 氣를 주축으로 하여 논리를 전개하였는가?

천하의 만사는 모두 理가 함이니, 理를 도무지 作用하는 바가 없는 一物이라고 하는 것은 옳지 않다고 하면서 虛靈不昧는 실로 性의 밝음이요, 具衆理는 또한 性 속에 갖춘 理이며, 應萬事는 또한 性의 發用이라고 말하도다.

나는 朱子의 가르침에 따르고, 여러 선생의 학설을 종합하여 마땅히 心이 性情을 統一한 것으로 보아야 된다고 생각한다.

大學의 註說에서 모두 말하였나니, 남은 뜻이 있지 아니하다. 所得乎天이라는 한 구절은 理氣를 합하여 하는 말이다. 무릇 사람의 마음과 性은 모두 하늘에서 얻었으니, 虛靈不昧는 心이요, 具衆理는 性인즉, 理氣를 나누어서 하는 말이다. 應萬事는 情이니 다시 心性을 합하여 하는 말이다. 氣가 發함에 理가 타는 까닭이다.

또한 갖추고, 應하는 것이 모두 虛靈에 속한즉 語意에 저절로 賓 主가 있는 것이다. 虛靈不昧는 문득 明德의 體段요, 具衆理와 應萬 事는 虛靈上에 있어 體와 用을 나누어 설명한 것이니, 이것이 明德 의 本來面目이다.

만약 저들과 같이 단지 理가 作用할 수 없는 것만을 알고 明德을 心에 귀속시키는 데만 애쓴다면, 마음은 氣요, 氣는 가지런하지 아 니하니, 필경 善도 惡도 있어서, 장차 明德에도 不善한 곳이 있다는 것을 부정하지 못하게 될 것이다.

또한 혹시 한갓 가지런하지 못한 氣를 明德이라고 할 수 없는 것 만 알고, 오로지 性으로 귀속시키려고 한다면 그 作用하는 곳은 귀 속시킬 수 없는 까닭에 氣의 虛靈한 것을 지적하여 性이라고 말하 면서, 理로써 理를 구비하여 또한 作用을 한다고 말하게 되는바, 그 렇다면 理는 無形, 無爲하고 氣는 有形, 有爲한다는 것이 모두 空 言이란 말인가?

性을 虛靈하다고 말하는 사람이 前古에 그 누가 있었는가? 그 明 德이 氣가 아니라고 분석한 것은 좋지만 理가 作用을 하는 물건이 라고 하는 것은 아주 잘못된 것이다. 齊나라도 참으로 실례를 하였 지만 楚나라도 또한 잘못한 것이라고 할 것이다.

이제 모두 해석하지는 아니한다고 말한 것은 文理가 接續하고, 血 脉이 貫通하여 深淺始終이 지극히 精密함을 지적하여 하는 말이다.

首章에서 모두 스스로 밝힌다는 것은 위에 말을 결론지어, 아래의 新民章을 이어서 시작하는 말이며, 그 지극함을 쓰지 아니함이 없다 는 것은 또한 스스로 새로워져서 민중을 새롭게 하는 지극한 곳의 至善에 멈춘다는 말이다.

어버이를 친하고, 어진 이를 높이며, 즐거움을 즐기고, 이로움을 이롭게 아는 것은 곧 아래의 聽訟章에서 하여금 訟事가 없게 하는 말을 이어 시작하려는 것이다.

이것을 일러 뿌리를 안다는 것은 앎의 지극함이요, 앎이 지극하다는 것은 그 뜻을 성실히 할 줄을 아는 것이며, 마음이 넓으면 몸이 살찐다는 것은 곧 正心, 修身하는 방법이다.

이것이 곧 文理가 接續하고, 血脈이 貫通하는 구체적인 내용이다.

10章이 모두 그러하니, 康誥는 얕고, 太甲은 깊으며, 帝典은 또한 깊다. 康誥는 시작이요, 帝典은 끝이 되나니, 아래의 章도 모두 그러한즉 이것이 바로 지극히 정밀한 내용이다.

格治誠正修齊治平의 여덟 글자는 각각 오묘함의 극치이다. 格은 至인즉 事物이 밖에 있어 일만 가지 모양새를 가지고 있으니, 事物에 接近하여 그 物理를 연구함으로써 각각 그 극치에 도달할 수 있는 것이다.

致는 끝까지 추리함이니, 知는 나에게 있으니 그 知識을 넓혀서 그 本然의 力量을 다 개발함이다. 誠은 진실이니, 知識이 이미 밝아졌으면 생각을 함에 모름지기 진실해야 된다. 그렇지 아니하면 밝은 지식도 허무한 그림자에 지나지 않게 된다.

正은 몸이 그 中心을 완전히 잡고, 행동이 그 調和를 완전히 이룩하는 것이다. 생각이 이미 진실하면 마음의 全體도 이에 整理될 것이니, 반드시 가고 오는 것이 없고, 지나치고 모자람이 없어야 이에 바르게 되는 것이다.

修身은 德行에 있어서 하는 말이다. 修는 脯를 뜨는 기술자의 솜씨처럼 지나친 것을 잘라서 부족한 곳에 보태어 기울거나 비뚤어짐이 없게 하는 것이다.

家庭은 혼자 사는 것이 아니니, 걱정이 차별받아 똑같지 아니함에 있으므로 가지런히 할 것을 생각하고, 國家는 事物이 많으니, 근심이 雜亂에 있는 까닭으로 조리 있게 다스리기를 생각하고, 天下는 人類가 사는 세계인즉 平和롭게 함은 정치의 최고 극치이다.

格物의 格은 내가 가서 物理를 연구하는 것이요, 物格의 格은 物理가 각각 그 지극한 곳에 이름이다. 格物은 마치 사람이 한 권의 책을 읽어서 끝까지 마치는 것이라면 物格은 마치 한 권의 책이 다 떨어지는 것과 같다. 좋은 말씀은 格物은 나에게 있고, 物格은 物에 있다는 이야기가 매우 근사합니다. 그러나 物理의 지극한 곳은 실로 내가 연구를 다하는 것이다.

栗谷이 이른바 格物의 格은 窮理의 뜻이 많고, 物格의 格은 이른다는 뜻이 많다고 하였으니, 모든 뜻을 포함하여 남는 것이 없다고 하겠도다.

天下의 근본은 나라에 있고, 나라의 근본은 가정에 있으며, 가정의 근본은 자기 자신에게 있고, 자기 자신의 근본은 마음에 있다고 하였으니 마땅히 마음의 근본은 어디에 있느냐고 묻는다면 마음이 發하는 곳이라고 할 것이다.

意字가 正心보다 앞에 있어서 성실하고자 하는 것은 정말로 매우 의심스러운데, 高明들도 의심하였던 것이다. 그러니 지극히 연구해야 될 대목이라고 하겠다. 얼마나 많이들 검토하였던가?

대개 意는 心의 作用이다. 心은 活物이니, 마음을 다스리는 길이 오로지 活動하는 곳에서 공부를 하여 靜時에 효과를 거두는 것이다. 그러므로 생각이 성실함이 곧 마음을 간직하는 방법이 되는 것이다.

그 공부를 이미 誠意에서 다하면 마음이 바르고자 하는 것이 이에 그 가고 오고, 지나치고 모자라는 병통을 바로잡는 것이다. 이것이 誠意로써 스스로 닦는 으뜸으로 삼아 다스리는 방법으로 하였으니, 그 正心보다 앞에 있는 것을 어찌 반드시 의심을 많이 하리오?

좋은 말씀 가운데 意誠 이후에 心正함은 마치 파도가 편평한 다음에 물이 안정하는 것처럼 파도가 넘실넘실 거리면 물이 固定하려고 하여도 할 수 없는 것 같다고 하신 말은 마음을 다스리는 境界를 잘 설명하였나이다.

愼獨은 남은 알지 못하는 곳이나, 자기만 홀로 아는 곳을 省察하는 공부입니다. 만일 좋은 말씀 가운데처럼 민중에게 신중히 하는 것이라고 말한다면 이것은 小人이 한가로이 살면서 착하지 못한 일을 하되 이르지 아니하는 곳이 없다가 君子를 보고는 시침을 뚝 떼고 그 착하지 못한 것을 감추는 것입니다.

君子의 마음은 겉과 속이 한결같거늘 어찌 이러한 점이 있으리오? 문을 나가면 큰 손님을 맞이하듯이 하고, 백성을 부림에는 큰 제사를 지내듯이 하는 것이 아마도 민중에게 신중히 하는 것인 듯하나이다. 그러나 이것은 動時의 敬입니다.

좋은 말씀 가운데 매양 남이 알지 못하지만 나만 알고 있는 곳을 더욱더 猛省하라고 하는 이하는 매우 절실하고 합당한 내용입니다.

愼獨은 이에 학자가 誠意를 공부하는 데 있어 힘을 내는 곳입니다. 그러므로 거듭 반복하여 말한 것이니, 착한 쪽과 악한 쪽을 나누어 논할 필요가 없습니다.

속에서 성실하면 밖으로 모양새가 나타난다고 하는 것은 善惡을 아울러서 말한 것이요, 하단에 반드시 愼獨이라는 말은 어찌 반드시 악한 쪽으로 귀속시키겠습니까? 다시 생각함이 어떨는지요?

傳十章은 曾子의 생각을 門人이 기록한 것으로 실로 曾子의 말은 아니요. 열 눈이 보는 바요 열 손가락이 가리키는 바라는 것은 바로 曾子의 雅言인 까닭에 특별히 曾子曰이라는 세 글자를 부쳐서 구별한 것입니다.

大學工夫는 모두 君子의 道이다. 말을 함에 반드시 君子를 일컫고, 분하여 성냄과, 두려워하여 무서워함과, 좋아하여 즐김과, 근심 걱정의 네 가지가 있는 사람과, 親愛함이나, 賤惡함이나, 畏敬함이나, 哀矜함이나, 敖惰함의 다섯 가지 편벽짐에 泛稱하여 그 사람이라고 하는 것은 語勢가 그러한 것이다.

마음이 바르지 못하고, 몸이 닦여지지 아니하였는데 어찌 君子라고 일컬으리오?

矩는 恕이다. 絜矩는 곧 推己及物의 일이니, 君子는 반드시 그 가지고 있는 바를 인연하여 미루어 사물을 헤아려서 하여금 그와 나의 사이에 각각 분수에 알맞은 소원을 얻게 한다면 恕가 행하여지는 것이다.

治國平天下의 道는 곧 家庭倫理의 확대이다. 孝悌慈는 家庭倫理의 교육 원리인즉 이것이 임금을 섬기고, 어른을 섬기고, 민중을 부리는 근본 도덕이다.

늙은이를 늙은이로 대접하면 효도가 일어나고, 어른을 어른으로 대접하면 공경이 일어나고, 孤兒를 불쌍히 여기면 민중이 배반하지 아니하는 것은 실로 가정윤리를 확대하여 국가와 천하에까지 응용한 것이다.

恕의 베푸는 바가 넓음이 어찌 矩가 아니리오? 가정윤리를 멀리 확대함이 어찌 국가와 천하가 아니리오? 이것이 矩를 아는 사람이 恕를 행하여 용서하는 원리가 가정을 가지런히 하고, 나라를 잘 다스리며, 천하를 화평하게 하는 길인저! 어떤가요?

　보내주신 가르침에 이른바 天下를 다스리는 道는 사람과 財物에
지나지 아니한다고 하였습니다. 혹시 財物을 생산하지 아니함이 없
어도, 나라에 사람이 없으면 다스릴 수 없는 것인즉 이래서 사람 쓰
는 일과 財物을 상대적으로 말했습니까?

　만약 天下의 사람을 財物과 상대적으로 말했다면은 옳지 못합니
다. 대개 平天下는 天下의 사람을 和平케 하는 것입니다. 어떻게 상
대적으로 거론하리오?

　財貨와 用人을 나누어 상대적으로 설명한다면 대개 좋아하고 미
워함을 공변되게 함이 헤아려 법도에 맞는 원리인즉 좋아하고 싫어
함을 마땅히 公明하게 할 것은 財貨와 用人보다도 더 중대한 일이
없습니다.

　그러므로 나누어 말하든지, 합쳐서 말하든지 이 두 가지는 平天下
의 要道라고 생각합니다.

　中庸의 未發, 已發說의 本體를 專一하게 하는 공부는 스스로 분
명하여 진실로 알 수 있지만, 大學은 전부 動하는 곳에서 말한 듯하
나이다. 그렇다면 靜할 때의 本源工夫는 빼어 버리고 말을 하지 않
았는가? 聖人이 萬世의 교육원리를 세우는 글이 반드시 이와 같이
不備하리오?

　대개 格物, 致知, 誠意는 모두 動하는 곳에서의 공부로되 오직 正
心은 확실히 靜時工夫이다. 正心은 바로 마음의 體와 用을 아울러
말하였으니, 마음에 네 가지가 있다고 말하는 것은 心이 妄動하여
本體가 不正한 것이며, 그 바름을 얻지 못한다고 말하는 것은 마음
이 妄動하여 일을 해쳐서 그 작용하는 바가 그 바름을 잃지 않을

수 없음을 의미한다.

대개 正心이라는 것은 妄動을 버리고 本體를 간직하여, 마음의
작용에 네 가지가 있는가를 세밀하게 살펴서, 마음의 本體에 네 가
지가 없게 하는 효과를 거두는 원리이다.

章句에서 이른바 敬으로 곧게 한 다음에 이 마음이 항상 간직된
다고 하였으니 어찌 靜時의 공부가 아니리오?

中庸의 戒懼愼獨은 진실로 未發과 已發의 곳을 나누어 상대적으
로 말하였고, 大學의 誠意와 正心은 이에 工夫하는 차례라고 할 것
이다. 반드시 動處의 논리인 까닭에 먼저 誠意를 말하고 뒤에 正心
을 말하였다고 할 수는 없을 것이다. 어떤지요?

中庸의 첫머리에는 본래 三綱으로 논하지 아니하였는데 六條를
추리하면 파악될 수 있는지요? 대저 性道敎의 세 글자는 실로 일관
된 논리인즉 大學의 明德, 新民, 至善의 綱領처럼 三綱으로 나누어
볼 수는 없는 것이다.

옛날에 간혹 性道敎를 三綱으로 설명하는 사람이 있었지만 그러
나 오늘날은 따르지 아니한다. 다만 한 편을 나누어 四節로 만들었
으니, 四節을 綱으로 하면, 節 가운데의 여러 章은 저절로 그 조목
이 될 것이다.

隱은 暗處요, 微는 細事이다. 省察功夫는 당연히 여기에서 힘을
내야 할 것이다. 무릇 人慾이 바야흐로 싹틀 때에 남은 알지 못하는
바이나, 나는 홀로 아는 곳이다. 그것이 거의 발동하여 흩어져서 事
物이 應接하는 데서야 깨닫는다면 오히려 省察이 미치지 못하는 것
이다.

그러므로 存心하는 사람은 隱微한 곳에서 더욱 그 뚜렷이 나타남
을 깨달아 반성한다.

戒愼과 愼獨에서 두 愼字의 뜻이 다름이 있는 것을 보지 못한다. 戒愼은 未發時의 공부요, 愼獨은 已發處에서 공부라고 하면 단지 그 境界에 있어서 語意의 차별일 뿐이다.

大本이 확립되는 근거는 戒懼에 있고, 이 이치를 간직하는 근거는 未發에 있다. 達道가 行하는 근거는 愼獨에 있고 이 이치를 통달하는 근거는 已發에 있다.

戒愼과 愼獨을 動과 靜에 分屬하여 大本을 확립하고 達道를 행하는 공부와 효과를 삼아야 한다. 그러나 達道의 행함이 실로 大本의 확립에서 말미암은즉 戒懼에 愼獨을 포함하여 말하여도 또한 되는 것이다.

묻기를 좋아하고, 살피기를 좋아함이 舜임금이 聖人이 되는 길이었다는 말은 대단히 좋으나, 단지 隱惡이라는 말은 惡한 말은 듣지 아니한다는 뜻이 아닙니다.

그 淺近한 말이라도 오히려 반드시 살피고, 그 착하지 못한 것은 숨겨서 선전하지 아니하는 것입니다. 다시 한번 생각하여 보시지오?

費隱은 道의 體와 用이니, 作用의 넓음은 바로 理의 所當然이요, 本體의 隱微함은 바로 理의 所以然이다. 솔개가 날고 물고기가 뛰는 것은 費요, 그 나는 원리와 뛰는 원리는 隱이니, 우물물이 흐름은 費요, 흐르는 원리는 隱이라고 하는 성대한 가르침의 천만 가지 비유가 아마도 스스로 정리한 논설은 아닐지나 大小, 外內로 설파한 것이 매우 분명하도다.

대저 費隱章은 中庸一篇의 중추인즉 首章의 中和는 人事로부터 理의 所當然을 설명하였고, 16章의 誠者는 天理로써 人事의 所以然

을 설명하였다.

君子의 道는 아래를 배워서 위에를 통달하는 까닭에 費하면서도 隱한다는 것은 그 所當然에 卽하여 그 所以然의 속에 있지 아니한 물건이 없음을 말하였으니, 이는 이른바 費인 것이요, 誠을 보고 들을 수 없는 것은 이에 이른바 隱이다.

費隱章은 위를 이어서 아래에 연결하는 내용인즉 위와 아래가 모두 여기에서 만나는 것이다.

中和의 性情과 費隱의 體用이 모두 誠이니, 誠은 곧 一篇의 樞紐이며, 三達德은 道에 들어가는 문으로 道를 꿰뚫는다. 誠은 人道와 天道를 포함하여 道가 행하는 원리인 것이다. 그러므로 道가 행하는 원리는 하나라고 하는 것이 바로 이것이다.

大舜으로부터 顏淵과 子路章이 篇內의 經緯가 되는 것이니, 20章에 이르러 처음 보이는 것이 아니다.

무릇 鬼神이라고 말하는 것은 모두 氣이다. 그러나 中庸에서는 오로지 그 理를 지적하여 말하였으니, 이른바 德이 됨이라고 말함은 실로 鬼神의 理이다.

費隱은 中庸一篇의 척추가 되고, 鬼神은 또한 費隱章의 척추가 되므로 文勢가 접속하지 않는다고 말함은 옳지 못하다. 鬼神은 理의 費隱을 밝히는 원리인즉 위에 3章은 적은 것을 말했고, 아래의 3章은 큰 것을 말했으니, 모두 費를 말하였으나 隱에 대해서는 말하지 아니한 것인데 오직 이 章에서만 隱하면서도 費함을 밝혔다.

보아도 보이지 않고, 들어도 들리지 아니함은 隱이요, 만물을 主體하여 남김이 없음은 費이다. 은미한 것이 나타나서 誠을 가릴 수 없다는 것은 費인즉 모두 鬼神의 實理이다.

위에 3章은 修身, 齊家하는 사람이요, 아래에 3章은 大德이 반드시 얻는 것이니 곧 天命이다. 이것은 鬼神의 實理가 所當然한 곳에서 所以然한 것이다.

舜이 大孝라는 한 마디 말은 父母는 그 和順하린저라는 뜻을 이음이니 이것이 하늘은 반드시 德이 있는 사람을 임명하는 일이다. 天命有德은 즉 鬼神이 만물을 주체하는 작용의 효과이다. 그 위를 이어 아래로 연결하는 것이 어찌 뚜렷하지 아니한가?

대저 鬼神의 德됨은 바로 하늘이 하늘이 되는 근거인 까닭에 程子가 말하기를 妙한 작용을 神이라고 하였으니 대개 능히 오묘한 것은 神이요, 妙한 원리는 誠이다.

誠은 神의 근본이요, 神은 誠의 작용이니, 합하여 말하면 天이다. 그러므로 이 章의 논설은 神으로 시작하여 誠으로 종결하였으니, 아래 문장의 人道, 天道의 張本이 된다.

首章의 첫머리는 하늘로부터 사람을 말하였고, 末章의 끝은 사람으로부터 하늘을 말하였으니, 하늘이 여기에 돌아와 머물거니와, 이 章은 하늘에 卽하여 하늘을 말하였는바, 자연히 위아래를 貫通하고 있다.

나는 항상 사람들과 강의하고 해설함에 이와 같이 하는데 어떤지요?

哀公의 질문은 정치하는 것인데, 夫子의 대답은 修身을 먼저 말하였는바, 九經은 정치하는 방법이요, 修身은 九經의 근본인 까닭이다. 誠이 몸을 닦는 근본이라고 하면 되지만 억지로 몸을 닦은 효과라고 하면 자상치 못하여 그 의미를 대답할 수 없나이다.

三知, 三仁, 三勇은 이미 註說이 있으니 여러 가지로 말할 필요가 없는 것이다.

九經의 일을 권하고 권하지 아니하는 事理가 곧 그러한 까닭으로 아래의 글자에 또한 爾耳를 놓았다. 어리석은 사람이 밝아지고 유약한 사람이 강하게 되는 것을 氣와 質의 변화로 나누어 소속시킨 것은 매우 좋습니다.

謂之性의 性字는 바로 聖人이 간직한 性이요, 謂之敎의 敎字는 바로 賢人이 배우는 학문이다. 首章의 率性과 修敎는 글자와 뜻이 같지 않다. 首章의 性은 本然의 性이니, 사람이 모두 동일하게 타고난 것으로 말함이요, 이 章의 性은 氣質의 性이니, 聖人만이 홀로 온전한 것을 말한다.

首章의 敎는 聖人이 교육을 확립한 것으로 敎育事業을 말하고, 이 章의 敎는 賢人이 교육을 통해서 학문하는 일을 말한다. 그러므로 그 뜻에 다름이 있는 것이다.

그러나 聖人이 온전히 하는 性이 곧 사람이 모두 함께 얻은 性이요, 賢人이 말미암아 교육하는 바도 곧 聖人이 확립한 바의 교육원리인즉 그 실제에 있어서 두 가지 일이 아니다.

誠으로부터 밝아지는 것은 그 性을 온전히 하여, 이 교육을 확립하는 것이요, 밝음으로부터 성실해지는 것은 이 교육을 말미암아 그 性을 회복하는 것이다.

또한 誠으로부터 밝아짐은 生知, 安行하는 사람이요, 밝음으로부터 성실해지는 것은 學知, 利行하는 사람이 그렇게 한다.

誠은 九經을 행하는 원리이니, 이른바 誠하지 않으면 物이 없다고 하였다. 그러나 五行에 있어서 土나, 五性에 있어서 信과 같이 각각 지칭하는 이름과 방향이 있는 것으로 비교하면 옳지 않다.

誠하면 밝아진다는 것은 先行後知인즉 天道요, 밝으면 성실해진다는 것은 先知後行이니 人道이다.

그 性을 다하고, 사람의 性을 다함은 곧 明德을 밝히고, 백성을 새롭게 함이며, 物性을 다하는 것은 만물로 하여금 각각 그 性의 자연함을 따르게 하는 것이다.

마치 소는 밭 갈고, 말은 타고 달리는 것이 소와 말의 성질이므로 하여금 밭 갈고, 달리게 하는 것은 바로 物의 性을 다한다고 말하는 것이다.

그 같은 것을 알고, 그 다른 것을 아는 데 이르러야 한다고 말하는 것은 곧 소와 말의 갈고 달림은 마치 人性의 五常처럼 하늘에서 똑같이 받았으니, 그 理는 사람과 物이 동일한 것이다.

그러나 소와 말이 갈고 달리는 道와 사람의 五常의 道는 각기 다르니, 이는 하늘이 준 바의 性이 사람과 物이 본래 스스로 같지 아니한 것이다. 이른바 같은 가운데서 다름을 인식하고, 다른 가운데서 같음을 보는 것이 아니겠는가?

形著, 明動, 變化는 誠實하려는 노력의 효과로서 人道가 天道에 이르러 감이다. 그러나 天道는 또한 聖人이 天性으로 움직이는 것을 말하는 것이다. 그러므로 모두 人事로서 말을 시작하되 26章은 이에 오로지 道가 하늘에 있는 것으로써 至誠은 쉼이 없는 효과와 작용으로 말하였다.

대개 앞에 4장은 하늘과 사람이 차이가 있어서 하늘이 사람보다도 앞서고, 뒤에 6장은 하늘과 사람을 가운데로 나누었으니 하늘이 사람보다도 뒤에다. 이 章은 하늘과 사람이 合一하는 妙를 밝혔으니, 머리와 꼬리가 서로 어울려서 한 節의 척추가 된다.

저 天道章은 머리와 꼬리가 모두 하늘이요, 人道章은 사람으로 시작하여 하늘로 끝나는 것처럼 다른 章에서도 모두 그러한 점을 보지 못하니, 다시 자세히 살피는 것이 어떨지요?

無息은 至誠이 間斷이 없음을 말하고, 時措之宜는 誠이 事實로

나타나는 것으로 때를 따라 조치함이 모두 그 알맞음을 얻었다는 말
이다.

悠遠, 博厚, 高明은 至誠이 四方으로 나타난 것이라고 해야 되고,
天地와 짝하여 無疆함은 聖人이 天地와 더불어 同體가 되는 것이
며, 不見而章과 不動而變과 無爲而成은 上文을 다시 해설하여 그
作用과 효과를 말한 것이다.

아래 30章은 覆燾와 持載로 聖人의 德이 天地와 같음을 비유한
것이니, 至誠은 스스로 至誠하므로 모름지기 道德으로 몸이 化한
것이라고 분석하여 至誠의 물건 됨을 수식할 필요는 없나이다. 어떤
지요?

尊德性은 涵養工夫니, 存心하여 道體의 大本을 지극히 하는 길이
요, 道問學은 致知工夫로 格物하여 道體의 細部를 극진히 하는 길이
다. 大德과 小德은 오로지 本源에 있어서 하나의 뿌리에서 일만
가지로 달라짐을 말하고, 廣大와 高明과 溫故와 敦厚는 즉 道의 全
體에 있어서 또한 大德이 敦化한 것이다.

精微와 中庸과 知新과 崇禮는 道의 條理處로서 또한 小德의 川
流이다.

天地가 定位하고, 萬物이 生育함은 聖人의 德이 지극한 곳에 옮
겨감을 말하고, 夫婦에서 실마리가 만들어진다는 것과 하늘땅에서
살핀다는 것은 君子의 道가 있지 아니한 곳이 없음을 말한다.

天地의 變化와 生育을 돕는다는 것은 聖人이 天地와 더불어 나란
히 서서 셋이 되는 것이요, 物質을 헤아릴 수 없이 생산한다는 것
은 天地가 道를 행하는 것으로 하는 말이며, 萬物을 發育하여 크게
하늘에까지 다한다는 것은 道가 지극히 큰 데까지 다하는 것을 말

한다.

萬物이 함께 자란다는 것은 하늘땅의 道를 말하고, 天地의 變化와 生育을 主宰한다는 것은 聖人이 至誠無妄한 것을 깨달아 실천하는 것을 말하며, 나는 밝은 덕을 품었으니 곧 나타내지 아니하는 德이다. 라는 것과, 하늘이 가지고 있는 것은 소리도 없고 냄새도 없다는 것은 그 德을 形容한 것으로 각각 알맞음이 있지만 요체는 聖人의 至誠은 天地와 더불어 그 德을 합친다는 말이다.

마음대로 쓰고, 자기만 주장하는 것은 明哲하게 保身하는 길이 아니라는 것은 위에 章을 이어서 하는 말이요, 족히 臨함이 있다는 것은 위에 머물러 아래에 臨하는 것이다.

이미 聰明睿知의 才質이 있으면 족히 臨함이 있다는 것은 포용력이 있고, 확신이 있으며, 공경심이 있고, 분별력이 있음을 말한다. 雍은 가히 임금을 시킬 만하다는 말의 뜻이 대개 이와 같은 도량을 지적한 것이다.

第2章에 仲尼曰 이하는 孔子의 말이요, 30章에 仲尼祖述 이하는 孔子의 德을 찬양하는 글이니 一篇이 실로 孔子의 行狀이다. 周公은 雅頌을 지어 文王과 武王의 德을 顯彰하고, 子思는 中庸을 지어 孔子의 道를 밝혔으니, 그 의리는 하나라고 하는 盛敎는 참으로 그러하나이다.

文王이 백성을 교화함은 실로 하늘이 만물을 기르는 道이다. 소리나 모양새는 족히 백성을 감화하지 못한다. 소리도 없고 냄새도 없음은 이에 天道의 本然으로 聖人이 나타내지 아니하는 妙를 형용한 것이다.

소리나 냄새를 어찌 반드시 天道의 生物하는 원리에 거론하리오?

사서답문(四書答問)

夫子의 雅素之言은 곧 사람을 교육하는 방법이다. 그러므로 반드시 詩書와 執禮로 말하나니, 詩書는 크게는 天道의 精微함과 작게는 人事의 曲折을 가르치고, 禮의 節文과 儀度를 지키도록 하는 것이 모두 사람을 가르치는 법이었다.

禮의 작용은 바로 樂이니, 音樂이 또한 그 가운데 있는 것이다. 詩에서 흥을 돋우고, 禮에서 인격이 서고, 樂에서 조화를 이룩한다는 데에 이르면 이것은 이용하여 공부하는 곳을 지적하였을 뿐만 아니라 이에 성공하여 효과를 얻는 차례가 이와 같음을 지적한 것이다.

그 신바람을 일으키어 감흥이 나오게 하는 것은 오직 詩가 그러하니, 禮로 인격을 확립한 다음에 中正, 和平하고, 찌꺼기를 깨끗이 씻어 버리는 것은 전부 음악에 있는 까닭에 성공의 마지막 조건으로 삼았으니, 書에 대해서는 거론치 아니하였다.

아! 옛날에는 가을 겨울로는 詩書를 가르치고, 봄여름에는 禮樂을 가르쳤으니, 詩書와 禮樂이 항상 상대적인 것을 알겠도다.

夫子가 人才를 얻기 어렵다는 탄식은 바로 한 사람의 賢人인가? 여러 사람의 多衆인가? 그 사람의 수로 보면 10人은 5人보다 많으나 참으로 의심스럽고, 만일 한 사람의 어짊이라면 武王의 10人은 舜의 五人보다 어질지 못함을 알 수 있으니, 하물며 10人 속에 婦人이 있으니, 9人뿐이라고 하였음이랴!

그렇다면 唐虞의 시대에 이렇게 성대하였다고 하였으니, 후세의 어진 인재가 늘 옛사람에게 미치지 못함이 있는바, 夫子의 탄식은 그 깊은 뜻이 있는저!

聖人의 교육은 각각 그 才能을 따라서 독실하게 하나니, 顔淵과 冉有가 똑같이 仁을 물었어도 克己復禮와 敬恕로 달리 대답하였고, 子遊와 子夏가 똑같이 孝를 물었어도 恭敬과 色難으로 달리 경계시켰다.

聖人은 말이 비록 다르지만 이치는 같으니 마치 하늘땅의 조화가 비바람으로 윤기내고, 우레와 번개로 고무하는 것과 같은 것이다.

子張과 樊遲가 똑같이 德을 높이는 질문을 하였지만 대답이 다른 까닭은 무엇 때문일까? 子張은 바로 뽐내어 착실하지 못한 사람이므로 진실에 주체하여 正義로 나가라고 함으로써 그 收斂하여 着實한 공부로써 德을 높이는 기초로 삼게 하였고, 樊遲는 약삭빠르고 서둘러서 늘 功利를 계산하는 생각이 있으므로 먼저 일을 하고나서 얻으려고 하여 그로 하여금 마땅히 할 일을 하고, 功利心을 버리도록 하였는바, 오직 天理를 따라서 살아가면 德은 저절로 높아진다고 하였다. 이렇게 각각 그 잘못을 바로잡아 주는 것이니, 어찌 일찍이 다름이 있으리오?

대저 忠信과 義는 곧 마음의 德에서 얻어서 모든 일에 天理를 따라가는 것이니, 어찌 일찍이 德이 아닌 것을 쌓으리오? 主體하고 옮겨가는 것은 崇德의 공부인즉 그 일을 먼저 하는 것이 어찌 일찍이 崇德의 공부가 아니겠는가?

곧은 말로 대답하는 것은 그 뽐내는 기질을 억누르려는 까닭이요, 말을 돌려서 이야기함은 그 얕팍한 버릇을 고쳐주려는 방법이니, 교육 아님이 없는 것인저!

세상 사람들을 관찰하면 그 질박, 착실한 사람은 화려한 재능이 부족하고, 그 화려한 재주가 있는 사람은 항상 질박, 착실함이 빠진다. 그래서 重厚한 자세로 아름다운 재주를 겸비한 사람이 100에 하나, 둘도 아니 된다.

이로 보면 孔子가 일컬은바 文彩와 資質이 골고루 어울리는 君子가 대체로 몇이 없는 것을 알 수 있는 것이다. 대저 資質이 촌스럽고, 文彩가 행정관료 같은 것은 모두 내용이나 형식이 지나친 것이다.

資質의 바탕은 五味의 甘과 같이 조화하고, 색깔의 白色처럼 깨끗하여야만 禮의 忠信을 배울 수 있는 것이다.

文彩의 나타남은 英華가 밖으로 나오고, 威儀가 깔끔하며, 文辭가 분명하며, 움직이는 모습과 걸음걸이가 節度에 알맞은 것이다.

文彩가 學文을 말미암고, 資質이 形質에서 갖추어진다면 어찌 번거롭게 같고 다름을 따지리오?

性의 개념 속에는 오직 仁義禮智의 네 가지가 있는데 仁이 한 마음의 全德이 된다. 그러므로 孝悌가 모두 仁에서 나오는 것이다. 孝悌로부터 민중을 사랑하고, 만물을 사랑하는 데까지 옮겨가는지라 곧 孝悌가 仁하는 근본이 되는 것이다.

仁과 義를 상대적으로 거론하면 兄을 따름은 바로 義의 출발이니, 兄을 따르고, 또 임금에게 충성하고 어른을 공경하는 데까지 옮겨가게 되면, 兄을 따르는 것이 義의 핵심이 된다.

대저 性은 太極이니, 太極이 陰陽을 낳고, 陰陽이 비록 나누어져서 動하고, 靜하지만 문득 이것은 하나의 陰陽이다. 動과 靜은 비록 陰陽에서 생기지만 動한 것은 또한 靜하고, 靜한 것은 또한 動하니 靜을 陽의 뿌리라고 말해도 되고 陰의 實體라고 해도 되는 것이다. 孝悌도 仁義에 대하여 또한 이와 같은저!

仁智는 性인데, 다 같이 서로 體用이 된다. 子貢의 말은 知를 주장하는 까닭에 先知後仁하여 知를 體로 하고 仁을 用으로 하였으며, 子思의 말은 行을 주장한 까닭에 先仁後知하니, 仁이 體가 되고 知가 用이 된다.

지혜가 스스로 밝은 근거는 어찌 배우기를 싫어하지 아니하는 지혜가 아니리오? 仁이 物에까지 미쳐가는 근거는 가르치기를 게을리하지 아니하는 仁이 아니리오?

克己復禮가 仁함은 어찌 자기 자신을 완성함이 아니리오? 만물을 두루 主宰하는 것은 어찌 만물을 완성하는 것이 아니리오? 이러한 것은 先儒의 학설에 이미 다 말하고 있도다.

대저 德은 마음에서 얻음을 말한다. 仁義禮智를 네 가지 덕이라고 말하지만 仁이 마음의 全德인즉 仁이 곧 全體로서 義와 禮와 智를 그 가운데에 포함하나니, 나타나서 仁의 작용이 되는 것이다.

德에 근거하면 어버이를 섬김에 그 효도를 다하고, 兄을 섬김에 그 공경을 다하여 문득 스스로 그렇게 하는 道理가 있어야만 그러한 자리에서 실천하는 것이다. 이는 단지 한 가지 일에 따라서 한 가지 도리를 하려는 생각인 것이다.

仁에 의거하면 이 마음이 항상 있어서 어버이를 섬기고, 형을 섬김에 있어 여러 가지 허다한 德을 모두 모아 꿰뚫어서 스스로 활발하게 계속한다.

비록 각각 조목의 공부를 나눌 수는 없지만 그러나 輕重의 구별과 先後의 차례를 알지 않으면 안 된다.

대저 矩는 나의 마음에 固有한 법칙으로 사람이 똑같이 얻은 것인데 스스로 體用이 있다. 絜矩의 두 글자는 聖賢이 서로 전해 준

心法으로 仁을 찾는 궁극적 道이다.

論語에서는 能近取譬라고 하였고, 中庸에서는 나에게 베풀기를 바라지 않은 것은 남에게 베풀지 말라고 하였고, 孟子에서는 억지로 용서하여 실천하라고 하는 것이 모두 헤아려서 법도에 맞는 행실이다.

絜矩는 곧 이른바 용서를 하는 것이니, 용서하면 公平하고 公平하면 仁이요, 仁하면 마음에 하고자 하는 바를 따를지라도 법도에 벗어나지 아니한다는 全體와 大用이 여기에서 확립된다.

대저 矩는 법칙이요, 心은 그릇이니, 법도를 벗어나지 아니한다는 것은 작용하는 곳을 쫓아서 그 體를 말한 것이다. 그러므로 먼저 그 마음을 말하였고, 絜矩는 體를 따라서 用을 말하였으므로 道의 流行處로 말하였다.

아! 絜矩의 道는 크도다. 어찌 다만 平天下에만 쓰리오, 실로 聖賢이 서로 전해 주었던 心法인저!

政治를 하는 방법에는 대개 輕重과 緩急의 차례가 있으니, 그 중 대하고 급한 것을 먼저 하고, 그 가볍고 느리게 할 것은 뒤에 하면 일이 모두 실마리가 잡히어 비로소 정치의 大道를 더불어 논할 수 있는 것이다.

이래서 聖人이 치도를 논함에는 반드시 그 重且急한 것을 거론하여 가르쳤던 것이나, 이에 후세 사람은 그 이치를 살피지 못하고 늘 가볍고 늘어진 것만 하는도다. 이렇게 그 근본을 찾지 아니하고, 오로지 말단적인 것만 추구하니, 風俗이 더러워지는 것도 실로 여기에서 말미암는 것이다.

그러니 어쩌면 좋을까? 오호라! 夫子가 顏淵에게 答한 政治方法이 곧 그 大經大法이다. 말하기를 夏나라의 曆을 쓰라고 하였으니, 天時를 어기지 아니함이요, 殷나라의 수레를 타라고 하였으니, 器用

의 질박, 검소함을 숭상함이요, 주나라의 모자를 쓰라고 하였으니, 先王의 衣服을 변경하지 아니함이요, 음악은 韶舞를 쓰라고 하였으니, 聲音의 道가 정치와 通함이다. 이것이 나라를 다스림에 있어 가장 중요한 사항이다.

鄭나라의 노래는 풍속을 어지럽히고, 아첨배는 정치를 문란케 하므로 혹시라도 있으면 추방하고 멀리하는 것이 급한 일이다.

그러나 夫子는 특별히 그 綱紀만을 거론하였고, 그 節度까지는 미치지 못하였으니, 中庸 九經이 당시의 임금에게 자세히 가르쳐준 나라를 다스리는 節度와 차례이다.

한 몸이 만사의 근본인 까닭에 반드시 먼저 그 몸을 닦고, 賢人은 道를 가지고 있으므로 나라의 보배로서 높여서 스승으로 삼은 다음에 가히 그 道를 바탕으로 정치를 하는 것이다.

어버이를 親近히 하면 仁을 옮겨 멀리 미치게 할 것이요, 大臣을 恭敬하면 信任을 오로지 하여 國體를 높일 것이다. 그런 다음에야 위아래가 각각 등급이 분명하게 되는 것이다.

여러 신하를 마치 한 몸처럼 친애하면 신하가 임금 보기를 뱃속의 마음같이 할 것이니, 朝廷이 편안하게 되고, 庶民을 어린아이처럼 사랑하면 민중이 임금을 어버이같이 받들 것인즉 나라의 근본이 튼튼하게 될 것이다.

일백 가지 기능공이 모여 오면 전문기술을 통달하여 일을 바꾸어 하면 財用이 넉넉할 것이며, 外國人을 환영하여 부드럽게 대하여 가고 옴에 따뜻이 하고, 이웃나라와 사귐에 道德을 지키고, 正義를 보이면서 威嚴으로 制壓하고, 먼저 우리의 정치와 교육을 다스리며 먼저 우리의 禮節과 法律을 세우면 四方의 나라가 모두 두려워하여 복종하고 감히 능멸하지 못할 것이다. 이것이 九經의 節度이다.

大學의 絜矩는, 즉 국가를 다스리는 要領이니, 민중이 좋아하는

것을 좋아하고, 민중이 싫어하는 바를 싫어하면 民心을 얻을 것이
요, 이와 반대로 하면 민중의 마음을 잃을 것이다.

民衆을 얻으면 民心을 얻고, 民衆을 잃으면 民心을 잃으며, 善하
면 민심을 얻고, 善하지 못하면 民心을 잃으며, 忠信하면 얻은 것은
민심이요, 교만하고, 사치하면 잃은 것도 또한 민심이다.

民心의 얻고 잃음은 실로 나의 마음에서 말미암나니, 天理가 있고
없는 기틀이 된다. 저 財政과 같은 것은 나라를 豊足하게 하는 근거
인즉 財政이 없으면 나라를 다스릴 수 없는 것이다.

그러나 財貨를 生産하는 데 방법이 있으니, 씀씀이를 절약하는 것
이 財貨를 생산하는 길이다. 만일 有限한 財貨를 마음대로 끝없이
쓴다면 그 땅을 모두 긁어도 모자랄 것이다. 장차 어디에서 구해 올
것인가?

또한 財貨는 모든 사람이 똑같이 가지고 싶은 것인즉 임금이 이
미 좋아하면 백성도 또한 다투어 일어나서 爭奪하여 나라가 반드시
어지러운 것이다.

이러한 까닭으로 나라를 잘 다스리는 사람은 근본에 힘쓰면서 재
화를 생산하고, 검소함을 숭상하면서 씀씀이를 절약하면 財政이 없
는 것을 근심하지는 아니할 것이다.

가장 중요한 것은 人才를 쓰고 버림에 人心의 向背가 걸려 있음
이다. 政事를 잘 다스림에 어진 인재를 얻지 아니하고도 나라를 다
스릴 수 있다는 말을 듣지 못하나니, 이것이 오직 어진 이를 보배로
여기고, 聚斂하는 신하를 盜賊질하는 신하보다도 경계하도록 한 것
이다.

小人輩가 나라를 다스리면 災害가 함께 함께 이르게 된다고 하였
다. 이는 곧 헤아려서 법도에 맞는 道의 要領이 되는 것이다.

孟子가 당시의 君主에게 王道를 설명할 때에 처음으로 法制와 品

節을 자상하게 밝혔으니, 늙은이가 비단옷 입고, 고기 먹도록 이에 백성으로 하여금 각각 그 효도와 봉양을 다하게 함은 民心을 얻는 방법이요, 庠序學校를 설립하여 그 孝悌忠信을 닦아 人才를 敎養하여 거두어 등용하면 어진 인재를 다 쓰지 못할 것이다.

井地를 나누어 주고, 境界를 定하며 백성의 항구적인 산업을 제도화하여 각각 그 직업을 安定시킴은 仁政이 행할 바이다. 이것이 王道의 法制와 品節이다.

禮樂은 나라를 다스리는 道이며, 修身은 나라를 다스리는 근본이다. 好惡과 得失이 내 마음의 天理이니, 곧 자기의 몸을 닦아야 하는 것이다. 庠序學校는 바로 禮樂이 일어나는 곳이다.

어진 이를 존중하여 人才를 등용하고, 井田法으로 財政政策을 세우는 것이다. 이 원리를 추리하여 나가면 모두 한 가지 道가 아님이 없나니, 이것이 바로 孔顔曾思孟의 다섯 聖人의 道인즉 어찌 서로 같지 아니함이 있으리오?

만약 그 가운데서 輕重과 緩急을 논하여 지도자가 法으로 삼는다면 禮樂, 庠序, 田制, 修身, 尊賢, 用人, 理財가 그 중요하고 급한 일인저!

오호라! 당시에 능히 時務를 아는 사람이 輕重緩急의 일을 가려서 때에 알맞게 조치한다면 聖人의 大經大法이 착착 꼭 들어맞아서 先王의 정치를 후세에 다시 행하게 될 것이다. 다만 한은 후세의 사람이 행하지 아니함이로다.

그렇다면 時務를 아는 사람이 누구인가? 어진 이가 그 사람이다. 그 어진 이를 높여 등용하면 정치를 함에 九經, 絜矩, 王道로 할지니, 輕重緩急을 어찌 번거롭게 다시 물으리오?

대저 좋아하고, 싫어함은 人心에 固有한 性이다. 그러므로 大學一

部는 이것으로 시작하고 끝냈으니, 天下를 和平케 하는 중요한 길이 불과 좋아하고 싫어하는 마음을 추리하는 것이라고 하였다.

그러므로 絜矩의 道가 오직 민중의 좋아하는 것을 좋아하고, 민중이 싫어하는 것을 싫어함에 있다고 하였다. 孝悌慈는 民心이 좋아하는 바이므로 내가 늙은이를 늙은이로 대접하고, 어른을 어른으로 여기며, 孤兒를 불쌍히 여기는 것을 좋아하는 마음을 확대하면 백성이 저절로 감동하여 일어나는 것이다.

내가 위아래, 앞뒤, 좌우에게 싫은 바는 곧 백성의 마음도 똑같은 바이다. 그러므로 내가 싫어하는 바로써 백성의 마음에 싫어하는 것을 추리하여 깨달아 베풀지 아니하면 민심을 얻지 아니함이 없을 것이다. 그것이 이른바 天下를 화평하게 다스리는 要道이다.

上節에서는 좋아하는 바를 말했고, 이 節에서는 싫어하는 바를 말했으며, 下節에서는 즐거운 君子는 백성의 父母라는 詩를 인용하여 위에 말을 結論지은 것이니, 生의 아래는 이 節로 할 필요가 없다.

단지 싫어하는 것만을 말하고, 좋아하는 바는 말하지 아니하였으니, 그러므로 싫어함에서 끝냈다. 법도로써 헤아린다고 해야 좋고, 헤아려서 법도에 맞는다고 함은 좋지 않다.

大學의 글은 知와 行의 작용과 효과를 말하는 데 지나지 않는다. 明明德은 知요, 新民은 行이니, 止至善은 그 功效이다.

三綱領의 傳도 또한 어찌 知行功效의 마디마디를 분석한 것이 아니리오? 傳首章의 克明德은 바로 明德을 잘 알아서 잘 밝히는 것이니 知行을 겸하여 말한 것이요. 太甲의 顧諟는 실로 明明德의 방법을 지적한 것이며, 帝典은 곧 克明俊德으로 이에 그 극단적인 효과를 말한 것이다.

傳二章의 盤銘에 日新又日新은 行이요, 日新할 바를 아는 것은

知이다. 康誥의 作新民은 곧 新民의 일을 行하는 바요, 만약 詩曰 周雖舊邦 其命維新에 이를 것 같으면 文王이 능히 그 德을 새롭게 하여 백성에게 미쳐감으로써 그 효과가 비로소 天命을 받는 데까지 이른 것이다.

傳三章의 玄鳥詩는 이에 두루 그 멈춤을 말하였고, 黃鳥詩는 바로 머무를 자리이다. 文王詩는 至善의 행할 바에 멈추는 것이요, 淇澳詩는 至善에 멈추는 것을 얻는 방법을 밝히고 마침내 그 효과를 지적하여 탄미한 것이다.

烈文詩는 至善에 멈추는 효과가 하늘에까지 이르러서 후세에 죽어도 사람이 잊지 못함을 극단적으로 말하였다. 마디마다 추리하여 나가면 10章이 모두 그렇지 아니함이 없다.

그윽이 聖賢의 글을 보면 모두 性을 논함에 心을 포함하고, 心을 말함에 性을 포함하였다. 그러나 中庸과 大學은 經緯가 어그러지게 거론하였으니, 大學의 明德은 心性情을 총칭한 이름이다. 그 근본을 추리하고, 그 근원을 탐구하면 理이다. 그러므로 傳에서 하늘의 明命으로 해석하였으니, 明德은 전부 心이 아님을 알 수 있다.

그 밝히는 공부인즉 이에 그 마음을 바르게 한 뒤에 明德이 비로소 밝혀진다고 하였으니, 一篇의 宗旨가 실로 明德의 理에 있는 것이다.

中庸은 비록 머리에서 性字를 말하였으나 하늘이 命하는 것은 理요, 命이 流行하는 것은 氣이다. 사람이 따르는 것은 性이요, 통솔하는 것은 心이다.

그 아래로 戒愼, 愼獨은 마음에서의 공부가 아님이 없나니, 곧 中庸은 마음에 대하여 말하지 않았다고 말해서는 안 된다. 이것이 이른바 經緯가 어그러지게 거론하여 그러한 것이다.

朱子의 序文에 특별히 그 宗旨를 발명하였나니, 그러므로 大學序文에 仁義禮智의 性은 곧 明德을 主로 한 것이요, 그 性을 다한다는 것은 자기의 德을 스스로 밝힌다는 뜻이다.

비롯하여 가르쳐서 그 性을 회복한다는 것은 곧 저하 사람으로 하여금 모두 그 明德을 밝게 하려는 뜻이다. 이 序文은 한 편의 宗旨를 총괄하여 밝힌 것이다.

中庸은 바로 聖人이 傳道하는 글이다. 그러므로 序文에서 堯舜이 中을 잡는 것으로 말하였으니, 中이란 것은 理이며, 性이요, 잡은 것은 心이다.

그러므로 精密하고 專一하게 하는 공부는 전부 마음에 있으니, 率性과 修道에 이 마음을 버리면 어찌할 것인가?

朱子의 序文이 어찌 일찍이 曾子와 子思의 논리와 같지 아니함이 있으리오? 그러므로 胡雲峰이 이른바 大學 속에는 性字가 나오지 아니하므로 序文에서 性을 자상하게 말하였고, 中庸 속에는 心字가 나오지 아니하므로 序文에서 마음을 자세히 말하였다는 말은 그 어떠한 논설인지 알지 못하겠도다.

大學은 이른바 능히 얻어서 멈춤을 아는 작용과 효과로써 말하는 까닭에 편안한 다음에 능히 생각하고, 생각한 다음에 능히 얻는다고 하였으니, 그 차례가 그러한 것이다.

孟子는 이른바 깊은 조예를 自得하는 공부를 말하였다. 그러므로 스스로 깨달아 살기가 편안한 것은 그 조예가 있기 때문이라고 할 것이다.

비록 그러하나 편안하여야 능히 얻는다고 하는 효과는 실로 自得에서 나온 것이니, 곧 살기가 편한 것이다. 얕고 깊고, 높고 낮음이 여기에서 분별할 수 있으리라!

正心, 誠意와 不動心, 養氣는 곧 우리 선비의 학문에 있어서 聖人과 凡人을 분별하는 관문이라고 할 것이다. 감히 그 兩端을 밝혀 말하지 아니하리오?

대개 意는 마음이 발동한 것이다. 그 마음이 진실하게 발동하면 착함을 좋아함도 정말 좋아함이요, 악함을 미워함도 참으로 미워함이다. 털끝만치도 분수에 모자람이 없어야만 그 가지런하지 못한 氣가 발함에 비로소 그 진실을 얻어서 능히 이 마음을 지킬 수 있는 것이다.

이것이 自修의 으뜸으로써 下手處인즉 意가 이미 진실하면 이 마음을 세밀하게 살펴서 敬으로 곧게 하여, 가고 오며 妄動하는 병통이 없게 한 다음에야 이에 正心을 말할 수 있는 것이다.

그러므로 存心의 공부는 오로지 誠意에 있나니, 正心은 그 지나치고 미치지 못함을 바로잡아서 未發에는 涵養工夫를 하고, 바야흐로 發함에는 省察공부를 더하여 澹然하고 卓然하고 곧아 바르면 한 몸의 主宰가 되는 것이다.

이른바 움직이지 아니한다는 것은 실로 正心을 말미암나니, 그 마음이 이미 바른데 어찌 妄動하는 이치가 있으리오? 그러나 마음의 움직이지 아니함은 또한 氣의 도움을 받는 데서 말미암은 것이니, 養氣는 실로 操心하는 방법이다.

孟子가 이른바 勿妄, 勿助長이라고 함은 바로 養氣의 節度요, 程子는 또 養心의 法을 말함에 氣를 잘 기르는 것이 곧 마음을 기르는 원리라고 하였다.

만약 氣를 기르려면 誠意에서 힘을 얻음에 있나니, 直으로 길러 해치지 말라고 하는 것은 곧 誠意를 말함이다.

誠意의 自慊과 浩氣의 慊於心은 비록 快足과 滿足의 다름은 있지마는 滿足은 快足의 다음 일이다. 誠意는 또한 養氣의 근본이요,

氣의 浩然한 것은 또한 誠意의 도움인 것이다. 어찌 서로 관계함이 없으리오?

또한 曾子의 守約은 理에 있어서 공부요, 孟子의 不動心은 浩然함을 얻어서 義를 짝하고 道를 더불은 것인즉 그 근원이 비롯하여 나오는 곳을 볼 수 있는 것이다.

무릇 大學은 學者의 일인 까닭으로 道로써 주장을 삼고, 中庸은 傳道의 글인 까닭으로 誠으로써 근본을 삼았으니, 誠은 實理이다. 鬼神의 德은 곧 實理의 妙用인즉 만물을 주체하여 남김이 없는 것이다.

聖人은 天道의 誠이라, 修練에 의지하지 아니하여도 곧 그 理이다. 그러므로 鬼神의 實理를 따라서 聖人의 天道가 펼쳐 나오는 것이다. 人道에 미쳐서는 誠을 생각하는 것으로 설명하였다.

敬은 萬事의 근본이니, 至善에 멈추는 것이 실제의 표지이다. 三綱은 八條目을 포함하였는데 敬은 멈추는 바의 道인즉 敬의 한 글자를 특별히 止至善의 傳에서 나타낸 것은 이에 一篇의 大旨를 총괄하기 위하여 明德의 傳에서 말하지 아니한 것임이 분명하다.

性과 道는 一理이다. 性은 人物이 태어난 이후의 이름이요, 道는 혹 源頭에 따라 말하기도 하고, 혹 流行에 따라 말하기도 한다.

中庸의 率性의 道는 곧 性은 一原이요 道는 分殊이며, 繫辭의 一陰一陽의 道와 繼之者善과 成之者性은 곧 道가 本源이요, 性은 各正이니, 性과 道가 혹 앞서기도 하고 혹 뒤에 있기도 함은 말하는 내용이 간혹 다른 까닭이다.

陰陽은 道가 아니요, 一陰一陽하는 원리가 이른바 道인즉 어찌 가히 陰陽의 氣를 道라고 의심할 것인가?

中庸을 항상 읽고 다시 輯略과 或問을 취하여 참고하면 여러 학설의 같고 다름과 얻고 잃음을 분별하기 어렵지 않다.

그 같고 얻는 것은 참으로 이른바 가닥가닥을 충분히 익혀서 각각 그 뜻을 지극히 깨달으면 그 다르고 잃은 것도 다른 까닭과 잃은 까닭의 원인을 하나하나 분명하게 깨달아 알게 되어서 하여금 眩亂하여 사람을 잘못 가르쳤던 것을 이에 알게 될 것이다.

朱子의 嘉惠한 功이 이에 위대하나니, 저와 같이 여러 가지로 말한 程門의 諸子의 說이 或問 속에 있으므로 보면 알 것인즉 여기에 모두 거론하지는 아니한다.

天下國家의 均平한 정치도 스스로 中庸의 道가 있고, 爵祿을 사양함도 스스로 중용의 도가 있으며, 흰 칼날을 밟는 것도 스스로 중용의 도가 있는 것이다.

천하국가를 능히 고르게 다스리고, 爵祿을 능히 사양하고, 하얀 칼날을 능히 밟으면서도 중용의 도를 잘하지 못한다면 족히 귀할 것이 없다. 이러한 점이 중용을 잘할 수 없는 까닭이다.

管仲은 천하를 한번 바로잡았으면서도 王道를 몰랐으니 이는 미치지 못한 것이요, 晨門이나 荷蕢의 마음은 爵祿도 없으면서 그 몸을 깨끗이 하고자 倫理를 어지럽혔으니 이는 지나친 것이다.

召忽이 子糾를 위하여 죽은 것은 子糾가 義롭지 아니함을 알지 못함인즉 知는 미치지 못했고, 죽음은 지나친 것이다. 이제까지 古今을 논하되 그 누가 이 네 가지를 아울렀는가? 그 오직 聖人만이 中庸의 德이 있나니 그러한 다음에야 모든 일에 中庸의 道를 잃지 아니하는 것이다.

대제 費와 隱은 모두 理이니, 道의 體用이다. 君子의 道는 사람이 행하는 바로써 말하는 까닭으로 그 나타남이 뚜렷한 곳은 작용이 넓은 것인데, 그 本體의 微細함을 지적하여 설명하여 들어온 것이요, 微之顯은 實理가 發見한 것으로 鬼神의 德이 實然한 理이니, 本體로부터 설명하여 나온 것이다.

理의 보이지 아니함은 隱微가 아니리오? 誠을 가리지 못함은 費顯이 아니리오? 發見處에 반드시 그러한 까닭이 있고, 보고 듣지 못하는 곳에 반드시 가릴 수 없는 것이 있나니, 이것이 道의 體用이다.

鬼神의 道는 곧 君子의 道이니 참으로 두 가지가 있는 것이 아니다.

九經에 이른바 修身은 곧 德으로 들어가는 근본이요, 이른바 誠身은 成德의 효과이다. 德으로 들어가는 일로 말하면 修身의 道는 반드시 어버이를 섬기는 仁에 기초하는 것이다.

成德의 효과로 말하면 나의 몸이 이미 성실하면 자연히 어버이의 마음에 순응할 것이다.

위에 문장에서는 정치하는 사람은 修身을 근본으로 하되 修身에도 道가 있음을 말하였고, 아래 문장에서는 아래 자리에 있어도 몸을 성실히 하여 윗사람에게 신임을 얻는 길은 어버이에게 和順하여야 윗사람에게 신임을 얻는다는 뜻이다.

비록 그렇더라도 修身과 誠身, 事親과 順親에 어찌 같고 다름이 있다고 말할 것이냐?

무릇 사람의 감정이 남이 보는 데서는 부지런하다가도 보지 않는 곳에서는 항상 怠惰放肆하게 되는 근심이 있다.

小人이 한가롭게 살면서 착하지 못한 짓을 하되 이르지 아니하는 곳이 없다가 君子를 보고는 시침을 뚝 떼고 그 착하지 못함을 감추고, 그 착한 것을 나타낸다. 君子는 그렇지 아니하여 겉과 속이 한결같아 動하거나 靜하거나 어김이 없으며, 남이 보지 않는 곳에서는 더욱 삼가하나니 이래서 凡人이 미치지 못하는 것이다.

그러나 하려고 하는 사람은 또한 이와 같이 되나니 어찌 끝내 미치지 못하는 이치가 있으리오? 또한 자기가 할 따름인저!

中庸과 大學 가운데 두 恐懼는 글자는 똑같지만 뜻은 다르다. 中庸에서 이른바 恐懼는 다만 보이지 않고 들리지 아니한 때에도 敬畏하는 것이니, 未發工夫요, 大學에서 이른바 恐懼는 이에 驚惶震怖한 모습인즉 心의 작용으로 사람에게 없을 수 없는 것이다. 그러나 만약 있는 데도 살피지 아니하면 그 바름을 얻지 못하는 것이다. 그러나 보이지도 들리지도 아니하는 때에 戒懼하여 心體가 虛明하면 반드시 恐懼하는 병통이 있지 아니할 것이다.

惠王과 宣王의 공손한 말과 교만한 말은 樂此와 有此樂의 글자를 보면 분별할 수 있다.

惠王이 樂此乎라고 묻는 말은 뜻이 此字에 있으니, 어진 이도 또한 혹시 이러한 일을 즐기나이까라고 물어 말한 것이니, 대개 스스로 부끄러워서 하는 말이다.

宣王의 말이 有此樂乎하는 것은 뜻이 樂字에 있으니, 어진 이도 또한 이러한 놀이를 할 수 있는가라고 물어 말한 것으로, 참으로 자기를 과시하는 말이다.

그러므로 孟子는 그 惠王을 羞惡의 善心으로 順導하여 어진 이가 된 다음에 이것을 즐긴다고 대답하였고, 그 宣王의 뽐내어 교만한 마음은 억눌러서 사람이 얻지 못하면 그 임금을 비난한다고 대답하였으니, 두 임금의 그날에 말하는 모습을 지금도 상상해 볼 수 있는 것이다. 두 곳의 賢者字는 그 같지 아니함이 있는지를 보지 못하겠도다.

대체로 讀書는 먼저 그 語脈을 살핀 다음에 말하는 뜻의 가닥이 나타나는 것이다.

그윽이 이 章을 살피건대 公孫丑가 孟子에게 묻기를 오늘날 齊나라의 要路에 오르신다면 어떠한 일에 공헌하리까? 하므로 孟子는 現今의 事勢로 대답하였다.

대개 공손추의 뜻은 夫子가 제나라의 요직에 앉으면 管仲과 晏子의 事業을 오늘에 실현할 수 있겠는가를 물은 것인데 孟子는 배척하여 管仲이나 晏子의 사업은 족히 할 것이 못 된다고 한 것이다.

공손추는 평소 관중과 안자의 사업을 尊尙하여 가장 훌륭한 일로 보았다가 갑자기 孟子가 인정하지 아니하는 말을 듣고는, 이상하게 생각하여 다시 묻기를 관중은 그 임금을 실력자로 만들었으며, 안자는 그 임금을 이름나게 하였으니, 그 얼마나 훌륭한 사업인데 오히려 부족하다고 말하는 것은 무슨 까닭이냐고 하였다.

孟子는 말하기를 오늘날 제나라의 形勢로는 천하에 王道를 행할 수 있거늘 어찌 반드시 管晏의 패권통치 방법을 족히 법으로 취하겠느냐고 하였다.

공손추의 생각에는 王道를 행하는 것은 용이한 일이 아니거늘 孟子가 스스로 당시에 이와 같이 행할 수 있다고 하는 까닭에 또한 文王도 100년 만에 일어났던 사실로 물었다.

그래서 아래 문장의 時勢를 타는 것만 같지 못하다고 하면서 제나라는 그만한 땅이 있고, 그만한 백성이 있으므로 仁政을 행하여 王道政治를 하면 누구도 막지 못하며, 또한 王者가 나오지 아니함이 이 시대보다 긴 때가 있지 않다고 하였으니, 이러한 말로 보면 제나라로 왕도 정치하는 것은 오히려 손을 뒤집는 것과 같다고 말한 것도 바로 孟子의 시대를 지적한 것이 분명한 것이다. 어떤 사람은 語意를 살피지 아니하고, 孟子가 관중과 안자의 王道를 행하지 아니한 것을 책망한 말이라고 하나니, 심한저! 文理를 밝게 알기 어려움이여!

　孝하는 道는 중대하도다. 曾子가 士庶人의 孝로써 어버이를 섬기는 방법은 그 도리를 극진히 하였다고 말할 것이다. 그러나 孟子는 옳다고만 말하였고 程子는 어찌 넉넉하다고 말하리오라고 하였으니, 이것으로 미루어 보면 大舜, 武王, 周公, 王公의 孝도 비록 극진하였다고 말할지라도 또한 어찌 넉넉하다고 하겠는가?

　대저 남의 아들이 되어 가지고 그 어버이를 섬기는 것은 마땅히 해야 되는 바인즉 처음부터 분수를 벗어난 일이 있지 아니하다. 그러므로 비록 大舜, 武王, 周公, 曾子가 행하지 못한 바를 행하여도 또한 좋은 것이다.

　孝子의 마음으로 보면 어버이를 섬기는 道는 그 끝이 없는 것이다. 그러므로 孟程兩夫子가 曾子를 논함도 곧 효자의 마음으로 끝없는 것을 추리한 것이다.

　大舜을 大孝라고 일컫고, 武王과 周公을 達孝라고 일컬은 것은 그 사업과 功德에 있어서 천하 사람이 모두 공통으로 말하는 효자이다. 그러나 만약 효자의 無窮한 마음으로 추리하면 또한 옳다고 해야지 넉넉한 것은 아니다. 오호라! 효자의 길은 크도다.

　不恭은 문득 和의 흐름이다. 不恭을 어찌 傲慢이라고 말할 것인가? 和를 어찌 조용히 道에 적중함을 말하리오? 和는 지극히 쉽게 不恭으로 흐른다.

　더러운 임금도 부끄러워하지 아니하고, 작은 벼슬도 얕다고 아니함은 그 和하는 곳인바 더러운 임금을 섬기고, 작은 벼슬을 하는 것은 不恭이다.

　　성대한 德과 공손한 禮가 이에 이른바 恭이다. 柳下惠의 進退는 혹 中節의 禮를 빠뜨렸으니 不恭이라고 말해도 또한 옳지 않겠는가? 비록 그러하나 孟子가 不恭으로 논한 것은 그 君子의 中正한 道요, 聖人의 調和라고 단정한 것은 그 3聖人이 도달한 경지를 지적한 것이다.

　　문장은 비록 다르지 아니하나, 말은 각각 해당함이 있나니, 후학이 聖人을 배움에 마땅히 그 처한 바를 알아야 한다.

　　性은 人心에 갖춘 바의 天理요, 命은 하늘이 사람에게 준 것으로 이미 사람에게 주었으면 마땅히 氣數를 아울러 논한 것이다.

　　君子는 다만 이에 天理를 따라서 행하는 까닭으로 그 쉽게 흐트러지는 마음을 보존하여 그 本然의 性을 회복한다. 이것이 곧 하늘을 섬기는 일이 되나니, 修身의 道도 父子의 자리와 君臣의 義와 賓主의 禮와 賢否의 智와 聖人이 天道에 대해서 그 固有한 性을 따름에 지나지 아니하는 것이다.

　　夭壽에 이르면 이는 이른바 氣數의 命인즉 君子가 말하지 아니하는 바이다. 다만 몸을 닦아서 기다리나니 이러한 命은 자기 스스로 확립하는 것이다. 그러므로 存心, 養性이 곧 이른바 修身이요, 立命은 바로 事天이다.

　　만약 氣數의 命에 惑하지 않고 天理를 따라서 행동하여 나간다면 과연 西銘에서 이른바 순수한 효자가 아니리오?

　　자기 마음대로 아니하고, 남의 말을 듣는 것이 바로 舜이 되는 근거인저! 배우기를 좋아하고, 묻기를 좋아하여 천하의 善을 자기의 善으로 여기는 것을 어진 이도 오히려 그러하거늘 하물며 聖人의 德이랴!

자기만을 높여 스스로 그 가르침을 받기 싫어하는 것은 사람의
큰 병통이다. 하물며 임금이나 스승의 지위에 있음이랴!

밭 갈고, 농사짓고, 그릇 만들고, 고기 잡는 일은 단순한 일이지마
는 사람이 만약 나보다 잘함이 있으면 당연히 그것을 법으로 본받아
쓰거늘 하물며 帝王은 큰일을 하고, 天下는 지극히 넓고, 백성은 지
극히 많은데 나 한 사람의 몸으로 大事의 帝位에 앉아 지극히 넓은
천하를 어루만지며 지극히 많은 민중을 다스림이겠는가?

임금이 다스리고, 스승이 가르침에 스스로 자신이 행하지 아니함
이 없되 그러나 임금으로서 남에게서 취하여 정치를 하면 그 다스림
에 법도가 있고, 스승으로서 남에게서 취하여 가르치면 그 가르침이
끝이 없는 것이다.

大舜은 사람들과 잘 어울려서 자기의 주장을 버리고 남을 따르며,
남에게서 취하기를 즐겼으니 참으로 이른바 큰 지혜가 빛나는 것으
로 天子가 된 것보다도 더욱 위대한 점이다.

이제 저 부자의 저장물은 지극히 크나니, 두루 돌며 사방의 보물
을 모아서 자기 집에 저장하는 까닭으로 쓸 때에 모자람이 없는 것
이다.

東海의 물은 지극히 깊으니, 일백 줄기의 개천물을 모두 받아들여
서 큰 바다가 되었으므로 넘실넘실 마르지 아니한다. 聖人은 그 부
자의 창고와 동해의 물인저!

사람이 알아주지 아니함과 알려지지 아니함은 같은 것이나, 성내
지 아니함과, 뉘우치지 아니함은 실로 進德과 成德의 구별이 있으니
왜 그런가?

論語는 學者의 일인즉 익힘이 기쁨에 이르러 즐거워하는 것은 德
이 進步한 곳이요, 즐거워서 알아주지 아니하여도 성내지 아니한 데

에 이르면 이것은 私慾이 이미 끊어진 것인즉 밖에 있는 것으로 그 마음을 움직이지 아니하는 것이니, 깨달음이 깊고, 기름이 두터워 그 德이 이미 익은 君子이다.

이는 中庸으로 成德한 사람의 일이니, 中庸에 의지하므로 신기한 것을 찾거나, 괴상한 짓을 행하지 아니하며, 중간에서 포기하지 아니하며, 힘을 쓰지 아니하여도 스스로 여유가 있는 것이다.

비록 알려지지 아니하여도 스스로 뉘우침이 없는 것은 극진한 知識이요, 지극한 仁愛로써 스스로 그만둘 수 없는 것이니, 聖人이라고 할 것이다. 여기에 進德과 成德의 분별이 나타나는 것이니, 오호라! 성대하도다.

그러나 뉘우치지 아니하는 聖者는 실로 성내지 아니하는 君子이거늘 또한 어찌 반드시 구구하게 나누리오?

聖賢의 글을 읽고 그 사람을 가르치는 깊은 뜻에 일찍이 세 번 탄식하지 아니함이 없나니, 또한 古人의 作文法을 볼 수 있다.

혹 篇首에 全篇의 강령을 제시하기도 하고, 혹 끝맺음에서 篇首를 뒤돌아보기도 하고, 혹 머리와 꼬리가 呼應하기도 하나니, 起伏, 關鎖, 斷續, 轉合, 段落, 節奏가 물이 돌아 파도치듯 하여 붓이 노래하고 먹이 춤추는 데 이르면 오묘하다고 말할 것이다.

비록 그렇지만 이것이 어찌 聖人이 文法에 뜻을 두어서 그러하리오? 논리를 세워 교육을 함에 시작하는 조리와 끝내는 조리에 따른 말씀이 통달하여 그 논리가 자연히 文章을 이루었을 뿐이다.

바야흐로 논어, 맹자, 중용, 대학을 보면 법을 갖추지 아니함이 없나니, 이제 하나하나 지적하면서 그 全篇을 거론할 수는 없지만, 그러나 만약 그 首尾始終을 논한다면 論語는 첫머리를 學習하는 君子로 시작하여 天命을 아는 君子로 결론지었고, 中庸은 시작에 天命

의 性을 말하고 끝에 가서 다시 上天에 가지고 있는 것을 말하였으
니, 이것은 照應, 開合의 妙이다.

大學은 明德이 一篇의 綱領인 까닭에 10傳의 條目을 만들어서
末章에까지 이어 부쳤으니 絜矩의 글자는 곧 明德을 천하에 밝히는
것이다. 이것은 글자를 바꾸어 멀리 응하는 법이다.

孟子는 仁義의 두 글자로 시작하여 群聖의 道統으로 책을 끝냈으
니, 대저 孟子가 서로 전해 온 道를 이어서 自任의 중책이 仁義뿐
임을 밝힌 것이다. 이는 또한 한 가지 내용으로 써서 밝힌 내용이다.

이와 같이 추리하여 가면 자기도 모르는 사이에 손이 춤추고, 발
이 뛰어나간다고 말할 것이다.

대학차설(大學箚說)

格致誠正修는 明德의 조목이요, 齊治平은 新民의 條目이다. 物格,
知至, 意誠, 心正, 身修, 家齊, 國治, 天下平은 八條目이 성공한 효
과로, 至善에 멈추는 조목이 되나니, 止至善의 綱領에 條目이 없음
을 걱정할 필요는 없다.

세 개의 在字에서 그 三綱領이 되는 것을 알 수 있는데 朴世堂이
조목이 없는 綱領이라고 하여 단연코 二綱領으로 논설을 세웠으니,
괴이하도다.

멈춤을 안 다음에 定함이 있다는 것은 마치 길가는 사람이 長安
에 들어가는 것처럼 그 어느 길을 따라 장안에 도달할 수 있는가를
알면 마음과 몸이 자연히 안정되어서 다시 의혹이 없는 것과 같다.

의혹이 없으면 마음이 문득 安靜하게 된다. 이미 편안하면 떠날
때에 어느 집에서 자고, 몇 里를 갈 것을 생각하여 뚜렷하지 아니함
이 없으리니, 그래야 長安에 도착할 수 있는 것이다.

또 하나의 설이 있으니, 사람이 主見이 없을 때, 그 마음에 문장을 배우려고 한들 될 것인가? 武藝를 배우려고 한들 될 것인가? 聖學을 배우려고 한들 될 것인가와 같은 것이다.

이미 그 文章은 小技요, 武藝는 賤事로되 聖學은 바야흐로 사람이 되는 당연한 일임을 안다면 이에 定하는 바가 있어서 마음이 어지럽지 아니할 터인즉 자연히 寧靜하고, 안정하면 곳에 따라 편안하며, 편안하면 일에 따라 살피고, 思慮에서 고요히 살피며 생각하면 능히 얻는 것이다.

定은 理로써 말하는 까닭에 有라고 말하고, 靜 이하는 心으로 말하는 까닭에 能이라고 말하였다.

知止는 知에 속하니 일의 앞에 있고, 慮는 일에 속하니 臨事의 위에 있다. 그러므로 定靜은 오로지 知 쪽에 속하고, 安은 곧 점점 일에 나가니 그러므로 또한 身安으로 말하는 것이다.

章句에 處事와 所處의 두 處자는 다른 점이 있으니, 所處는 마음이 아는 바에 처하여 편안함을 말하고, 處事는 知止 이후에 이 일을 처치하는 것을 말한다.

知所先後는 大學의 道라고 말할 수 있는데 道에 가깝다고 말하는 것은 무엇인가? 대저 大學工夫는 知와 行일 뿐이니, 모름지기 知行으로 보면 近字에 반드시 의미가 있는 것이다.

大學工夫는 한 말로 덮으면 明德을 밝히는 것이라고 할 것이다. 明德이 어떠한 물건인지를 먼저 깨닫고, 또한 중간에 밝혀지지 아니하는 까닭을 깨달으며, 모름지기 明德을 밝힘이 어떤지를 깨달은 다음에야 거의 聖人이 교육원리를 세운 뜻을 저버리지 아니할 것이다.

朱子의 序文에서 仁義禮智를 머리에 말한 것은 곧 이른바 明德이요, 氣質의 받음이 혹 가지런하지 못함과 모두 온전하게 가지고 있을 수 없다고 말한 것은 그 밝히지 못하는 까닭이며, 그 性을 회복한다고 함은 밝힌 것이다. 밝히는 道는 허다한 공부의 절차가 있는 것이다.

章句의 하늘에서 얻은 바로 虛靈不昧하여 衆理를 갖추어 萬事에 應한다고 하는 한마디는 明德의 體段를 자세히 해설한 것이요, 氣質에 구속되고, 人慾에 가린 바 되면 때로 혼탁함이 있다고 하는 것은 곧 그 밝히지 아니한 때문이다.

그 本體의 밝음인즉 일찍이 그침이 없는 까닭에 학자는 마땅히 그 발하는 바를 인연하여 모두 밝혀서 그 처음을 회복하라고 함은 먼저 明德의 本體를 알아서 깨달은 다음에 비로소 밝히는 공부를 할 수 있다는 것이다.

그러나 이른바 밝힌다고 하는 것은 또한 그 明德을 해치는 것을 제거하는 것에 지나지 않으니, 明德은 스스로 밝은지라 다시 더하고 닦아서 明德을 만드는 것이 아니다. 莊周가 이른바 말을 잘 기르는 사람은 말을 해치는 것만 없애주나니 말은 스스로 자란다고 하는 것이다.

어떤 사람이 의심하기를 그 發하는 바를 인연한다고 함은 心發인가? 性發인가? 그 初心을 회복함인가? 라고 하는데 이는 明德이 心性情을 종합한 것으로 보면 알기가 어렵지 않다.

古之大學의 大字를 마땅히 泰로 읽으라고 하였는데 옛날에 學校가 西郊에 있는 것을 太學이라 하고, 國中의 王宮 동쪽에 있는 것을 小學이라고 하였다.

이제 이 책은 太學에서 사람을 가르치는 법이라고 하였으나, 이제 大學校는 없어지고 단지 이 책만 남아 大人의 學이라고 한다면 곧 大學의 책은 마땅히 글자대로 읽고, 大學校의 大는 옛날처럼 太로 해야 옳은 것이다.

무릇 大學은 학자의 일인 까닭에 篇의 머리에 程子가 入德의 門이라고 序하였으니, 그 근본을 밝혀서 말한 것이다. 그러므로 말하기를 教人의 法이라고 하였는바 가르치는 방법과 배우는 길에 이 책이 없으면 어떻게 할 것인가?

하늘이 사람을 냄에 仁義禮智의 性을 주었다고 하는 말은 곧 書傳에서 이른바 唯皇上帝가 下民에게 진실을 내렸다는 것이요, 만일 恒性이 있다는 뜻으로는 中庸의 天命이 性이 된다는 말이 또한 한 가지의 뜻이라고 할 것이다.

무릇 序文은 반드시 一篇의 宗旨를 총괄하여 말하는 것인즉 明德은 오로지 마음만을 주장해서 말한 것이 아님을 알 수 있는 것이다.

氣質의 받음은 곧 心이다. 序文에서 비록 心字를 露出하지는 않았지만 그러나 실로 性과 더불어 經緯로 설명하여 내려 왔으니 心과 性을 둘로 나눌 수는 없지만 性을 회복하는 節度는 그 마음을 다스림에 있는 것이다.

明德의 章句에 氣稟에 구속되고, 人慾에 가린 바 된다는 것은 또한 마음을 포함하여 말하는 것이다. 다만 그 마음의 氣稟이 가지런하지 못한 것을 변화시켜서 그 마음에서 생기는 人慾을 제거한다면 明德의 本體가 자연히 發露하는 것이다.

聰明叡智는 또한 마음을 지칭하여 말하는 것이다. 만약 오로지 육체적인 氣質이라고만 한다면 육체적인 기질이 어찌 능히 그 性을 다할 것인가?

하늘이 반드시 임명한다는 命字는 비록 문득 天命이라고 하겠지만 그러나 氣數를 아울러서 보아야 그 뜻이 완전하다. 夫子가 君師의 자리를 얻지 못한 것은 필경 氣數가 아니겠는가?

어떤 사람이 大學의 絜矩의 뜻을 물음에 내가 말하기를 諺解가 잘못된 것 같다. 이것은 헤아려서 법도에 맞게 한다는 뜻이니, 단지 朱子의 江德功에게 답한 편지에서 자상하게 설명하였을 뿐만 아니라, 단지 여기 所惡於上無以使下의 여섯 구절에서도 문득 說破한 것이다.

上下, 前後, 左右에게 싫은 바는 바로 헤아리는 근거요, 아래를 부리고, 위를 섬기지 말라고 함은 법도에 맞는 근거다. 만일 법도로써 헤아린다고 하면 헤아려서 그침에 지나지 아니하나니, 다시 추리하여 갈 곳이 없으므로 天下를 均平하게 다스리는 길이 아니다.

章句에 이른바 그 같은 바를 인연하여 미루어 사물을 헤아림이 絜이라고 하였고, 그와 나의 사이에 각각 응분의 소원을 얻음을 미루어 上下四方을 均齊方正하게 하는 것을 矩라고 하였다. 어찌 분명하지 아니한가?

또 말하기를 宋雲坪集에서도 이것을 논하였는데, 또한 헤아려서 법도에 맞는 것이라고 하였거늘 艮齋는 오직 諺解만 옳다고 따르는

도다.

또 묻기를 誠意의 意字는 善惡을 겸합니까? 善의 한쪽만 지적하는 것입니까? 正心의 正은 體와 用을 겸합니까? 아니면 體를 지적합니까? 用을 지적하는 것입니까? 하기에 내가 말하기를 오로지 意字로 말하면 진실로 善惡을 아우르지만 誠意는 실로 善의 한쪽만을 지적하는 것이다.

心의 發하는 바가 착하면 의당히 성실한 것이지만 착하지 아니하면 성실할 수 없는 것이다. 誠字는 바로 공부를 해야 될 곳이다. 이미 善을 해야 하고, 惡을 버려야 됨을 알았으면 그 意가 향할 바를 알 수 있는 것이다. 공부를 해야 될 곳은 어찌 善의 한쪽이 아니겠는가?

正心은 곧 心의 體와 用을 아울러 말한 것이니, 네 가지가 있다고 하는 것은 心의 體가 갖추어 있지 못한 병통을 논함이요, 그 바름을 얻지 못한다는 것은 心의 作用이 妄動하는 병통을 논한 것이다.

대저 正心이라는 것은 그 妄動을 제거하고 그 體를 간직하는 것이다. 그 분하고 성남 등의 네 가지를 세밀히 마음의 作用에서, 살피어 참으로 가지고 있는 네 가지를 心體에 없게 하는 효과를 거두어야 한다.

章句에서 이른바 敬으로 곧게 한 다음에야 이 마음이 항상 간직된다고 하였으니, 어찌 心의 體用과 動靜으로 설명함이 아니리오?

방산선생문집 제14권

잡저(雜著)

영탑강의(靈塔講義)

선생이 일찍이 학문을 강론치 않음을 걱정하였는데, 학문을 강론하지 않으면 道가 밝혀지지 아니하고, 道가 밝혀지지 아니하면 敎化가 행하여지지 않는다고 생각하여 이에 湖鄕의 章甫와 더불어 講社를 창설하고, 義理를 講明하여 그들이 자유롭게 강하게 하면서 지도하였다.

반드시 小學과 四子를 위주로 하니 몇 년 사이에 講員이 늘어서 100여 명에 이르렀다. 彬彬하여 鄒魯의 風이 있었는데 마침내 倭賊이 國權을 簒奪하는 변란을 만나 드디어 폐지하였다.

오호라! 어찌 탄식을 금할 수 있으리오? 모임은 대부분 靈塔寺와 開心寺에서 가졌었다.(영탑사는 면천군 남쪽으로 5里에 있고, 개심사는 海美郡 북쪽으로 10里에 있다) 그러므로 靈塔講義라고 篇을 이름한다.

先生이 講長이 되어 對答한 것을 주로 하고, 衆賓과 諸生의 說도 또한 그 중요한 것을 모아서 한 편을 만들었으니, 읽어보면 자상히 알리라.

崇禎五甲子 八月辛丑 門人 車鳳大 謹識

소학(小學)

　金東璉이 題辭를 講하고 묻기를 天道는 元亨利貞을 四時의 차례로 말하면서 人性은 그렇게 말하지 아니하고, 仁義禮智라고 어그러지게 말한 것은 무엇 때문입니까?

　대답하기를 元亨利貞은 天道가 流行하는 차례인 까닭으로 그 순서에 따라서 말했고, 仁義禮智는 人性에 확립하는 것이므로 待對하여 互擧하였다.

　李啓鼎이 立教篇題를 講하고 天命의 命字를 물은데,

　대답하기를 命은 마치 朝廷에서 誥命하는 命과 같은 것이다.

　梅谷이 설문하기를 天은 무엇을 지적하여 말하는가? 啓鼎이 말하기를 主宰한 곳을 지적하여 말합니다.

　이어서 性卽理의 理와 理亦賦焉의 理가 혹시 같고 다른 점이 있는가?

　先生이 말하기를 그 다른 점을 보지 못했다. 말하기를 그렇다면 理亦賦焉의 理가 곧 이른바 性이라고 할 것이다. 만물을 化生함에 氣로 形體를 이루는 곳은 人物의 性이 같은가? 다른가?

　대답하기를 同春先生이 經筵에서 말하기를 人物이 出生함에 각각 그 준 바의 理를 얻어서 性이 되나니, 仁과 禮는 陽에 속하고, 義와 智는 陰에 속하는 것인데 陽德은 剛健하고 陰德은 柔順하다. 健順五常은 이에 사람이 얻은 바이나, 人物을 통틀어 말하면 무릇 物은 호랑이나 표범의 父子관계와 벌이나 개미의 君臣관계에서처럼 一端만 있는 것이다. 여기에서 人物의 性이 같지 아니함을 볼 수 있다고 하였다.

　또 하나의 학설이 있나니 하늘은 一原의 性도 되고, 分殊의 性도 되며, 一原의 道도 되고, 分殊의 道도 되며, 一原의 敎도 되고 分殊

의 敎도 되는 것이다. 대개 天은 곧 理이므로 理의 一原處는 일찍이 人物의 다름이 있지 아니하는 까닭에 이른바 天은 一原이라고 하는 것이요, 形體가 만들어질 때에 賦與하는 性은 사람은 사람의 性을 받고, 物은 物의 性을 받는 것이니, 이른바 分殊의 性이 되는 것이다.

사람의 性과 物의 性은 각각 一原이로되 사람과 物은 각각 마땅히 가야 할 길이 있으므로 이른바 道도 나누어 달라지는 것이다.

사람과 物이 모두 각각 가지런하지 못하는 곳이 있으니 곧 닦고 가르치는 것이므로 이른바 敎育도 나누어 다르게 되는 것이라고 하였다.

梅谷 柳寅攝이 立敎篇題를 講하고 묻기를 則天明에서 明의 뜻이 무엇입니까?

대답하기를 이는 단지 밝게 모양 난다는 뜻이다. 梅谷이 말하기를 明命의 明은 아닌지요? 말하기를 옳다.

金黃中이 立敎篇首章을 講하고 묻기를 胎敎는 이에 어머니의 일인데 아버지는 胎敎에 관여할 수 없습니까?

대답하기를 胎敎는 진실로 어머니의 일이지만 그 아버지가 관계할 바가 없으리오? 대저 그 아버지가 먼저 和正한 氣로 交感한 다음에야 어머니가 이에 胎敎를 시행하고, 端正한 아들을 낳는 것이다.

만약 그 아버지가 邪心을 품고, 어그러진 氣를 주면 어머니가 비록 胎敎를 하더라도 그 바르지 못한 기품을 변화시킬 수 있겠는가? 남의 아버지 되는 사람은 이 이치를 알지 않으면 아니 된다.

어떤 사람이 의심하기를 瞽瞍는 舜을 낳았고, 鯀은 禹를 낳았으며, 堯도 丹朱를 낳았으니 그 아버지의 氣를 받음과 같지 아니함이 있습니다. 한대, 이것은 그 交感하는 때에 天地의 氣를 받음이 淸濁이 같지 아니한 까닭인즉 한 가지의 논리에만 집착하는 것은 옳지 못하다.

李秉泰가 立敎篇의 凡生子章을 講하고, 묻기를 옛날에는 사람이 태어나서 8세가 되면 즉시 小學에 입학하였다고 했는데 여기에서는 말하기를 10살이 되면 外部의 스승께 보낸다고 하였으니 왜 그런지요?

대답하기를 10세 이전에는 비록 小學에 들어간다고 하여도 여 스승의 가르침을 면하지 못하고, 열 살이 된 다음에야 비로소 밖에 居宿하면서 외부 스승에게 배우는 것이다.

吳容默이 말하기를 간단하고 안전한 일을 청하여 익히라고 하였으니, 열 살 된 어린이가 어떻게 간단하고 안전한 일을 알아서 청하여 익히리까?

老栢이 말하기를 9세 이전에는 선생이 가르치는 것만을 따르다가 10세 이후에는 학자의 배우는 일을 따르는 것이니, 열 살이면 능히 스스로 그 학문을 아는 까닭에 그 간단하고 안전한 것을 청하여 익히는 것이다.

또 말하기를 諸母與可者의 可는 阿保之의 阿字라고 하는 先輩의 正論이 있으니 마땅히 따라야 합니다.

秉泰가 묻기를 밥을 먹음에 오른손으로 가르치는 것은 왜 그럽니까?

梅谷이 말하기를 왼쪽은 陽에 속하고 오른쪽은 陰에 속하는데 陽은 貴하고 陰은 賤한 까닭으로 일을 함에 반드시 오른손으로 하는 것이다.

金在學이 立敎篇의 凡生子章을 講하고 묻기를 이 章에서는 먼저 음악을 배우고, 뒤에 詩를 외우라고 하였는데, 孔子는 말하기를 詩

에서 일어나고, 禮에서 서며, 樂에서 이룬다고 하여 음악을 배우는 앞뒤가 같지 아니함은 무엇 때문입니까?

대답하기를 이 章은 小子가 음악의 줄거리를 먼저 익히는 것이니, 마치 歌舞의 大節로써 情性을 기르고, 血氣를 和平케 하여 학문으로 들어가게 함과 같은 것이요. 成於樂은 곧 음악의 精微한 것이니 進學의 차례이다. 그래서 앞뒤가 같지 아니한 것이다.

柳承烈이 立敎篇의 幼子常視毋誑章을 講하고 묻기를 위에 章에서 이미 成人의 일을 말하고, 여기에서 다시 幼子의 일을 말하는 까닭은 무엇입니까?

대답하기를 위에서는 사람을 가르치는 차례를 말했고, 여기에서는 사람을 가르치는 道理를 말한 것이다.

李啓哲이 立敎篇의 舜命契章을 講하고 묻기를 聖人이 교육하는 시설이 또한 모두 갖추거늘 특별히 冑子를 드러내서 命令하는 것은 아마도 중요한 바가 冑子에게 있기 때문입니까?

대답하기를 聖人이 교육하는 시설은 衆子라고 하여 가르치지 아니함이 없으나 대개 天子로부터 庶人에 이르기까지 冑子는 책임이 매우 큰 까닭으로 특별히 冑子를 예로 들어서 그 나머지를 보인 것이다.

李東春이 立敎篇의 周禮大司徒章을 講하고 묻기를 周禮의 鄕三物에는 孝가 六行으로 소속되어 있었는데 제2鄕三物에는 不孝가 첫번째에 있는 것은 왜 그럽니까?

대답하기를 三物은 德性을 앞세웠으니 孝가 行에 속한 까닭에 德을 앞으로 하고 行을 뒤로 하였으나, 八刑에는 不孝가 중대한 까닭에 이에 첫 번째에 있는 것이다. 老栢 崔命喜가 近於禽獸의 近字를 물은데 말하기를 아마도 幾希의 뜻과 참고하여 보아야 되지 않을까 생각한다.

俞承舜이 立敎篇의 周禮大司徒章을 講하고 묻기를 六德에 智가 仁의 위에 있는 것은 왜 그럽니까?

대답하기를 이것은 貞이 元을 일어 내키지 아니하는 뜻이다. 智의 德은 貞固인 까닭에 仁의 發生이 그 다음에 있게 된 것이다. 六行에 君臣과 夫婦를 말하지 아니함은 왜 그럽니까? 대답하기를 鄕人은 벼슬을 아니하는 사람이니, 君臣의 道는 진정 말할 필요가 없고 夫婦의 道는 숨기고 나타내지 아니한 것이니 실로 鄕黨에 볼 만한 바가 아니므로 모두 六行 가운데 밝히지 않았는저!

老栢이 말하기를 夫婦의 道가 이루어진 다음에 六行이 갖출 수 있는 것이다. 이래서 六行은 夫婦로부터 완성하지 아니함이 없다. 承舜이 묻기를 君臣은 朝廷의 道요, 夫婦는 閨門의 일이니, 鄕黨에 반드시 관계하지 아니한 까닭으로 말하지 아니하였습니까? 대답하기를 그렇다.

묻기를 六行을 갖추지 못하면 刑罰로 다스리는 데 六德은 갖추지 아니하여도 그 刑罰을 논하지 아니함은 왜 그랬는지요?

대답하기를 德은 가슴속에 간직한 것이다. 그러므로 그 스스로 이루도록 가르치고 행실은 밖으로 나타나는 까닭에 살피어 형벌을 주는 것이다.

그러나 六行의 닦음은 실로 六德에서 말미암나니 그 悖行을 형벌함은 또한 반드시 그로 하여금 德을 닦지 아니할 수 없도록 하는 것이다.

묻기를 六行 이외에 造言과 亂民의 형벌을 더한 것은 왜 그럽니까?

말하기를 행실을 닦지 아니하면 혹 造言, 亂民의 폐가 생기나니, 造言, 亂民은 실로 鄕俗의 惡이므로 두 조목의 형법으로 밝혀 둔 것이다.

묻기를 六德 가운데 智, 仁, 義는 문득 性인데 禮는 말하지 아니하고, 聖, 忠, 和를 말하였으니, 마땅히 四德의 총괄이라고 할 것이로되 忠字는 알맞지 아니한 것 같습니다.

대답하기를 忠은 아마도 中인 듯하다. 곧 中庸의 中이 아닐까? 德은 다만 仁義禮智로되 그 功用은 반드시 中和를 이루어야 지극한 것이다. 또 말하기를 六藝에서 禮를 말하였으므로 여기에서는 글을 바꾸어 聖을 말하였다.

柳昌烈이 立敎篇의 弟子職章을 講하고 묻기를 孝弟는 학문을 하는 근본인데 篇의 끝에서 말한 것은 왜 그럽니까?

대답하기를 弟子의 학문은 먼저 착한 것을 보고, 의로운 것을 들은 다음에 비로소 孝弟를 행할 수 있는 까닭이다.

朴永植이 立敎篇의 弟子職章을 講하니,

梅谷이 設問하기를 顔色이 整齊하면 中心이 반드시 경건하다는 것을 어떻게 설명할까?

永植이 대답하기를 外面을 收斂하면 이에 中心이 敬을 유지하는 때입니다. 이어 묻기를 溫恭, 溫柔하는 모양새는 어떤 것입니까?

老栢이 대답하기를 溫恭하면 가르치는 사람이 즐겁게 일러주고, 스스로 겸허하면 학문이 더욱 진보하는 것이다.

永植이 또 묻기를 中庸과 大學은 誠敬을 主體로 합니다만 小學은 무엇으로 주체를 삼습니까?

선생이 말하기를 小學一書는 바로 하나의 性字이다. 그러므로 題

辭에서 문득 仁義禮智를 제출하여 人性의 핵심 강령이 되는 말을 하였는데 그것을 행하는 길은 敬이라고 할 것이다.

묻기를 왜 놀러감에 항상 된 장소를 두라고 하였습니까?

대답하기를 아무나 사귀지 말고 道가 있는 사람에게 가라는 뜻이다.

묻기를 아침에 배우고 저녁에 익힘은 왜 그럽니까?

老栢이 대답하기를 아침에 배우면 그 잘하지 못하는 것을 알 것이요, 저녁에 익히면 그 이미 잘하는 것을 잊지 아니할 것이다.

梅谷이 묻기를 힘을 믿고 까불지 아니한다는 뜻은 무엇인가요?

默菴金商元이 말하기를 힘을 믿는 것은 마치 羊이 울타리를 받는 듯이 하는 것이라고 말하였다.

金商楫이 立敎篇의 弟子職章을 講하니,

老栢이 말하기를 아침에 배우고 저녁에 익히어 한결같이 게을리 아니함은 바로 학문에 間斷이 없음을 말하는 것이다. 孔子가 말하기를 행하고 남은 힘이 있으면 文章을 배우라고 하였으니, 곧 한결같이 게으르지 아니하는 경지에서 어찌 남은 힘을 논할 수 있으랴! 대개 文章은 곧 詩書六藝의 文章이니 이것은 남은 힘으로 배워야 될 것이다. 그러나 저 弟子職과 같은 것은 바로 內則, 孝經 등과 함께 日用의 常事인즉 어찌 懈怠할 틈이 있을 것인가?

車相薰이 立敎篇의 弟子職章을 講하고 묻기를 사람은 반드시 마음이 바른 다음에 몸이 整齊할 수 있거늘 어째서 顔色이 整齊하여야 中心이 반드시 경건하다고 말했습니까?

대답하기를 학자가 敬을 유지함에 만약 容貌나 辭氣에서 공부를 하지 않으면 도무지 착수할 곳이 없는 까닭에 朱子도 九容을 논하여 여기에 즉하여 本原을 함양하라고 하였다.

和堂(宣傳 李智憲)이 立教篇의 孔子曰弟子入則孝章을 講하고, 묻기를 널리 民衆을 사랑하되 어진 이를 친하라는 뜻은 무엇입니까?

老栢이 대답하기를 이 말은 널리 衆人을 사랑하되 그 어진 이를 골라서 친하라는 것이다. 또한 행하고 남은 힘이 있다고 하는 餘力이 있는 것은 이에 학자가 흥하고 망하는 기틀이다. 남은 힘이 있어 文章을 배우면 흥하고, 남은 힘이 있는데도 怠惰하면 망한다.

또 묻기를 弟子職에서는 孝弟를 뒤로 하였는데 孔子曰章에서는 孝弟를 앞으로 한 까닭은 무엇입니까?

말하기를 弟子職은 교육을 시행하는 것으로 말하였으므로 知를 앞으로 하고 行을 뒤로 하였으며, 아래 章에서는 道理로 말한 까닭에 行을 앞으로 하고 知를 뒤로 하였다.

崔鎬가 立教章의 賢賢易色章을 講하고 묻기를 어째서 어진 이를 어질게 여김을 앞으로 하고 君父를 뒤로 하였습니까?

대답하기를 어진 이를 어질게 여겨서 어진 이의 道를 알고 난 다음에야 어버이 섬기고 임금 섬김이 반드시 그 道를 말미암는 것이다.

權在學이 明倫篇의 內則曰子事父母章을 講하고, 玄端服의 制度를 물은데,

老栢이 대답하기를 端服의 制度는 오늘날 상고할 수는 없으나, 생각건대 곧 오늘의 深衣일 것이다.

閔泰璟이 明倫篇의 在父母舅姑章을 講하고, 묻기를 이것은 어버이를 섬기는 절도인데, 아울러 어린이가 어른을 섬기고, 천한 이가 귀한 이를 섬기는 禮로 말한 것은 무엇 때문입니까?

대답하기를 어버이를 섬김은 이에 집안 생활의 근본인데 집에는

貴賤과 少長이 있으므로 家法을 모두 지킨 다음에 家道가 이에 갖추어지는 까닭이다.

金珏洙가 明倫篇의 爲人子章을 講한대,
老栢이 設問하여 묻기를 길을 감에 가운데 길로 다니지 아니한다는 것은 집에 있을 때인가? 아니면 외출할 때인가? 珏洙가 가르쳐 주시기를 청하니, 老栢이 말하기를 이것은 대개 어른이 계신 곳을 감당하지 못함이다. 집에 있을 때에는 당연히 가운데 자리나 가운데 문을 주장하지 못하지만 외출하여 밖에 있을 때야 어찌 하나하나 가운데 길을 말미암지 아니하리오? 그러니 이는 어버이를 따라 길에 있을 때라고 할 것이다.
默菴이 말하기를 옛날의 道路法은 반드시 세 길이 있었으니, 좌우와 중앙을 나누어서 어른은 반드시 中央으로 가는 까닭에 남의 아들은 감히 어른이 다니는 곳으로 가지 못하는 것이었다.
珏洙가 묻기를 구차하게 비방하지 아니하고, 구차하게 비웃지 아니함은 이에 어버이가 살아 계실 때입니까? 아니면 어버이가 돌아가신 때입니까? 선생이 대답하기를 이것은 어버이가 살아 있을 때를 지적한 것이다. 그러나 비록 어버이가 돌아가셔도 또한 마땅히 이와 같이 하여서 스스로 辱되지 않게 해야 된다. 스스로 그 몸을 욕되게 하면 곧 그 어버이를 욕되게 하는 것이다.
또 묻기를 소리가 없는 것을 듣고, 형체가 없는 것을 보는 것은 이것도 또한 어버이가 살아 계시거나, 돌아가시거나 관계없이 통틀어 말한 것입니까? 대답하기를 이것은 이에 父母에게 承順하는 일이다. 부모가 살아 있어도 이와 같이 하고, 비록 부모가 죽었어도 또한 마땅히 이런 마음이 있어야 된다.

李啓榮이 明倫篇의 子婦孝者敬者章을 講한대,

設問하여 勿逆, 勿怠에 대하여 물으니, 啓榮이 대답하기를 맛이 없는 것을 먹으라고 하고, 입기 싫은 것을 입으라고 하여도 먹고 입는 것이 바로 勿逆이며, 不如意하여 대신하면 아직 그대로 하다가 나중에 회복하는 것이 勿怠가 아닌지요? 말하기를 옳다.

李殷弼이 明倫篇의 孔子謂曾子章을 講한대,

선생이 말하기를 鄕大夫士의 孝가 마땅히 같지 아니함이 없지마는 그 條目은 실로 같지 아니함이 있는데 왜 그런가? 대개 先王의 法服, 法言, 德行은 鄕大夫가 몸으로 행하여 下民에게 본을 보이는 바이다.

그러므로 鄕大夫는 立身하는 孝이니, 효도로 임금을 섬기고, 공경으로 어른을 섬기는 것이다. 선비는 아래 자리에 있으면서 위에 사람에게 신임을 얻는 길이니, 이는 선비가 立身하는 孝이다.

大夫와 士는 그 자리에 있어 높고 낮음이 있는 까닭으로 그 효도가 미치는 바에 또한 위아래가 있는 것이다.

殷弼이 묻기를 父子가 親하는 一篇은 어버이 섬기는 禮가 구체적으로 모두 갖추어져 있는데 오직 喪禮만 없는 것은 왜 그럽니까? 대답하기를 祭禮章의 속에 간혹 이 뜻이 포함되어 있으니, 3년을 아버지의 道에 고침이 없다는 것과 아버지가 돌아가심에 아버지의 글을 읽을 수 없다는 것이 곧바로 喪禮를 포함하고 있는 것이다.

어여쁜 얼굴색과 귀여운 몸짓을 물은데 대답하기를 어여쁜 얼굴색은 和氣가 얼굴빛에 나타남이요, 어여쁜 몸짓은 和氣가 몸짓에 나타남이니 모두 사랑하는 마음에서 나온 것이다.

　成好鳳이 明倫篇의 孔子謂曾子章을 講하고, 효자가 어버이를 잘
사랑함에는 곧 반드시 잘 공경한다고 하였는데 어떻게 愛와 敬을
아울러 말하였습니까?

　대답하기를 사람에는 혹 어버이를 사랑하면서도 공경하지 못하는
이도 있고, 또한 잘 공경하면서도 사랑하지 못하는 사람도 있으므로
반드시 아울러서 말한 것이다.

　李秉泰가 明倫篇의 祭義曰致祭章을 講한대

　선생이 設問하여 묻기를 註說에 存 이상의 文은 세 가지 것을 잊
지 아니한다는 것으로 말하고, 著 이상의 文은 그 자리에 나타나는
세 가지로 말한 듯한데 혹 그렇게 생각지 않는지? 梅谷이 말하기를
陶菴이 이르기를 色不忘乎目의 이하 세 가지는 사랑과 정성으로 말
한 것이요, 위에 문장 見乎其位의 이하로 세 가지 말은 나타나 간직
함을 지적하여 말한 것이라고 하였으니 마땅히 따라야 할 것입니다.

　林燉이 明倫篇의 父母生之章을 講한대

　선생이 말하기를 임금과 아버지가 임한다고 말하는 것은 아버지가
君道로서 임하는 것이다. 이 章은 처음부터 끝까지 모두 父母에 대
하여 말하였는데 중간에 갑자기 君道를 첨가하여 어버이와 상대적
으로 거론하였으니, 뜻이 매우 순조롭지 못하다. 註說을 따를 수 없
는 듯하다.

　閔泰瑢이 明倫篇의 孟子曰世俗所謂章을 講하고 묻기를 그 손발
을 게을리 하여 노는 것과 용맹을 좋아하여 다투고 싸우는 것은 어
느 것이 더 가볍고 무겁습니까?

　대답하기를 게으른 죄가 매우 크다. 네 가지 不孝가 모두 惰字로
부터 오는 것이다.

閔泰璟이 明倫篇의 子貢問友章을 講한대

老栢이 말하기를 옳지 않으면 그치라고 하는 뜻은 무엇인가? 泰璟이 말하기를 忠告하여도 따르지 않으면 그치고 다시 말하지 아니하는 것입니다. 老栢이 말하기를 不可와 不合은 같은 뜻이다.

柳山玉이 明倫篇의 子貢問友章을 講하고 묻기를 어떻게 하여야 忠告라고 할 수 있습니까?

말하기를 자기의 마음을 다해서 알려주는 것이 忠告이다.

李龍夏가 明倫篇의 禮記曰夫婚禮章을 講하고 묻기를 사람이 능히 분별이 있고, 의리가 있으면 문득 禽獸에는 이르지 아니합니까?

老栢이 말하기를 이 章의 뜻은 한갓 夫婦로만 말하는 것이 아니니, 그 의리는 혹 임금을 섬기고, 어버이를 섬기는 데까지 옮길 수 있다고 봐야 한다.

韓準敎가 明倫篇의 凡與客章을 講하고 묻기를 降等은 어떤 것입니까?

말하기를 尊卑와 長幼의 等級으로 하는 말이다.

李容憲이 明倫篇의 君子事親章을 講하고 묻기를 이 章은 모두 大學의 道인데 小學의 일로 著述한 까닭은 무엇입니까?

말하기를 小學一書는 修齊治平의 근본을 갖추지 아니함이 없나니, 大學의 가르침도 실로 이것을 벗어나지 아니한다. 학자가 만일 小學을 잘 읽으면 한평생 써도 다함이 없나니, 聖人의 경지도 홀연히 자기가 모르는 사이에 도달될 것이다.

柳乙福이 明倫篇의 事親有隱而無犯章을 講하고 묻기를 임금이
먹여준 은혜를 忠誠으로 갚아야 함은 왜 그럽니까?
　　말하기를 임금이 먹여준 은혜는 나를 낳아준 은혜와 다를 것이
없다. 그러므로 반드시 몸을 바치고, 생명을 다하나니 이것이 이른바
忠이다.

　　成普運이 敬身篇의 曲禮曰毋不敬章을 講하고 묻기를 생각을 엄
숙히 하고, 말을 安定하게 하는 이외에 또 공경하지 않음이 없는 공
부가 있습니까?
　　말하기를 毋不敬은 바로 統說이다. 또 말하기를 생각을 엄숙하게
하는 것은 靜時의 공부다. 또 묻기를 오만한 마음을 기르지 말고 욕
심을 따르지 말라는 註에 情의 動함이 欲이라고 하였는데 性이 이
미 動한 것을 情이라고 하고서 또 말하기를 動이라고 한 것은 왜
그럽니까? 老栢이 대답하기를 動은 變과 같다. 情의 變한 것이 欲
이다.
　　또 묻기를 安安而能遷之意라고 하였는데 이미 편한 데서 편안하
거늘 어떻게 능히 옮겨 갑니까? 梅谷이 말하기를 陶菴說은 安安과
能遷을 곧 仁과 義로 상대적으로 거론하였는데 이 말이 좋을 듯하
도다.

　　李秉升이 敬身篇의 孔子曰非禮勿視章을 講하고, 묻기를 非禮는
자기에게 있는 것으로 봐야 합니까? 物에 있는 것으로 봐야 됩니까?
　　말하기를 言動의 非禮는 자기 자신의 것이요. 視聽의 非禮는 外
物의 것이다. 그러나 통틀어 말하면 모두 자기 자신의 문제에서 벗
어나지 아니한다. 老栢이 말하기를 보는 데 이 마음이 있고, 듣는
데 이 마음이 있다면 有心과 無心은 또한 자기 자신이 아닌가? 또

말하기를 視聽은 바로 顔子가 聖人의 경지에 도달하게 된 첫머리 대목이었다.

金珏洙가 敬身篇의 居處恭章을 講하고 묻기를 恭과 敬의 차이는 무엇입니까?

말하기를 恭은 밖으로 나타난 것이요. 敬은 內面의 주장이다.

金黃中이 敬身篇의 曾子曰君子所貴乎者章을 講하고 묻기를 暴慢의 뜻이 무엇입니까?

말하기를 마땅히 註說을 따르라. 또 묻기를 近信의 信은 바로 겉과 속이 한결같다는 말입니까? 말하기를 그렇다. 또 묻기를 이 세 가지를 잘하면 곧 道의 문에 들어갑니까? 대답하기를 겉이 곧으면 속도 따라서 곧다, 또한 遠과 近 및 下端의 遠字는 모두 心術로 말하는 것이다. 그러므로 이것을 잘하면 道에 갈 수 있는 것이다.

또 묻기를 心術의 術은 무엇입니까? 말하기를 術이란 程과 같다. 또 묻기를 어찌하여 단정하여 논설을 세우지 아니하고, 멀다, 가깝다고 말하였습니까? 말하기를 학자가 進道하는 공부는 갑자기 판단하기 어려운 까닭으로 점차로 하여 멀다, 가깝다고 말한 것이다.

朴明信이 敬身篇의 樂記曰君子姦聲亂色章을 講하고 묻기를 음란한 노래와 사특한 예절이 어찌하여 心術에 속합니까?

梅谷이 대답하기를 和가 흐르고, 恭이 지나치는 것이 모두 마음에서 나온즉 心術에 속함을 어찌 의심하리오? 또 묻기를 마음이 百體를 主宰한다면 귀, 눈, 코, 입도 그 가운데 있습니다. 어떤 까닭으로 겹쳐서 말했습니까?

선생이 대답하기를 心知百體는 통틀어 말한 것이요. 귀, 눈, 코, 입은 이에 나누어서 말한 것이다. 또 묻기를 모두 順理와 바름을 말미암으면 그 정의를 행함은 그 가운데 있는 것인데 이미 모두 順正을 말미암는다고 하고서 또 말하기를 그 정의를 행하라고 함은 겹친 말이 아닌지요? 梅谷이 말하기를 요체는 順正을 말미암아도 반드시 義로 裁制를 하여야만 이에 옳게 되는 까닭으로 그렇게 말한 것이다.

閔泰琬이 敬身篇의 禮記曰君子九容章을 講하고 묻기를 九容에 色容莊을 말하고 九思에 色思溫을 말하였으니, 莊과 溫이 어떻게 다릅니까?

老栢이 말하기를 九思는 마음으로 말하였으니 의당 따뜻해야 하고, 九容은 形色으로 말하였으니 의당 씩씩해야 한다. 또 묻기를 九容에서 앉은 모양을 말하지 않았으니 왜 그럽니까? 선생이 말하기를 玉藻에 말하기를 君子의 모습은 舒遲인즉 존경하는 분을 만나면 공경한다고 하였으니 이른바 九容은 그 공경하는 때이다. 그러므로 앉은 모양을 말하지 아니하였는데 朱子가 小學을 편집하면서 이 章에 앉은 모양이 빠졌으므로 다시 坐如尸로 보충하였다.

金東旭 進士가 敬身篇의 士相見禮與君言章을 講하고 묻기를 여러 사람과 말함에는 忠信, 慈詳을 말하였는데 官職에 있는 사람과 말함에는 어찌하여 慈詳을 말하지 아니하였습니까?

대답하기를 여러 사람과 말한다는 것은 위에 사람을 섬기고 아랫사람을 대접하는 것을 통틀어 말함이다. 그러므로 慈詳을 겸하여 말하였고, 관직에 있는 사람과 말함에는 단지 위에 사람을 섬기는 도리만을 말하였기 때문에 오직 忠信만 말한 것이다.

또 묻기를 士相見禮에 하필 임금과 더불어 말하는 것을 먼저 말하고, 父母를 섬기는 도리는 말하지 아니하였습니까? 老栢이 말하기를 士相見禮의 士는 이에 벼슬을 하는 선비로서 임금을 섬기는 책임을 완수해야 하는 까닭에 먼저 임금과 더불어 말하는 것을 말하였다.

어떤 사람이 묻기를 어린이나 弟子에게 말과 행동에 대한 일을 아울러 말하여 그 조목으로 孝悌, 慈詳 등을 말하고 임금과 더불고, 어른과 더불음엔 어찌하여 道理의 구체적 조목을 밝혀 말하지 아니하였습니까?

선생이 대답하기를 신하를 부리고, 임금을 섬김과 제자를 시킴에는 그 말이 多方面에 걸친 까닭에 節目을 들어서 제시하지 못한 것이다. 李殷弼이 말하기를 높은 사람에게는 아래를 어루만지는 도리를 말하는 까닭에 節目이 절실하지 아니하므로 예를 들지 않았고, 어린이에게는 위에 사람을 섬기는 도리를 말하므로 節目이 절실한 까닭에 例를 들어준 것입니다. 선생이 말하기를 합당하다.

成好鳳이 敬身篇의 禮記曰古之君子章을 講하고 묻기를 나가고 물러옴에 禮에 맞지 아니하면 玉이 울리지 아니합니까?

대답하기를 禮에 맞은 다음에야 그 소리가 절도를 얻는다.

默菴이 敬身篇의 孔子曰士志於道章을 講한대

老栢이 設問하여 묻기를 어찌하여 더불어 의논하기에 不足하다고 말하지 아니하고, 未라고만 하였는가? 梅谷이 말하기를 道에 뜻을 두었기 때문에 不이라고 말하지 않고 未라고 말하였습니다.

申泰承이 敬身篇의 樂記曰豢豕爲酒章을 講하고, 묻기를 술은 이에 狂藥이거늘 어찌하여 百拜를 하고 드립니까?

대답하기를 그것이 狂藥인 까닭에 한 잔의 술을 드림에 百拜를 하게 하여 종일토록 행사를 하여도 취하지 않게 하였다.

梅谷이 묻기를 百拜를 하고 마시는 것은 다만 鄕飮酒禮뿐입니까?

平日의 飲酒에도 그럽니까? 老栢이 말하기를 鄕飲酒禮에서만 이와 같이 하니라.

金經濟가 稽古篇의 樂正子春章을 講한대

선생이 設問하여 묻기를 子春은 이미 온전히 하여 돌아가는 도리를 알면서도 그 발을 다치게 된 것은 무엇 때문인가? 經濟가 대답하기를 넘어지는 순간 깜박 잊어서 그럽니다.

兪鎭九가 稽古篇의 伯兪有過章을 講하고, 묻기를 伯兪는 그 어버이의 怒함을 당하여 다른 생각을 아니하고, 얼굴색에 나타내지 아니하였으나 또한 능히 哀憐하게는 못하였습니까? 어떤 것인지 알지 못하겠습니다.

대답하기를 劉向이 伯兪의 孝를 일컬어 3等으로 논함이 있으니, 그 上等의 孝로 인정하지 아니함을 알 수 있는 것이다.

李殷昌이 稽古篇의 曰季使過冀章을 講한대,

梅谷이 設問하여 묻기를 德을 모으는 것은 무엇인가? 殷昌이 말하기를 敬은 학자의 기초가 되는 까닭에 의당 德이 모이는 바가 됩니다.

묻기를 남편과 아내 사이에 어째서 손님처럼 서로 대하여야 되는가? 殷昌이 대답하지 못하거늘 老栢이 말하기를 夫婦는 서로 소홀히 하기 쉬운 까닭에 敬愛한 다음에야 家道가 바르게 된다.

선생이 말하기를 夫婦는 곧 乾坤의 主體이다. 사람이 어찌 일찍이 乾坤이 소홀히 함이 있는 것을 보았는가? 서로 공경하는 도리는 乾坤의 象에서 취하면 충분할 것이다.

金善周가 稽古篇의 武王伐紂章을 講한대

선생이 설문하여 묻기를 武王의 仁으로 紂의 惡을 征伐하거늘 伯夷가 諫한 것은 무슨 이유인가? 善周가 대답하기를 武王의 征伐은 民衆을 救援하는 仁이요, 伯夷가 諫함은 임금을 섬기는 義입니다. 말하기를 옳다.

孫希童이 稽古篇의 武王伐周章을 講하고 묻기를 武王의 仁으로 이미 紂를 정벌하였으면 殷나라에는 箕子와 微子의 賢人이 있었으니 어찌하여 그들에게 사양하여 주지 않고, 자기가 天子가 되어 후세에 纂逆한 것처럼 된 것은 무엇입니까?

대답하기를 武王이 이미 天命의 重責을 받았으므로 小節에 구애받아 다른 사람에게 양보할 수 없는 것이다.

李殷昌이 稽古篇의 公明宣章을 講하고 묻기를 公明宣이 3년 동안 讀書를 아니함은 무슨 까닭입니까?

대답하기를 이 사람은 實踐을 앞세웠으니, 보통 학자와는 비교할 수 없다. 그 뒤로 사람은 반드시 배워야 하는 것은 아니므로 그가 읽지 아니하고 다만 그 立志가 어떤지를 보았을 뿐이다.

權在鶴이 稽古篇의 公父文伯章을 講하고 묻기를 歇의 집안에 주인이 길쌈을 하시나이까? 한대 그 어머니가 이 말로 갑자기 魯나라는 그 亡할 것인저라고 예단하고 나는 穆伯이 絶嗣할까 두렵다고 책망하였습니까?

대답하기를 이 말은 교만한 폐단이 있는 것을 면할 수 없다.

李宰憲이 稽古篇의 劉康公 成肅公章을 講하고 묻기를 棄其命의

命은 무슨 命입니까?

대답하기를 곧 上文에서 이른바 天命의 命이다. 또 묻기를 鄭伯이 파랑새의 깃털로 만든 冠을 쓴다고 그 아들을 죽인 것은 不仁이거늘 어찌하여 小學에 넣었습니까?

대답하기를 단지 의복이 신분에 맞지 않으면 몸에 재앙이 있다는 것을 보이려는 것이다.

李殷昌이 嘉言篇의 首章을 講한대

선생이 設問하여 묻기를 무너졌다는 말에서 무너진 것은 무슨 물건인가? 講生이 대답하지 못하거늘 老栢이 말하기를 安詳恭敬의 바탕이 무너진 것이다.

李甲憲이 嘉言篇의 首章을 講하고 묻기를 內篇에서는 첫머리에 胎教를 말하였는데 外篇에서는 첫머리에 胎教를 말하지 아니한 것은 무엇 때문입니까?

대답하기를 옛날에는 胎教가 있었으나, 후세에는 별로 인용할 만한 내용이 없어서 그런 것이다.

李啓哲이 嘉言篇의 楊文公章을 講하고 良知와 良能을 물은데

대답하기를 가르치지 아니하여도 알고, 배우지 아니하여도 잘하는 것이니, 마치 어버이를 사랑하고 형을 공경하는 것과 같은 것이다.

또 묻기를 先入之言이란 무엇을 말합니까? 말하기를 마땅히 孝悌, 忠信, 禮義, 廉恥 등과 같은 것으로 먼저 귀에 들어가는 것을 위주로 한 것이다. 묻기를 德性의 德은 무엇인가요? 대답하기를 마음에 얻는 것을 德性이라고 한다.

金宗煥이 嘉言篇의 伊川 程先生章을 講하고 묻기를 關雎의 類가 어찌하여 正家의 시작이 됩니까?

대답하기를 夫婦가 和順하는 뜻을 취한 것이다.

崔錦이 嘉言篇의 當官者章을 講한대

선생이 設問하여 묻기를 淸心은 의당 근본이 되려니와 일을 反省하는 것도 또한 근본이 되는가? 老栢이 대답하기를 淸心도 필요하지만 먼저 일을 반성하는 것도 또한 모두 근본이 된다. 오직 벼슬자리에 있는 관리들뿐만 아니라 또한 학자도 당연히 淸心과 省事로 근본을 삼을 따름이다.

朴永植이 嘉言篇의 伊川先生曰只整齊嚴肅章을 講하고, 묻기를 整齊嚴肅과 色莊이 어떻게 다른가요?

대답하기를 문득 스스로 구별되는 것이다. 色莊은 속임수의 도적놈이거늘 어찌 整齊嚴肅한 사람과 더불어 같이 논하겠는가? 그러나 알아보는 방법은 또한 마땅히 그 말미암은 바를 관찰하고, 그 편안한 바를 살핀 다음에야 가능한 것이다.

金善周가 善行篇의 唐陽城章을 講하고 묻기를 1년 동안 돌아와서 모시지 아니함도 참으로 죄이거늘 어찌 3년을 기다린 다음에야 물리쳤나요?

대답하기를 이것은 반드시 司業을 拜受한 때인데 비로소 3년 동안 돌아가서 모시지 아니함을 알았던 것이다.

朴永植이 善行篇의 安定先生章을 講하고 묻기를 刮劘는 어떤 물건입니까?

대답하기를 刮劘는 갈고 닦는 것인즉 옛날의 더러움을 날로 새롭게 하고 또 새롭게 한다는 뜻이다.

柳乙福이 善行篇의 茅容避雨章을 講하고 묻기를 닭을 삶아서 어머니께 供養함은 바로 孝行인데 어찌하여 敬身篇에다 엮었습니까?

대답하기를 다만 비를 피하여 나무 밑에 바르게 앉음에도 그 威儀가 더욱 공손하였음을 취하였으니, 닭을 잡아 어머니께 드림은 이에 가지고 가는 길이었던 것이다.

老栢 崔命善이 善行篇의 末章을 講한대,

선생이 말하기를 학자가 풀뿌리를 씹는 勞苦를 하지 않을 것 같으면 그 학문을 이루기가 어렵다. 온 세상의 일이 모두 배부르고 따뜻하며 교만하고 게으름을 인연하여 폐하지 아니함이 없는 것이다. 朱子가 이로써 책의 끝에 기록하였으니, 대저 또한 뜻이 있는 것이다.

講을 畢한대 선생이 會員에게 일러 말하기를 胡公의 弟子가 흩어져 四方에 있으나 그 言談擧止는 묻지 않아도 선생의 제자임을 알 수 있었다. 무릇 우리 講會員도 누구든지 보면 講會한 사람임을 알게 된다면 또한 아름답지 아니하리오 라고 여러 회원을 경계하였다.

대학(大學)

和堂이 序文을 講하고 묻기를 大學의 大는 泰로 읽어야 하지 않을까요?

默菴이 대답하기를 尤庵이 말하기를 비록 학교의 이름은 반드시 泰로 읽어야 하는 것에 너무 고착될까 두렵도다고 하였다. 학교의 이름을 大學이라고 하는 것은 본래 大學의 道를 인연하여 이름한 것이니, 마치 小學의 小와 같아서 다른 音으로 고칠 수 없는 것이라고 하였다.

成普運이 經1章을 講하고 明德의 賓主說을 물은데
대답하기를 心이 主人이 되고 性이 賓客이 된다.

閔泰琬이 經1章을 講하고 묻기를 明德 가운데에 스스로 至善이
있고, 新民 가운데도 스스로 至善이 있거늘 어째서 다시 至善으로
결론하였습니까?

대답하기를 비록 그러하지만 至善으로 종결한 것은 바로 明德과
新民의 標準으로서 綱領의 綱領이 되기 때문이다. 묻기를 止至善의
止와 知止의 止는 어떤 관계인지요? 말하기를 곧바로 한가지의 말
이다. 그러나 만약 분별코자 한다면 止至善의 止는 統說이요, 知止
의 止는 이에 공부를 하는 곳에서 가장 긴요한 대목이다.

묻기를 옛날에 밝은 덕을 밝히고자 하는 사람은 스스로 밝히는
것입니까? 대답하기를 그렇다. 묻기를 章句에 말하기를 천하 사람으
로 하여금 모두 스스로 그 덕을 밝힘이 있게 한다는 것은 어떻게
하는 것입니까? 대답하기를 使字를 관찰하면 어찌 스스로 덕을 밝혀
서 사람으로 하여금 또한 스스로 밝히게 함이 아니리오?

또 묻기를 章 아래의 註에 말하기를 曾子의 뜻을 門人이 기록하
였다고 하였는데 어떻게 曾子의 뜻을 알아서 기록했나요? 대답하기
를 그 門人이 일찍이 평소의 말을 듣고 기록했을 따름이다.

成鎭運이 經1章을 講하고 묻기를 知止而后에 有定의 아래에 모
두 能字로 설명하여 내려간 이유는 무엇입니까?

대답하기를 有는 이러한 理가 있다는 말이요. 能은 곧바로 心으로
설명한 것이다. 또 묻기를 本末과 先後가 있다고 결론을 짓고는 말
하기를 먼저 할 바와 나중에 할 바를 알면 道에 가깝다고 하였으니
어째서 近으로 말했나요? 대답하기를 이것은 단지 知로써 지적하여

말한 것이요. 문득 行하는 곳에 이르러 말한 것이 아니다. 그러므로
먼저 하고 나중에 할 바를 알아서 먼저 하고 나중에 하면 곧바로
道인 것이다.

　李東珪가 經1章을 講하고 묻기를 至善에 멈춤은 明德과 新民의
標準인데도 이에 明明德과 新民과 더불어 똑같이 在 字를 붙인 것
은 무엇 때문인지요?
　대답하기를 明德과 新民이 至善에 멈추지 아니하면 문득 明德과
新民의 극치가 아니다. 이래서 止至善을 綱領으로 넣지 않을 수 없
었던 것이다. 그 아래 在字는 그것이 三綱領이 되는 것임을 밝히기
위한 근거이다.

　金瑞喜가 傳首章을 講하고 明德과 峻德을 물은데
　대답하기를 이것은 한가지로 보아도 해롭지 않다. 默菴이 말하기를
조금 차이가 있으니, 峻德은 堯의 峻大한 德이요. 明德은 사람의 德을
統言한 것이므로 아마도 一例로 보아 넘겨서는 안 될 것입니다.

　李喆榮이 傳首章을 講하고 묻기를 하늘에 있어선 明命이 되고,
사람에게 있어선 明德이라 하는데 그 明德을 해석하면서 하늘에 있
는 것으로 말하는 것은 무슨 이유인가요?
　말하기를 明命은 바로 明德의 本原이다. 그러므로 이것으로 해석
하지 않을 수 없는 것이다. 묻기를 明德은 마음을 주체로 말합니까?
理를 주체로 말합니까? 대답하기를 이에는 栗谷, 尤庵 이래로 여러
어진 이의 학설이 있나니 혹 마음을 주체로 말하고, 혹 理를 주체로
이야기하여 진실로 한쪽으로 치우치게 말하기는 어렵다. 다만 當體
에서 인식하라.

李啓福이 傳2章을 講하고 묻기를 其命維新의 命과 明命의 命은 어떤 관계입니까?

대답하기를 其命維新의 命은 나라의 運命이요, 明命의 命은 바로 사람이 하늘에서 얻은 바의 命이다. 그러니 같지 아니한 것이다. 묻기를 날로 새로워지는 功은 곧 格致誠正의 공부입니까? 대답하기를 그렇다.

李啓哲이 傳2章을 講하고 묻기를 이 章의 다섯 新字는 각각 쉽고 어려움이 있나요?

대답하기를 스스로 새로워져서 나라의 운명이 새로워지는 데까지 이르나니, 다만 明德을 밝힌 功效이다.

韓圭錫이 傳2章을 講하고 묻기를 먼저 남의 자식 된 것을 말하고, 뒤에 남의 애비 된 것을 말함은 무슨 이유입니까?

대답하기를 이것도 또한 차례대로 말한 것이다. 文王은 또한 王季의 아들로서 효도를 다하고, 武王의 아버지로서 慈愛를 다하였다.

李甲憲이 傳3章을 講한대,

선생이 말하기를 이 章은 詩를 인용함에 井井한 조리와 질서가 있어서 한 節, 한 節이 긴요하니, 반드시 文王으로 法을 삼아야 한다.

金經濟가 묻기를 類推하여 그 나머지를 다하라고 하였는데 그 나머지가 무엇입니까?

대답하기를 이것은 차례차례로 천하만사에 이르기까지 그 道를 다하지 아니함이 없는 것이다.

또 말하기를 切磋琢磨는 지극히 의미가 있으니, 切磋는 쉽고, 琢磨는 어려운데 이는 下學上達하는 循循條理다.

李舜性이 傳3章을 講하고 묻기를 切磋琢磨의 뜻이 무엇입니까? 대답하기를 스스로 닦는 공부는 학문보다 절실한 것이 없는데 琢磨는 切磋보다도 어려운 까닭으로 切磋를 배움에 비유하고, 琢磨는 自修에 비유한 것이다. 묻기를 盛德과 至善이 혹 다른지요? 대답하기를 盛德은 이 理를 마음에서 얻어 밖으로 나타남을 말하고, 至善은 이 德이 사물에 應함에 있어 아주 흡족한 것을 말한다. 梅谷이 말하기를 이것은 모름지기 나누어 구별할 필요가 없다. 默菴이 말하기를 이것은 곧 明德과 至善을 말하는 것이다.

申泰升이 傳4章을 講하고 本末의 뜻을 물은데
대답하기를 스스로 자기의 덕을 밝힘이 근본이요, 백성으로 하여금 訟事가 없게 함은 末이다.

權在鶴이 傳5章을 講하고 묻기를 致知의 知와 莫不有知의 知가 혹시 다릅니까?
대답하기를 모두 良知의 知이다. 묻기를 이른바 全體라는 것은 과연 무엇을 지적하는 것입니까? 대답하기를 이것은 知의 實體를 말한 것이다.

金黃中이 傳5章을 講하고 묻기를 힘을 쓴 지 오래되면 하루아침에 豁然히 꿰뚫어 통한다고 함은 禪家의 頓悟의 뜻과 어떻게 다릅니까?
대답하기를 마땅히 힘을 씀에 있어 길고 짧음과 긴급히 하고 쉬어 가며 하는가로 보아야 할 것이요, 하루아침에 豁然함은 힘을 쓴 징험이 나타난 것인즉 이른바 釋氏의 頓悟가 아니다.
묻기를 表裏精粗는 南塘이 말하기를 겉에는 겉의 理가 있고, 속

에는 속의 理가 있으며, 精과 粗에도 또한 각각 理가 있다고 하였는
데 이 뜻이 어떤지요? 默菴이 대답하기를 表와 粗는 바로 所當然이
요, 裏와 精은 바로 所以然이다.

李龍夏가 傳5章을 講하고 묻기를 특별히 修身을 들어 근본을 삼
은 까닭은 무엇인지요?

대답하기를 八條目은 이에 修身의 절차이다. 묻기를 平天下라고
말하지 않고, 明明德於天下라고 말한 것은 무슨 이유입니까? 대답하기
를 明明德이라고 해야 體用이 모두 갖추어진다.

韓準敎가 傳6章을 講하고 自欺를 물은데

대답하기를 南塘이 말하기를 自欺는 다만 분수를 잃음이라고 하
였으니, 오늘 講會로 말한다면 만약 충분히 흡족한 생각으로 아니하
면 이것도 또한 分數를 잃음이다.

韓圭錫이 傳6章을 講하고 묻기를 다른 章에서는 모두 아울러 해
석하였는데 여기서는 한 가지만 해석한 이유는 무엇입니까?

대답하기를 이 章은 自修의 으뜸인 까닭에 특별히 한 가지만 일
으켜 해석하였다.

金進士가 傳6章을 講하고 묻기를 愼其獨이 둘인데 각각 분수로써
힘을 쓰는 곳인지요?

대답하기를 위에 愼其獨은 이에 힘을 붙이는 곳이요, 아래의 愼其
獨은 이에 거듭 말하여 다시 밝히는 것이다.

그러나 위에 愼其獨은 마음으로 말한 것이고, 아래에 愼其獨은
몸과 마음을 아울러서 말한 것이다.

묻기를 여기에서의 愼其獨과 中庸에서의 愼其獨이 다릅니까? 대답하기를 中庸의 愼其獨은 發處로서 하는 말이요, 여기는 知와 行을 겸하여 하는 말이다.

金憙洙가 傳7章을 講하고 묻기를 修身의 身을 心字로 보면 어떤지요?

대답하기를 이와 같이 볼 필요가 없다. 이미 正心이 되었거늘 어찌 별도로 修心을 말하리오? 묻기를 분하고 성내는 것은 속에서 일어나고, 두렵고 겁나는 것은 밖으로부터 생깁니까? 대답하기를 분함도, 성냄도, 두려움도, 겁남도 모두 속에서 나오는 것으로 가는 데가 있는 병통이 되는 것이다. 음식의 맛을 모르는 것도 또한 밖에 있다고 하겠느냐?

묻기를 이 章과 顏子의 四勿과는 어떠한 관계입니까? 대답하기를 四勿은 動處의 공부요, 이것은 靜處의 공부이다.

金進士가 傳8章을 講하고 묻기를 敖惰와 賤惡는 같습니까, 다릅니까?

대답하기를 오만하고 게으름은 범연히 하는 말이요, 천함과 미움은 정말 싫어함이다. 默菴이 設問하여 묻기를 齊家가 誠意, 正心의 뒤에 있는데 이러한 다섯 가지 편벽함이 있는 것은 무슨 이유인가? 東旭이 대답을 못 하므로 默菴이 말하기를 이것은 마땅히 工夫하는 것으로 보아야 되고, 德이 완성한 것으로 보아서는 아니 된다. 비록 성실하고 바를지라도 오히려 다 하지 못한 공부가 있는 것이다.

朱子가 말하기를 다섯 가지의 편벽함은 마치 官街에 길이 어긋나는 것과 같은 것이라고 하였다.

東旭이 묻기를 자기 아들의 惡함을 알지 못한다고 하는 구절은 그 위의 愛字에서 나온 것인데, 자기 밭에 곡식이 자람을 알지 못한다는 구절은 그 오는 곳을 알지 못하겠습니다. 默菴이 대답하기를 이 두 구절은 人慾이 크게 관련된 곳이다.

全鵬錫이 傳9章을 講하고 묻기를 집을 나가지 않고도 나라에 교화를 이룬다고 하였는데 만일 집을 나가기 전에 이미 나라를 교화하는 이치를 갖춘다면 이것은 德化로서 하는 말이요, 나라에 교화를 이룩하여 집에서 나가지 아니하는 것으로 보면 이것은 추측한 말이니, 어느 것이 옳은지 알지 못하나이다.

대답하기를 앞에 말이 아마도 좋을 듯하다. 묻기를 所藏乎身을 讀者들이 모두 용서치 않는 것으로 보는데 栗谷은 말하기를 所藏乎身의 넉 자를 오로지 忠字로 보았으니, 이 말이 어떤지요? 대답하기를 이 말이 지극히 의미가 있다.

李啓哲이 傳10章을 講하고 絜矩의 뜻을 물은데

대답하기를 이미 헤아리고도, 또한 먹줄과 자로 재어서 尺寸도 잃지 아니함이다.

柳昌烈이 傳10章을 講하고 묻기 幼幼라고 말하지 아니하고 恤孤라고 말함은 무슨 까닭입니까?

대답하기를 幼幼는 모든 사람이 다 행할 수 있지마는 孤兒를 돕는 것은 진실로 모든 사람이 다 잘하는 것이 아니다. 그러므로 그 어려운 것을 들어서 말하였다.

묻기를 絜矩를 서로 전해준 법이라고 말하는 것은 무슨 이유입니까? 대답하기를 堯舜 이래로 서로 전해준 것이 絜矩가 아니면 그 法度를 전할 것이 없는 것이다. 묻기를 小註에 이른바 아홉 가지 사람은 어떤 것입니까? 말하기를 上下, 左右, 前官, 後官이다.

閔泰瑢이 傳10章을 講하고 묻기를 拂人之性의 性은 理입니까?
拂人이란 것은 무엇을 말합니까?

대답하기를 만약 남이 싫어하는 것을 좋아하고, 사람이 좋아하는
것을 싫어한다면 이것은 人性을 거스르는 것이요, 理에 어그러진 것
이므로 재앙이 반드시 그 몸에 이른다.

孔子가 말하기를 사람이 사는 길은 正直이니, 속임수로 사는 것은
요행히 죽음을 면한 것이라고 하였다.

묻기를 그 실마리를 인식한다는 실마리는 무엇을 가리켜 하는 말
입니까? 대답하기를 그 慈愛가 나타나는 바의 실마리를 인식하여 옮
겨 확대하는 것이다.

金經濟가 傳10章을 講하고 묻기를 忠信과 驕泰는 바로 善과 不
善의 분기점입니까?

대답하기를 忠信과 驕泰는 바로 得失이 말미암아 나누어지는 바
요, 天理가 있고 없는 기틀이다.

중용(中庸)

柳承烈이 首章을 講하고 묻기를 天命이 性에 대하여 章句에서
말하기를 하늘이 陰陽五行으로 만물을 변화 생성함에 氣로는 形質
을 이루고 理를 또한 부여하였다고 하였으니, 대저 天命은 오직 하
나의 理인데 萬物이 생함에 각각 하나의 理를 갖춘 것입니까? 아니
면 天命에는 본래 사람과 짐승이 각각 나누어진 理가 있어서 만물
이 받아서 性이 된 것입니까?

대답하기를 理는 별도로 하나의 事物로 여기는 것은 옳지 않다.
오직 渾然한 경지이다. 그러므로 理는 氣가 아니면 붙일 데가 없는 까
닭에 氣로 形體가 이루어지면 理가 따라서 주어진다고 하는 것이다.

그 타고난 것을 가지고 말하면 사람과 만물이 각각 그 理를 받았으니 그 性이 같지 아니하고, 그 源頭를 좇아서 말하면 渾然한 一理이니 어찌 사람과 만물이 다른 理가 있으리오?

李喆承이 第16章을 講하고 묻기를 鬼神은 氣로 봐야 합니까? 理로 봐야 합니까?

대답하기를 鬼神의 情狀은 본래 氣이지만 이 章의 本意는 이에 實理를 밝히는 것이다. 묻기를 詩에서 度思와 斁思는 귀신을 가리켜 하는 말인가요? 사람 자신으로 하는 말인가요? 대답하기를 사람이 귀신을 공경하는 것으로 하는 말이다.

묻기를 理와 氣는 두 가지 물건인가요? 아니면 한 가지 물건으로서 분별할 것이 없는 것인지요?

대답하기를 비록 理를 떠난 氣가 없고, 氣를 떠난 理가 없다고 하지만, 그러나 나누어 말하면 理와 氣는 결단코 두 가지 물건인즉 한 가지 물건이 아니다. 그러면 理가 반드시 氣를 待對하여 이루어질 수 있으니, 理는 참으로 主宰하지를 못하는가요? 대답하기를 아니다. 이른바 움직여서 陽을 낳고, 고요하여 陰을 낳는다는 生이 어찌 作用이 있음을 말하겠느냐?

그런즉 理와 氣의 動靜이 서로 필수적인 것은 그 기틀이 진실로 자연적인 것이다.

柳乙福이 第30章을 講하고 묻기를 제21장으로부터 天道와 人道를 상대적으로 말하여 왔는데 문득 天道가 1章이 더 많은 것은 무슨 까닭입니까?

梅谷이 대답하기를 이상의 9章은 天道와 人道를 상대적으로 말하여 至誠의 道를 밝혔고, 여기 1章은 아마도 至誠의 諸章을 결론 맺은 말인 듯하다.

묻기를 衆人도 또한 未發時節이 있습니까? 대답하기를 遂菴의 說로 연구하면 衆人은 未發이 있다고 말할 수 없다. 衆人은 氣質이 濁駁하여 昏惰하지 않으면 문득 放縱하니, 도무지 한순간도 未發氣象을 가지지 못한다. 비록 어쩌다가 삽시간에 淸明하더라도 이것을 未發이라고 인정할 수 없는 것이다.

논어(論語)

閔泰瑢이 首篇의 四章을 講하고 묻기를 배운다는 學字는 무슨 일을 배우는 것입니까?

대답하기를 학자는 聖人의 道를 배우는 것이다. 여기의 學字는 知와 行을 겸하여 말한다. 묻기를 忠信으로 傳習의 근본을 삼는 것은 무엇 때문입니까? 대답하기를 사람은 능히 忠信한 다음에 모든 일을 행할 수 있는 것이다. 孔子는 忠信을 주장하라고 하였고, 朱子는 그 말을 풀어 말하기를 사람이 忠信하지 아니하면 일이 모두 결실이 없다고 하였으니, 그 뜻이 동일하다.

李殷昌이 首篇의 子夏曰賢賢易色章을 講하고 묻기를 어진 이를 어진 이로 여김을 아버지 섬기고, 임금 섬김보다 먼저 말한 것은 왜 그럽니까?

대답하기를 학자는 능히 어진 이를 어질게 여긴 다음에야 임금과 아버지 섬기는 도리를 배울 수 있다. 中庸의 九經에서도 또한 먼저 尊賢을 말하였으니 그 뜻이 한가지다.

李泰鎭이 首篇의 子貢曰貧而無諂章을 講하고 묻기를 切磋琢磨가 어떻게 貧富의 道에 비유됩니까?

대답하기를 이것은 貧富의 道를 비유한 것이 아니요, 道理의 無窮함을 지적한 것이다. 子貢이 스스로 아첨이 없고, 교만심이 없는 것을 지극한 것으로 여기다가, 공자의 말을 듣고 나서 그 도리의 끝없음을 탄복한 것이다.

柳承烈이 爲政篇의 孟懿子問孝 以下 4章을 講하고, 묻기를 네 사람의 제자가 효도를 물음에 각각 그 사람의 단점에 따라서 대답해 주었거늘 子游는 聖門의 高弟로 어찌 犬馬처럼 기르는 실수가 있으리오, 공자의 말이 너무 심하지 않나요?

대답하기를 子游의 어버이 공경이 반드시 부족함이 있었기 때문에 이로써 절실히 꾸짖었으니, 그로 하여금 크게 깨닫게 하고자 함이다.

묻기를 和氣와 愉色은 아마도 두 가지 일이 아닐 듯하나이다. 和氣가 있으면 밖으로 나타나는 것에 반드시 기쁜 빛이 있는데 어째서 나누어 말했습니까? 대답하기를 사람이 부모에게 깊이 사랑하는 바가 있으면 반드시 그러한 氣象이 있나니, 和氣, 愉色, 婉容은 한 마디 한 마디씩 깊어가는 것이다.

趙翼元이 爲政篇의 子曰吾與回言章을 講하고 묻기를 退而의 退는 공자가 물러감입니까? 顔子가 물러간 것입니까?

대답하기를 顔淵이 물러간 것이다. 묻기를 바야흐로 夫子의 말을 들음에 마음이 通한 것은 孔子의 耳順할 때와 혹 優劣이 있나이까? 대답하기를 顏淵은 이에 夫子의 말을 듣고 난 다음에 心通할 수 있나니, 저 滄浪의 노래와 같은 것을 들어 어찌 능히 夫子의 感通처럼 하리오!

朴明信이 吾與回章을 講하고 묻기를 孔子는 실제로 顏子의 어짊을 몰라서 바보처럼 보았나요?

대답하기를 공자가 어찌 실제로 그 어짊을 알지 못하였겠느냐? 대개 그와 말을 할 때에 속으로 알았지마는 어려운 점을 묻지 아니하는 까닭으로 그 바보처럼 보였다는 것이다.

이것은 대개 夫子가 깊이 기뻐하여 감탄한 것이다. 이 말은 回는 나를 돕지 않았으니 나의 말에 기뻐하지 아니함이 없도다라는 말과 서로 통한다.

朴永植이 爲政篇의 子張學干祿章을 講하고 묻기를 闕字는 朱子가 의심이 나면 빼어버리라는 闕과 같은가요?

대답하기를 그렇다. 묻기를 子張의 學徒는 高尙함을 숭상하였으니, 이 章과 10世可知章을 보면 그 학문의 功이 무엇입니까? 대답하기를 이것이 모두 師가 지나친 곳이다.

趙翼元이 里仁篇의 子曰參乎章을 講하고 묻기를 一以貫之는 性으로 보아야 하지 않을까요? 대답하기를 一以貫之는 곧 天理요, 性이요, 理이니, 오직 하나일 뿐이다. 聖人의 道는 그 性을 따라서 그 理를 행하는 원리이다.

묻기를 忠恕 두 글자는 一貫의 道를 족히 다합니까? 대답하기를 비록 一貫의 妙를 다한다고는 못 할지라도, 또한 이것은 一貫의 일

인즉 그 극치를 말한다면 天然으로 움직이는 것이니, 吾道의 행실에 忠恕가 아니면 체득할 수 없는 것이다.

李啓哲이 雍也篇의 哀公問弟子章을 講하고, 묻기를 이미 오늘날은 없다고 말하고, 또 말하기를 학문을 좋아하는 사람을 듣지 못했다고 하는 것은 무엇인가요?

대답하기를 이것은 깊이 탄식하는 말이다.

金經濟가 雍也篇의 子曰賢哉回也章을 講하고 묻기를 顔子의 陋巷의 樂과 孔子의 즐거움이 또한 그 가운데 있다고 하는 즐거움은 어떤 것입니까?

대답하기를 모두 다 같이 渾然한 天理의 樂이다. 묻기를 顔子가 착함을 뽐내지 아니하고, 수고스러움을 남에게 베풀지 아니함은 對物로서 말한 것입니까? 대답하기를 子路가 朋友와 共同으로 하는 것은 物質로써 상대한 것이지만 顔子는 곧 비록 물질에 대하여 말하였지만 그 작용과 효과는 자기 자신으로부터 나온 것이다.

車鳳大가 子罕篇의 子欲居九夷章을 講하고, 묻기를 공자가 일찍이 말하기를 宅不處仁이면 焉得知리오라고 하고선 九夷에 가서 살고자 함은 아마도 矛盾인 듯하나이다. 앞에 말은 平日의 雅素之言이요, 欲居九夷는 世道의 混亂을 아파하여, 道의 행하지 못함을 걱정해서 이렇게 假說的으로 말한 듯하나이다.

대답하기를 옳다.

車英烈이 先進篇의 子畏於匡章을 講하고 묻기를 顔路가 살아 있는데 顔淵이 어떻게 匡에서 죽을 수 있나이까?

대답하기를 사람은 살아서 세 가지를 섬김에 똑같이 하나니, 오직 그 자리에 있으면 죽는 것이다. 대개 스승을 따르다가 患難을 당하면 어버이가 살아 있다고 해서 도망칠 수 없는 것이다.

車鳳大가 先進篇의 德行顏淵章을 講하고 묻기를 集註에서 각각 그 재질을 인연하였다고 하였으니, 이에 宰我와 子貢도 문득 그 재질을 인연하여 言語로써 가르친 것을 알 수 있습니다.

그러나 이 두 제자가 본래 言語의 재질이 있었더라도 聖人이 道義로써 가르치지 아니하였더라면 두 제자의 言語에 道義를 배합함이 蘇秦이나 張儀의 功利的인 言語에 비교하여 훌륭하지 못했을 것입니다. 어떤지요?

대답하기를 그렇게 보아도 된다.

車鳳大가 陽貨篇의 佛肸召章을 講하고 묻기를 夫子가 천하를 돌아다니면서 道가 행하지 못함을 걱정하다가 마침 필힐의 부름을 받고 勃然히 感應하여 가고자 하는 뜻이 있었지만 갈 수 없음을 알고 실현하지 못하였습니다.

대개 그 가고자 하는 것은 聖人이 사람의 仁을 끊지 못함이요, 끝내 가지 못한 것은 聖人이 끊어서 절제하는 義理입니다.

대답하기를 합당하다.

李殷弼이 顏淵篇의 首章을 講하고 묻기를 四勿의 공부는 마땅히 存養에 속합니까? 아니면 省察에 속합니까?

대답하기를 勿은 禁止辭이다. 확실히 省察에 속한다. 車鳳大가 말하기를 비록 그렇지만 조종함에 요체가 있으니, 보는 것이 법칙이 된다와 조급함과 망령됨이 나오지 않도록 엄금하여야만 속이 이에 靜專하다는 등의 말로 보면 四勿의 공부는 완전히 省察에만 속한다고 말하기에는 적당치 않을 듯하나이다.

대답하기를 이 말이 아마도 옳을 듯하다.

鳳大가 또 말하기를 공자가 仁을 물음에 허다하게 여러 가지로 대답하여 똑같지 아니함은 대개 각각 그 高下淺深에 따라서 알려준 것인데 四勿의 공부는 오직 顔淵에게만 가르쳐줄 만하므로 가르쳐 준 것입니다. 안연은 과연 여기에 종사하여 3개월 동안 어기지 아니 하는 仁에 이르렀나이다.

대답하기를 그렇다.

맹자(孟子)

成喜運이 首章을 講하고 묻기를 性에는 네 개의 德이 있거늘 孟 子는 단지 仁義 두 가지만 말한 것은 무슨 까닭입니까?

대답하기를 孔子는 오직 仁만 말하였는데 孟子가 문득 仁과 義를 말하였다. 대저 오로지 말하면 仁은 四德을 포함하고, 상대적으로 말하면 네 가지가 또한 그 가운데 포함된 것이다.

李殷昌이 公孫丑篇의 首章을 講하고 묻기를 文王을 어찌 감당하 리오의 뜻은 무엇입니까?

대답하기를 文王은 紂의 無道한 때를 당하여 王이 되기가 어려웠 고, 孟子는 곧 齊나라가 王道를 펴기 쉬운 때를 당하였다는 것이니, 文王을 감당하지 못한다는 것은 孟子가 時勢의 쉬움으로 말한 것이다.

車鳳大가 말하기를 저의 생각으로는 아마도 그렇지 아니한 듯합 니다. 文王이 비록 紂의 無道한 때를 만났으나, 商나라는 어진 임금 이 6~7명이 나와서 民心이 殷으로 돌아간 지 오래되었고, 당시에도 또한 어진 신하가 5~6명이 있어 서로 돕거늘 한 치의 땅이나 한 사람의 백성도 그의 소유가 아님이 없었습니다. 그러나 文王은 오히려 100里의 地方에서 일어나서 대적하였습니다. 이와 같이 時勢가 어려웠어도 文王은 오히려 그 盛德을 일으켰으니, 내가 대적할 바가 아니라고 한 것입니다.

이것은 이에 그는 족히 法으로 취하지 못합니까라는 말을 반박하는 구절과 이 章에서 말한 뜻에서 명백한 것입니다. 만일 선생의 가르침과 같이 해석하면 文勢와 語義가 모두 통하지 아니하오니 다시 바라옵건대 생각하십시오?

金明烈이 告子篇의 熊魚章을 講하고, 말하기를 학자는 마땅히 먼저 죽고 사는 분별을 알아야 하나니, 이것이 오늘날의 第1義이다.

기자유적(箕子遺蹟)

기자솔중국인동래조선설(箕子率中國人東來朝鮮說)

武王이 이미 殷나라를 멸망함에 箕子가 周나라 동쪽으로 피난하여 朝鮮으로 들어와서 平壤에 이르러 都邑을 하니, 武王이 듣고 인하여 封하되 신하로 삼지는 아니하였다고 한다.

그때 殷나라 백성으로 따른 사람이 5000여 명이요, 詩書禮樂巫醫卜筮와 百家衆技藝가 모두 따라왔다고 한다. 처음에 와서는 언어가 통하지 아니하여 번역을 하여서 알았고, 이어 그 백성을 禮義, 農蠶으로 가르치고, 井田의 制度를 시행하며, 八條의 禁法을 제정하였다.

이로써 그 백성이 도적질을 아니하여 대문을 닫지 않고 살았으며, 婦人이 정조가 있고, 신의를 지켜서 음란함이 없었으며, 농촌과 도시에서 그릇으로 음식을 먹고, 信義와 讓步를 존숭하고, 儒術을 돈독히 하여 中國의 風을 길러서 하여금 전쟁을 숭상하지 아니하고,

德으로 감복시키니 이웃나라가 모두 그 正義를 흠모하여 돌아왔다.

아울러 衣冠制度를 모두 中國과 똑같게 하였다. 아-! 후세 사람이 그 사사로운 마음으로 망령되게 聖人의 마음을 헤아리고 감히 箕子와 더불은 5000인이 朝鮮에 들어와 平壤에 도읍한 것을 마치 漢 尉佗輩가 南越에 들어가 自立하여 임금이 된 것처럼 보나니 이게 무슨 말인가?

대개 箕子가 東來한 것은 다만 周나라를 피하려는 것뿐이요, 신하가 되지 아니하려는 것일 따름이니 그 이외에 것은 돌아보지 아니하였다.

당시의 5000인도 또한 모두 殷나라 후손으로 맹세코 두 임금을 섬기지 아니하려고, 周나라를 피하여 箕子의 義理를 사모하여 따른 것이다.

箕子가 동쪽으로 나가는 것을 보고 서로 이끌고 따른 까닭에 그 仁한 마음에 차마 버리지 못하여 혼자 못 오고, 이에 서로 이끌고 동쪽으로 온 것이다.

朝鮮에 이르러 民俗이 九夷의 風을 면치 못한 것을 보고 이에 禮義와 法制로써 가르쳐 이끌었으니 民心이 기쁘게 따라 변화하면서 사랑하여 높이 받드니 자연적으로 그 君長이 된 것이요, 箕子가 君道로 居하지 않을 수 없었던 것이다.

箕子에게 어찌 일찍이 自立하여 임금이 되고 싶은 마음이 있었겠는가? 이것은 舜과 禹에게 하늘이 주고, 백성이 돌아간 일로 말할 수 있을진저! 아-, 聖스럽도다!

조주변(朝周辨)

東史에 말하기를 箕子가 白馬의 소박한 수레로 周나라에 朝會하고, 殷나라를 지나감에 지난날의 문물이 폐허가 된 것을 보고는 감격하여 麥秀歌를 지었는데 이에 史氏가 잃었다고 하는도다.

箕子가 殷나라의 서울이 폐허가 된 것을 보고 감동하여 노래를 지어서 슬퍼하였다는 麥秀의 詩는 상고할 수 있으나 만약 이로써 周나라에 朝會하였다고 함은 옳지 못하다.

그날에 箕子가 동쪽으로 朝鮮에 온 것은 周나라를 피하고자 함이다. 武王이 封한다고 말한 것을 듣고도 묻지 않았으니, 어찌 일찍이 周나라 조정에서 깃발을 받은 것이며, 또한 어찌 일찍이 靑邱에 임명되어 온 것인가?

이미 말하기를 朝鮮에 封하였는데도 신하가 아니라고 한다면 또한 어찌 殷士 裸京과 같이 와서 朝會하며, 만약 封함을 받고 또한 와서 朝會하였다면 신하가 되지 아니하였다는 앞에 말은 어떻게 설명하겠는가?

이른바 周나라에 朝會하였다는 말은 野人의 말인데 太史公이 믿고 살피지 아니한 것이다.

尤庵 선생이 말하기를 신하가 되지 않았다는 말은 箕子 자신의 말이요, 朝周 두 글자는 바로 후세 사람이 붙인 것이니, 당연히 箕子 자신의 말로 그 마음을 講究하는 것이 옳다고 하였으니, 이것이 千古의 斷案이라고 할 것인즉 스스로 先王 앞에 깨끗이 하려는 것이 곧 箕子의 마음이다. 어찌 모름지기 의심을 많이 하리오!

어떤 사람이 말하기를 周나라에 朝會한 사람은 箕子가 아니라 微子라고 하도다.

진홍범설(陳洪範說)

어떤 이가 말하기를 武王이 殷나라를 치고, 紂를 목 벤 것은 그 殷나라의 신하에게는 마땅히 나라를 망하게 하고, 임금을 죽인 원수이거늘 箕子가 이에 그 사람에게 洪範을 전해준 것은 무엇인가요?

忠義한 신하는 진실로 마땅히 이와 같은 것입니까?

말하기를 武王이 商나라를 치고, 紂를 목 벤 것은 이에 天命에 應하고 人心에 順하여 포악을 제거하고 正義를 돌이킨 것이다.

箕子가 나는 신하가 아니라고 하였으니, 실로 남의 신하 된 예절을 한 것이다. 어찌 반드시 武王을 적대시하여 오직 원수와 같이 여길 것인가?

洪範에 이르러서는 道를 전하는 글이다. 세상에 아는 이가 없고, 나만 홀로 배웠다면 聖人으로서 聖人에게 주는 것이 바로 天道의 相傳인 것이다. 箕子는 장차 세상을 피하려고 하거늘 武王은 실로 道를 傳할 책임을 맡았으니, 道를 서로 전해줌에 武王을 빼고서 누구에게 줄 것인가?

伏羲의 河圖는 文王이 周易를 풀어서 전하고, 大禹의 洛書는 箕子가 九疇를 서술하여 전했으니, 前聖과 後聖이 그 마음씨가 한가지였던 것이다.

대저 신하가 되지 아니함은 한 몸의 忠義로운 절개이며, 이에 洪範을 밝힘은 萬世에 道를 전하는 일이다. 이것은 함께 행하여도 서로 어그러지지 아니한다고 말할 수 있는 것이다. 어찌 聖人이 하는 바를 의심하리오?

聖人을 알고자 한다면 먼저 그 마음이 天理에 합하고, 그 道에 일치한 것을 보아야 될 것이다.

팔조지교증설(八條之教蓋說)

八條의 가르침은 첫째 男耕이요, 둘째 女織이요, 셋째 盜沒이요, 넷째 殺償이요, 다섯째 井田이요, 여섯째 尚質이요, 일곱째 婚娶요, 여덟째 名分이다.

箕廟碑에 말하기를 사나이는 밭 갈고, 여자는 길쌈하여 옷 입는 예절의 글을 가르치고, 도적은 재산을 **빼앗고**, 살인자는 보상을 하여 속죄하는 형벌로 다스리고, 井田法에 따라서 經界를 均平하게 하고, 질박한 풍속을 숭상하여 姦偸를 저절로 없애고, 婚娶의 禮를 존엄하게 하여 음란을 엄금하고, 주인과 노예의 분수를 바르게 하였다고 하였다.

漢書 禮樂志에 말하기를 살인자는 죽이고, 상해를 하면 곡식으로 보상하며, 도적은 남자는 그 집의 종으로 삼고, 여자는 여자 종으로 삼는데, 스스로 속죄코자 하는 사람은 50萬을 보상한다. 그러나 비록 면하였다고 하여도 民俗이 오히려 수치스럽게 여기어 결혼을 할 수 없었다고 하였다.

李芝峰이 相殺, 相傷, 相盜와 五倫을 합쳐서 八條라고 하였으나 어디서 근거한 것인지 알지 못하겠고, 栗谷 선생은 箕子 實記에서 또한 단지 말하기를 八條의 禁法이 있었는데 그 개략적인 것은 살인자는 죽이고, 상해를 하면 곡식으로 보상하며, 도적은 남자는 종을 삼고, 여자는 여자 종을 삼았다고 하는 다섯 조항 가운데 3條 이외의 2條는 다시 자상하게 말하지 아니하였으니 후세 사람이 어디에서 증거하리오?

오직 南麓谷廟碑의 말을 살필 수 있을 뿐이다.

기전도설변(箕田圖說辨)

朱子가 말하기를 옛사람이 일을 함에는 모두 井田의 뜻을 이용하였다. 대개 井地는 老陽의 九數로서 4와 5의 陰陽을 합한 것이다.

河圖(河図의 8宮도 中宮 5와 10의 土를 합계하면 9이다.) 洛書에서 聖人이 본받은 것은 모두 9數로서 天地의 本然한 象이었다.

邵子가 말하기를 州를 나누고, 井地를 분배하는 것은 모두 洛書의 무늬에서 모방하였으니, 저 멀리 人皇氏의 형제 9人이 9州를 나누어 관장하며 토지를 나누어줄 때에 9人, 9州처럼 또한 9로서 표준을 삼았었다.

黃帝는 8家로써 井을 만들고, 井을 네 길로 나누었으니, 이로부터 唐虞에 이르기까지는 黃帝의 법을 따랐다.

이후로 三代 이상은 그 제도를 또한 추측하여 알 수 있는 것이다. 夏나라의 禹는 50이요, 殷나라는 70이며, 周나라는 100畝이었으니, 모두 시대에 따라서 덜고 보탠 것이나 周나라에 이르러 크게 完備되었다.

100畝씩 그으면 井地는 900畝인즉 殷나라의 70畝는 당연히 630畝인바 그 井地를 만드는 법을 또한 알 수 있는 것이다.

孟子가 말하기를 오직 助法은 公田을 두었다고 하였으니, 殷나라 사람이 助法이라면 이에 公田이 있었다는 증거요, 公田이 있다는 것은 바로 井田의 證據인 것이다.

箕子는 殷나라 사람인즉 그 토지를 나누어 井田하는 法도 당연히 은나라의 제도를 따라서 배운 바의 道이니, 이에 洪範九疇에서 9라는 숫자를 버리면 井田制에 무엇을 쓰겠는가?

이제 久庵 韓百謙의 箕田圖를 살피건대 평양의 城 밖에 들판을 田字形으로 만들고 한 밭을 나누어 넷으로 만들어서 구역마다 모두 70畝로 하여 하나의 境界로 하였다. 한 밭 가운데는 네 구역으로 나누는 길이 있는데 넓이가 1畝요, 각 밭마다의 경계를 삼는 길이 있는데 넓이가 3畝이었으니, 밭의 세 쪽 옆에는 大路가 있는데 그 넓이가 9畝이었다.

含毬門, 正陽門 밖의 양쪽 사이의 땅과 三傍九畝路 안에 있는 田字形의 아홉 밭을 합치면 자연히 井이 되는데 井은 9區인즉 이렇게 종횡으로 만들어 나가면 온 들판을 모두 井字로 만들 수 있나니, 99로 나눈 밭이 된다.

그 삐쭉 나오고, 일그러진 모서리에 남은 땅은 혹 1~2田이나 2~
3田을 만들어서 9區에 붙이고, 도저히 井田을 만들지 못할 곳은 鄕
人이 이른바 餘田이다.

一夫가 토지 70畝를 받아서 함께 도와 公田을 갈고, 公田은 中央
에 있어야 하는바 이것이 洪範에 5皇極의 君位가 되는 것이다.

생각건대 백성이 농장의 창고가 있어야 하는데 아마도 밭가에 있
어서는 안 되고, 혹 모여서 村落이나 城邑 가운데 있어야 하는 까닭
으로 公田의 田字形에 一田은 4×70은 280畝의 온전한 밭이요, 私田
은 8區가 우물을 함께하는 것이니 당연히 4×8은 32家이다.

도와서 밭가는 땅의 公田은 70畝가 못 되는 60畝요, 50畝가 안
되는 땅은 이에 10분의 1을 세금으로 내게 한다.

그 9田이 1井이 된즉 그 모양새를 알 수 있고, 1田을 4區로 나누니,
4區가 바야흐로 1田이 되는 것이나, 그 자상한 것은 알 수 없도다.

어떤 사람이 말하기를 4區가 1田이라고 하고, 9田을 합하여 1井
이라고 하였으니 4는 生하고 9는 成하는 象인가? 9田이 36區라고
하는 것은 때에 따라서 덜고 보탠 제도인가?

이른바 殷人은 1夫가 70畝라고 하는 법인즉 또한 일찍이 바꾸지
아니하였도다.

韓久庵이 그 밭을 눈으로 직접 보고 손으로 그림을 그렸는데 그
井字田을 살피지 아니하고, 4田 8區로서 四象八卦의 象이라고 하면
서 말하기를 殷制는 주나라와 다른 것으로 箕子는 殷人인 까닭에
토지 분배제도를 당연히 宗國에서 모방하였으니, 周나라 제도와 같
지 않음을 의심할 것 없다고 말하도다.

그러나 내가 보기에는 그 말과 그림이 속단임을 면치 못하였도다.
許筬과 柳根도 또한 그 그림을 고찰하면서 살피지 못하고, 또한 殷
周의 제도가 다르다고 논한 것은 무슨 까닭인가?

그 뒤로 徐命膺公이 井田紀績碑에서 말하기를 箕子가 人材를 기름은 井地로 하였나니, 殷周의 두 나라 제도가 같지 않다고 말함은 至論이 아니다. 銘에서 말하기를 저 中原을 바라보니, 이리저리 밭도 많아라. 箕聖이 펼친 것은 大禹가 전한 것일세! 전해준 것 무엇인가? 하늘이 낸 거북 무늬라, 3×3은 9요, 가운데를 비우고 쓰도다. 오직 힘으로 봉사하고, 현물세를 반대함은 한결같이 여기에서 淵源하였다네!

이 논설이 대저 나의 견해와 꼭 맞아서 기쁘도다. 이제 천하의 聖人이 道를 행하는 자취를 볼 수 있는 것으로 오직 이 평양 땅의 한 조각 井地가 남아 있지만 후세에 王이 나오면 반드시 와서 법을 취하여 참고하리니 우리 東方에 萬世의 다행인 것이다. 후인이 그 象을 파괴하지 못하게 해야 되지 않을까?

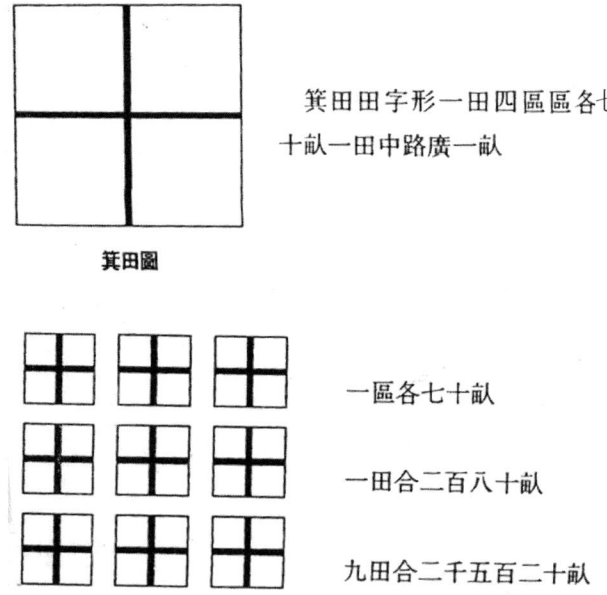

箕田田字形一田四區區各七
十畝一田中路廣一畝

箕田圖

一區各七十畝

一田合二百八十畝

九田合二千五百二十畝

合區成井圖

기자변설소지(箕子辨說小識)

우리 東方은 예로부터 君子의 나라라고 하나니 당연한 것이다. 檀君은 神人이니 처음 나와서 나라를 세움에 堯와 더불어 같은 시기였다. 또한 箕子의 聖人이 동쪽으로 와서 임금이 되어 백성을 예의로 가르치니 풍속이 크게 바뀌었다. 伯夷와 叔齊도 또한 피난하여 와서 숨어 살다가 首陽山에서 고사리를 캐면서 또한 東方에 살아 箕子와 왕래한 자취가 있고, 孔子도 뗏목을 타고 바다를 건너 九夷에 살고자 하였으니, 참으로 우리 東方은 살기 좋은 곳이다.

箕聖 이후로 仁賢의 敎化와 禮法의 풍속이 거의 몇 천 년에 이르는 찬란한 文明國이었다.

여러 어진 이를 대대로 배출하여 斯道를 강의하여 밝히니, 朱子 이후로 道를 전하는 大賢이 나와서 中國의 학자도 미치지 못하였던 것이다.

대저 우리나라의 별자리는 箕尾요, 땅의 위치는 東南이다. 그러므로 天地의 文明한 氣가 모여서 그런 것이다.

中原이 淸나라에게 멸망한 뒤로는 우리나라가 당연히 周禮가 魯나라에 남아 있었던 것처럼 古禮를 홀로 간직하고 있다.

이제 온 나라가 이웃 오랑캐에게 병탄당하여 문화인이 야만풍속을 따라서 짐승의 길로 가고, 오직 숲 속에 약간의 뜻있는 사람이 죽어도 변하지 아니하면서 復卦의 一陽이 되고자 하도다.

어느 시대에나 다시 箕聖의 風化를 볼 것인가? 옛사람이 말하기를 千秋에 반드시 道가 正常으로 돌아온다고 하였도다.

잡저(雜著)

심의재법(深衣裁法)

深衣를 만듦에는 白細布나 혹은 모시나 또는 綿布나 生絹이나 모두 무방하고, 자는 指尺을 쓴다.

衣는 베 2폭으로 길이를 각각 4尺4寸으로 하여 가운데를 아래로 접어 내리면 앞뒤가 모두 4폭이 되나니, 길이는 각각 2尺2寸이 된다.

그 길이는 어깨 아래로 裳에까지 닿으니, 옆구리를 파지 말고 幅마다 裳 3幅씩을 붙여서 대고 꿰매면 裳을 붙인 곳의 둘레가 약 7尺2寸이 된다.

양쪽 어깨 위를 각각 3寸씩 파서 들어가 접어서 잘라내면 2寸의 옷깃이 만들어진다.

裳은 6幅의 베를 쓴다. 길이는 각각 4尺4寸으로 모두 접어서 나누어 12幅으로 만들되 幅마다 한쪽 머리는 넓고, 한쪽 머리는 좁게 하나니, 좁은 머리는 마땅히 넓은 머리의 반이 되도록 한다.

넓은 쪽은 넓은 쪽만 나란히 대고, 좁은 쪽은 좁은 쪽만 나란히 대어서 모두 이어 꿰맨 다음 좁은 쪽 머리를 위로 하여 衣에 대고 붙여서 꿰매면 3幅마다 衣의 1幅에 붙어 그 둘레가 약 7尺2寸이 되고 그 길이도 복사뼈 아래에까지 미치니 약 4尺4寸이 된다.

○ 衣의 양쪽 옆구리 아래 裳의 가장자리 기울어진 폭이 서로 만나는 곳은 이미 합쳐서 꿰매었어도 다시 그 남은 線을 꿰매어서 좌우로 갈고리가 되도록 하여 옷깃을 붙여 갈고리 가장자리를 만든다.

○ 목깃 아래로 衣와 裳은 등 뒤로는 곧게 서로 이어 꿰매어 반드시 두 폭을 곧게 합하여 꿰매 내려서 먹줄처럼 裳 아래 끝까지 곧게 꿰매고, 이 길이를 기준으로 아래 끝을 가지런히 꿰매어 들쑥날쑥 하지 않게 해야 된다.

둥근 소매는 베 두 폭으로 각각 가운데를 접어서 衣의 길이와 똑같이 만들어 衣의 좌우에 붙여서 합쳐 꿰매고, 그 아래를 점점 둥글게 접어서 소매 끝에 이르러서는 그 직경이 1尺2寸이 되게 만든다.

○ 소매의 길이는 팔뚝을 기준하여 폭이 좁으면 당연히 폭을 이어서 써도 되나니, 한 폭으로 해야 된다는 것에 구애받을 필요는 없다.

方領은 별도로 베 한 가닥을 쓰는데 넓이가 2寸이요 길이는 옷의 몸통과 똑같이 하되 모름지기 길이 6寸 정도가 남아야 한다. 그래야만 옷의 몸통과 똑같게 할 수 있는 것이다.

목덜미 뒤에서부터 衣의 양쪽 어깨 위로 붙여서 각각 3寸씩 접어 넣고, 돌아 앞으로 와서 양쪽 옷깃 위로 꿰매고 좌우로 곧게 내려가게 한다.

양쪽 옷길을 서로 포개어 합치면 옆구리 아래에 양쪽 領이 만나서 저절로 꼭 맞으니 곧 深衣에서 이른바 曲袷이 자 쪽과 같다고 함이요, 玉藻에서 袷이 2寸이요 緣이 1.5寸이라고 하는 것이 바로 이것이다. 袷은 이에 曲領이니, 曲은 方이다.

黑緣은 검은 비단으로 만들어 그 領과 소매 끝과 裳의 가장자리를 안팎으로 각각 1.5寸씩 선을 두르는 것이다. 소매 끝에는 베 밖으로 이 선을 넓게 끝단을 댈 수도 있다.

大帶는 白繒이나 白絹이나 혹 布를 쓰는데 넓이가 4寸이 되게 띠를 만들어 꿰매고, 그 길이는 허리를 두 번 동여매어 앞에서 두 귀를 내어 묶고는 이에 그 나머지가 늘어져서 裳의 끝과 가지런하도록 한다.

검은 비단으로 그 띠의 양쪽 옆과 아래 끝을 안팎으로 半寸씩 선을 두르고, 大夫는 두 귀도 또한 검은 비단으로 싼다.

○ 다시 오색실로 땋은 끈으로 넓이를 3分이 되게 하여 그 서로 묶은 곳에서 띠와 똑같이 길게 늘인다.

심의제도변설(深衣制度辨說)

'옷감은 白細布를 쓰고, 자는 指尺을 쓴다'에 대하여

옛날에는 深衣에 15升布를 잿물에 빨아 바래서 썼으니 80가닥을 1升이라고 한다.

○ 家禮增解에 살펴보건대 말하기를 우리나라의 深衣를 만드는 풍속은 대부분 北布를 썼으니, 그 넓이가 2尺이 충분하고 아주 精細하였다고 한다. 그러나 咸鏡北道에서 나는 베를 쉽게 얻을 수 없으니 부득이하여 보통 베로 만들어 쓰지만 그 폭이 매우 좁아서 모름지기 법식을 알맞게 변통하여야 되었다고 하였다.

또 살펴보건대 넓은 베로 만들면 20尺이면 적당한데 좁은 베로 만들면 30尺 가까이 들어간다고 하였으니, 이는 오늘날에 쓰는 布帛尺으로 하는 말이다.

○ 何基氏가 말하기를 深衣의 옷감은 모시를 써서 만들며, 삼베

로 만들기도 한다. 寒岡이 말하기를 무명베도 또한 부드럽고 질기면
쓸 수 있다고 하였다.

　○ 王制에 殷人은 縞衣로 늙은이를 입혔다고 하였는데 註에서 말
하기를 白布深衣라고 하였으며 疏에서 縞는 흰색의 生絹이라고 하
였다.

　○ 살피건대 深衣에 쓰는 베는 또한 모두 쓸 수 있다고 하겠다.

　'가운데 손가락의 가운데 마디를 1寸으로 한다.'에 대하여
　儀節에 中指의 中節이란 이에 손가락을 굽혔을 때에 안쪽에 생긴
양쪽 무늬의 끝까지의 거리를 말한다.

　'衣는 모두 4폭으로 하는데 그 길이는 어깨 아래 裳에까지 붙여서
대야 하므로 베 2폭을 가운데로 접어서 아래로 내리어 앞뒤가 모두
4폭이 되게 한다.'에 대하여
　備要에는 길이가 2尺2寸이라고 하였다.

　○ 龜峯은 말하기를 옷을 재단할 때에 衣의 길이를 2尺3寸이 되
게 하여야 1寸은 裳에 대어 꿰맬 때에 접어서 꿰맬 수가 있다고 하
였다.

　○ 살피건대 베의 길이는 4尺4寸으로 하여야 반으로 접으면 2尺2
寸이 된다.

　'오늘날의 直領衫과 같은데 다만 옆구리 아래를 파지 않았다.'에
대하여
　深衣篇을 연구하면 위아래로 팔뚝을 움직일 수 있게 한다고 하였
으니 살피건대 옆구리 아래는 곧 深衣篇에서 이른바 넉넉하게 한다
는 것이다. 이미 위아래를 넉넉하게 하면 팔뚝을 움직일 수 있으니

곧 근세의 옆구리 아래를 재봉하고도 또한 작은 띠를 대서 오른쪽 가장자리를 꿰매어 마치 俗制의 평상복의 옷처럼 만드는 것이 과연 옛날 제도에 합하는 것인가?

또한 곡선의 옷 뒷자락으로 옷깃을 이어서 가장자리를 감친다면 옷의 몸통에 안팎으로 두 개의 가장자리가 있게 된다. 이 制度는 白雲朱氏로부터 나왔는데 朱子의 法服과는 다른 것이다.

‘그 아래로 어깨를 지나서 裳과 닿은 곳이 둘레가 약 7尺2寸이다.’라고 함에 대하여

補註에서는 폭의 넓이가 2尺2寸이므로 4폭이면 8尺8寸이나 이어 꿰매고 목옆의 겹쳐 넣은 것을 합하면 각각 1寸이 들어가고, 양쪽 옆구리에 앞뒤로 각 3寸을 남기면 대략 둘레가 7尺2寸이다.

‘每幅에 裳3幅을 붙인다.’에 대하여

살피건대 衣와 裳은 재단할 때에 각각 1寸을 접어 양쪽 가장자리의 바늘 꿰매는 선으로 하는 것이다.

‘裳은 비스듬히 쪼개어 12폭으로 이어서 위를 衣에 붙이는데 길이는 복사뼈까지 미치게 한다.’에 대하여

補註에 말하기를 옛날에는 베의 폭의 길이가 4尺4寸이요 넓이가 2尺2寸이었다고 하였다.

○ 살피건대 裳의 길이는 마땅히 4尺4寸이어야 한다.

‘베 6폭을 써서 幅마다 쪼개어 2폭으로 만들되 한쪽 머리는 넓고 한쪽 머리는 좁게 하여 좁은 쪽 머리가 넓은 쪽 머리의 반이 되게 한다.’에 대하여

備要에 말하기를 비스듬히 재단하여 쪼갤 때에 넓은 쪽 머리는 1尺4寸이고, 좁은 쪽 머리는 8寸이 되게 하여야 각각 양쪽의 가장자리 바늘로 꿰매는 선 1寸을 제하면 1/2이 된다.

'좁은 머리를 위로 향하여 이어 꿰매서 衣에 붙이니, 그 衣에 붙이는 둘레는 약 7尺2寸이다.'에 대하여

玉藻의 深衣三袪를 陳氏가 註하기를 袪는 袖口인데, 1尺2寸이니 둘레가 2尺4寸이 된다. 허리는 넓이가 세 폭이니, 그 2尺4寸씩이면 모두 7尺2寸인 것이라고 하였다.

○ 深衣篇의 腰縫半下에 대하여 陳氏가 註하기를 허리를 꿰맴에 7尺2寸은 아래 끝의 1丈4尺4寸에 비교하면 반이 된다고 하였다.

'3幅마다 衣 1폭에 붙여서 꿰매고, 그 아래 끝은 복사뼈에까지 미쳐야 한다.'에 대하여

深衣篇에서 짧아서 살이 보여서는 안 되고, 길어서 흙에 끌려도 안 된다고 하였다.

'옷통의 길이는 4尺4寸이다.'에 대하여

沙溪가 말하기를 裳은 6폭의 베인데 넓이가 2尺2寸이다. 처음 재단함에 넓은 쪽 머리가 1尺4寸이고, 좁은 쪽 머리가 각 8寸으로 쪼개어 양쪽 가장자리 바늘 꿰매는 선 1寸씩을 제하고 쓰면 넓은 쪽 머리가 1尺2寸이요 좁은 쪽 머리가 6寸이 된다.

장차 6寸이 되는 것을 12폭 이어 위로 허리통을 만들면 꼭 7尺2寸이 되고, 12폭의 아래를 꿰매어 가지런히 하면 꼭 14尺4寸이 되어 맞아떨어져서 나머지가 없는 것이다.

○ 衣圖註에 말하기를 이미 合縫하고 또한 覆縫한다는 것은 바로

裳의 양쪽 가장자리를 續衽鉤邊의 법제이다.

○ 深衣篇에 대하여 陳氏가 註하여 말하기를 朝服, 祭服, 喪服이 모두 衣와 裳이 다르거늘 深衣는 다르지 아니하니 그 몸에 입었을 때에 깊고 그윽한 까닭에 深衣라고 이름한 것이다.

'둥근 소매는 베 2폭을 써서 각각 가운데를 접어 衣의 길이와 똑같게 하여 衣의 좌우에 붙여서 꿰맨 다음 그 아래를 합쳐 꿰매서 소매를 만든다.'에 대하여

玉藻에서는 소매는 팔뚝을 움직일 수 있게 한다고 하였는데 陳氏가 註하기를 팔의 길이는 2尺2寸이므로 팔을 돌릴 수 있다고 하였다.

○ 深衣篇에 넉넉함의 위아래란 팔을 움직일 수 있다는 것이요, 팔소매의 길이란 팔뚝에 미칠 수 있는 정도이다.

劉氏가 註하여 말하기를 소매의 넓이는 衣에 붙이는 옆구리 아래 합쳐 꿰맨 곳까지이다. 運은 回轉이요, 팔꿈치까지의 넉넉함이 옷의 몸통과 똑같은 2尺2寸인 것이다.

○ 살피건대 후세에는 옷을 재단함에 옆구리 아래를 파고 소매가 짧아서 팔을 굽힐 수 없게 만드니 모두 玉藻, 深衣篇의 古制가 아니다.

'그 본바탕의 넓이는 衣의 길이와 똑같으나 점점 줄여서 소매 끝을 만든다.'에 대하여

孔氏가 말하기를 소매 끝은 소매아귀라고 하였다.

'곧 그 직경이 1尺2寸이다.'에 대하여

玉藻에서는 소매아귀는 1尺2寸이라고 하였다.

○ 儀節에서 소매아귀는 1尺2寸을 남기고 그 아래는 모두 합쳐 꿰매서 소매 깃을 만든다고 하였다.

○ 補註에서는 소매의 길이와 넓이는 달의 半圓처럼 만들어 좌우의 소매를 합치면 보름달의 완전한 圓같이 한다.

※ '楊氏가 다시 말하기를 좌우의 소매는 각각 베 1폭으로 만들어 衣에 붙여서 꿰매는데 소매의 길이는 팔을 굽혀서 팔뚝에 미치는 것을 기준으로 삼나니 1폭이란 말에 구애받지 않는다.'에 대하여

劉氏가 말하기를 反對로 굽힌다는 것은 돌이켜 팔뚝에 이르는 것인즉 소매를 붙임에는 처음부터 1폭에 구애받지 아니하는 것이다.

○ 尤庵이 말하기를 深衣의 소매는 비록 한 폭으로 한다고 하였지만 굽혀서 팔뚝에 미치지 아니하면 1폭이라는 말에 구애받을 필요가 없는 것이라고 하였다.

'方領'에 대하여

補註에 말하기를 양쪽 어깨 위에서 각각 3寸을 재단하여 들어가 접어가지고 잘라 버린 다음에 별도로 다른 베 한 가닥을 써서 목뒤로부터 접어 돌아서 앞으로 향하여 꿰맨다. 이어 양쪽 옷깃 위로 모두 접어 꿰매는데 안팎이 각각 2寸이다.

○ 儀節에서 말하기를 玉藻는 袷이 2寸이요, 緣이 1寸半이니, 베의 넓이를 2寸으로 하고 길이는 옷의 몸통과 같게 하여 袷(曲領)을 만들고, 그 위에 1寸半의 緣을 두른다고 하였다.

○ 살피건대 領의 길이는 마땅히 옷의 몸통크기와 같게 한다고 하였지만 단지 베의 길이를 2尺2寸으로만 하면 衣의 어깨 위에 재단하여 들어간 곳에서 이미 3寸을 이용하였으니 앞으로 늘어진 곳에서 옷의 몸통 길이에 미치지 못하게 되는 것이다. 그러므로 모름지기 2尺2寸 이외에 남은 베를 이용하여 6寸을 보태야만 그 길이가 똑같아지게 된다.

'양쪽 옷깃이 서로 겹치는 자리는 옆구리 아래다.'에 대하여

玉藻에서는 옷깃은 당연히 옆으로 간다고 하였는데 陳氏가 註하기를 裳의 가장자리가 서로 겹치는 곳이라고 말하면서 몸의 양쪽 옆인 까닭에 말하기를 옷깃은 옆으로 간다고 하였다.

○ 살펴건대 옷깃(袵)은 裳幅이 서로 겹치는 것을 말하는 것으로 衣에서는 늘리어 펼치는 곳이요, 裳에서는 앞뒤를 합치어 꿰매는 곳이다.

○ 또 살펴건대 옆구리 아래란 곧 넉넉하여 팔뚝을 움직일 수 있다고 하는 곳이다.

'양쪽 領이 만나는 곳이 자연히 方이다.'에 대하여

玉藻에서는 袷을 2寸으로 한다고 하였으니, 袷은 曲領인데 그 넓이가 2寸이란 것이다.

○ 深衣篇에서는 曲袷如矩라고 하였는데 陳氏가 註하기를 袷은 交領이니, 衣의 領이 이미 겹치면 저절로 矩와 같은 象이 된다.

○ 南塘이 말하기를 領의 양쪽 끝을 붙인 衣의 가장자리는 양쪽이 상대적으로 늘어져서 方形이 이루어지지 아니한다. 오직 領의 가운데를 파내고 접은 衣의 몸통 위에만 그 모양이 曲尺처럼 되나니 이것이 이른바 曲袷이다.

또 말하기를 양쪽 옷깃은 저절로 서로 겹치어 가리니 양쪽 옷깃은 대략 옆구리를 향하여 저절로 領方의 形이 되는 것이요, 양쪽 옷깃이 안팎으로 겹치어 교차함으로써 양쪽 옷깃이 좌우로 방향을 바꾸어 교차하는 현재의 옷과 같은 모양이 아니라고 말하였다.

'曲裾'에 대하여

살펴건대 備要에서는 이 1節을 잘라냈다. 그러므로 오늘날은 그

제도를 모두 버렸지만 蔡楊 두 제자가 친히 朱子에게 보고 들어서
그 이야기를 기록하였던 것이다.

附註에서는 그 아래를 잘라 버리고 쓰지 아니하면서 말하기를 후
세에 深衣를 의논하여 처음 정하면서 續衽鉤邊은 疏家의 說을 따르
지 아니한다고 하였으니 후인이 어찌 반드시 해설을 모아서 논설을
정하리오? ○ 蔡氏 淵이 말하기를 선생이 일찍이 합리적으로 經文
을 연구하다가 옷은 몸에 알맞아야 됨을 깨닫고 말하기를 方領이라
는 것은 다만 衣의 領이 이미 겹치면 저절로 矩의 象이 되는 것이
며, 또한 續衽鉤邊이라는 것은 단지 裳의 옆을 이어 부침에 앞뒤 폭
의 다름이 없이 좌우를 교대로 접어 넣어서 꿰매는 것이니, 곧 갈고
리 가장자리가 되는 것이요 별도로 베 1폭을 써서 갈고리처럼 재단
하여 裳의 옆을 꿰매는 것이 아니라고 하였다. ○ 楊氏가 다시 말하
기를 선생이 晩歲에 입은 옷은 深衣였는데 家禮의 舊說에 曲矩의 制
는 버리고 쓰지 아니하였다. 이것은 대개 깊은 뜻이 있었으나 한스럽
게도 그 자상한 이유를 얻어 듣지 못하였다.

鄭康成의 註에 續衽의 두 글자는 文義가 매우 분명하거늘 특별히
疏家들이 혼란시켰을 뿐이라고 하였다. 鄭註에 말하기를 續은 屬과
같고, 衽은 裳의 옆깃인 것이다. 屬은 裳의 안팎을 똑같이 이어서
어그러짐이 없는 것이다.

무릇 裳은 앞이 3폭이요, 뒤는 4폭이니, 이미 앞뒤로 나누면 그
옆의 2폭을 나누어 쪼개어 서로 붙지 않게 하는 것이다.

오직 深衣의 裳은 12폭을 비스듬히 쪼개어 재단하였으니, 모두 衽
이라고 부를 수 있는데 이른바 續衽이라는 것은 裳의 옆에 있는 2
폭을 지적한 것이다. 그러므로 이는 裳의 옆에 2폭을 붙여 이어서
裳의 앞과 뒤를 가지런하게 하는 것이다.

疏家들이 그 文義를 자세히 고증하지 아니하고 단지 衽은 裳의

옆이라는 한 구절만을 보고 말하기를 별도로 한 폭을 재단하여 갈고리처럼 만들어 붙인다고 억지소리를 하였으니 갈수록 이상한 주장만 생기게 되었다고 하였다.

○ 살피건대 衣圖註에 말하기를 이미 합쳐서 꿰매고 또다시 덮어서 꿰맨다고 이야기를 한 것은 바로 裳의 양쪽 옆의 續衽鉤邊의 제도이다.

尤菴이 말하기를 裳旁의 衽을 連屬하는 것이 바로 續衽이요, 또한 그 나머지를 覆縫하는 것을 鉤邊이라고 한다. 대개 裳의 좌우로 양쪽에 각각 2폭을 衣의 가장자리에 붙이되 直幅(세속에서 이른바 直緒)을 이은 다음에 그 斜幅(세속에서 이른바 解緒)을 붙이며, 그 다음 또 直幅을 削幅 옆에 댄다. 또 直幅을 이어서 차례로 제3폭에 이르면 斜幅이 당연히 衣의 소매혼솔 아래에 오게 되는 것이다. 뒤에는 각각 兩幅을 붙여서 衣의 등허리선에 直幅을 이은 다음 그 斜幅邊에 차례로 直幅을 붙이면 제3幅에 이르러 그 斜幅이 또한 옆구리 아래에서 앞쪽 裳衽의 斜幅과 서로 만나게 된다.

兩邊의 斜幅(解緒)을 合縫하는 것은 모양새가 반드시 아래로 비스듬하게 내려오게 되어 튼튼히 잡아당겨 주지 아니하여도 그 아래 가장자리가 가지런하지 아니하므로 이에 그 合縫한 兩端의 餘線을 覆縫하여 兩邊을 갈고리처럼 만들어서 단단히 잡아당기게 하여 하여금 아래로 비스듬히 내려오지 않게 하였다.

나의 생각으로는 續衽鉤邊의 制度가 이러한 것에 지나지 아니하거늘 망령되게 억지로 해석하고 또한 스스로 제작하니 곧 잘못이라고 하겠다.

○ 살피건대 丘氏 瓊山이 말하기를 마땅히 裳의 兩旁은 옆구리 아래로부터 끝단에 이르기까지 앞뒤가 서로 만나는 곳은 모두 合縫하여 하여금 서로 連續하여 열리지 않게 하나니 이것을 續衽이라고

말한다. 또한 覆縫은 그 邊을 세속에서 이른바 鉤針처럼 하는 것이
니, 이른바 鉤邊이다. 또 말하기를 白雲 朱氏의 說과 家禮는 일치하
지 않으니, 대개 옷통에다가 안팎으로 양쪽 깃을 달아서 세속의 日
常服처럼 만들어 가지고, 별도로 直布를 재단하여 갈고리처럼 옷깃
아래에 붙여서 續袵鉤邊으로 삼고자 하였다. 이렇게 하면 입기에는
편리하지만 다만 家禮의 本制가 아니므로 감히 따를 수 없는 까닭
에 이에 적어만 두는 바이다.

또한 吳興敖繼公이 말하기를 衣는 6幅이요, 裳도 6幅이니 모두
12폭이다. 衣와 裳이 각각 6폭씩인 까닭은 1歲 12月의 6陰과 6陽을
象徵한 것이라고 하였다. 또한 朱氏說을 참고하면 衣는 베 2폭을
쓰고, 袖는 2폭을 쓰는데 별도로 베 2폭을 써서 領을 만들며 또다시
1폭을 써서 접어 잘라서 두 쪽으로 안팎의 옷깃을 만들어 옷통에
이어 꿰맨다고 하였다.

裳은 베 6폭을 쓰는데 12조각으로 재단하여 뒤쪽에 6조각은 舊式
과 같이 하고, 앞쪽에 4폭은 外襟에 이어 꿰매며, 2조각은 內襟에
이은다. 上衣下裳이 모두 12폭이라고 하였다.

白雲朱氏는 안팎에 옷깃을 댄다는 說은 朱子가 만년에 입었던 衣
와 裳이 모두 10폭이라는 說과 다르고, 家禮에 衣는 4폭이요, 裳은
12폭이라는 문장에도 어긋나니 따를 수 없다고 하였다.

또한 살피건대 裳의 12폭을 어찌하여 재봉한 12폭으로 처리하지
아니하고, 재단하지 아니하였을 때의 6폭으로 셈하는가? 그와 같은
논리라면 어찌하여 深衣는 1필의 베라고 말하지 아니하는가?

○ 沙溪가 말하기를 家禮의 本文으로 재단하면 어그러지지 아니
한다. 玉藻의 深衣篇을 따르면 깊은 뜻을 잃지 아니하리니, 하필 새
로운 의미를 창출하여 新制를 만들어서 家禮와 다르게 하리오.

○ 尤庵이 말하기를 丘氏의 說은 衣가 2폭, 袖가 2폭, 領이 1폭,

襟이 1幅, 裳이 6폭이니 모두 합하여 12폭이다. 그러나 이미 家禮의 制와는 다르니 아마도 깊이 탐구할 필요는 없을 것이다.

‘黑緣의 緣은 검은 비단을 쓰고, 領의 겉과 속은 각각 3寸이라는 것’에 대하여

살피건대 玉藻에서는 袷이 2寸이요, 緣은 半寸이라고 하였고, 備要에서는 朱子大全을 고찰하여 寸半이라고 하였다.

‘소매 끝과 裳邊은 안팎으로 각각 1寸半이다.’는 것에 대하여

살피건대 深衣篇에서 소매끝선과 裳邊의 線은 그 넓이를 각각 寸半이라고 하였다. 註에 純은 衣緣이라고 하였으니, 袂緣의 소매 끝이요, 옷깃의 옆 가장자리와 아래 끝단에 선을 두르는 것이다. 각각 넓이가 1寸半이지만 袷은 넓이가 2寸이다.

‘소매끝단에 따로 이 선을 두루는 넓이’에 대하여

살피건대 大全布의 밖에다 대서 낸다.

○ 劉氏가 말하기를 父母가 具存하시면 衣에 靑色線을 두르고, 孤子는 하얀 선을 두르나니, 오늘날은 검은 비단으로 두루는바, 簡易함을 따른 것이다.

‘大帶’에 대하여

살피건대 士冠禮 緇帶註에 검은 비단띠(黑繒帶)라고 하였다. 선비의 띠는 처음 둘리는 부분의 넓이가 2寸이요, 두 번째 둘리는 부분은 4寸이며, 옷고름을 매서 늘어진 부분은 3寸이라고 하였다. 疏에서 말하기를 검은 비단띠라는 것은 하얀 비단에다가 끝을 검은 비단으로 댄 것이다. 옷고름을 매서 늘어진 부분이 3寸이라는 것은 띠의

늘어진 부분을 반드시 다시 고름을 내어 위로 향한 부분을 만들고
또 늘어진 부분이다.

'띠는 흰 비단으로 만든다.'에 대하여
儀節에서 말하기를 흰 명주나 혹은 흰 베를 쓴다고 하였다.

'넓이가 4寸인 베를 접어서 재봉한다.'에 대하여
同春이 말하기를 4寸을 접어서 재봉하면 2寸이 된다는 말인 듯하다.

'그 길이는 허리를 둘러매게 한다.'에 대하여
深衣篇에 말하기를 띠는 아래로 脾臟을 내려가지 아니하고, 위로
갈빗대를 올라가지 아니하는 뼈가 없는 곳에 해당한다고 하였다.

'앞쪽에다 맨다.'에 대하여
愼獨齋가 말하기를 처음 들러 허리를 한 번 감고, 두 번 둘러 허
리를 한 번 감은 다음에 맨다.

'두 귀를 만들고 이에 그 나머지를 드리워 아래로 裳의 끝과 가지
런하도록 늘어지게 한 부분은 검은 비단을 대서 큰 띠가 되게 한
다.'에 대하여
大全에서는 검은 비단으로 큰 띠의 양쪽 옆과 아래를 안팎으로
각각 半寸이 되게 선을 두른다고 하였다. ○ 備要에서 大夫는 두
귀도 또한 선을 두른다고 하였다.

'다시 5색실로 땋은 실띠는 넓이를 3分으로 하여 그 서로 맨 곳에
묶어서 길이를 큰 띠와 같게 한다.'에 대하여

玉藻에서 말하기를 합쳐서 살짝 매는 곳은 3寸이 되게 뚫고, 길이는 띠와 같게 한다. 方氏가 말하기를 가늘면 띠의 고리에 붙여 맨다. 그 가는 것을 합쳐서 묶어 매면 띠가 단단하여 풀리지 아니한다.

○ 深衣篇陳註에 말하기를 深衣는 制度가 같으면서도 이름이 다른 것이 4가지 있는데 색깔로 선을 두른 것을 深衣라고 말하고, 흰색으로 선을 두른 것을 長衣라고 말하고, 베로 선을 두른 것을 麻衣라고 말하고, 朝服이나 祭服 속에 입는 것을 中衣라고 말하나니 喪服에도 또한 中衣가 있다.

○ 南塘이 말하기를 深衣의 意義는 禮記의 深衣篇에서 考究할 수 있는데 그 制度는 朱子家禮에 具備하여 있다. 다만 續衽鉤邊의 制는 疏家의 舊說을 襲用하고, 아직 修正하지 못하였던 것이다. 그러나 蔡楊 二子가 혹 先生의 晚年之論을 친히 듣기도 하였고, 혹 그 晚年에 입었던 옷을 친히 보기도 하여 그러한 이야기들을 아울러 기록하였으니 곧 또한 하나의 이야기도 갖추지 아니한 것이 없고, 한 가지의 制度도 갖추지 아니한 恨이 없는 것이다.

後人이 그 뜻을 깊이 연구하지 아니하고, 망령된 생각을 가지고, 억지로 해석하여 그 마음대로 경솔하게 덜고 보태서 완전히 모양새가 어그러진 별도의 制度를 창출함으로써 이상한 옷이 되어 버렸다. 先生이 當日에 하고자 하였던 바가 애석하지 아니한가?

○ 살피건대 현재 쓰이고 있는 深衣의 規矩繩準衡 등 5法은 深衣篇에서 이미 밝혀 말하였다. 聖人이 입었고 朱子가 귀중하게 여겼던 이유는 이러한 까닭이었다. 黃帝堯舜으로부터 三代에까지 共用하였던 이처럼 貴重한 法服을 後人이 어찌 감히 가볍게 덜고 보태겠는가? 朱子家禮는 또한 그 法象을 玉藻의 深衣篇에 근거하여 자상하게 규명하여 制度를 밝혔다.

後人이 곡진하게 諸家說을 取하여 스스로 新制를 만들면서 家禮

를 어긴다면 마땅히 某氏新制衣라고 이름하여야 옳다.

○ 丘氏가 吳興敖繼公과 吳草廬의 說을 取하여 衣와 裳을 통틀어 12폭이라고 하는 것은 家禮의 衣는 4폭이요 裳은 12폭이라는 制度와는 어그러진다. 그것은 深衣篇에서 또한 그 衣裳制度를 살피면 각자 분명한 일이다. 深衣篇의 首節은 그 제도를 槪論한 것이요, 袼之高下의 一節은 그 衣를 말한 것이요, 制有十二의 一節은 그 裳을 말한 것이요, 袂圓 이하는 그 法象을 말한 것이며, 故觀者 이하는 그 文章과 實用을 말한 것이다.

○ 白雲朱氏는 上衣와 下裳을 통틀어 12폭이라고 하면서 裳은 6폭을 재단하여 12쪽을 만들어 前面은 4쪽을 이어서 재봉하여 外襟을 만드는 것이니, 옷통의 앞에 별도로 內外의 兩襟을 달아서, 內襟은 裳에 2폭을 붙이고, 外襟은 裳에 4폭을 붙이는 것은 家禮의 制度와는 완전히 어그러진 것이며, 실로 古制와도 다른 것이라고 하였다.

○ 鄭寒岡은 자못 儀節을 信用하여 白雲朱氏의 說은 沙溪가 이미 변증하여 배척하였다고 하였다. ○ 南九萬相公은 袂口布의 끝단에 별도로 넓은 線을 두루는 法을 따르지 아니하였는데 朱子의 衣制에 어긋났기 때문이었다.

○ 崔錫鼎 相公은 말하기를 衣制에서 白雲朱氏의 法을 따르는 것은 다만 家禮에 어그러질 뿐만 아니라 참으로 古制와도 合하지 아니한다고 하였다.

○ 近世의 朴瓛齋는 말하기를 深衣에 대한 廣義의 說은 자못 볼만한 점이 많지만 그러나 衣가 6폭이요, 裳이 6폭이며, 별도로 布를 써서 續袵을 단다는 것은 家禮와는 다르다고 하였다.

○ 李華西는 深衣의 領의 前端을 曲線으로 파서 마치 曲尺모양으로 만들었다. 橫의 길이는 數寸으로 하였는데 細目으로 衣邊을 結合하여 前襟을 曲裾에 붙였다. 그러므로 그 모양새가 마치 朝服

의 團領과 비슷하고, 褻服의 背子領의 一邊과 같다. 대개 玉藻에서 이른바 曲袷은 二寸이라는 것은 方領의 廣을 지적한 것이다. 그러니 袷은 곧 方領이다. 領을 옷통에 붙여 재봉하면 後幅은 橫이 바로 3寸이 되고, 領의 兩端은 옷통의 前幅으로 바로 내려온 것이 저절로 曲尺과 같은 方이 되는 것이다. 어찌 반드시 曲尺과 같은 모양을 領의 끝에 다시 붙일 것인가? 家禮에 兩領이 자연히 方이 된다는 글과는 다름이 있다.

○ 또한 별도로 베 한 가닥을 써서 曲裾를 만들어서 이것을 屬衽鉤邊이라고 한다면 진실로 朱子의 衣制에 어긋난 것이다. 蔡楊二子가 朱子의 晩年에 입었던 옷을 친히 보고 들었으니 曲裾를 除去하거나 曲裾를 쓰지 아니한 것은 실로 朱子의 深衣制가 아니다. 深衣篇의 續衽鉤邊이라는 것은 邊이란 裳의 兩旁이라는 말이다. 그 衽의 前後를 兩旁에서 連續하여 鉤가 되게 한다는 뜻이다. 喪服과 祭服은 모두 裳을 前後로 나누어 衽이 不續하지만 오직 深衣만은 裳의 前後를 衽이 相續하게 하여 나누지 아니하는 까닭으로 續衽이라고 하는 것이며, 兩邊을 覆縫하여 잡아당기는 까닭에 鉤邊이라고 하는 것이다. 그러므로 반드시 별도로 한 폭을 前衽에 이어가지고 鉤邊이라고 주장하고자 하는 것은 옳지 않으며, 負繩이 뒤쪽에 있는 것을 後라고 하고, 領과 衽이 앞쪽에 있는 것을 前이라고 한즉 兩旁에 있는 것은 마땅히 邊이라고 해야 한다. 그러므로 經에서 말하기를 衽은 旁에 可當한다고 하였고, 家禮에서는 衽은 腋下에 있다고 하였으니 만일 衽의 周圍가 서로 만나는 곳의 兩端을 邊이라고 한다면 邊이 아니고 이것은 前衽이다. 따라서 마땅히 續衽의 앞이라고 해야지 鉤라고 하는 것은 부당하다.

○ 또한 그 衣를 재단하여 腋下를 파들어 가서 마치 時服의 衣처럼 만들면 비록 입기에는 편하겠지만 家禮의 腋을 파서 재단하지

아니한다는 制와는 어그러짐이 있다. 그리고 深衣篇에 袡의 高下는 運用이 가능한 정도로 한다는 文句가 있다. ○ 또한 懸紐結領이라 는 것은 曲裾 아래로 늘어지게 하여 檢束할 수가 없는 까닭으로 衽 을 대서 거둔다고 하였지만 그러나 古法에서 찾아보아도 보이지 않 는다.

○ 田艮齋도 深衣에 별도의 布를 써서 曲裾를 만들어 續任鉤邊 이라고 하는 것이 華西와 다름이 없는데 그 禮를 어김이 동일한 것 이다. 그들의 法은 모두 白雲朱氏에게서 나왔음을 어찌 변명할 수 있으리오? ○ 또한 腋下를 파서 재단하였으니 破腋之法은 옛날에는 듣지 못한 것들이다. ○ 또한 小帶를 內外兩襟에 중첩하여 맺으니 小帶와 細幷은 古制에 보이지 않는다. 南塘이 말하기를 大帶의 두 번 두르는 것은 그 夜에 小帶가 없으므로 두 번 둘러서 묶어야 견 고하여 衣가 열려서 펄럭이지 않도록 함이라고 하였다.

○ 또한 간혹 소매 끝이 너무 짧아서 굽혀서 팔꿈치에 닿지 않는 것은 家禮와 다르고, 深衣篇의 글월과도 어긋난다. 이에 핑계하여 말하기를 소매를 굽히어 그 끝이 손등의 팔목 끝에 이르게 한다. 臂 는 곧 肘이라고 주장하는데 그렇다면 臂의 中節을 肘라고 한다는 說文은 어떻게 해석하여야 될 것인가? ○ 혹 어떤 이는 또 말하기 를 朱子가 말하기를 衣服은 마땅히 몸에 맞아야 한다고 하였고, 深 衣篇에서는 文도 할 수 있고, 武도 할 수 있어야 된다고 하였으니 곧 몸에 맞은 다음에야 戰陣에 從事할 수 있다고 말하는바, 이것도 또한 註說을 살펴 해석하지 못한 것이다. 註에 말하기를 비록 武를 할 수 있다고 하여도 마치 갑옷을 입고 戰場에서 戰鬪를 한다는 것 이 아니라 作戰을 하고 軍務를 처리하는 것을 말한다.

愚는 그러므로 만일 深衣를 臨陣對敵하는 마당에 말 타고 활 쏘 며 칼 쓰는 戰鬪時에 입는다고 한다면 잘못 해석한 것이라고 지적하는 바이다. 비록 軍中에서 입는다고 하여도 軍師의 자리에 있는 사람이나 입는다고 할 것이다. 내가 보기에는 深衣란 비록 腋을 파지 않고, 小帶를 매어 늘어지게 하는 것은 深邃한 모양새로써 寬闊綽裕하여 몸에 매우 알맞기 때문인 것이다. 어찌 俗制의 衣服처럼 짧은 팔, 좁은 소매, 促襟, 懸領, 結胸, 絆背한 다음에야 비로소 몸에 알맞다고 하리오?

○ 朱子가 말하기를 가히 손님을 맞이할 만하고, 가히 軍旅를 다스릴 만하다고 하였으니 이와 같이 貴重하다면 아마도 日常生活에서 입지는 않았을 것이다. 오늘날은 간혹 群居旅行하면서 日常的으로 입으니 아마도 未安한 일인 듯하다. ○ 呂氏가 말하기를 深衣의 쓰임은 上下를 가리지 않고 名稱이 같으며, 吉凶을 가리지 않고 制度가 같으며, 男女를 가리지 않고 服色이 같다고 하였다. ○ 劉璋氏가 말하기를 庶人의 吉服은 深衣뿐이라고 하였다.

○ 대개 일찍이 논하건대 深衣라는 것은 深邃한 옷이라는 뜻이니 진실로 自然의 法象이 있어서 上衣와 下裳이 곧 天地를 상징하는 것이다. 衣는 전부 4폭이니 4時를 상징하고, 裳은 12폭이니 12月을 상징한다. 衣의 1폭에는 裳의 3폭을 붙이니 4時가 각각 3個月씩을 統合하는 것을 상징한다.

衣와 裳의 相接하는 곳의 둘레가 약 7尺3寸이니 4時, 12月에 72候의 節氣가 갖추어 있는 것을 상징하고, 아래의 끝은 倍가 되어 그 둘레가 대략 1丈4尺4寸이 되는 것은 72候의 節氣가 12月에 分布하여 歲가 이루어지는 까닭에 5行의 成數는 그 生數에 倍가 되는 것이다. 그러니 이는 陰陽生成의 自然을 상징한 것인저!

衣는 全幅을 쓰고, 裳은 分幅을 쓰는 것은 乾道는 專一하고 坤道는 開闢하는 것을 상징하며, 領으로부터 아래로 裸에 이르기까지 3分을 쓰는 것은 곧 衣는 1이요, 裳은 2이니 陽은 1이요, 陰은 2임을 상징한다. 黑緣을 안팎으로 두르는 것은 陰陽의 氣가 循環하여 終始가 없는 것을 상징하고, 緣은 3寸으로 하여 均一하게 안팎으로 붙이는 것은 每月은 30日로써 晝夜가 있는 것을 상징한다. 아래 끝의 緣을 3寸으로 하면 裳의 12폭의 緣이 36寸으로 360分이 되는 것은 실로 12月의 360日을 상징하고, 領으로부터 裳에 이르기까지 周圍를 合計하면 13尺 2寸이요, 緣의 廣 3寸을 곱하면 실로 396이 된다. 이것은 366에다가 30을 더한 수인즉 朞3百6旬6日에 또 閏月 30日의 定時成歲를 상징한저!

圓袂은 밖에 나오고, 方領은 속으로 들어가니 이것은 天圓은 밖에서 움직이고, 地方은 속에서 고요함을 상징한저! 圓袂은 規를 상징하고, 方領은 矩를 상징하며, 負繩은 直에 해당하고 아래 끝은 平에 해당한다. 兩襟을 서로 접으면 바야흐로 완전한 方이 되고 方領을 목에 두르면 거의 圓體가 되나니 方속에 圓을 合한(方中合圓)양이 된다. 兩袂를 서로 合하면 이에 완전한 圓이 되고, 袂口布 밖으로 별도의 緣을 달아서 조금 뛰어나와서 方이 되는 것은 圓 속에 方을 合한(圓中合方) 모양이다. 負繩의 直을 옆으로 누이면 準平이 되고, 아래 끝의 平을 가로 놓으면 繩直이 되나니 繩準이 相生하고 相合하는 모양이 된다.

○ 總論컨대 하나의 衣制에도 스스로 그 法象이 있어서 文章이 볼만 하거늘, 어찌 구차하게 억지로 모양을 만들어서 迂曲穿鑿한 法을 낼 것이냐?

심의제도후소지(深衣制度後小識)

나는 본디 性品이 謹拙하여 朱子의 글만을 반드시 믿고 따르는데 여가가 없어서, 감히 의문을 품지 못하였다. 간혹 한두 가지의 구절이 마음에 미안한 점이 있으면 또한 반드시 반복하여 연구해서 내 마음의 의혹을 풀고, 朱子의 논리에 귀일한 다음에야 이어 그쳤던 것이다.

그러므로 平生에 한 가지도 朱子의 論說에 背馳함이 없었으니 이에 큰 꾸짖음을 면할 수 있었다.

이 深衣의 制度는 삼가 家禮를 基準으로 하고, 蔡楊 二子의 附註를 참고하여 고증하였다. 대개 二子는 朱子의 晩年衣制를 친히 보고 들은 사람인바, 참으로 禮記의 玉藻 및 深衣篇의 뜻과 같은 것이다.

白雲朱氏 이후로부터 我東諸家의 記錄에 이르러서는 家禮와 약간 어긋난 것이 있으니, 이러한 것은 버리고 취하지 아니하였다. 만약 前輩들을 辨論한다면 진실로 그 僭踰함을 알 수 있는 것이다. 그러나 그 朱子制度에 대한 본뜻을 거의 이해한다면 深衣의 正誤는 족히 분별할 수 있는 것이다.

先生의 家奴가 地下에서 나온다면 반드시 말하기를 先生이 입었던 옷이 바로 이것이라고 하리라. 나는 德이 薄하고, 벼슬이 없으므로 비록 著說이 있다고 하여도 그 누가 믿고 따르겠는가? 아직 광주리에 넣어두고 우리 집의 子孫이나 遵用할 따름인저

丙辰(서기 1916년) 季春 書于勿忘齋

어류(語類)

癸巳 正月 鳳峀 金公이 來訪하여 義理를 講論함에 내가 말하기를 아득히 조짐이 없으나 만상이 뚜렷이 이미 갖추어 있다(冲漠無朕 萬象森然己具)는 것은 마땅히 動靜을 통틀어서 보아야 되지 않을까? 金公이 말하기를 當然합니다. 動時에도 또한 어찌 理가 主宰함이 없으리오?

내가 말하기를 理와 性도 分數가 있습니다. 理는 天地間에 分數

가 共通하는 것을 일컬음이요, 性은 稟賦한 다음에 形氣에 內在한 이름입니다. 어떠합니까? 金公이 말하기를 그러합니다, 만약 形氣가 없다면 어찌 性을 말할 수 있겠습니까?(金公이 對答한 바는 지난번에 往復한 論說과 다름이 있다. 이분이 어찌 前後의 見解가 다를까?)

屛溪集에 聖凡의 心이 純善한지의 與否를 사람들과 더불어 論한 條目을 講함에 내가 말하기를 凡人의 마음은 純善으로 論할 수 없고, 저 孔子의 법도를 넘어가지 아니하는 마음과 顔子의 3월을 어기지 아니하는 마음이나 그 나머지는 날과 달로 이른다는 마음은 또한 각자 同一하지 아니하는 것이니 마음은 純善으로 돌릴 수 없음이 분명하다.

顔子와 같은 亞聖으로도 오히려 간혹 3월이 지난 다음에는 약간 어긴다면 마음의 氣가 淸濁粹駁함이 본래 스스로 가지런하지 못함을 알 수 있는 것이다. 朱子가 말하기를 사람이 배우는 까닭은 내 마음이 聖人의 마음과 같지 못한 까닭이라고 하였으니 이것이 어찌 밝은 가르침이 아니리오? 金公이 말하기를 本然의 心은 純善하고, 氣質의 心은 不齊하다. 性에 이미 本然과 氣質의 다름이 있다면 心에 어찌 本然과 氣質의 다름이 없으리오? 나는 힘써 변론하기가 어려워서 이에 말하기를 이것은 과거 賢人들의 大議論이었으니 간단히 결론을 낼 문제가 아니라고 하였다.

나는 말하기를 心은 氣입니다. 간혹 理를 합쳐서 心이라고 말하는 사람이 있는데 어떤지요? 金公이 말하기를 하나로 말하면 氣요, 아울러 말하면 理氣를 統合하였으나, 理는 스스로 理요, 氣는 스스로 氣입니다. 내가 말하기를 性은 마음에 갖춘 바의 理요, 心의 體段은 오직 氣입니다. 心의 體段의 氣와 갖춘 바의 理를 아울러 지적하여 문득 理와 合한다고 말하는 것은 옳지 아니합니다. 性이나 心은 分數가 自在하여 心의 體段精爽은 모두 氣임이 매우 뚜렷하여 의심이 없습니다. 金公이 다시 깊이 생각하고 말하기를 "네, 그렇습니다."

내가 말하기를 대저 未發한 때에 淸濁粹駁의 氣質이 自在한 까닭으로 그 已發에 淸濁粹駁의 氣가 發用한다. 朱子가 말하기를 惡도 만약 이 마음이 아니라면 어디에서 나올 것이냐고 하였으니 이는 未發時에도 氣質이 善惡한 理致가 自在하다는 明證이라고 할 것이다. 金公이 말하기를 그렇지 아니합니다. 天理를 因緣하여 人慾이 있는 것입니다.

또한 이야기가 當世의 일에 이름에 마주 보며 탄식하였다. 내가 말하기를 方今異端이 橫流함이 비록 매우 걱정스럽지만 또한 誕妄浮虛에 지나지 않는다. 저 西學이 蔓延滋息하여 장차 一世를 몰아 禽獸로 들어간 다음에야 그칠 것이다. 金公이 말하기를 옛날의 異端은 그래도 人間이었지만 오늘날의 邪學은 곧 禽獸일 따름이다.

하루는 兪惟精이 來訪하여 中庸을 講論함에 兪가 말하기를 首章의 率性之道와 道也者는 不可須臾離라는 두 道자의 註釋이 같지 아니함은 무슨 까닭인가요?

내가 말하기를 朱子가 經傳을 註解하는 本義는 本文의 意味에 의거하여 해석함이었다. 그러므로 각자 다름이 있으나 또한 일찍이 다르게 함이 있지 아니한 것이다. 대저 天命의 性, 率性의 道, 修道의 敎는 곧 人物을 통틀어 말한 것이니 性은 道의 體가 되고, 敎는 道의 用이 된다. 그래서 註에 말하기를 人物이 각각 그 本性의 自然을 따르면 그 日用하는 事物 사이에 각각 마땅히 行할 길이 있지 아니함이 없는 것이라고 하였으니 이는 먼저 道의 體를 말하고, 다음으로 道의 用을 말하여 해석한 것이다.

　道는 不可須臾離라는 것은 오로지 人道로써 말한 것이다. 道는 스스로 體用이 있어서 用을 말미암아 體가 확립되는 까닭에 註에서 말하기를 道라는 것은 日用事物當行之理로써 모두 性의 德으로 마음에 갖추어 있는 것이라고 하였다. 이래서 먼저 道의 用을 해석하고 다음에 道의 體를 해석한 것이다.

　兪가 말하기를 戒愼은 不睹에 속하고, 恐懼는 不聞에 속합니다. 그 뜻이 어떠한지요? 내가 말하기를 恐懼字는 戒愼字에 비교하면 悚然한 뜻이 있는 듯하고, 聞은 覩와 비교하면 더욱 빠른 듯하므로 이렇게 分屬하는가? 그러나 註에서 말하기를 君子의 마음은 항상 敬畏하여 비록 보이고 들리지 아니하여도 또한 감히 소홀히 하지 아니한다고 하였으니 또한 合하여 말한 것이다. 이제 구구하게 分屬하여 병통스런 말을 만들 필요가 없다.

　兪가 말하기를 隱微字는 어떠한 分別이 있기에 나누어 두 구절로 하였습니까? 내가 말하기를 隱은 暗處요, 微는 細事인즉 또한 스스로 分別이 있고, 이 두 구절은 위의 不睹와 不聞을 이어서 두 항목으로 나누어진 것이다. 대저 戒愼恐懼는 즉 내가 不睹不聞한 때문이니, 未發時인 것이며, 隱과 微는 바로 남이 보지 못하고, 듣지 못한 바로써 나타나지 않고, 뚜렷하지 아니함이니, 바로 已發時이다. 그러므로 上文에서 是故字로써 정돈하여 들어가 未發時로 結論을 내리고, 下文에서는 故字로써 轉出하여 已發의 일로 終絡하였는데 두 君子字에서 上下文章의 관계를 알 수 있는 것이다.

　兪가 말하기를 喜怒哀樂이 未發하면 진실로 中이라고 할 것이나,

發하여 모두 中節하여도 또한 자못 中이라고 할 터인데 어째서 和라고 하였습니까? 내가 말하기를 和라는 것은 바로 어그러진 바가 없는 것이다. 發한 곳에서는 문득 이미 中의 本體가 아닌 것이다.

내가 말하기를 中庸의 전체 내용은 開卷 첫머리에서 性理를 首章으로 提起하였으니, 天命之性으로 序頭를 제기하고, 中間에 未發, 已發의 功夫로 줄거리를 잡고, 章末의 致中和하면 天地位하고 萬物育하는 一節은 功夫를 통하여 性理로 돌아가는 방법을 말하였다. 이것은 이른바 처음에는 一理를 말하고, 중간에는 萬事로 分散하였다가 끝에 가서는 다시 一理로 合一하는 것을 이미 首章에서 모두 밝히고 있는 것이다.

兪가 말하기를 나의 마음이 바르면 天地의 마음도 또한 바르고, 나의 氣가 順하면 天地의 氣도 또한 順하다는 것은 무슨 말입니까? 나의 마음이 비록 바르고, 나의 氣가 비록 順하다고 할지라도 天地의 心과 氣가 어떤 방법으로 바르게 되고 順해집니까? 내가 말하기를 이것은 聖人의 일이요, 天地가 바른 위치를 잡고, 만물이 生育하는 道이다.

兪가 말하기를 그렇지 아니합니다. 經傳의 의미를 어찌 이와 같이 둥글둥글하게 보십니까? 나의 마음이 바르면 天地의 마음을 내가 능히 正見하여 어그러지지 아니하고, 나의 氣가 順하면 천지의 氣를 내가 능히 順見하여 어그러지지 아니한다는 말입니다. 이것은 바로 學問의 極功이요, 聖人의 能事인 것입니다. 내가 말하기를 만약 그대처럼 말한다면 단지 經義와 註釋의 의미를 잃을 뿐만 아니라 완전히 文理도 成立하지 못하는 것이다. 그대는 어찌하여 이와 같이 誤解를 하였는가?

兪가 말하기를 그렇다면 天地의 마음과 천지의 氣가 바르고 順한

形狀은 어떤 것입니까? 내가 말하기를 天子의 자리에 오른 聖人으로 말한다면 陰陽이 和하고, 風雨가 때를 맞추면, 福祥이 모두 이르러 오는 것이 진실로 그 效果이거니와 孔孟의 일로써 말한다면 孔孟의 마음이 바른 까닭으로 天地의 마음이 孔孟에 있어서는 또한 바르고, 孔孟의 氣가 順한 까닭으로 天地의 氣가 孔孟에 있어서는 또한 順한 것이다. 이러한 경지의 微妙한 내용은 默識心通하는 것이 옳다. 兪가 말하기를 선생의 말도 또한 한가지의 뜻은 있습니다.

내가 말하기를 道를 流行으로 말하면 의당히 氣에 귀속하여야 됨에도 先儒는 모두 理로써 말하였으니 그대의 생각은 어떤가요? 兪가 말하기를 道는 오직 理입니다. 내가 말하기를 道는 바로 理가 氣에서 流行하는 것이다.

李成甫가 誠字를 물은데 柳仲華가 말하기를 誠은 五性 가운데 總稱한 이름이니 德字와 같다. 내가 말하기를 그렇다. 誠은 眞實無妄한 마음속의 實理인즉 五常의 根本이요, 百行의 始源이니, 仲華의 말이 옳다.

丙申八月에 나는 艮齋가 泰安에 寓居한다는 말을 듣고, 찾아가 訪問하여 數日을 머물렀다. 내가 묻기를 知覺을 만약 心에 귀속시켜 말하면 天下에 理外之物이 없는 것이니, 知覺之理는 무엇인가? 艮齋가 말하기를 知覺은 곧 心之爲이요, 心之理는 곧 性이며, 知覺之理는 이 性이다.(가만히 생각해 보건대 知覺之理를 泛稱하여 性이라고 하는 것은 아마도 둥글둥글하게 넘어갈까 두렵도다. 대개 心之理는 곧 性인데 性의 조목에는 다섯 가지가 있으니, 바로 仁義禮智信이다. 仁이 發하여 惻隱之心이 되고, 義가 發하여 羞惡之心이 되고, 禮가 發하여 辭讓之心이 되고, 智가 發하여 是非之心이 되나

니 是非를 하는 것은 곧 知覺이 하는 것이다. 그 端緒에 각각 그
理가 있으므로 分屬하면 知覺之理는 또한 마땅히 智에 귀속하여야
만 옳다. 心之知覺이 五性을 包含함은 마치 仁之惻隱이 五性을 包
含하고, 信之誠實이 五性을 包含함과 같다. 이제 心之知覺을 오로
지 心之德으로 귀속시켜서 그 理를 泛稱하여 性이라고 하는 것은
뚜렷하지 못한 듯하다.)

艮齋가 묻기를 明德을 간혹 性이라고 생각하는 사람이 있으나 나
는 心이라고 생각하는데 어떠한지? 내가 말하기를 明德은 心性情을
包容한 물건입니다. 章句에서 말하기를 虛靈不昧하야 具衆理하야
應萬事하는 것이라고 하였으니 虛靈不昧는 心이요, 具衆理는 性이
요, 應萬事는 情입니다. 以字로써 관찰하면 以虛靈而 具理應事也이
니 語意에 자연히 賓主가 있습니다. 艮齋가 그 학도들을 돌아보고
일러 말하기를 이 논리가 매우 분석적이고 밝다고 하였다.

내가 묻기를 人心은 진실로 善惡이 아울러 있지만 道心에도 또한
간혹 過不及處가 있다고 보는데 어떤지요? 艮齋가 말하기를 道心에
過不及이 있다고 말하는 것은 옳지 않으며, 人心도 또한 본래 善하
지 아니함이 없는 것이다. 그 善하지 아니한 것은 發하여 人慾으로
들어간 까닭이다.(이 말은 의심스럽다. 다음에 마땅히 다시 논하여야
될 것이다.)

柳仲華가 말하기를 萬理가 마음에 갖추어 있는 까닭에 마음이 능
히 虛靈不昧합니다. 내가 말하기를 그렇지 않다. 心의 體가 본래 스
스로 虛靈不昧한 까닭에 萬理가 모두 여기에 갖추어져서 그 情狀이
나타난 것이다. 대저 心은 火에 속하고, 火의 體는 본래 스스로 光

明하여 능히 燭照하는 까닭에 이 理를 받아서 發露하는 것이다. 五行이 사람에게 賦與된 것으로 말하면 肝은 木의 氣를 받았고, 肺는 金의 氣를 받았고, 腎은 水의 氣를 받았고, 脾는 土의 氣를 받았으니 모두 각각 一氣를 받았으므로 오직 一理를 稟得한 까닭에 그 理가 또한 거기에서 發露할 수 없는 것이다. 木金水土의 體段은 본래 스스로 堅强暗實하여 火의 光明처럼 잘 發揚呈露하지 못한다. 그러므로 木金火水土의 理는 모두 저 마음속에 모여 있어서 仁義禮智信이 되어가지고 萬理가 모두 이로부터 나오는 것이다.

朱子가 말하는 바 虛靈不昧하야 衆理를 갖추어서 萬事에 應한다고 하는 것은 마땅히 虛靈한 까닭으로 衆理를 갖춘다고 말해야지 衆理를 갖춘 까닭으로 虛靈하다고 말할 수 없는 것이다.

李庸信이 말하기를 良知, 良能은 마땅히 理에 귀속합니다. 내가 말하기를 良知, 良能은 氣요, 所知, 所能이 곧 理이다. 孟子가 논한 바 良知, 良能은 비록 그 性善의 發見處를 지적한 것이지만 그 知와 能은 진실로 모두 氣의 靈覺處로서 하는 말이다. 그러므로 모름지기 良知, 良能에서 天理가 發見하는 妙理를 깨달아야 한다. 王陽明의 良知가 곧 天理라는 說은 釋氏에 빠진 見解이므로 이에 밝게 분별하지 않으면 안 된다.

鬼神은 단지 氣이다. 中庸에서 이른바 鬼神은 氣에 卽하여 理를 지적한 것이니, 理의 妙用이다. 그러므로 中庸에서는 단지 鬼神만을 말하지 아니하고, 동시에 그 德됨을 말하였으니 실로 鬼神의 所以然之故를 지적한 것이다. 따라서 德됨을 해석하여 말하기를 性情의 功效라고 하였다.

내가 柳仲華에게 일러 말하기를 七情을 五性에 나누어 귀속하면 의당 각각 그 해당하는 것이 있되 예로부터 증명할 근거가 있지 아니하였다. 나의 소견으로 추리하건대 喜는 仁에 속하고, 怒는 義에 속하고, 哀는 그윽이 침잠하는 뜻이 있으므로 智에 속한다. 智의 用은 流動하므로 水에 속하니, 水는 스스로 그윽이 침잠한다. 樂은 發散하는 뜻이 있으므로 禮에 속하고, 禮의 體는 收斂하니 火에 속하고, 火는 능히 發散한다. 愛는 또한 仁에 속하고, 惡는 또한 義에 속하며, 欲은 곧 中宮에 處하므로 마땅히 信에 속한다. 樂字를 懼字로 바꾸면 恐懼는 敬에 귀속하므로 또한 禮에 종속된다.(董子가 말하기를 喜는 봄에 합당하고, 怒는 가을에 합당하고, 樂은 여름에 합당하고, 哀는 겨울에 합당하다고 하였고, 邵子도 또한 哀를 水에 귀속시켰다.)

　어떤 사람이 虛靈知覺의 體用을 물은데 내가 말하기를 虛靈知覺은 心을 말한다. 心에는 스스로 體와 用이 있으니 虛靈하여 五性을 具備한 것은 體요, 知覺하여 七情을 行한 것은 心의 用이다. 虛靈한 까닭으로 知覺하는 것이지 知覺하는 까닭으로 虛靈한 것이 아니다. 오직 이 虛靈知覺으로 心의 體와 用을 말할 수 있는 것이나 또한 마음이 靜하여 虛靈能覺한 것은 體가 用을 包涵한 원리요, 動하여 知覺自虛한 것은 用이 體를 具備한 원리이다. 이것이 바로 體用이 一原이요, 動靜이 相涵한 妙法이다.
　대저 虛靈이라는 것은 마음의 德을 形狀한 논리요, 知覺이라는 것은 마음의 實을 지적한 논리이다. 그 德과 그 實은 참으로 모두 體와 用을 兼備한 것으로 未發하여 知覺이 不昧한 것은 虛靈의 體를 中에 간직함이요, 已發하여 知覺이 運用하는 것은 虛靈의 用이 밖으로 나타난 것이다. 朱子가 이른바 冥然하여 아무런 知覺도 없는 것을 기다린 다음에 靜이라고 말할 필요는 없다고 한 것은 곧 靜하여도 일찍이 知覺이 없는 것은 아니며, 程子가 이른바 마음은 본래 虛하여 事物에 應함에 자취가 없는 것이라고 한 것은 곧 動함에 일찍이 虛하지 아니함이 없는 것이다. 大學章句에서 말하기를 虛靈不昧하야 衆理를 갖추어 萬事에 應한다고 하였으니 여기에서 虛靈이 體用을 兼한 것으로 한 말이요, 朱子가 答潘謙之書에서 말한 心의 知覺은 이 理를 갖추어 이 情을 행하는 기틀이라고 한 것은 知覺이 體用을 兼備하는 것으로 말한 것이니 虛靈과 知覺이 모두 體用을 兼備한 것이 어찌 분명하지 않으리오?

어떤 사람이 묻기를 知覺은 心에 속합니까? 性에 속합니까? 내가 말하기를 이 문제는 지난 성현들도 未定한 바이거늘 後學이 어찌 감히 망령되게 논하리오? 대개 心과 性은 하나이면서 둘이요, 둘이면서 하나인 것이다. 마음의 理는 性이요, 性의 德은 네 가지가 있는데 네 가지 이외에 별다른 性이 없으니 仁義禮智가 發하여 마음의 用이 되는 것이다. 그러므로 知는 知覺에서 發하고, 仁은 惻隱에서 發하는 것이 자연히 一例가 된다. 仁은 四德을 包涵하는 까닭으로 一心의 德은 惻隱에서 發하지 아니하는 것이 없는데 知도 또한 四德을 包涵하는 까닭으로 智도 知覺에서 發하며 一心의 用이 되는 것이다.

天下에 원래 理外之物이 없으니 知覺은 心이요, 그 理는 智이다. 이제 知覺을 전부 一心의 用으로 귀속시켜 버리고 智의 發이 아니라고 말하는 것은 아마도 無理인 듯하다. 未發하여 知覺이 不昧한 것은 心의 體인데 그 理만을 오로지 말한다면 智이다. 已發하여 知覺이 運用하는 것은 心의 用인데 그 理가 發見하여 知覺에 있는 것을 오로지 말하면 모두 智이다. 그러므로 知覺을 心에 종속하여 말하면 心에 귀속되고, 性에 종속하여 말하면 智에 귀속되지만 일찍이

두 개의 知覺이 있는 것은 아니다. 心의 知覺이 문득 性의 知覺이
요, 性의 知覺이 문득 心의 知覺인 것이다. 朱子가 말하기를 知覺은
心의 用이라고 하였고, 또 말하기를 心之知覺이라고 하였으며 또 智
로써 智한다고 하였고, 또 智之理가 智라고 하였으니 혹 心에 종속
하여 말하기도 하고, 혹 性에 종속하여 말하기도 하였던 것이다. 그러
므로 이와 같이 그 말이 다르니 오직 後學은 會通함에 있을 뿐이다.

어떤 이가 心性說을 물은데 내가 말하기를 하늘이 陰陽五行으로
人物을 化生함에 氣로써 形象을 완성하고 理를 또한 賦與하였다.
氣의 重濁한 것은 形體百骸가 되고, 그 至淸한 氣는 方寸에 모여서
지극히 虛하고 지극히 靈하여 神妙不測하니 이른바 이것이 心인데
一身의 主宰인 것이다. 性이란 마음에 具備한 理이니 一心의 主宰
이다. 그 조목에 다섯이 있으니 바로 仁義禮智信이요, 惻隱, 羞惡,
辭讓, 是非, 眞實은 이에 仁義禮智信의 性이 마음에서 發한 것이다.
대저 性은 理요, 心은 氣이다. 理는 一原이요, 氣는 萬殊이니 一原
인 까닭으로 性은 본래 善하고, 萬殊인 까닭으로 心은 善과 不善이
있는 것이다. 性은 본래 善하지만 간혹 善함도 있고 不善함도 있는
것은 氣質이 雜駁한 까닭이요, 心은 본래 虛한 까닭에 또한 일찍이
善하지 아니함이 없나니 그 不善함은 즉 氣가 스스로 不齊한 때문
이다.

性은 形而上者요, 心은 形而下者이니 性은 마음에 內在하고, 心
은 그 性을 包容하므로 形而下의 器가 形而上의 道를 얻어 실어서
道가 器에 있는 것이다. 대저 心과 性은 하나이면서 둘이요, 둘이면
서 하나인 것이다. 그러므로 理와 氣는 결단코 두 가지 물건인데 원
래 서로 離脫하지 아니하므로 합하여 一物이 된다. 理는 同一하고
氣는 相異하니 모름지기 두 가지 물건이 아닌 가운데서 두 가지 물

건 됨을 식별해야만 한다. 朱子가 이른바 分離하고 合一하여 보라는 것이 이에 理氣를 講究하는 斷例이다.

나는 평소에 건망증이 많아서 하루는 先大人이 手書를 나의 방에 걸어주며 말하기를 勿忘 두 글자를 너에게 주노니 네가 만약 이 두 글자를 잊어버린다면 이것은 아버지를 잊은 것이요, 아버지를 잊는다면 애비가 없는 것이다. 애비 없는 사람이 되고 싶으냐? 애비 있는 사람이 되고 싶으냐? 힘쓰고, 힘쓸지어다. 대개 先大人의 잊지 말라는 교훈은 말은 일상적인 용어이지만 그 뜻은 매우 깊어서 不肖가 종신토록 마땅히 몸에 간직해야 될 내용이다. 날마다 한밤에 엎드려 암송하면 나도 모르게 감격하여 눈물이 축축이 흘렀다.

世人이 나를 學問之士로 지목하는데 간혹 칭찬하는 사람이 있어서 마침내 이름이 조정에 추천하는 명단에까지 여러 번 들어갔었다. 내가 어찌 이것을 감당하리오? 실로 나와 상관없는 일이다. 이렇게 본다면 사람이 盜名하기도 또한 매우 쉬운 것이다.

金判書允植이 靈塔에 謫居하여 나와는 평소 하루의 交遊도 없었거늘 廬幕에 와서 弔問하고, 大祥時에도 와서 吊慰하였으니, 善을 좋아하고 선비를 사랑하는 것이 진실로 宰相의 일이나, 그 讀書한 儒雅를 미루어 알 수 있다.

李承旨建昌은 文章이 博雅하고, 端潔 廉直하여 當世의 搢紳 가운데 第一流였다. 丁丑年間에 繡衣로 湖西를 按察할 때에 나이가 20여 살이었는데 精敏練達하여 큰 名聲을 얻었었다. 그 뒤에도 계속 크고 작은 관직으로 各道를 두루 다녔었다. 癸巳, 甲午間에 연달

아 封章을 올렸는데 말한 내용이 임금의 뜻을 거슬러서 쫓겨나 유
배를 갔으나 며칠이 안 되어 풀리어 돌아왔다. 이로 인하여 물러와
鄕里에서 살면서 마치 文章과 才智가 아주 세상과 더불어 하지 않
으려는 듯이 하였다. 그러므로 벼슬이 올라갈 수 없었으니 이제는
마땅히 그 末節이 어떤가를 보아야 할 것이다. 생각건대 끝끝내 開
化 쪽에는 붙지 않을 것이다. 甲午年 봄에 朴琮烈을 통하여 나에게
詩 한 首를 보내왔는데 이르기를 "먼젓번에 만난 뒤로 벌써 몇 해
인가? 湖海가 아득하여 길이 멀다오, 벼슬자리 찾을 수 없어 눈밭
서성이고, 입맛은 새롭게 꽃향기 마신다오, 栗里의 삼 칸 집을 아득
히 생각하고, 밝은 창을 쳐다보니 빛도 고와라. 聖代에 어진 이 찾
음 숨은 선비거니, 아마도 한평생 산허리만 지키지는 않겠지요!" 나
와는 평소 하루의 交遊도 없었는데 詩를 주며 생각해주니 감격스럽
고도 부끄러울 뿐이다.

近日의 일을 말하면 마음이 아프다. 옛사람이 말하기를 임금이 辱
되면 臣下가 죽어야 한다고 하였는데 무릇 오늘날 사람은 하나도
이 義理를 아는 이가 없도다. 甲午년 6월 21일에 日人이 대궐을 포
위하고 임금을 劫迫하였는데 宮門을 겹겹이 지켜서 안과 밖을 통하
지 못하게 하는 것이 一晝夜였다. 쫓겨나서 밖에 있는 臣下들이 闕
外에서 彷徨하면서도 하나도 주검을 무릅쓰고 들어가는 사람이 없
었으니 이때의 闕內事가 어떠한 경지에 있었는지를 아무도 알 수
없는 것이었다. 사람의 臣下가 되어가지고 이러한 時期에 단지 밖에
서 動靜만 엿보고 있는 것이 옳은 행위인가? 그렇다면 甲申년의 諸
公은 그 반드시 죽을 자리를 알아서 대궐로 달려 들어가야 어진 행
동인가? 數日後에 日人이 闕門을 조금 열어주고 安駉壽로 하여금
把守케 하면서 朝臣이 安標紙를 얻은 사람만 이에 入闕을 허가하니

公卿 이하 비로소 入侍하고 보니 수라를 거의 폐하고 日人이 올린 것은 단지 밥 한 그릇과 나물 한 접시뿐이었다고 한다. 이른바 大島 圭開가 즉시 諸宰列을 불러 督判 趙秉直으로 하여금 문서를 꺼내서 文字를 照會하고, 百端으로 劫迫하여 마침내 칼을 들고 임금을 노려보는데 이르렀으니 이때에 조정에 있는 臣下는 머리를 부수어 피를 뿌려야 했다. 어찌 나라에 사람이 있다고 하겠는가? 痛哭하고 痛哭한다. 日人이 우리나라를 멸시한 것이 어찌 까닭 없으리오?

李南珪는 日人을 배척하는 상소를 올렸으니 사람의 마음을 차츰차츰 떨치게 하였다. 온 세상이 모두 名疏라고 칭찬하며 그 절개를 사모하였다. 그러나 6월 21일 이후에는 끝내 볼 만한 일이 없고, 開化 쪽에서 永興府事를 除授하니 오히려 떨어질까봐 급급하여 부임하였는바 가소로운 일이다. 대저 사람의 言行이 서로 부합하지 못함이 이와 같은 것이로다.

오늘날 開化가 점점 치열하여 온 세상이 전부 따라가는데 이것은 다만 祿을 탐하고 利를 쫓아가는 것으로 마침내 賣國에 이를 것이다. 開化 쪽 사람이야 진실로 족히 말할 것이 없으려니와 이른바 守舊者도 또한 義理를 주장하지 아니하고, 단지 말하기를 開化가 어찌 능히 오래 가리오? 하면서 주저하여 관망하여 한 사람도 시원하게 특출한 사람이 없으니 이것은 다만 利害를 셈하는 사람들인 것이다. 義理를 알지 못하고 단지 利害만 관찰한다면 이른바 守舊者들도 얼마 안 가서 반드시 훨훨 날아서 쫓아가 붙어 온 세상이 장차 禽獸로 전락한 다음에야 그치리라. 痛哭스럽고 痛哭스럽도다.

變服 이후에도 나는 홀로 改服하지 않고 居家出入에 항상 深衣를

입었다. 사람들이 말하기를 道路에서 辱을 당하면 어찌하시렵니까 하였으니 이에서 人情을 볼 수 있는 것으로 한 가지도 强直한 風이 없어져버렸도다.

甲午年의 大逆인 朴泳孝와 徐光範은 倭勢를 끼고 나와서 엄연히 國政을 담당하여 朝廷權力을 앉아서 집행하였으니, 古今의 천하에 어찌 이러한 일이 있으리오? 그 우리나라의 臣子로써 차마 그들과 더불어 朝廷에 설 것인가? 爵祿이 비록 榮華롭다고 하여도 綱常도 또한 重大한 것이다. 綱常이 한 번 떨어지면 爵祿도 반드시 장차 잃게 될 것이다.(內外官職이 朴의 손에서 나와 公職을 맡았던 사람은 마땅히 黨與로써 治罪해야 옳다)

世人이 모두 말하기를 聖人이 이르기를 現在 夷狄이면 夷狄에서 行한다고 하였으니 비록 聖人이라도 夷狄之世에 태어났으면 또한 마땅히 夷狄之道를 行해야 되고, 오늘의 세상이 장차 夷狄으로 變하면 形勢가 마땅히 夷狄之道를 行해야 된다고 하니 또한 다시 어찌할 수 없도다. 世俗의 論이 文理를 理解하지 못하고 망령되게 聖人의 말을 引用하여 天理를 어기고 人紀를 문란케 하는 실마리를 삼으니 聖人의 말도 또한 폐가 있는가? 아프고 아프도다. 人心의 陷溺함이여!

나는 반드시 힘써 분별하여 말하기를 이것은 바로 聖人은 비록 夷狄 가운데 있을지라도 또한 반드시 夷狄에게 聖人의 道를 行할 뿐이요, 聖人도 또한 夷狄의 道를 行한다는 뜻이 아니다. 聖人으로 夷狄의 道를 行한다면 어찌 聖人이 될 수 있단 말인가? 孔子가 九夷에 살고 싶다고 하면서 말하기를 君子가 居住하거늘 어찌 누추함이 있으리오 하였다. 이것은 문득 聖人의 道로써 夷狄 속에서 行한다는 것이다. 오늘날도 또한 마땅히 聖人의 服을 입고 聖人의 道를 行하여 죽을 때까지 변하지 않은 것이 옳다. 만약 입으로만 말하면서 그렇게 하지 아니하면 가탄스러운 일이다.

乙未년 8월 逆臣輩가 倭兵을 이끌고 갑자기 대궐 안에 들어와 손으로 國母를 죽였으니 古今 천하에 어찌 이러한 변이 있으리오? 洪啓勳이 군대를 이끌고 막고자 하였으나 죽여버렸고, 李畊稙은 害를 당하고, 沈相薰은 도망을 갔다고 하는데 그 밖에는 한 사람도 달려가 죽는 사람이 없고, 한 사람도 復讐의 義를 疏請하는 사람이 없으니 나라의 일이 여기에 이르러서는 차라리 아무것도 듣고 싶지 않도다.

戚兄 金容學이 世子侍從官으로 開化 쪽에 물들지 않고 벼슬을 버리고 돌아와서 八月의 變을 보지 않고 편안히 鄕廬에 누웠으니 다행스럽고 다행스럽다.

오늘날 開化를 주장한 사람들은 모두 말하기를 만약 능히 開化하면 富國强兵하여 國祚靈長한다고 하지만 우리나라가 한번 開化한 다음에는 人心이 점점 흩어지고, 法綱이 날로 무너지며, 國財가 더욱 고갈하여 變逆이 날로 생기리니 이래도 開化가 나라에 有益하겠는가? 宗社의 滅亡이 呼吸에 매달렸음에 아프고 아프다. 어찌 차마 말하리오! 開化는 夷狄으로 變함이다. 逆臣輩가 主上을 脅制하여 먼저 斷髮을 시키고 百官의 머리를 잘라 列邑에 派送하여 기필코 모두 削髮코자 하니 너무 심하도다.

하늘이여! 하늘이여! 천 년 禮義의 고장이 하루아침에 변화하여 禽獸가 되었으니 어찌하리오, 어찌하리오, 소위 宰相이 朝服을 입고 머리를 자르니 통탄하고 통탄스럽도다. 亞卿 한둘과 士人 몇 명이 그 머리를 자르라는 명령을 듣고 스스로 사임하였으니 고귀한 일이 라고 하겠다.

金承旨福漢은 博學하고 氣節이 있으며, 本性이 白直한 사람인데 洪州에서 倡義함에 李勝宇에게 속임을 당하여 마침내 성공하지 못 하고 도리어 체포를 당하였는데 同事者가 모두 도피하고, 오직 士人 李相猷, 安炳瓚, 宋秉稷만이 피하지 아니하고 구속당했으며, 李承旨 偰은 처음에는 동참하지 아니하였으나 필경 투옥당했다. 洪豊川楗은 勝宇의 幕佐인데 이 일에 동참하였다. 그러나 이때에 일을 추진하면 서 늘 勝宇와 反對되었는데 自願하여 투옥되니 귀하다고 하겠다. 安 炳瓚은 일이 성공하지 못하는 것을 보고 칼로 自決하려고 하였으나 다행히 隕命하지는 아니하였으니 壯하고도 壯하도다. 오늘날의 大義 는 오직 金福漢 한 사람일 뿐이다.

李勝宇는 참으로 만고에 陰險한 小人이다. 大姦은 忠誠스러운 것 같다고 하였는데 저 사람을 일컬음이다. 처음에 金福漢, 洪楗, 安炳 瓚 諸人과 더불어 倡義의 일을 토의하였는데, 8월의 變을 듣고 削 髮令에 강개하여 눈물을 흘렸다. 諸人은 東亂之時로부터 그 人物을 快信하여 그 言論을 듣고, 그 눈물을 흘림을 보고는 조금도 의심하 는 마음이 없었으니 이때에 湖右의 民心은 모두 이 사람에게 붙었 던 것이다. 그러므로 추대하여 盟主를 삼았던 것인데 갑자기 하룻밤 사이에 나아가 巡檢輩를 보내서 함께 의논한 諸人을 체포하여 투옥 시키고, 義兵을 해산함으로써 서울에 功을 보고하여 開化에 一等功 臣이 되었다. 그의 設心做事는 巧妙하다고 하겠는바 甲午년의 討匪 한 功을 하루아침에 쓸어버리고 드디어 萬世의 罪人이 되었으니 슬 프고도 슬프도다. 지난날의 討匪도 그것이 모두 洪楗의 劃謀에서 나온 것임을 알 수 있겠도다. 만일 洪公의 氣節과 智略으로 오랫동안 이 사람을 위하여 쓰였더라면 필경 속임을 당했으리니 사람을 알기가 또한 어려운 것이다.

오늘날의 大義는 오직 夷狄으로 변화하지 아니하는 것이다. 온 세상이 모두 변화한다고 하여도 우리는 장차 혼자만이라도 보존하여야 된다. 마음에 걱정스러우나 또한 장차 무엇을 할 것인가? 讀書講道 하는 一事 이외에 달리 몸을 움직일 것이 없다. 聖人이 말한바 守死善道가 참으로 우리가 지켜야만 하는 길이다. 비록 鐵輪이 頂上에서 돈다고 하여도 어찌 우리의 마음을 흔들어 다른 길로 가게 함이 있으리오.

나는 斷髮令을 듣고 나도 모르게 失聲痛哭을 했다. 옆에서 간혹 그치기를 권하면서 말하는 사람이 있었는데 이것이 어찌 公만 홀로 당하는 일인가? 어찌 반드시 이렇게 하리오! 하여서 나는 눈물을 거두고 詩로 答하여 말하기를 "形體를 毁損하면 살아도 辱될 뿐이요, 形體를 保全하면 죽어도 또한 옳다네, 죽고 사는 것을 선택하는 순간, 내 몸은 내 마음대로 하리로다. 슬프다 同胞여! 하루아침에 夷狄으로 변하네, 나도 모르게 失聲하여 우노니 어찌 나만의 슬픔이랴."

나는 太陽曆을 頒布하는 것을 보고 慨歎을 금치 못하였다. 드디어 詩 한 首를 지었으니 말하기를 "黃帝가 별자리 占치니, 神堯가 四時를 定했네, 陰陽의 自然原理를, 그 누가 逆天하리." 또 題하여 말하기를 "三王의 正朔은 天儀를 따르니, 夫子도 오히려 夏나라 時曆을 행하라고 했도다. 春秋를 變亂하고, 晦望도 없으니, 차마 이 曆을 써서 蠻夷를 受容하랴!" 후세에 歷史를 編修한 사람이 혹시

이 詩를 採入하지 않을는지?

守令 가운데 斷髮을 하지 않으려는 사람은 그 머리를 뒤통수에
틀어 감아 탕건이나 풍차로 숨기고, 사람을 만나면 곧 말하기를 나
는 이미 削髮을 했다고 하면서 숨겨서 보호하는 꾀를 쓰는데 그 계
책은 매우 졸렬한 짓으로, 웃음이 나온다. 만일 削髮을 하고 싶지
않으면 어찌 벼슬을 버리고 고향으로 돌아가서 죽음으로 자신을 지
키지 아니하는가? 此輩들은 모두 祿位를 탐하여 눈치를 보면서 觀
望하는 꾀라고 하겠다. 비록 斷髮하여 形體를 毁傷하는 사람과는
다르다고 하겠지만 그러나 또한 어찌 족히 입에 올리겠는가?

오늘날 이른바 居喪에 27일이 지나면 다시 官職으로 돌아오는 것
을 起復이라고 하는데 이것은 起復이 아니라, 父母喪에 服을 아니
입는 것이다. 古今 天下에 어찌 이런 것을 허락하는 세상이 있었는
가? 德山 땅에 사람이 있었는데 바야흐로 主事가 되어 서울에 있으
면서 그 어미喪을 당했는데도 초상에 가서 哭하지 않고, 官廳事務를
태연히 보았으니 어찌 이런 滅倫之輩를 용서하리오! 그는 애비가 있
는데도 애비가 그를 그렇게 가르쳤는가? 그 門中에 한 사람도 그를
꾸짖지 아니하였는가? 宗族이 보고도 변괴로 여기지 아니하고, 鄕黨
이 듣고도 바로잡지 아니하며 마치 당연한 일처럼 여기나니 이게 어
느 세상인가? 통탄스럽고 통탄스럽다.

申箕善은 곧 甲申逆黨의 犯法者이다. 그는 登科하기 전에 山林門
下에 出入하면서 欺世盜名하는 者였다. 甲申 後에는 10년 謫錮하다
가 甲午년 6월에 이르러 出世하여 두루 大臣의 자리를 돌다가 그
어미의 喪을 당했는데 이어 起復하고, 요즈음은 또한 宣諭使가 되었

으니 그는 무슨 면목으로 義兵을 대할 것인가? 李道宰도 또한 甲申
餘黨인데 10讁鋦한 다음에 이 세상에 양양하게 날뛰니 곧 事勢가
그렇게 되었다. 安宗秀란 者도 또한 甲申의 黨인데 10年 讁鋦하고
는 官이 主事에 지나지 아니하였던 것을 발탁하여 參書官을 拜하니
義兵이 죽이는 바 되었다. 아마도 하늘이 逆類에게 분노한 결과이리라.

아라사나 倭나 다 같은 夷狄이다. 우리나라가 아라사에 依賴하고
자 하는 사람이 있으니 매우 통탄할 일이다, 倭酋는 아라사를 막는
데 힘이 부족하므로 움츠리고 한쪽에 있으면서 아라사人에게 開化
를 빼앗기는 것을 보고 있는 것이다.

3李氏는 조정권력을 독점하기 위하여 아라사인을 비밀리에 誘導
하고, 그 무리들을 소개, 종용하면서 그 勢力을 바탕으로 조정을 조
종한다. 沈相薰, 閔泳煥 등 지난날 배척을 당했던 사람도 조금씩 규
합하면서도 紀綱典章은 하나도 옛것을 회복한 것이 없다. 이것은 倭
의 開化와 동일한 양상으로 一世를 壓倒하니 倭보다도 더욱 심하다.
오백 년 宗祀와 삼천리 邦域에 쉴 땅이 없으니 통곡이 나온다.

李建昌, 金商悳이 나란히 觀察使를 除授하였는데 모두 사직하는
疏를 올리고 부임하지 아니하므로 不仕의 罪로 群山에 偏配되었다
가 얼마 만에 放還하였으니 사랑스럽도다. 이 사람들이여!

어떤 이가 말하기를 孔子는 管仲이 아니었으면 나는 머리를 늘어
뜨리고 오랑캐의 옷을 입었을 것이라고 하였으니 만약 管仲이 없었
더라면 마땅히 머리를 늘어뜨리고 오랑캐의 옷을 입었을 것인즉 孔
子도 또한 응당 夷狄의 俗을 행하리로다. 내가 누누이 변석하였지만
그가 끝내 그렇다고 하지 않으니 俗見이 여기에 이르렀은즉 어찌할

까? 어찌할까?

乙未년 10월 이래로 義兵을 일으킨 사람이 처처에서 봉기하여 혹 흩어졌다가는 다시 모이고 하였는데 東海岸의 義兵이 여러 번 京軍과 싸워서 一勝一敗하였다. 처음에 柳麟錫이 忠州에서 倡義하여 東峽의 義旅를 모두 그 麾下로 하였다. 그 檄文을 읽으니 사람으로 하여금 눈물을 흘리게 하였는바, 人心은 다 같이 天理에서 얻은 것을 가히 알 수 있겠도다.

대저 이 義擧는 國母를 위하여 復讐하는 것이요, 夷狄으로 변화하지 않고자 함이다. 즉 尊華攘夷와 復讐雪恥하려는 것이니 사람이라면 그 누가 비난하리오? 世人이 간혹 匪徒로 지목하고, 富者들은 强盜라고 하면서 배척하지만 그러나 관심을 가지고 그들의 成功을 생각하는 사람들은 守舊之徒이다. 人心이 義理에 대한 向背가 이와 같도다.

그렇지만 京軍도 王師라고 말하지 아니할 수 없는 것인즉 王師와 더불어 대항하여 싸우는 것이 어떻게 해야 되는지를 알지 못하겠도다. 저 士友들을 생각하니 오늘날의 事勢가 또한 매우 난처하도다. 당초의 起義事는 義로웠지만 나라의 원수를 복수하지 못하고 단지 京軍과 서로 싸우기만 하여 아무것도 성취한 것이 없다. 兵隊를 해산하고 歸家하고자 하여도 歸家의 날이 바로 곧 害를 당하는 시각이다. 죄도 없이 죽음을 당하는 것은 또한 억울하고 통탄스러운 일이니 어찌하리오, 어찌하리오? 正義가 있는 곳엔 오직 하나의 死字가 있을 뿐이니 다시 무슨 일이 있으리오? 柳麟錫은 곧 省齋柳公의 從姪인데 省齋에게서 배워서 學行도 있고 才智도 있는 사람이다. 이래서 衆心이 돌아가 추대하여 盟主를 삼았으니 함께 일한 사람들이 대부분 讀書人이었다. 徐宣傳相烈도 또한 義兵으로 있으면서 軍

務를 掌握하였었는데 이 사람은 少年時代부터 이름난 武人이었다. 壬午 後에 下鄉하여 글을 읽으며 學問에 종사하였는바 宣傳官을 除授하였으나 응하지 않았다. 乙未년에 이르러 慨然히 이 義擧에 참여하였는데 필경 京軍에게 害를 당했으니 애석하고도 애석하다.

지난번에 艮齋와 더불어 數日을 談論하였는데 艮齋가 나에게 일러 말하기를 近日의 倡義에 대한 義理가 어떠한지요? 내가 말하기를 우리들은 그들이 義롭지 않다고 말할 수는 없지요. 學者의 十分道理로써 말한다면 반드시 그렇게 할 필요는 없겠지요. 艮齋가 웃으면서 말하기를 우리들은 모두 그렇게 할 이유가 없다고 할 것이다. 또 말하기를 孔子는 목욕하고 討伐하기를 청하였지 일찍이 의병을 일으키지는 아니하였으며, 朱子는 南渡時에 태어났어도 또한 倡義의 사업이 있지 아니하였으니 이에 가히 알 수 있는 것이라고 하였다.

하루는 내가 당전에 나가 지팡이를 놓고 앉아 있었더니 어린 종이 나오면서 감히 넘지 못하고 피하여 돌아가는 것이었다. 이것은 禮心이 發한 것이니 이에 本心의 善은 사람이 똑같이 타고난 것을 알 수 있었다.

尹校理兢周는 곧 石門의 後裔인데 어려서부터 讀書를 좋아하여 추천명단에 들어가서 對策으로 科擧에 올라 서울에 있으면서도 出入을 가리고 오직 靜坐하여 讀書하면서 世俗과 다투지 아니하였다. 그러므로 벼슬길이 항상 어려웠는데 甲午에 江東을 除授하였으나 就任하지 아니하고 인하여 下鄉하여 문을 닫고 글을 읽으며 子女를 가르쳤다. 집이 매우 가난하여 굶주림에 거의 견딜 수 없는 지경인데도 조금도 원망이나 후회가 없었다. 丁酉년에 泰安郡守를 除授하

였으나 계속 就任하지 아니하고 忍飢守舊하였다. 今世에 이러한 사
람을 어디서 찾아보리오? 可愛可敬이로다. 마땅히 이런 사람은 第1
流로 받들어야 하리라.(이상은 先生이 손수 記錄한 것이다.)

永植이 묻기를 어떤 이가 곡식을 주어도 받지 않으면서 말하기를
내가 비록 가난하지만 남으로부터 구제는 받지 않겠다고 하면 어떠
한지요? 先生이 말하기를 이것은 狷介之士이다. 옛날에 불쌍하도다
와서 먹으라는 嗟來의 음식을 받지 아니하고 죽은 사람이 있었으니
嗟來도 선비는 죽으면서까지 받지 아니하였거늘 하물며 無義한 음
식일까 보냐? 曾子가 말하기를 齊나라 사람이 無禮하게 주는 嗟來
를 먹지 아니하는 것은 옳다. 만일 말씀이 있으면 먹어도 된다. 바
치는 사람의 말씀이 있다면 또한 어찌 반드시 받지 아니하리오. 그러
므로 바치는 사람이 無禮하면 받는 사람이 恩惠로 생각하지 아니하므
로 不義가 되는 것이다.

어떤 사람이 자못 志行이 있었는데 客이 일찍이 옛날의 도박을
하자고 요청하거늘 그가 문득 변색을 하면서 말하기를 君은 어찌하
여 非禮를 나에게 요청하는가? 客이 부끄러워서 나아가니 곧 그 자
리를 닦으면서 말하기를 더럽다 더러워 하였으니 어떤지요? 대답하
기를 이는 淸高之士이다. 그 마음을 잘 길러서 점점 道에 들어가면
가히 더불어 有爲하겠도다. 그러나 혹시 이 일만 우연히 그랬고, 다
른 일에는 그렇지 아니한다면 또한 족히 말할 것이 없다.

先生이 諸生에게 告하여 말하기를 그대들은 學을 아는가? 나는
그대들에게 學을 말하리라. 대저 좋은 밭을 경작하는 사람은 간혹
열심히 힘쓰지 아니하여도 추수할 곡식이 있지만 척박한 밭을 경작

한 사람은 마땅히 몇 배의 노력을 더 하여야만 수확을 얻을 수 있다. 만일 대강대강 가꾼다면 결코 수확이 없으리라. 마찬가지로 上品의 인간은 참으로 배우지 아니하여도 잘하거니와 이제 諸君은 이미 上品의 材質이 없으면서도 用功이 또한 독실하지 못하다면 어찌 능히 성공하겠는가? 제군은 힘쓸지어다.

先生이 諸生에게 일러 말하기를 諸君이 만약 벼슬을 하여 임금을 섬긴다면 나라에는 도살을 금지하는 法이 있는데 父母가 쇠고기를 주시면 어찌겠는가? 鎭九가 대답하기를 먹어야지요, 先生이 말하기를 어째서라고 하니 대답하기를 어버이의 뜻을 상할까 두렵기 때문입니다. 先生이 말하기를 그렇다. 君臣은 義로 합한 것이요, 父子는 天倫之親이다.

永植이 묻기를 先生이 만약 요직에서 정치를 한다면 무엇부터 하시겠습니까? 先生이 말하기를 반드시 禮를 세울진저! 禮와 人間의 관계는 고기와 물과의 관계와 같다. 하루라도 禮를 廢하면 혼란이 오는 것이다. 비록 정치를 하려고 하여도 되겠느냐?

泰璟이 물어 말하기를 端宗과 六臣의 義理는 더할 수 없는 것입니다. 선생이 말하기를 그렇다. 묻기를 하여금 선생이 처하셨다면 어찌하시렵니까? 先生이 웃으면서 한참 있다가 말하기를 죽고 사는 것이 또한 중대하므로 말을 이와 같은 例로 논할 수 없지마는 君子는 항상 웅담과 고기를 분별하여 마음에 가지고 있어서 잠깐도 떠나지 아니하는 것이다. 孔子가 말하기를 義를 보고도 아니하면 勇氣가 없다고 하였고, 曾子는 大節에 臨하여 빼앗을 수 없어야 君子人이라고 하였다. 勇氣도 없고, 義도 없다면 어찌 君子라고 하겠느냐?

先生이 諸生에게 일러 말하기를 學은 마땅히 무엇을 먼저 해야 되느냐? 대답하여 말하기를 存理克己를 먼저 해야만 됩니다. 先生이 말하기를 諸君은 모두 틀렸다. 聖賢의 千言萬語가 모두 사람을 가르침에 단지 그 放心을 求하라고 하였으니 오래 하면 자연히 存理克己하는 時節이 있는 것이다. 存理克己는 大賢도 오히려 그 잘하지 못함을 병통으로 여기거늘 하물며 學者가 하겠느냐?

金兢淵(字는 聖深이요 蓮谷門人이다.)이 뵙기를 청한대 先生이 글을 지어 보냈는데 대략 말하기를 孟子가 말하기를 사람이 禽獸와 다른 바는 거의 희소한 것인데 庶民은 버리고 君子는 간직한다고 하였으니 대개 君子가 간직한 바는 그 禽獸와 다른 理를 간직하는 것이요, 庶民이 버리는 것은 그 거의 희소한 性을 버리는 것이므로 끝내 禽獸로 돌아가는 것이다. 원컨대 聖深은 聖賢의 글을 읽어서 반드시 그 가장 고귀한 性을 회복할지어다.

先生이 閒居할 때 泰琬과 永植이 모시었다. 先生이 앉으라고 命하면서 말하기를 옛날 孔子가 陳나라에 있을 때 양식이 떨어져서 따르는 제자들이 병이 들어 일어나지 못하였다. 衛나라를 떠나는 날에 어찌 豫備하지 않았을까? 대답하여 말하기를 君子는 道로써 임금을 섬기는 사람이니 맞지 아니하면 떠나거늘 어찌 예비한 다음에 떠나리오? 선생이 말하기를 諸君은 만약 중도에서 양식이 떨어지면 어떻게 하려는가? 대답하여 말하기를 朋友에게는 周急의 道가 있으니 마땅히 朋友를 찾아가서 걱정을 해결하여야지요, 선생이 말하기를 그래야지 하였다.

永植이 묻기를 선생이 만약 벼슬하여 임금을 섬기다가 그 不可한

것을 보면 반드시 떠나시겠습니까? 선생이 말하기를 비록 그러하더
라도 벼슬하고 그만두고, 오래 하고, 빨리 떠남에는 可하고 不可함
에 알맞게 해야 되나니 진실로 또한 그 처지의 여하에 따라서 處해
야 하는 것이지 平日의 說話로 억단해서는 아니 된다.

선생이 일찍이 다른 사람의 橫逆을 救해 주려다가 비방을 받았다.
이에 글을 지어서 경계를 삼았으니 대략 말하기를 患難에 서로 도
와주는 것은 옛날의 道이다. 무릇 내가 사랑하는 사람을 저들이 헐
뜯으면 참으로 마땅히 풀어주려고 노력해야 되는 것이다. 그러나 풀
어주는 방법에도 또한 자연히 道가 있는 것이니, 장차 부탁을 받고
풀어줄 것인가? 아니면 그들로 하여금 저절로 풀리도록 계책을 세워
야 하는가? 이 두 가지 방법 가운데 반드시 좋은 道理가 있는 것이
다. 만일 이 사람을 위하여 저 사람을 곤란한 데로 빠지게 하는 것
은 실로 君子의 心術이 아니니 神明이 반드시 내려다볼 것이다.

나는 近日의 事件에 실로 사람을 곤란한 데로 빠지게 할 마음이
없었으므로 神明이 증명할 것이다. 그러나 도리어 염라대왕이 늙은
이 집 문을 지나는 경계를 면하지 못하였으니 어찌 부끄럽지 아니하
리오? 대저 사람의 患難을 救하는 道는 그들로 하여금 스스로 해결
하도록 꾀하여야 된다. 이후로는 마땅히 몸을 處子처럼 간직하여 生
疏한 사람과 서로 접촉하지 말고, 外間事에 대하여 緘口結舌하리로
다. 이른바 患難에 相恤하는 道가 또한 여기에 있으니 경계하고 경
계할지어다.

永植이 널리 배우는 방법을 물은데 선생이 말하기를 먼저 大學을
충분히 공부할 필요가 있다. 大學 한 권이 명료하게 나의 가슴속에
있는 다음에야 그다음의 허다한 책도 자연히 통하는 곳이 있게 된

다. 만일 이와 같이 아니하면 비록 천하의 책을 두루 본다고 하여도 나에게 이익이 없는 것이다. 朱子가 말하기를 나의 平生精力이 모두 大學에 있다고 하였으니 어찌 나를 속일 것이냐? 近思의 法을 물은 데 선생이 말하기를 자기의 뜻을 실행하여 일을 처리함에 마땅히 그 切近한 것부터 생각하여 허황하고 원대한 것에 힘쓰지 아니한다는 것은 마치 어버이를 섬김에 마땅히 孝를 생각하고, 형을 따름에 마땅히 敬을 생각하는 類와 같은 것이다. 이것을 일컬어 近思라고 하는 것인즉 만약 마땅히 생각하지 아니할 것을 생각하고, 생각할 것을 생각하지 아니하는 것은 近思가 아니다. 永植이 이어 묻기를 소는 五行의 무엇에 속합니까? 선생이 말하기를 또한 이것은 近思가 아니다.

泰瑢이 묻기를 明德은 마땅히 心으로 보아야 합니까? 先生이 말하기를 明德이 만약 心이라면 어찌 明心이라고 말하지 아니하고 明明德이라고 하였겠는가? 虛靈不昧는 心이요, 具衆理는 性이고, 應萬事는 情이다. 그러므로 明德의 두 글자는 心性情의 세 글자를 包攝하고 있는 것이니 明德을 바로 心으로 보는 것은 온당치 못할까 두렵도다. 因하여 諸生에게 일러 말하기를 그대들이 大學을 읽음에 허다한 歲月을 허비하였으니 익숙하다고 할 것인데 자못 그 效果가 나타나지 아니하니 오직 껍데기만 읽고, 깊은 맛을 보지 못한 까닭인저!

先生이 諸生에게 일러 말하기를 선비에게는 도량과 식견이 있는 다음에 학문을 하여야 이에 有爲할 수 있다. 지난날 李提督이 東征을 할 때에 國人이 出迎하니 提督이 수레를 멈추고 講論을 청하여 말하기를 朝鮮은 朱子學을 으뜸으로 하는가? 陸王學을 으뜸으로 하는가? 만약 朱子學을 으뜸으로 한다면 宗祀가 위태롭고, 陸王學을 으뜸으로 한다면 朱子學을 배척하였다는 이름을 얻으리라. 이것을 어떻게 答하여야 옳을지? 모두 대답하지 못한대 선생이 말하기를 當時에 따르는 사람들이 능히 대답하지 못하였으나 홀로 牛溪가 대답하여 말하기를 四書五經을 上國에서 받아 왔으니 東國人은 오직 이 책이 있는 줄만 알았지 다른 책이 있는 줄은 알지 못하였습니다. 講論은 아직 다른 날을 기다림이 옳겠습니다. 提督이 탓하지 못했다.

先生이 諸生에게 일러 말하기를 부처가 혹세무민한 것이 오래되었다. 여염집 사람들이 질병을 앓으면 佛經을 呪文으로 하여 비는데 그대들도 집에서 어버이가 하고자 하시면 어찌하겠는가? 모두 대답하여 말하기를 諫해도 안 들으시면 아직 또한 따라야지요, 先生이 말하기를 그래야지, 孔子가 말하기를 父兄이 계시거늘 어떻게 들은 대로 행하겠는가? 하는 말이 바로 이 뜻이다.

先生이 閒居에 泰璟과 永植이 뫼시니 先生이 말하기를 옛날에 朱子가 그 門人에 서로 아끼는 사람이 權門에 出入하니까 일찍이 절실하게 꾸짖었으니 무슨 뜻일까? 永植이 말하기를 그 權門의 유혹에 빠질 위험이 있기 때문입니다. 泰琬은 말하기를 時勢에 영합하는 것이 옳지 못하기 때문입니다. 선생이 말하기를 이것은 여기에 그치는 것이 아니고 비록 서로 아낀 사이라고 하여도 평일에 의심을 당하기 때문이다.

諸生이 登山臨水를 기뻐한대 하루는 先生이 朱子大全을 보여주면서 말하기를 諸君이 이것을 읽으면 그 虛樂을 잘라버리고, 모름지기 讀書涵養하여 그 實樂을 추구하리라, 제생이 물러와서 읽으니 "산중에 살면 讀書하기 알맞으니, 臨水登山을 그만두어도 매우 즐거움을 느끼도다."라고 하였다. 그래서 선생이 읽으라고 한 것이었다.

先生이 永植에게 일러 말하기를 百倍로 힘쓰라고 하지 아니하였더냐? 겸손하여 있어도 없는 듯이 하고, 實하여도 虛한 듯이 하라고 아니하였더냐? 만약 自足한 意思를 가지고 있으면 길이 발전할 여지가 없느니라.

先生이 諸生에게 일러 말하기를 朱子가 배우기 시작함에 바로 聖人이 되려고 노력하라고 한 말은 무슨 뜻인가? 經濟가 대답하여 말하기를 立志는 마땅히 聖人으로 自期하라는 말입니다. 先生이 말하기를 學者는 반드시 聖人으로 自期한 다음에 장차 有爲함이 있는 것이다. 속담이 있으니 말하기를 "처음에 天子가 되려고 하여야만 끝내 낮은 벼슬자리라도 잃지 않는다."라고 하였으니 이 말은 비록 소소하지만 큰일을 비유하고 있다.

先生이 永植에게 일러 말하기를 程子는 사람이 靜坐한 것을 보면 반드시 그 잘 배움을 칭찬하였으니 무엇 때문인가? 永植이 대답하기를 靜坐하면 경건하고, 경건하면 마음이 통일되고 사업을 오로지 할 수 있습니다. 이래서 程子가 그 잘 배움을 칭찬한 것입니다. 선생이 말하기를 그렇다. 세간에 어떤 일이든지 경건하지 아니하면 실패하는 것이다. 이래서 敬은 마음을 다스리는 요체요, 학문을 하는 시발점과 종착점이 되는 것이다.

李應珪가 와서 선생을 뵈고 묻기를 南塘年譜를 이제야 비로소 간행하는데 寒澗의 墓誌를 附錄고자 하온바 어떨지요? 先生이 말하기를 塘翁의 學問과 事功을 대개 알지 못하지만은 栗谷이나 尤庵과

더불어 누가 어질까? 寒澗의 墓誌에는 天地의 中間에 三人이라고
하였으니 아마도 나중에 문제가 생길 것이다.

心의 本體는 虛靈昭徹한 까닭에 心이 專一하면 貫通無碍하여 百
事를 경영할 수 있는 것이다. 옛날 程先生이 縣官을 할 때에 廳堂
에 앉아서 묵셈으로 서까래를 세어 보니 셀 때마다 어긋나서 합치지
아니하였다. 선생이 고민하다가 吏僕으로 하여금 낱낱이 세어 보게
한대 과연 합하였다. 선생이 말하기를 心의 처음과 끝이 이러한 것이
다. 程先生의 총명으로도 오히려 이러하거늘 하물며 衆人일까 보냐?

先生이 諸生과 더불어 拜坐法을 論하였는데 同春의 經筵日記를
引用하여 말하기를 東人은 拜法을 알지 못하는 까닭에 中原人이 그
소가 무릎을 꿇는 것 같다고 비방한다. 同春이 말하기를 平坐라는
것은 책상다리하고 앉음(盤坐)이요, 正坐는 무릎을 꿇고 몸을 바르
게 앉음(危坐)과 책상다리하고 앉음(盤坐)을 통틀어서 하는 말이다.
跪坐는 양 무릎을 땅에 대고 허리와 등을 펴서 꽁무니를 발바닥에
붙이지 않은 것이니 이것이 가장 어렵다.

諸生이 先生을 따라서 산골짝을 걷는데 숲이 우거지고 돌길이 삐
쭉삐쭉 하였다. 先生이 諸生에게 일러 말하기를 옛날 黃世楨이 同
春을 陪行하여 沃川에서 배를 타고 懷仁에 이르렀는데 날이 이미
저물어 江路가 대단히 험난하였다. 先生이 陸地로 내려 말을 타고
가자고 하니 世楨이 말하기를 여기서 宿所가 아주 멀지는 않으니
하필 육지에 내리겠습니까? 先生이 이에 乘船을 命하여 물을 따라
가노니 물살은 세고, 얕으며, 바윗돌은 여기저기 있어서 물결을 헤쳐
가는데 하늘은 이미 어두웠다. 좀 더 내려가니 長潭의 물빛이 칠흑

같이 검은데 兩岸에서 부엉이가 서로 응하여 울고, 景色이 아주 좋지 못하였다. 先生이 옷깃을 여미고 앉았다가 下船함에 世楨을 불러 경계시키기를 너는 위험한 일을 행하여 요행을 추구하는 것을 금지하는 교훈을 읽지 아니하였느냐? 뒤로는 이렇게 하지 말라고 하였다. 世楨이 드디어 平生 동안 경계하였다. 永植이 사람들과 立談하는 사이 先生은 이미 수백 걸음을 갔다. 선생이 이에 말하기를 그대는 先生을 따름에 길을 건너가서 사람들과 말을 하지 아니한다는 글을 읽지 아니하였는가? 永植이 부끄러워하며 사과하였다.

學者는 마땅히 연구에 힘을 써야 한다. 연구가 지극하면 通하는 것이니 周書에서 말하기를 '思' 하라고 하고, '睿' 하라고 하면서 睿는 聖을 만든다고 하였다. 朱子는 어려서 程子의 灑掃應對가 形而上學이라는 說을 講究하여 깨닫지 못하니 밤새도록 두견새 소리를 들으면서 생각하여 마침내 大賢이 되었다. 오늘날의 學者가 옛사람에 미치지 못한 것은 대개 講究에 힘을 쓰지 아니한 까닭일 뿐이다.

梅谷이 永植에게 물어 말하기를 顔淵이 仁을 물으니 夫子가 克己復禮로 대답하였고, 仲弓이 仁을 물으니 主敬行事로 대답하였다. 復禮와 主敬이 어떤 것인가? 永植이 말하기를 復禮와 主敬의 차이는 깊고 얕음이 있습니다. 復禮는 大賢 以上의 일이요, 主敬은 바로 學者가 力行하는 일입니다. 梅谷이 말하기를 禮와 敬은 두 가지 일이 아니니 主敬이 아니면 어떻게 復禮를 얻으리오? 先生이 말하기를 克己復禮는 乾道요, 主敬行事는 坤道이다. 復禮 속에는 主敬을 포함하고 있는 것이다. 仲弓이 일을 처리할 때에 主敬을 쓰지 아니함이 없으면 이에 復禮에 들어갈 것이다.

鳳大가 매번 선생을 뵐 적에는 반드시 質問條目을 적어가지고 와

서 辨質을 요청한대 선생이 學者를 돌아보고 말하기를 이 사람의
학문태도를 알 수 있다. 문득 특별한 발전을 보리로다.

先生이 梅谷에게 물어 말하기를 動箴에서 習與性成이라고 하는
性은 마땅히 어떤 性으로 보아야 될까? 梅谷이 말하기를 아마도 本
然之性일 것입니다. 先生이 말하기를 栗翁은 이것을 氣稟으로 보았
으니 대개 사람의 氣稟은 善도 있고 不善도 있으므로 만약 戰兢自
持하여 善에 익히지 아니하는 때가 없으면 오래오래 成熟하여 그
氣稟을 化하여 그 本然을 回復하는 것이다. 만약 本然으로 보면 어
찌 習與成의 일을 허비하리오?

先生이 일찍이 말하기를 太公이나 武候도 文王이나 昭烈을 만나
지 못했으면 단지 한 사람의 野夫이었을 뿐이라고 하였다. 經濟가
因하여 묻기를 武候는 훌륭한 사상을 가지고 濟民匡世의 재질이 있
었는데, 만약 昭烈이 초빙하지 아니하였다면 武候가 끝내 照烈을 찾
지 않았을까요? 先生이 말하기를 어찌 武候의 어짊으로 자기를 굽
히어 남을 따르겠는가? 말하기를 夫子는 道가 행하지 못함을 걱정
하여 天下를 두루 다니면서 나라를 찾아가지 아니함이 없었는데 이
것이 자기를 굽히어 남을 따르는 것입니까? 말하기를 夫子는 하늘과
같은 自然으로 길을 따라 예법을 지키는 선비와 비교할 수 없는 것
이다. 그러나 夫子는 溫良恭儉讓으로 얻은 것이니 어찌 道를 굽혀
남을 따르는 일이 있으리오!

經濟가 禮에 대한 敎訓을 물어 말하기를 天理의 節文이요, 人事
의 儀則이라고 하였는데 감히 묻건대 理의 節文의 形狀이 어떤 것
입니까? 선생이 말하기를 人事에서 그 條理를 연구하여 보면 바야

흐로 粲然하여 紊亂하지 아니한 것을 볼 수 있으니 이것이 바로 節文이다. 마치 사당에 들어가면 경건하고, 어버이 섬기면 기쁘며, 나아가 朋友를 접대하고, 奴僕을 대접하며, 吉凶事에 處하여 細微曲折이 각각 합당함이 있는 것이 바로 이것이다.

永植이 묻기를 子路가 말하기를 義가 없는 벼슬을 아니하는 것은 그 몸을 깨끗이 하고자 하여 大倫을 어지럽힌 것이라고 하였습니다. 그렇다면 古今에 潔己修道한 사람은 모두 倫理를 어지럽힌 비난을 면치 못할 것입니다. 선생이 말하기를 무릇 선비는 일찍이 벼슬하고자 하지 아니함이 없으나 또한 그 道를 말미암지 아니하는 것을 싫어하는 까닭으로 차라리 몸을 깨끗이 하여 道를 닦을 뿐이니 巢父나 許由나 晨門처럼 浩然히 세상을 잊은 것이 아니다.

선비는 安貧이 가장 어려운 일이다. 光海 時에 士人 鄭 某는 博學하여 높은 뜻이 있음에 朋友가 벼슬을 하라고 권하여도 듣지 아니하였다. 李爾瞻이 수차 편지를 보내도 끝내 응하지 아니하였다. 일찍 朋友가 있어서 찾아와 이틀 밤을 머물렀는데 양식이 떨어져서 밥을 대접할 수 없었다. 안에 들어가 보니 아내의 손에 칼이 들려 있는데 피가 흘러 옷을 적시고 있으므로 놀래어 그 까닭을 물으니 그 아내가 말하기를 손님이 머무시는데 밥을 대접할 수 없어서 옷을 팔아 양식 몇 말을 구하여 나무를 쪼개 밥을 지으려고 하였는데 잘못하여 칼로 다쳤습니다 한대 한참 탄식을 하다가 즉일로 爾瞻에게 찾아가서 곧 龍江令을 拜受하였다. 점점 올라서 六卿에 이르러 爾瞻과 더불어 일하다가 廢母의 계책을 내서 마침내 형벌을 받았으니 형벌에 임하여 詩를 지어 말하기를 "부탁하건대 사람들이여 한때의 주림을 참을지어다. 그래야만 빈곤에 흔들리지 아니하리!"라고 하였으니 어찌 여기에 이르렀는가?

先生이 朱子大全을 읽다가 與魏應仲書에 이르러 門弟子를 불러
보이면서 말하기를 諸君은 모름지기 이렇게 課程을 嚴立하는 것을
마땅히 본받아야 한다. 汗漫하지 말라, 汗漫하면 모든 일이 오히려
이루지 못하거늘 하물며 학문일까 보냐?

永植이 물어 말하기를 天命之謂性에서 이 命字는 단지 理만을 지
적합니까? 아니면 아울러 氣까지 지적합니까? 선생이 말하기를 命은
令과 같은 말이다. 氣가 아니면 命할 수 없다. 그러나 이것은 단지
理를 지적하여 하는 말이다. 또 묻기를 人物이 탄생함에 각각 그 준
바의 이치를 얻었다면 人과 物의 性이 다른 까닭은 무엇입니까? 말
하기를 天命으로 말하면 人과 物이 모두 五常의 理가 아님이 없고,
그 준 바로써 말하면 人과 物이 각각 그 形體를 인연하여 理가 주
어진 것이다. 그러므로 사람은 天地의 正通한 氣를 얻어서 理도 따
라서 완전하고, 物은 그 偏塞한 氣를 얻어서 理도 따라서 편벽된다.
人物의 性이 동일하지 아니하는 까닭은 실로 氣가 동일하지 아니하
기 때문이다.

率性之道와 道也의 道는 그 뜻이 같습니까? 다릅니까? 말하기를
率性의 道는 人과 物을 통틀어 하는 말이요, 道也의 道는 단지 사
람만을 들어 말한 것이다. 그러므로 같지 아니하다. 戒懼와 愼獨의
의미는 어떤 것인가요? 말하기를 戒懼는 未發之前에서 涵養하는 것
이요, 愼獨은 바야흐로 發할 때에 省察하는 것이다. 天地位하고 萬
物育하는 형상을 얻어 볼 수 있습니까? 말하기를 董子가 말하는바
人君은 마음을 바르게 하여 朝廷百官과 萬民을 바로잡아서 陰陽이
和하고, 風雨가 때를 맞추어 여러 福된 물건이 祥瑞롭게 이르러 모

두 오지 아니하는 것이 없다고 하였으니 이런 것이다.

先生이 일찍이 일컫기를 朱子는 후세의 孔子요 栗谷은 후세의 朱子이다. 動하고, 靜하고, 말하고, 일함에 한결같이 法을 본받았다. 일찍이 門弟子에게 말하기를 程朱의 論說이 같지 아니한 곳에서는 마땅히 朱子를 따르는 것이 옳다. 우리 東方의 先正으로는 오직 栗谷이 言言事事가 아름답게 朱子와 합하였으니, 栗谷을 따르는 것이 옳다.

聖人의 過化存神의 妙는 마치 天地가 化育하고 萬物이 涵育하는 것처럼 薰陶하여 스스로 알지 못하는 것이다. 子路가 처음 孔子를 보았을 때에는 머리를 쳐들고 고집을 부리어 따르지 아니하였다. 孔子를 본 다음에는 감화를 받아서 그 德이 마침내 百世之師가 되었다. 子路가 만약 孔子를 보지 아니하였다면 단지 하나의 俠夫일 뿐이었으리라.

先生이 諸生에게 일러 말하기를 어떠하여야만 明德을 밝힌 功이라고 말할 수 있을까? 泰瑢이 대답하여 말하기를 格物, 致知, 誠意, 正心이 바로 이것입니다. 先生이 말하기를 여기에 그치지 않고 더 나아가 氣稟과 物欲에 있어서 때때로 경계하고 깨달아 그 累를 입지 아니하여야 된다. 朱子가 말하기를 하루의 12시를 항상 밝게 깨어 있어야 한다고 하였으니 어찌 특별히 12시뿐이리오. 비록 한순간이라도 항상 覺醒하여 昏昧하지 않아야 된다.

先生은 每日 새벽에 일어나 세수하고 의관을 정제한 다음 家廟에 절하고 書堂에 나아가 諸生의 절을 받았으니 拜揖에 威儀가 있어

단정하지 아니한 사람은 반드시 엄하게 징계하였고, 經義를 解釋함에 반드시 쉽고 자상하게 설명하여 남김없이 가르쳐서 그들로 하여금 體驗하게 하였고, 밤에는 朱子大全이나 혹 性理大全을 읽었다. 한밤이 되면 就寢하였는데 諸生 가운데 혹 觀省하여 몇 달을 머무를 사람이 있으면 반드시 古人의 進學之方을 선택하여 그로 하여금 몇 번 朗誦하게 한 다음에 돌려보냈다.

永植이 묻기를 생전에 부모를 봉양하는 것이 돌아간 뒤에 섬기는 것보다 마땅히 厚하게 하여야 마땅할 듯하온데 어째서 죽은 뒤에 섬김을 살아서 받드는 것보다 마땅히 厚하게 하라고 하였습니까? 先生이 말하기를 대저 부모가 살았을 때에는 오히려 자기 자신이 스스로 돌볼 수 있지만 죽으면 할 수 없는 것이다. 그러니 사람의 자식이 되어 이때에 그 정성을 쓰지 아니한다면 어디다가 그 정성을 쓰겠는가? 曾子가 말하기를 臨終에 신중히 하고 먼 조상을 추념하면 民德이 厚하게 돌아간다고 하였고, 孟子가 말하기를 살아서 봉양하는 것은 큰일에 해당하지 않고, 오직 죽어서 장례치는 일이 大事에 해당한다고 하였다.

先生이 일찍이 鳳大의 집을 지남에 鳳大가 그 原稿를 가지고 올리며 질문하니 先生이 한참 동안 칭찬을 하다가 卷尾에다가 題하여 말하기를 義理를 精微하고 바르게 깨닫기가 가장 어려운데 子의 學問은 깊은 조예로 바름을 얻었다고 이르겠도다. 그 보지 못한 바를 더욱 연구하고, 그 행하지 못한 바를 더욱 실천하여 원만하게 成就하면 드디어 하늘이 인격자를 낸 뜻을 이루리라.

사람이 경계할 바는 세 가지가 있으니 官職에 있으면서 德教에 힘쓰지 않고, 한갓 刑政만 베풀며, 聚斂者가 節用하지 않고 한갓 인색만을 고집하며, 妾을 둔 사람이 奸惑에 빠져서 悖亂한 줄을 알지 못한 것이다. 우리들은 마땅히 이 세 가지 일을 경계하여야만 된다.

永植이 묻기를 司馬溫公이 말하기를 形體가 이미 朽滅하면 神靈도 또한 飄然히 흩어진다고 하였고, 范文正公이 말하기를 地下에서 祖宗을 어떻게 뵈며 무슨 낯으로 家廟에 들어가리오? 하였으니 두 말이 서로 어긋납니다. 선생이 말하기를 鬼神은 있다면 있고, 없다면 없다고 말할 수 있는 것이다. 그러므로 귀신이 있고 없는 것은 인간의 정성에 있는 것이니 溫公의 말은 神의 無迹處를 汎論한 것이고, 范公의 말은 바로 人間의 精誠處를 말한 것이다. 말하는 바가 같지 아니하므로 표현이 다를 뿐이다.

庚戌의 國變에 先生이 크게 서러워하면서 門弟子에게 일러 말하기를 含寃忍痛 迫不得已의 여덟 자는 尤翁이 寒水齋 先生에게 傳授한 내용이다. 오늘의 일은 萬古에 없는 일인즉 어찌 더 말하겠는가? 이 여덟 자를 우리들은 간직하여 잃어버리지 말아야 한다고 하였다.

諸生이 모두 糧食을 가지고 온대 先生이 탄식하여 말하기를 옛날에 遂翁이 黃江에 있으면서 歡樂齋와 悅樂齋를 설치하여 學徒가 매우 많았지만 그 糧食을 가지고 왔었다는 말을 듣지 못하였고 農巖이 石室 三洲에 있을 때 學徒가 매우 많으니 땅을 팔아서 밥을 먹였다. 이 일이 매우 좋은 방법인데 내가 그렇게 하고자 하지만 집이 가난하여 나의 뜻을 이룰 수 없으므로 옛사람처럼 괴로운 탄식만 나온다. 泰璿이 묻기를 오늘날 사무에 기록하는 年表에 혹 崇禎을 쓰고 혹 永曆을 쓰는데 두 가지 가운데 어느 것을 써야 옳습니까? 선생이 말하기를 崇禎曆書는 神宗 皇帝가 頒布한 것이요, 永曆曆書는 漂海客이 전한 것이다. 우리나라가 朝聘을 통하여 月曆을 받아온 것은 崇禎에서 그쳤으니 마땅히 崇禎을 써야 옳다. 말하기를 後世의 史家가 尊周의 義理를 밝히고자 할진대 반드시 永曆으로 正統을 삼겠지요? 말하기를 반드시 그렇게 할 것이다.

冬至日에 永植과 泰瑢이 侍立한대 先生이 말하기를 冬至에는 一陽이 始生하나니 君子는 扶陽하기 위하여 抑陰하는 것이다. 陽이 始生함에 매우 微微하기 때문에 先王은 奄尹에게 命하여 關門을 닫게 하여 安靜한 가운데 그 氣를 引導하는 것이다. 學者는 이미 흐트러진 마음을 되돌려 몸속으로 수렴하려고 하는 순간이 바로 陽을 회복하는 때이다. 諸君은 마땅히 고요하게 思慮하여 그 放心을 수습하여 天心에 應하도록 하여야 된다.

先生이 農巖集을 읽다가 羅良佐가 尤菴을 誣辱하면서 말하기를 財物을 탐했고, 色을 취하였으며, 不孝하고, 不忠하였다고 하였고, 同春과 圭菴을 辱하여 말하기를 俊吉은 小人이로되 조금 仁慈하였고, 麟壽는 小人이로되 조금 어리석었다고 하는데 이르러서 세 번 탄식하여 말하기를 自古로 君子가 小人으로부터 禍를 아니 당함이 없었지만은 이것은 陰이 陽氣를 협박하고 天理를 가리는 행위이다.

鳳大가 일찍이 素衣, 素冠, 素帶로 사람을 弔問한대 先生이 듣고 말하기를 鳳大는 好古하여 독실하게 世俗을 바로잡으려고 하는 것이니 힘써 행하는 것이 옳다. 비방을 받은들 어떠리오!
泰瑢이 묻기를 魂魄의 情狀이 어떠한가요? 先生이 말하기를 魂은

陽의 神이요, 魄은 陰의 精이다. 魂과 魄이 합하여 形體가 되니, 모아서 담는 힘은 魄의 機能이요, 動作, 思慮는 魂의 行爲이다.

天下의 근본은 나라에 있고, 나라의 근본은 가정에 있고, 가정의 근본은 몸에 있고, 몸의 근본은 마음에 있나니 이렇게 추리하면 마음은 진실로 性에 있는 것이다. 그러나 性은 形狀도 없고, 造作도 없어 浩浩하여 下手處가 없는 까닭으로 말하기를 마음이 바른 다음에 몸이 닦여진다고 하여 마음을 닦는 방법은 바로 德性涵養에 있음을 밝혔다.

先生이 諸生에게 일러 말하기를 父母의 뜻을 따르지 아니하면 不孝가 되는 것을 제군은 모두 이미 알 것이다. 만약 父母의 뜻을 따르지 아니하면 문득 天地之心에 합하지 못한다. 대개 天地는 사람에 대하여 혹 富貴하여 厚하게도 하고 혹 貧賤하여 윤기나게도 하는바 만약 거슬러 富貴를 추구하다가 하늘을 꾸짖고, 시대를 질타하게 되면 이것은 違天이니 이보다 더한 不孝가 어디 있겠는가?

先生이 諸生에게 일러 말하기를 古今을 통틀어 生知安行한 사람은 대단히 드물고, 대부분 겪어서 알고, 힘써 실천한 사람들이었다. 學者는 반드시 眞實心地 刻苦工夫의 여덟 자를 죽을 때까지 가슴속에 간직하여야 된다.

梅谷이 그 族黨 寅義와 더불어 저녁에 先生에게 왔는데 마침 永植과 泰瑢이 옆에 앉아 있었다. 梅谷이 泰瑢에게 일러 말하기를 方今 雪月이 매우 아름답거늘 讀書에 자못 즐거운 곳이 있는가? 先生이 말하기를 마음이 고요한 다음에 바야흐로 즐거운 곳이 있나니 諸

君은 마음도 오히려 고요하지 못하거늘 어느 틈에 즐거운 곳을 얻
었는가? 梅谷이 泰璿을 돌아보고 말하기를 그대는 무슨 책을 보는
가? 말하기를 바야흐로 大學을 읽나이다. 梅谷이 말하기를 大學을
읽으면서도 마음이 아직 고요하지 못하면 장차 어느 때에 고요하리!
인하여 先生에게 일러 말하기를 마음이 고요하고도 재주를 겸비하
여야만 바야흐로 크게 발전하는 곳 있는 것이요, 마음만 고요하고
재주가 없으면 학문이 진보하지 못합니다. 先生이 말하기를 尤翁이
말하기를 德이 높아지면 재주도 또한 생긴다고 하였으니 오직 걱정
은 마음이 고요하지 못하는 것이다. 마음이 고요하면 德이 나아가고
재주도 생기는 것이다. 마음이 고요한데도 재주가 없는 것은 소위
마음이 定한 것이 아니니 마치 告子처럼 冥然하여 知覺이 없고, 悍
然하여 돌아보지 아니하는 것일 뿐이다.

　대저 姿稟이 본래 善하여 學問을 하지 아니하여도 자연히 마음이
고요한 사람은 歐陽公이나 范希文과 같은 사람이요, 孔明처럼 姿稟
이 본래 善해서 힘을 쓰지 아니하여도 자연히 寧靜하여 材識이 通
明하고 出處가 義理에 합하여 平生의 行事를 正大光明하다고 말할
수 있어서 흠집을 찾아볼 수 없는 것은 대단히 부러운 점이다.

　梅谷이 말하기를 公明의 出處는 참으로 正大하다고 하겠지만 그
러나 그 行事는 흠집이 없다고 말할 수는 없을 것입니다. 말하기를
무슨 말인가? 말하기를 仁者는 한 가지의 不義를 行하고 한 사람의
무고한 백성을 죽여서 天下를 얻는다고 하여도 하지 아니하는 바가
있다고 하였는데 孔明이 荊州를 취하지 아니한 것은 失策이요, 益
州를 取한 것은 不義이며, 木牛流馬는 大經大道가 아닙니다. 말하
기를 聖人이 사람을 취함에 完備를 요구하지 아니하나니 진실로 완
벽하기를 요구하면 古今에 完成人이 없을 것이다. 木牛流馬는 바로
孔明이 부득이하여 한 일이요, 益州를 取한 것은 그렇지 아니하다.

만약 세상에 나아가 漢室을 興復하지 않고자 한다면 그만이려니와 진실로 漢室을 興復코자 한다면 온 天下의 땅이 漢나라의 所有가 아닌 것이 없으며, 동시에 昭烈은 이에 당당한 帝室의 후예로서 英才가 훌륭하였다. 진실로 漢을 도와 征伐함에 있어 무엇을 취한들 義가 아니리오? 益州는 險隘한데다가 땅이 비옥하고, 재물이 풍부하여 이른바 金城千里의 天府之國인데 그 君主가 闇弱하여 지킬 수 없으므로 끝내 남에게 빼앗기는 바 될 터이다. 益州가 없으면 蜀이 없으니 英雄이 전쟁을 준비할 곳이 없으므로 孔明이 부득이하여 취한 것이다.

다만 荊州를 취하지 아니한 것은 失計라고 하겠으나 그러나 孔明은 明睿昭徹하여 능히 成敗를 미리 보고, 勝負를 계산하여 취할 만하면 취하고, 취하지 않아야 옳은 것은 취하지 아니하였다. 그 神測妙算은 참으로 보통 사람이 의논할 바 아니요, 그 雄圖大略은 반드시 옛사람과 일치하지는 아니한다. 그러므로 英雄之士도 있고, 道德之士도 있으니 一例로 논할 수 없다.

寅義가 因하여 묻기를 우리 東國에는 하나의 괴벽스러운 성질을 가진 사람들이 있는데 아십니까? 선생이 말하기를 누군가? 말하기를 우리 東國은 지역이 편소하여 규모가 陜隘하여 굳게 지키는 버릇이 강하고, 公正한 議論을 막으니, 가령 堯舜孔孟이 다시 東國에 나온다고 하여도 만약 아무개가 堯舜孔孟보다도 어질어서 말이 聖人의 경계를 비판하면 위아래가 서로 구박하여 문득 斯文亂賊이라고 배척하고 侮聖의 律로 다스리니 매우 우스운 일입니다. 聖人이 制作한 法令에 어찌 侮聖之法이 있으리까? 말하기를 그대가 지나치도다. 生民 이래로 堯舜孔孟과 같은 이가 있지 아니하였다. 말하기를 어찌 그러리오? 天地가 만물을 냄에 어찌 古今이 다르리까?

이어서 東西洋의 形勢와 規模에 대하여 말하기를 우리나라는 비록 禮義의 고장이라고 일컫지마는 그 形勢와 法度가 거의 미치지 못할 바입니다. 말하기를 夷狄禽獸들이다. 족히 말할 것이 못된다. 梅谷이 말하기를 비록 夷狄이라도 그 規模와 法度는 자못 취할 것이 있습니다. 선생이 말하기를 그대는 어찌하여 犬羊을 들어 人類와 대비하는가? 말하기를 선생은 진실로 편벽되도다. 말하면 반드시 禽獸라고 하니 바로 申箕善의 말과 서로 비슷합니다. 先生이 正色을 하고 말하기를 그대는 어찌 申箕善에 비유하는가? 소위 申箕善은 그들의 세력을 타면 열복하고, 그들의 세력을 잃으면 배척하여 禽獸라고 하거늘 그대는 나를 어찌 이에다 비유하는가?

寅義가 또 泰西의 共和法에 대하여 말하기를 君主가 不仁하면 臣民이 協議하여 다시 어진 이를 뽑아 세우는 까닭으로 國治民安하니 이른바 堯舜禹가 天下에 벼슬하는 것과 같은 것입니다. 梅谷이 말하기를 그러니 이 法은 매우 좋은 것입니다.

寅義가 말하기를 우리나라가 近日에 背淸을 한 것은 매우 통쾌하고 통쾌합니다. 梅谷이 말하기를 그러합니다. 先生이 말하기를 무엇이 통쾌한가? 梅谷이 말하기를 孝宗과 尤庵이 하고자 하였던 바이니 오늘에 이르기까지 士民이 含冤忍痛하였던 내용이 무슨 일인가요? 선생이 통쾌하게 여기지 않은 것은 무슨 까닭인가요? 先生이 말하기를 孝宗과 尤庵이 尊周의 義理로서 宗社의 存亡을 돌아보지 아니하고 長驅北進하려고 했던 것은 皇明을 위하여 복수를 하는 것이었는데 뜻했던 일을 이루지 못하고 수백 년이 흘렀다. 今日의 우리나라가 孝宗과 尤庵의 뜻했던 일로써 背淸을 했다면 어찌 통쾌하지 아니하리오! 이에 倭虜의 勢를 바탕으로 背淸하였으니 다른 날에 만약 中原의 史家가 오늘의 일을 기록한다면 그 凶醜의 極함을 과연 어찌할 것인가?

寅義가 말하기를 昔年에 列國이 獨立을 주장하여 淸帝에게 議問

하여 말하기를 貴國은 朝鮮에 대하여 어떻게 대우합니까? 한대 淸人이 말하기를 弊邦은 朝鮮과 더불어 兄弟로 지내 왔다고 하여 列國이 이에 우리나라에다가 公使를 설치하고 장차 獨立하도록 하였습니다. 甲午의 難局에 各國이 모두 와서 救援하였는데 淸帝가 우리나라에 遺書를 보내 말하기를 朝鮮王開坼이라고 하니 各國이 의심하여 淸나라를 征伐하고 우리나라로 하여금 背淸獨立하여 皇帝라고 稱하게 하였으니 실로 倭勢를 바탕으로 한 것이 아닙니다. 梅谷이 말하기를 이것은 통쾌한 일이지만 단지 稱帝한 것은 아마도 옳지 못한 듯합니다. 寅義가 말하기를 時勢로 본다면 世界가 모두 夷狄이 되었으니 나와 남을 가릴 것이 없습니다. 先生이 말하기를 온 세상이 모두 夷狄이 되었어도 우리는 홀로 되지 않을 뿐이다. 卦象으로 보면 오늘날은 純坤의 卦라 陰이 極度에 이르면 陽이 생기는 것이 하늘의 道이다. 반드시 一陽이 머지않아 돌아올 것이다. 梅谷이 말하기를 堯舜의 때에는 陰이 어디에 있었습니까? 말하기를 반드시 四凶에게 있었다. 말하기를 오늘날은 陽이 어디에 있는가? 말하기를 반드시 吾黨에 있다. 梅谷이 말하기를 方山이 과연 크게 책임져야 되겠습니다.

先生이 일찍이 크게 탄식하여 말하기를 애석하도다. 龜峰이 세상에 쓰이지 못한 것이 한이다. 氣象이 明粹하고, 才德을 兼備하였다. 어떤 사람이 孤靑에게 물어 말하기를 龜峯이 孔明과 어떤 차이가 있습니까? 孤靑이 말하기를 孔明이 龜峯과 비슷하다. 일찍이 安氏의 禍로 체포되어 禁獄에 투옥되니 탄식하여 말하기를 君子의 頭上에 3日이나 冠이 없으면 어찌 옳겠는가라고 하였다.

永植이 물어 말하기를 趙院南이 忠淸監司로 있을 때에 尤庵에게

白米 10石을 餽한대 尤庵이 기뻐하며 말하기를 近日에 家貧이 太甚하였는데 家人이 이것을 보면 마치 寒谷에 따뜻한 불이 있는 것 같겠다고 하였다. 院南과 尤庵은 어떤 사이입니까? 先生이 말하기를 모두 沙溪의 門人이니 餽之와 受之가 모두 옳은 것이다.

先生이 鳳大에게 일러 말하기를 夷狄이 올라오고, 邪說이 넘치지만 우리들은 항상 異端을 분별하여 斯文을 호위하는 것으로 근심을 삼아 왔다. 뜻한 일을 이룩하지 못하고 해가 저물어 가는 마당에 질병이 날로 심하여 가고, 精神이 희미해진다. 吾黨之士는 날로 더욱 孤單하여지니 衣書의 부탁이 그대에게 있도다. 그대는 힘써서 나의 뜻을 이룩하라. 鳳大가 자리를 피하여 대답하기를 鳳大가 영민하지 못하오니 어찌 감히 가르침을 받으리오?

永植이 묻기를 弟子는 스승을 위하여 어떤 服을 입습니까? 先生이 말하기를 옛날 沙溪의 喪에 門人이 입을 服을 의논한대 尤菴이 말하기를 先師가 平日에 우리들을 사랑함이 文仲(沙溪孫)에 지나지 아니하였다. 마땅히 文仲과 같은 服을 입어야 할 것이라고 하였다. 그래서 練衣, 布帶, 單股, 環絰로 朞年을 입었다. 尤庵의 喪에는 遂菴이 服制를 의논하여 말하기를 先師가 平日에 우리를 사랑하심이 叙九(尤庵孫)와 같았으니 마땅히 叙九와 服을 같이하였다. 그러니 또한 尤庵이 沙溪의 服을 입은 것과 같이하라. 南塘의 喪에 雲坪이 服制를 衰衣로 하려고 하니 屛溪가 말하기를 그럴 필요 없다. 明紬로 衰服을 만들라고 하였다.

永植이 主敬의 方法을 물으니 先生이 말하기를 主一無適이 持敬의 要法이다. 또 말하기를 敬에도 生法과 死法이 있다. 主一하여 항

상 惺惺한 것은 生敬이요, 오로지 살살 걸으면서 굽실굽실하는 것은
어두워 知覺이 없는 것이니 死敬이다.

　泰瑢이 農巖集을 읽고 이어 묻기를 顔淵에게는 城 밖에 田이 50
畝요 城內의 田이 10畝가 있었으니 우리나라의 가난한 선비에게 비
교하면 자못 넉넉했습니다. 先生이 말하기를 비록 그렇지만 마땅히
그 不改樂處를 보아야 된다. 말하기를 우리나라도 또한 井田法을
행할 수 있습니까? 말하기를 우리나라는 地形山岳이 언덕이 많고
평야가 적어서 經界를 나누기가 불편하니 차라리 徹法을 행하는 것
이 좋을 것이다. 箕子가 처음 井地의 法을 行하였다고 하지만 오늘
날 고증할 수 없다. 秦나라 이래로는 土地兼幷이 사회적 습속이 되
었으므로 井田法을 행하려고 하면 貧者는 기뻐하지만 富者가 따르
지 아니하는 까닭에 先輩들이 모두 어렵게 여겼다.(이상은 門人 朴
永植이 기록하였다)

방산선생문집 제16권

부록(附錄)

행장(行狀)

先生의 姓은 李氏요, 諱는 邦憲이며, 景斌가 字인데 自號를 方山居士라고 하였다. 李氏는 咸平의 名門으로 上祖는 諱 彦在로 高麗光宗 時에 神虎衛大將軍이 되어서 功德이 있었으므로 鄕人이 祠堂을 세워서 祭享하였다. 그 뒤에 諱 從生이 있으니 우리나라 世祖朝에 벼슬하여 官이 漢城尹이었다. 李施愛亂을 討伐하여 功을 세웠으므로 咸城君을 封함 받으니 贈精忠敵愾功臣이요, 諡가 莊襄公이다. 海東名臣錄에 事實이 기록되어 있다.

이로부터 官爵이 서로 이어 東方의 著名한 姓氏가 되었는데 諱儒吉은 號가 柳溪이니 經術로 著名했다. 이분이 熙緖를 生하니 文行이 있었고, 이분이 敏益을 生하니 號가 一窩요 德業이 더욱 뛰어나서 여러 번 官僚추천자명단에 올랐으나 登用되지 못하니 識者들이 탄식하였다. 이분들이 先生의 考, 祖, 曾祖이시다. 妣는 孺人 慶州 金氏인데 靈昭軒 麟喜의 따님이요, 鶴洲 文貞公 弘郁의 後裔로서 德을 갖추어 어김이 없었다.

先生은 哲宗8년(서기 1857년) 丁巳 正月 25日에 德豊縣 金峙里

의 집에서 탄생하였다. 어려서부터 天分이 穎悟하고 夙機가 闡發하여 나이 6살에 大夫人을 따라서 石橋의 族人家에 갔었는데 이웃집에서 하녀를 先生에게 보내 말하기를 듣건대 童子와 阿兒가 나이가 같다고 하니 원컨대 와서 함께 놀면서 또한 키가 크고 작음을 비교하여 보고자 하노라고 하니 先生이 가기를 거절하고 문득 上衣를 벗어주며 하녀에게 말하기를 키를 재보고자 한다면 이것으로 족할 것이라고 하니 듣는 사람이 기이하다고 칭찬하였다. 여러 아이들과 놀 적에도 문득 先生을 上坐에 추대하고 이에 지휘하여 전쟁놀이를 하니 보는 사람이 특이하게 여겼다.

外祖 靈昭公이 매우 사랑하시어 늘 갈 때마다 과일을 소매 속에 두었다가 주셨다. 叔父가 옆에 앉아서 그것을 먹으면 靈昭公이 기뻐하지 않으면서 말하기를 늙은이가 소매 속에 과일을 손자에게 주었거늘 어찌 다른 사람이 먹는가? 先生이 따뜻한 얼굴색으로 대답하여 말하기를 할아버지는 이미 손자에게 내리셨으니 손자가 叔父에게 드리는 것이 의리에 무슨 해가 되리까? 하니, 靈昭公이 크게 기뻐하였다.

12살에 앞산의 松林을 가리키며 말하기를 이 산에 반드시 재앙이 있겠다고 하니 一窩公이 묻기를 어떻게 아는가? 대답해 말하기를 갈매기와 되강오리가 무리로 여기에 살았는데 이제 홀연히 날아가서 오지 아니하니 날짐승은 靈物이라 반드시 그 상서롭지 아니함을 알고 오지 아니한 것입니다. 얼마 아니 가서 과연 松林을 斫伐하니 一窩公이 크게 기특하게 생각하였다. 이웃마을에 婦人이 堂下를 지나가니 先生이 문득 몸을 일으켜 창문을 닫으면서 말하기를 嫌疑之際에 삼가지 아니할 수 없는 것이라고 하였다.

丙寅秋에 洋夷가 搶攘하니 遠近이 騷擾할새 이때에 一窩公이 서울에 갔다가 돌아오지 아니하였으므로 先生이 涕泣하여 思慕하면서

찾아 나서려고 한대 어른들이 붙잡아 말렸다. 그 孝愛가 天得함이
이와 같았다. 先生은 일찍이 科擧工夫를 하여 才藝가 뛰어났는바
壬午(서기 1882년)에 가서 試驗을 봤으나 안 되어 돌아와서는 慨然
히 말하기를 이것은 爲己之學이 아니다. 비록 잘한들 무엇하리오?
드디어 停身志學하니 一窩公이 가상하게 여기고 손수 勿忘 두 글자
를 써서 주며 힘쓰라고 하였다. 先生이 받아서 그 書室에 붙여놓고
부지런히 修業하였다.

丙戌(서기 1886년)秋에 一窩公이 질병을 앓으니 날마다 醫員에게
찾아가 調藥으로 일을 삼아 秤水湯을 달임에 반드시 몸소 하였고,
嘗糞하여 그 病勢를 징험하였다. 돌아가심에는 號咷擗踊하여 살지
않으려는 듯이 하였고, 襲斂練祥에 易戚을 모두 다 갖추었으니 形
神이 臞孿하여 옷을 이기지 못할 듯하여도 経帶를 벗지 않고 朝夕
으로 展墓하여 3년을 하루처럼 하였다. 매양 흐느끼면서 말하기를
先人의 德業은 세상에 쓰일만하였는데 壽가 中途에 그치니 哀痛이
어찌 끝이 있으리오! 居喪 中에 틈틈이 書牘을 檢閱하다가 先公의
手澤을 보면 悲泣하여 읽지를 못하였다. 壬辰에 內艱을 당하니 哀
戚歠制를 前喪과 如一하게 하였다.

甲午(서기 1894년) 東匪가 亂을 일으킴에 사람들이 모두 神主를
묻고 피난 가거늘 先生은 神色이 自若하며 祠版을 짊어지고 妻帑를
데리고 며칠 있다가 돌아와서 家廟를 받들고 家庭을 다스리어 비록
危迫한 때라도 그 일을 자상하게 살핌이 이와 같았다.

宗社之變(서기 1910년)에 先生이 數日을 痛泣하면서 門人에게 말
하기를 나라가 滅亡하였으니 우리들은 의지할 데가 없다. 性命을 保
存하고자 하는 것이 또한 구차하지 않으리오!

壬子(서기 1912년) 秋에 士友에게 發書하여 屛溪墓道를 改修하였
다. 辛酉(서기 1921년)에 또다시 石儀를 갖추었으니 그 慕賢의 誠意

가 대개 이와 같았다.

嗚呼, 先生은 태어나자마자 어려운 시대를 만나서 道를 걱정하고 세상을 아파하여 그 울분이 병이 되어서 數朔을 요양하였다. 그 뒤로는 眞元이 漸竭하여 끝내 癸亥(서기 1923년) 10월 3일에 栗里精舍에서 孝終하시니 壽가 67歲이었다.

宜寧 南氏 日永의 따님을 配匹로 맞이하였으니 閫範이 있으셔서 夫婦가 서로 공경함이 마치 손님처럼 하였다. 祭祀를 모시거나 손님을 대접함에 정성을 쏟았고, 성품이 자상하고 은혜로워서 꾸짖는 말이 일찍이 婢僕에게 미치지 아니하였다. 양식과 술이 떨어져서 항상 걱정을 하였지만 괴로운 탄식 소리가 입에서 나오지는 아니하였다. 대개 그 본성이 그러하였지만은 또한 先生이 가정을 바르게 다스린 효과도 없지 않았던 것이다. 先生보다 먼저 돌아가시었으나 이때에 栗里負卯原에 祔葬하였다. 三男一女를 길렀는데 長은 啓寅이니 李正遠의 딸인, 完山 李氏와 결혼하였으나 일찍 죽어서 아들이 없다. 仲은 啓永으로 月城 金東或의 딸과 결혼하여 三男을 두었으니 學範, 興範, 弼範인데 學範은 啓寅의 뒤를 이었다. 季는 啓東인데 完山 李氏 載翊의 딸과 결혼하여 一男一女를 두었으니 모두 어리다. 딸은 蔡洙興의 아내가 되었다.

대저 사람이 學問을 하는 까닭은 장차 그 氣稟의 累를 矯正하여 本然의 善을 回復하기 위함이다. 그러므로 그 氣稟의 差에 따라서 功力을 씀에 쉽고 어려움이 있고, 道를 깨달음에 빠르고 늦음이 있는 것이다. 先生과 같은 분은 별로 功力을 쓰지 아니하고도 자연히 道에 접근하였다고 말할 수 있을 것이다.

先生은 風神이 秀朗하고 生稟이 이미 특이하여서 일찍이 義理의 向方을 알았고, 이미 자라심에 擴充하고 涵養함에 法道가 있었다. 그 心術의 바름과 威儀의 모범이 渾然히 天成과 같았다. 그 學問은

窮理, 格物을 시작으로 삼고, 踐履를 끝으로 하였으니 그 上下를 徹하고, 始終을 貫通한 원리는 主敬으로 要法을 삼았다. 本原之地에서 涵養하고, 幾微之際에 省察하여 純熟하기를 期하였다.

그 어버이를 섬김이 정성스러워서 祖上을 받듦에 孝道를 생각하였으며, 子孫을 가르침에 義理가 方正하게 하였다. 姻族에게는 敦和하게 하였으며, 僮僕에게는 恩威로써 부렸으니 이것은 그 齊家의 成法이다. 그 사람을 接見함에는 言笑가 娓娓하되 오직 삼갔으며, 술은 알맞게 마시되 放蕩하지 아니하셨다. 出入居處와 步履語默에 이르러서도 法度에 맞지 아니함이 없었으니 그 밖으로 나타난 것이 醇謹溫厚하여 마치 境界가 없는 듯하였다. 그 내면에 간직한 志操는 確然하게 뽑을 수 없는 것이 있었다. 그러므로 固窮守約 60여 년에 簞瓢가 屢空하고, 堂廡가 湫隘하여도 由由然하게 處하여 그 즐거움을 고치지 아니하였다. 끝내 豊約이나 得喪으로 옮기는 바가 있지 아니하였다.

金允植이 沔州에 謫居할제 先生을 欽慕하여 여러 번 은근히 찾아왔지만 先生은 마침내 마음을 허락하지 아니하였다. 뒤에 允植이 풀리어 돌아가서 外部大臣이 됨에 先生을 漢城敎授로 除授하고자 抄選하였으나 先生이 글을 보내 辭讓하고 나아가지 아니하니 이때에 士論이 대부분 先生의 지조가 높고, 出處가 바름을 충분히 볼 수 있는바 俗儒가 능히 미칠 바 아니라고 하였다.

寗齋 李建昌公이 湖西를 巡宣할 제 先生의 風義를 思慕하여 멀리 詩를 보내왔으니 "전번에 만난 뒤로 몇 해던가? 湖海가 망망하여 길이 멀다오, 벼슬자리 찾을 수 없어 눈밭 서성이고, 입맛은 새롭게 꽃향기 마신다오, 栗里의 삼간집을 아득히 생각하고, 밝은 창을 쳐다보니 빛도 고와라, 聖代의 어진 이 찾음 숨은 선비이거니, 아마도 한평생 산허리만 지키지는 않겠지요!"라고 하였으니 先生의

德義가 멀리 미쳐 간 것을 알 수 있는 것이다.

주고받음에 엄격하여 만약 義理에 합당하지 아니하면 한 지푸라기라도 남에게서 받지 아니하였다. 일찍이 간장이 떨어져서 이웃 사람이 민망하여 한 말의 소금을 가지고 와서 드리니 문득 받지 않고 말하기를 구차하게 얻을 수 없다고 하였다. 일찍이 나아가 구걸하는 아이가 넘어져 있는 것을 보고는 그 行資를 주셨다. 일찍이 어떤 사람이 체포되어 郡獄에 관련되었을 때 갑자기 先生에게 부탁을 하니 先生이 正色을 하며 말하기를 朝廷에서 관리를 두어 재판을 하는 것은 사람들로 하여금 改惡遷善하고자 함이다. 民으로서 어찌 私로 公을 간섭하여 官을 惡에 빠지게 하겠는가라고 하였다.

그 사람을 사귐에는 반드시 端直하여 道德이 있는 사람을 취하였으니 鳳岬 金炳昌公, 志山 金福漢公, 復庵 李偰公, 艮齋 田愚公과 더불어 道義를 講劘하여 契誼가 매우 두터웠다. 일찍이 말하기를 群賢을 集合하여 折衷한 사람은 朱子요, 朱子를 이어서 微奧를 發揮한 사람은 塘翁이다. 後人이 朱子를 배우고자 하면 반드시 塘翁으로부터 시작하여야 된다. 一言隻字도 반드시 羹牆誦法이라, 일찍이 칭찬하여 말하기를 通透灑落은 栗谷과 비슷하고, 壁立千仞은 尤菴과 흡사하다. 그 理氣의 定論은 理는 一原이라고 하였고, 氣는 萬殊라고 하였는데 一原인 까닭으로 性은 본래 善하고, 萬殊인 까닭으로 心은 善과 不善이 있나니, 理와 氣는 결단코 二物이요, 理氣는 원래 서로 떨어지지 아니하나니 곧 합하여 一物이 되는 것이다. 理는 同하고 氣는 異하니 모름지기 二物이 아닌 가운데 二物이 되는 것을 터득하여야 된다. 朱子가 말하는바 離合으로 보라고 하는 것이 바로 理氣를 講究하는 斷例라고 하였다.

그 心을 論함에는 心은 氣의 精爽이라고 인정하고, 氣가 고르지 못함은 氣의 情이다. 그러므로 心에는 善과 不善이 없을 수 없나니

孔子의 마음이 하고자 한 바를 따라도 법도를 넘지 아니하고, 顔子의 마음이 3月을 仁을 어기지 아니하며, 諸子의 마음이 날로 달로 이르므로 보면 心을 純善으로만 論할 수 없는 것이 분명하다고 하였다. 鳳岫 金公이 本然의 마음은 純善하고, 氣質의 마음은 가지런하지 않다. 性에 이미 本然과 氣質의 차이가 있다면 마음에도 어찌 本然과 氣質의 차이가 없겠는가? 先生이 분별하여 말하기를 만일 마음을 本然과 氣質로 分屬하면 두 마음의 혐의가 없겠는가? 소위 性에 本然과 氣質의 이름이 있는 것은 그 두 가지 性이 있다는 뜻이 아니요, 그 單純히 理만을 지적하고, 아울러 氣까지를 지적하는 사실에 근거한 내용인 것이다. 이제 마음을 말함에 本然과 氣質의 다름이 있다고 하면 소위 本然이라는 것도 비록 그 理를 지적한다고 말할지라도 氣의 本色이 이미 그 가운데 있는 것이니 어찌 本然의 마음이라고 하겠는가? 또한 氣質의 氣가 곧 이른바 마음이니 어찌 氣質의 心이라고 하겠는가라고 하였다.

金公이 또 말하기를 心은 단순히 말하면 氣이지만 專言하면 理氣를 합한 것이다. 先生이 변론하여 말하기를 性은 이 마음이 갖춘 바의 理요, 心의 體段은 오직 氣이니, 心之體段之氣를 아울러 所具之理와 함께 합쳐서 말하는 것은 옳지 않다. 性이나 心은 分目이 自在하여 心之體段精爽之全部는 바로 氣이니 의심의 여지가 없는 것이라고 하였다.

本然과 氣質, 未發과 已發을 論함에는 말하기를 人心이 未發에는 虛明湛寂하여 本然之體가 확립되어 있는 것이다. 그러나 이 性이 이미 氣質 속에 깃들어 있으면 그 淸濁粹駁이 自在하여 已發에 淑慝의 苗脈이 되지 아니할 수 없는 것이라고 하였다.

明德을 論함에는 말하기를 人心에 갖춘 바의 光明한 理라고 하였으니 곧 張子가 이른바 心統性情이라고 하는 것이다. 그것이 虛靈

한 까닭으로 明하고, 갖추고 있는 까닭으로 德이라고 한다. 이것은 聖凡이 동일하지만 人物은 不同한 것이다. 일찍이 艮齋와 더불어 明德을 論함에 先生이 말하기를 章句에 虛靈不昧하야 具衆理하야 應萬事라고 하였으니 虛靈은 心이요, 具理는 性이며, 應事는 情이다. 以字로써 관찰하면 以虛靈而具理應事라는 語意에 스스로 賓主가 있다고 하니 艮齋가 門下를 돌아보고 말하기를 이 이론이 매우 분명하다고 하였다.

知覺을 論함에는 말하기를 대저 虛靈知覺은 心을 말하는 것이니 心에는 스스로 體用이 있다. 虛靈해서 五性을 갖추는 것은 心의 體요, 知覺하여 七情을 行하는 것은 心의 用이다. 그러므로 靜하여 虛靈能覺한 것은 體가 用을 包涵한 것이요, 動하여 知覺自虛한 것은 用이 體를 具備한 것이니 이것이 體用이 一原이요, 動靜이 相涵한 妙理라고 하였다.

또 말하기를 仁義禮智의 性이 發하여 心의 用이 된다. 그러므로 智는 知覺上에 따라서 發하고, 仁은 惻隱上에 따라서 發하기에 자연히 하나의 例가 되는 것이다. 仁은 四德을 包攝하는 까닭으로 一心의 德이 惻隱上에 따라서 發하지 아니하는 것이 없다. 또한 智도 四德을 包容하는 까닭에 智가 知覺上에 따라 發하여 一心의 用이 되는 것이다. 그러므로 知覺은 마음에 따라서 말하면 心에 屬하고, 性에 좇아서 말하면 智에 屬하지만 일찍이 두 개의 知覺이 있는 것은 아니다. 心의 知覺이 문득 性의 知覺이요, 性의 知覺이 문득 心의 知覺이다. 朱子가 말하기를 知覺은 心의 用이라고 하였고 또 말하기를 知覺은 智의 事라고 하였으며, 또 말하기를 心之知覺이라고 하였고 또 말하기를 智로써 知한다고 하였으며 또 말하기를 知之理가 智라고 하였으니 혹 마음을 좇아 말하고 혹 性을 좇아 말하였다. 오직 學者가 會通함에 있는 것이라고 하였다.

人物性에 대하여 論함에 말하기를 그 理만을 단순히 지적하면 萬物이 同一하나니 소위 一原이요, 太極의 全體이며, 形氣 中에 나아가 그 氣之理를 각각 지적하면 成形之氣가 不同한 까닭에 받은 바의 理가 각각 다르다. 이것은 人物이 不同한 本然之理인 것이다. 또 말하기를 一原處는 비록 偏全으로 論할 수 없다. 그러나 人之本然과 物之本然은 또한 각각 不同하니 곧 分殊處의 一原은 각자 다름이 있는 것을 알 수 있다. 또 말하기를 萬物은 각각 實理를 얻어서 性이 되나니 그러므로 사람은 五常之理를 얻어서 性이 되었으므로 一毫라도 天性에 덜거나 더할 수 없는 것이다. 말과 소는 달리고 밭가는 이치를 얻어서 性이 되었으니 또한 天物에 더하고 뺄 수 없는 것이다. 만물이 모두 그러하다고 하였다.

致知와 力行을 論함에는 말하기를 먼저 그 큰 것과 근본적인 것을 확립하였고 기타 자질구레한 일이나 현실에 절박하지 아니한 것은 餘事로 치부하였다. 그러므로 陰陽圭臬이나 神仙黃白이나 九流百家와 같은 것으로부터 博弈梟盧에 이르기까지 단연코 미치는 바가 없었다. 오직 그 日用彝倫之常과 天人性命之奧와 子賊華夷之辨과 治亂興亡之道에 대하여는 茶飯事로 講明하여 익숙하였다. 그러므로 그 著書에 中庸說, 四書答問, 四禮私考, 深衣辨說 등은 先生이 一生의 精力을 바친 곳이다. 그 擬疏一篇을 보면 先生이 비록 당시에 등용되지 못하였으나 그 利器를 가슴에 품은 것을 남들이 알지 못한 것이다. 이것은 先生이 德을 갖추었으나 命이 窮하였기 때문이라고 하겠다.

先生은 晚年에 詩酒로 회포를 풀었는데 대저 까닭이 있는 것이다. 간혹 비방한 사람이 있었으나 이것은 先生을 피상적으로 알았기 때문이다. 옛날에 梅宛陵은 進士試驗에 여러 번 떨어지고는 스스로 그 뜻을 얻지 못할 것을 알아서 詩를 즐기어 회포를 풀었으니 그 평생에 지은 詩가 대단히 많았고, 康節 先生은 落拓不羈할새 스스로 詩酒를 즐기면서 세상을 마치었으니, 先生은 저 두 분과 시대를 초월하여 정신적으로 交遊하였던 것이다. 이것은 아는 사람과 더불어 말할 수 있는 것이요, 모르는 사람과는 말할 수 없는 것이다.

先生은 일찍이 衰季에 學問을 講하지 않고, 道가 不明한 것을 恨歎하여 이에 士友들과 發起하여 鄕飮, 鄕講의 모임을 창립하여 禮義를 익히고, 義理를 講하여 邪說을 물리치고 正道를 扶植하였다. 實行한 지 數年에 湖海의 鄕俗이 변화해가는 희망이 있었는데 갑자기 乙巳의 變을 당하여 마침내 폐지되었다.

그 講論을 들으면 經을 說하고, 禮를 說함이 的確精當하여 반드시 先賢의 學說로서 參考하고 證據하여 밝혔으니 자기의 생각으로 斷定하지 아니하였다. 곧 靈塔講義를 보면 알 것이다. 일찍이 艮齋 田公과 더불어 人物性同異에 대하여 往復論辨하였으나 끝내 합하지 아니하므로 탄식하여 말하기를 이것은 先輩들도 定하지 못한 바이거늘 後學이 또한 다시 제기한 것이다. 그러나 논란만 하는 것은 斯文에 도움이 없는 것이라고 하였다. 學者가 혹 湖洛同異에 대하여 말하면 반드시 중지시키면서 말하기를 初學은 모름지기 格致와 踐履를 急務로 삼아야지 같은 것을 비교하고, 다른 것을 분별하는 데 열중하여 각각 偏見을 세우는 것은 옳지 않다. 앞으로 功夫가 純熟하면 저절로 會通의 境地를 보게 된다고 하였다.

前輩가 論한 내용에 비록 淺深精粗가 없지는 아니하나 그러나 각각 본 바가 있는 것이다. 그러므로 그 同異에만 집착하여 得失을 따져서는 아니 된다. 마땅히 그 다른 점에서 그 동일한 바를 보아야 되는 것이다. 朱子도 初晩의 不同이 없지 않거니와 진실로 그 근본을 밝히면 말은 같아도 뜻이 다르기도 하고, 말은 달라도 뜻은 같기도 하는 것이다. 오직 一理를 가지고 橫說竪說한 것인데 다만 後學

이 살피지 못한 것일 뿐이라고 하였다.

혹 朝廷의 得失을 評論하고 守令의 賢否와 人物의 長短을 論하면 문득 금지시키면서 말하기를 "사람의 長短을 論함은 古人이 경계한 바이다. 오늘날의 걱정은 이제 禽獸가 人紀를 剝蝕함에 있나니 어느 여가에 그런 논란을 하리오?"라고 하였다. 雅性謙約하여 賢知로 남을 앞서지 아니하였다. 그러므로 사람들이 감히 그 度量을 헤아리지 못하였으나 날로 드러나는 行實은 스스로 가릴 수 없는 바가 있었다.

先生은 著述을 좋아하지 아니하였는데 부득이해서 지으면 중심에 쌓은 아름다운 德이 文章으로 나타나서 꾸미지 아니하여도 詞義가 도저하여 淡淡하면서도 싫증나지 아니하였으니 진정 有道者의 文이라고 할 것이다. 그 詩로 나타난 것은 淸而不激하고 豪而不放하여 혹 그윽한 근심을 그렸으면서도 원망이 없고 혹 외롭고 쓸쓸함을 표현하였으면서도 반발하지 아니하였으니 모두 性情이 고르고, 思慮를 다듬은 까닭에 모두 正心에서 나온 때문이었다.

先生의 世代를 論하고 先生의 글을 보면 반드시 傾否하는 느낌이 없지 않을 것이다. 小子가 門下에서 배운 지가 또한 몇 년 되었는데 그 돌아가심에 그 行狀을 엮는 일을 부탁받지는 아니하였다. 啓永이 나와 從學한 지 오래되어서 하여금 그 책임을 맡기므로 엮은 지가 오래되지만 마음에 들지 않는다. 그러나 先生의 업적은 이미 이 글이 아니더라도 나타나 있나니, 처음부터 내가 글을 엮는 것은 망령되지 아니함이 없는 것이므로 아무리 말하여도 많다고 하지 못할 것이요, 말하지 아니하여도 작다고 하지 않을 것이다. 삼가 그 平日에 느낀 바를 엮어서 이상과 같이 나열하고 다른 날에 어진 역사가의 立言을 기다리노라.

乙丑(서기 1925년) 十月 丙辰 門人 車鳳大 謹狀

제문 1(祭文 一) 車鳳大

維 年月日 門下 車鳳大는 삼가 剝奠을 갖추어 再拜하고 哭하면서 方山先生象生之前에 告하나이다.

嗚乎라, 朱子가 沒한 다음에 北學이 傳함이 없더니 天地의 正氣가 東表에 流行하여 돈독히 哲人을 내시니 義理가 著名하고, 敎化가 興行하여 國朝에 馨香之治를 하게 되었습니다. 昊天이 降割하니 드디어 歐浛이 濫觴하여 人類가 禽獸로 되어가는 시기에 先生이 草野에서 일어나 斥邪扶正으로 자기의 所任을 삼아 塘翁의 떨어진 실마리를 찾아 학문의 기초로 삼고 志山 金公과 함께 塘屛墓儀를 修築하였습니다. 무릇 兩 先生에 관계된 일은 즉시 주선하여 온갖 힘을 다 쓰지 아니함이 없었으니 그 尊賢하는 정성은 비록 僧侶라고 하여도 족히 감당하지 못할 것입니다.

嗚呼라, 先生은 儀節이 端亮하고 氣象이 淸秀하여 終日토록 端正히 앉아 있어도 조금도 흐트러진 빛이 없었습니다. 言笑가 簡寡하여 비록 술자리에서 諧謔하는 사이라고 하여도 威儀가 齊整하여 조금도 어그러지지 아니하였습니다. 그 應事接物함에는 誠意를 다함에 힘써서 날카로운 주장을 하지 않으셨습니다.

嗚呼, 奇異하여라, 先生의 命이여! 불우한 時代에 태어나서 學術이 쓰이지 못하고, 隱者로만 살았으니 噫라, 韓文公이 天에는 能하였지만 人에는 不能하였던 것인지요? 그러나 斯文을 扶植하고, 後學을 가르쳐서 百世에 反經復陽의 터전을 만드신 것은 하늘이 先生을 成就한 바가 대저 또한 厚한 것입니다. 先生께서는 一時의 屈伸으로 欣戚하지 않으시리라고 믿나이다.

小子는 어려서부터 외람되게 重望을 입었습니다. 그러나 스스로 돌아보건대 材質이 濁薄하여 道에 들어갈 수 없고, 또한 形氣의 累에 얽혀서 篤實하지 못하여 10년 동안이나 薰炙를 입었지만 猖狂하여 늦도록 收拾하여도 알맹이가 없나이다. 그러므로 항상 教育을 받고서도 萬에 하나라도 期望에 부응하지 못할까 두렵나이다.

義理의 定論에 이르면 先生께서는 性卽理요 心卽氣이며 性은 本善하고 心에는 淑慝이 있다고 하였습니다. 저의 견해와 같지 아니함이 있지 아니합니다만 단지 明德이 心이라고 주장한 논리는 자못 다르고 같음이 있나이다. 小子가 일찍이 上書하여 辨論하온바 采納하심을 얻었습니다. 또 小子가 著述한 心性說을 받들어 질문하였사온데 可하다는 승인을 받았습니다. 여기에서 견해가 相符함을 알았사오니 얼마나 다행인지 모르겠습니다.

이른 가을경에 先生이 앓으신다는 통보를 듣고, 비를 맞으며 달려오니 氣息이 奄奄하여 한마디 말도 붙일 수가 없었습니다. 즉시 돌아와 百神에게 心祝하여 건강이 회복하기를 빌었습니다. 어찌 오늘 갑자기 돌아가셨다는 소식을 들을 줄이야 생각이나 하였겠습니까? 달려와 문지방에서 哭하고 이에 祭需를 차리고 말하나이다.

하늘을 바라보고 울부짖는 慟恨은 手足을 열어보지 못함이오.

하얀 실에 붉은 물 들이는 나의 교육 마치지 못하고 돌아가심 슬퍼라.

때를 기다리다가 벼슬길에 나아가는 것 선생의 平日의 소원일진대,

어찌 어지러운 세상 싫어하여 깨끗한 몸으로 돌아가시니 따를 길이 없나이다.

儒道가 衰退하였거니 세상에 어찌 이 사람이 다시 있으리오.

오랑캐의 세상을 만났으니 道理를 주장할 수 없도다.

그 속에서 순리로 살다가 편안히 죽어도 先生이야 害될 것 없지만 後學은 世道를 위하여 慟哭한다오.

나의 슬픔이 어찌 끝이 있으리오. 엉성한 지식 거친 배움

뿌리가 약해서 바람에 꺾일까 두려워라.

오로지 믿음이란 先生의 우뚝한 道德이러니

태산처럼 바라보며 큰 나무에 의지하였도다.

이제는 끝났으니 내가 장차 어디로 가리.

지난해에 先生을 뵈었을 때 衣書를 부탁하셨지만 제가 어찌 감당하리까?

그러나 弟子들이 모두 경솔하게 학문을 포기하고, 옛날의 가르침을 지키지 않네.

선생의 學問이 湮沒하여 傳함 없다면 간직했던 碩果를 끝내 群陰이 剝蝕하리라.

이것이 小子가 짊어진 부담일새

조금이라도 책임을 완수하지 못할까 두려워합니다.

이제 卒哭을 당하여 경건히 저의 충심을 말씀드리나니,

엎드려 바라옵건대 尊靈이시여 밝은 길로 인도하여 주옵소서.

嗚呼 哀哉 尙饗

제문 2(祭文 二) 金鍾休

嗚呼라, 方山이여 여기 왔는가? 學問은 이미 완성하였고, 이름도 이미 세웠으며 子孫도 衆盛하니 이런 사람은 恨이 없을 것 같도다.

그러나 斯文의 所任이 무겁고, 士友의 所望이 멀며, 後生의 疑惑이 많거늘 이러한 사람이 어찌 차마 갑자기 떠난다는 말인가? 斯道가 不明함이 오래고, 吾黨에 사람이 없는 지가 또한 오래인데 오직 兄이 家庭敎育을 받고 부지런히 工夫하여 理氣의 根源을 探蹟함으로써 心性의 길에 뚜렷하며, 體를 밝히고 用을 알맞게 함에 縱橫으로 연구하여 옳지 아니한 바가 없었나이다.

孝悌로서 立身의 기틀을 삼고, 和雍으로서 接人의 물건을 삼아

周旋하는 氣像이 항상 春風 속에 있었습니다. 鄕飮禮를 擧行하여 風俗을 두텁게 하였고, 深衣說을 지어 後學을 아름답게 가르쳤습니다. 前輩들에 이르러서는 淵源行藏과 歷代興廢와 人物臧否를 直言하였으나 모두 根據가 있어서 마치 射者에게 과녁이 있어서 화살마다 紅心에 적중한 것과 같았고, 마치 庖丁의 눈에 온전한 소가 없어서 칼날이 저절로 움직이는 것과 같았습니다. 學者의 事業에 달관하여 그 堂에 올라 그 맛을 보았다고 하겠습니다.

나이가 높을수록 德이 밝아서 平生에 私淑한 工夫를 師門에다가 그 功을 돌리면서 志山 金公과 더불어 여러 번 往復하여 文字를 發明하고 노력을 아끼지 아니한 지 몇 달 만에 南塘과 屛溪 兩 先生의 墓儀를 갖추었으니 後死者의 責任도 또한 다하였습니다.

文章이나 聲律과 같은 것은 특별히 그 남은 줄거리에 지나지 못한 것이지만 그러나 蔚然히 龍虯가 날아 꿈틀거리고 鶴이 우는 듯이 하였으니 어찌 한 사람의 몸으로 여러 가지 재주를 모음이 이렇게 많았나이까?

제가 늦게야 道를 求하여 栗里舊第로 兄을 처음 拜訪하였을 때에 다른 눈으로 대우하며 范張의 말을 주셨습니다.

그 뒤로 글과 시구가 빈번하게 오고 갔으며 德寺의 講會와 屛溪의 觀魚에 참여하였고, 秀源에서 風浴하고, 金山에서 觀海에 함께하지 아니함이 없었나이다. 沿路에서 觴詠할 당시의 風流를 아직도 사모하고 있나이다. 그 얼마나 즐거웠는지요! 시절은 가을이었지요? 山月이 창문에 기울 적에 武候의 出師表를 朗誦하고, 文山의 正氣歌를 읊으면서 서로 바라보며 얼마나 눈물을 흘렸는지요? 그 얼마나 슬펐나이까?

同榻에서 자고, 같은 상에서 먹으며 큰소리로 웃으면서 말할 때엔 누가 주인이고 누가 손님인 줄을 알지 못하였습니다. 책상을 사이에 두고 크고 작게 묻고 대답할 때엔 스승이지 벗이 아니었습니다. 이렇게 交遊하는 가운데 마음에 느낌이 홀로 많았는데 단지 가난하고 병들어 따르기에 힘이 들었으므로 처음에는 부지런하였지만 나중에는 소원함을 면치 못하였나이다. 서로 만나지 못한 지가 거의 몇 년이 되었는데 갑자기 병이 나셨다는 말을 듣고 놀라서 탄식하여 말하기를 늙도록 세상을 경영하다가 어지러운 세상을 만났으니 이 사람에게 어찌 이런 병이 없으리오? 급히 맏아들을 불러 가서 山門에 問候하게 하였는바 돌아와 전하기를 병환이 좀 나으니 보고 싶다는 말씀이 매우 은근하더라고 하였습니다. 나는 이때에 움직일 수가 없어서 홀로 말하기를 병환이 이미 회복하신다니 相見할 날이 반드시 많을 것이라고, 굳게 자신하였던 터에 訃音이 갑자기 옴으로 長慟一聲에 心膽이 俱寒하였나이다. 이게 웬일입니까? 다른 병이 생겼습니까? 여기에서 그치십니까? 살아서의 이별도 괴로운 법이거늘 죽어서의 이별을 어찌 감당하리까?

나를 가린 것을 그 누가 열어주며, 나의 병통을 그 누가 침을 주리오! 나의 늙음을 누가 아끼며, 나의 詩를 누가 읊으리오! 篤信守死하며 不可能한 것을 믿었고, 落月空樑에 부질없이 쓸데없는 것을 기다렸군요? 同道同謀하며 손잡고 한 일이 중간에 강물에 흘러가 버려서 아무런 功도 없게 되었나이다.

兄이 나보다 뒤에 죽으면 나의 壙에 誌石을 쓸 것인데 이제 내가 兄보다 뒤에 죽게 되었으니 나의 장례는 치를 것도 없이 斯文이 끊어져 버려서 衆疑를 稽考하기도 어렵거니와 또한 알아주거나 말거나 色이 바래고 마음이 처량할 뿐입니다. 나의 마음 그지없이 슬프나이다.

그 옛날 山果野蔬로 형이 술잔 들었거늘, 이제는 縞衣素帶로 兄

의 堂에서 哭하나이다. 方丈山은 높고 泗水는 넘실넘실 하거니, 몸
은 一世에 짧아도 이름은 百代에 장구하리여! 靈魂이 있다면 나의
심정 알아주소서! 嗚呼 哀哉 尙饗

제문 3(祭文 三) 金完濟

嗚呼 痛矣라 先生이 沒한 지 벌써 3朔이 흘렀습니다. 무덤이 이
미 되었으니, 儀形을 찾을 길이 없나이다. 少弟가 찾아왔사오나 어
디서 德을 찾으리까? 斯文이 땅에 떨어졌는데 그 누가 扶植하리까?
작년 仲秋에 한번 手足을 열어 봄에, 枕床에서 調理를 하시면서도
정신을 풀지 아니하시고 옷을 잡고 나오고 들어가셨습니다. 그래서
건강이 회복되기만을 기원하였던 것입니다.

訃音이 갑자기 이르니 家兄이 달려가서 喪事에 始終 臨하였습니
다. 幽明에 遺憾이 없게 한 것은 실로 많은 선비들의 힘이었사오니
이에 先生이 사람을 義理로 感服시킨 것을 알았습니다. 숨어서 베푼
德은 그윽이 빛나는 것이니 어찌 끝내 나타나지 아니하리까? 이러한
일들은 세상에 더불어 이야기할 사람이 없습니다. 몸을 굽히고 道가
窮한 것은 그 누가 시킨 것인가요? 하늘이 실로 한 것이니 하늘을
어찌하겠습니까?

先生의 學問은 家庭으로부터 비롯하여 師承을 말미암지 아니하였
습니다. 塘屛을 祖述하여 文章을 통하여 그 말을 알고, 그 말을 인
연하여 그 마음을 깨달았습니다. 一生 동안 부지런히 고심한 것은
道를 절실히 걱정함이었으니 阨窮해도 번민하지 아니하고, 알아주지
아니하여도 성내지 아니하여 항상 성실하게 살면서 담담하시었습니
다. 이것은 道를 즐김이 깊은 까닭이었으니, 그렇다면 先生이 憂樂
을 어찌 人人이 알 수 있으리오?

그 潛心하여 理致를 연구하여 異端을 분별하고, 邪道를 물리쳐서

吾儒로 하여금 文脈이 사라져 가는 끝에서 一線을 保存하게 한 것은 반드시 先生의 힘이 아닌 것이 없었나이다. 世道는 險傾하고, 異言은 시끄럽거늘 비록 농촌이나 산촌에 산다고 하여도 또한 經을 이야기하고, 道理를 말할 땅이 없어졌나이다. 一線의 文脈을 어떻게 해야 보존할까요? 碩果의 應答을 어떻게 해야 기필할까요? 말과 생각이 여기에 이르니 蒼天이 無極하나이다. 嗚呼 痛矣라.

少弟는 일찍 孤兒로서 늦게야 배웠기 때문에 識見이 없습니다. 어리석음을 깨우쳐 주시어 조잡한 견해라도 가지게 된 것은 모두 先生의 가르침 덕분입니다. 이제는 끝났군요! 蝸蝸斯世에 저는 장차 어디를 우러를까요? 한밤에 벽을 둘러보니 마음이 간절합니다.

그윽이 생각하건대 先生이 著書한 글이 광주리에 가득합니다. 後人의 責任은 오직 엮어서 펴내는 데 있습니다. 早晩間에 정리가 될 터이니 德必有隣인즉 조용히 百世를 기다리면 이에 그 사람을 알아주게 될 것입니다.

이제 德을 아는 사람이 드물다고 말하지는 않겠나이다. 天道는 好還하나니, 사람도 또한 빛날 날이 있으리라.

엎드려 생각하옵건대 尊靈은 슬퍼하지 마시고, 고민하지 마소서. 帝鄕에서 노시다 보면 하늘이 斯文을 도와 後死者로 하여금 左袒의 禍를 免하게 되리라. 嗚呼 哀哉 尙饗

제문 4(祭文 四) 閔泰稷

嗚呼 哀哉 그윽이 생각하건대 先生은 詩書故家에서 태어나시어 學問을 세상에 전하였습니다. 그러나 先生이 당한 시대는 倫紀가 斁絶하고, 만난 세상은 人獸가 薄蝕하는 變亂의 마당이었습니다. 그러나 홀로 先生은 衣冠으로 中華의 典禮를 固守하였습니다. 乙巳에 宗國이 蕩覆하니 깊이 앞날을 걱정하고 熊魚를 미리 講義하여 正義

를 지키라고 부탁하였습니다. 그 뒤로 中夜에 憂歎하고 혹 終日沈吟하였으니 이것이 과연 무슨 일입니까? 그 功은 비록 없지만 그 뜻은 간절한 것이었습니다.

嗚呼 痛哉라 先生이 이미 돌아가심에 다시 朱子가 말한 主邊人을 이 세상에서 보기가 어렵습니다. 泰稷은 어려서부터 늙도록 많은 사랑을 입었사온데 講誦의 자리에서 늘 보고 들었으며, 登山臨水할 때에도 따라다녔습니다. 그 은근히 보살피시고, 따뜻한 말씀에 각별한 정분이 마음속에 있었습니다.

公은 나를 멀리하지 아니하였는데 내가 홀로 公을 저버렸사오니 公이 病을 앓을 때 問病도 못하고, 初喪에 飯含도 못하고, 葬禮式에 執紼도 못했습니다. 제일 뒤에 와서 哭하니 古人에게 부끄럽나이다. 嗚呼 悲哉라.

先生이 長逝하시니 나는 쓸쓸한 이 시대에 그 누구를 따르리오? 海島는 水潮하고 明月은 依舊한데 講堂에는 가을이 깊어 붉은 단풍이 어제 같습니다. 屛溪의 石壁이 屹然하여 前賢의 자취가 다시 어른거립니다. 안타까워라, 우리 先生은 어찌하여 오지 않는가? 하얀 휘장만 바람에 나부끼는데 지팡이와 신발만 완연히 남아 있습니다.

엎드려 생각하건대 尊靈이시어 저의 심정을 굽어 살피옵소서! 嗚呼 哀哉 尙饗

제문 5(祭文 五) 朴永植

嗚呼라 하늘이 斯文을 버림이 어찌 문득 여기에 이르렀는가? 안타까워라, 小子의 마음을 잃은 슬픔이여! 道를 떨어지지 않도록 다시 잡을 수 있으리오! 千古에 끝없는 아픔이어라.

嗚呼라 先生은 家庭의 學問으로 屛溪와 南塘을 淵源으로 하였으니 性情의 바름과 道德의 근원과 經傳의 의미 분별과 禮制의 論理

와 理氣의 稟賦와 淸濁의 分數를 父師에게서 받아서 일찍이 들은 것으로 質正하였도다. 그러므로 그 志操가 介然하고, 그 文章이 순수하여 內面이 어질고 외면이 아름다웠으니 만일 登用되었더라면 장차 큰일을 하셨을 것입니다.

嗚呼라, 先生은 林下固窮 70年에 스스로 찾지도 않고, 사람들도 또한 알아주지 아니하니, 사립문에 風雪만 쓸쓸하여 깊은 밤 추운 등잔 아래 눈에 가득히 책을 읽으시고, 儒生을 보배로 여기시니 해진 옷을 어찌 부끄러워하리오. 즐거움이 그 가운데 있어서 거친 밥과 나물만 늙도록 드셨습니다.

嗚呼라 先生은 이 불우한 시절을 만나 天地가 캄캄하고, 群陰이 바야흐로 치열하여 吾道가 장차 滅息하려 하므로 豹虎가 날뛰고, 鳳鳥가 멀리 떠나갑니다. 가시나무가 길을 덮고, 騏驥가 길을 잃고 방황합니다. 그 누가 더불어 짝하리오? 이래서 걱정하여 홀연히 돌아가셨나이까?

嗚呼 先生이시어 저를 사랑하시니 저의 모자람을 물리치지 아니하시고 신신당부하시며 가르쳐 주신 은혜를 너무 많이 받았습니다. 길을 잃어버리면 방향을 가르쳐 주시고, 변화하려고 하면 더욱 힘쓰게 하시니 노둔한 재질을 비록 바꾸지는 못했지만 간혹 얻은바가 있어서 간직하고 있나이다. 先生을 모시고 절로 시골로 다니면서 혹 講誦하고 혹 飮禮를 거행함에 그 모습 장엄하였사오며 혹 지나가고 혹 머물면서 經을 읽는 소리가 가득하였사오니 生三事一에 그 어떤 즐거움이 여기에 미치겠나이까? 百世를 기약하여 길이 모시려고 하였습니다.

嗚呼 先生이시어 바야흐로 藥을 잡수시고 조리를 하심에 氣候를 청하여 물은데 말하기를 나의 氣血이 오랜 病으로 사람에게 버림을 받는 것은 옳지 않으니 어서 죽었으면 좋겠다는 말씀이 귀에 남아

있나이다. 慟哭한들 무엇하겠습니까? 이제는 그만입니다. 그 이렇게 될 줄을 알았다면 어찌 잠시라도 옆에서 떠났겠습니까? 말이 안 나오고 눈물만 납니다.

嗚呼라 先生이시어 일찍이 瀛海를 가리키시며 말씀하시기를 武陵 같은 勝地에 가서 誼좋게 살자거니 그대가 마땅히 집을 잘 지어 놓아야 내가 또한 가서 살 것이라고 하였습니다. 嗚呼라 이제는 끝났습니다. 先生과 같은 음성을 어디서 들으며 자상한 가르침을 어디서 다시 대하리오?

栗里의 古宅에 風篁이 猗猗하고, 方丈의 新墓가 寒月에 依依하여 술잔을 올리오니 그 심정을 헤아려주시옵소서. 나무 하나 심으면서 그 정성을 표하오니 슬픔은 넘치는데 할 말을 잊어 읽어도 소리가 나지 아니하나이다. 嗚呼 哀哉라 尙饗

제문 6(祭文 六) 李啓泰

嗚呼 哀哉라, 公의 生涯여! 하늘이 만일 뜻이 있었다면 그 풍부한 學術과 많은 才藝를 장차 이 세상에 쓰게 하여 그 道를 밝히고, 그 德을 키웠을 것입니다. 세상이 公을 쓰지 않아도 公은 스스로 怡娛하여 林泉에서 講道論經하면서 怨尤가 없었나이다.

그 늙음에 미쳐서는 더욱 씩씩하기를 期하여 오래도록 斯文을 自任하고 後學을 교육하였습니다. 그 病을 앓음에 미쳐서는 때때로 자리에서 일어나 다시 儀容을 보였습니다. 이제 갑자기 돌아가시고 돌아오지 아니하시니 길이 탄식하여 慟哭하지 않으리까?

公의 學과 道는 家庭에서 이어받아 완성하여 빛을 냈습니다. 公의 談笑와 議論은 簡默하지만 때로는 理想을 暢達하였습니다. 公의 文典과 詩詞는 發言함에 成章하고 雄渾하였으니 자연스럽게 固窮守約하심을 그 누가 따르리까? 公의 簞瓢는 屢空하여도 晏然하게 處

하였으니 處世對人에 그 누가 따르리까? 公은 私私로운 일에도 흐르지 아니하였으며, 바르게 함에도 과격하지 아니하였습니다. 사람들이 돌아가셨다고 말함에 이 지역의 風俗이 걱정입니다.

이제 士林은 禮를 물을 데가 없어졌고, 鄕黨에는 依重할 곳이 없어졌습니다. 이래서 公을 哭함에 세상 사람들과 함께 悲惜해하는 것입니다. 나와 公은 族姪叔間으로 同堂親族의 誼가 있습니다. 나의 先君과 公의 皇考는 敦好하게 지내며 講磨偲切하였는데 小子가 따라다니면서 嘉訓을 들었습니다. 그때를 생각하니 그리움을 더하나이다. 그 뒤로 行藏이 公과 달라서 세상과 더불어 浮沈하다가 서울로 갔습니다. 公은 나를 깊이 아실 것입니다. 好惡相同하여 지난 己未年에 내가 멀리 떠나니 公이 危險한 行路를 걱정하면서 보냈습니다. 公의 집이 나의 집과 몇 산마루를 떨어졌었는데 내가 故鄕에 돌아옴에 公이 먼저 來訪하여 마음을 이야기하고 일을 논하여 숨김없이 서로 알리며 한 상에서 밥 먹고, 한자리에서 자며 서로 떨어지지 아니하였나이다.

지난봄에 내가 돌아오니 公이 衰弱하다는 말을 듣고는 菓酒를 가지고 와서 뵈니 그때에도 精彩는 오히려 減하지 아니하였는데 어찌 이 만남이 終天의 永訣이 될 줄을 생각했으리까? 이 뒤로는 마음속에 일이 있으면 누구를 향하여 하소연하리까?

時事는 變遷하여 갈수록 더욱 奇幻인데 他日에 典型이 될 만한 사람을 찾을 수 없으니 公을 哭하는 나의 심정이 더욱 슬픕니다. 서울에서 訃告電報를 받은 까닭에 급히 못 와서 歛할 때에 棺을 잡지 못하였고, 葬禮에 친히 禭도 못하였으니 내가 公에게 저버림이 많도다. 奠章을 꾸리고 夕夜에 우리 公을 생각하다가 이제야 와서 哭하니 일만 소나무가 울창하나이다. 옛날의 冠과 杖과 屨를 어찌 다시 생각하리오! 精靈이시여, 멀지 아니하여 내가 公을 哭한 것을 알리

다. 나의 말을 듣고 위안이 된다면 平生에 公을 바라보듯이 凜然하
게 내 술 한잔 드소서. 嗚呼痛哉라 尙饗.

제문 7(祭文 七) 孟夔燮

維 崇禎紀元 後 五甲子(서기 1924년) 四月癸未朔 十日壬辰 中表
姪 新安孟夔燮은 삼가 菲薄之奠을 갖추어 再拜하며 哭하고 近日에
作故하신 方山 先生 李公의 靈前에 告하나이다.

嗚呼 哀哉라 聰明英粹한 姿態로 淹博精醇한 學問과 贍暢蔚紆한
文章 및 淸苦篤確한 志操를 이제는 모두 다시 볼 수 없습니다. 天
地는 어찌하여 公을 純厚하게 태어나 깊은 學問을 닦게 하여 마치
쓰일 데가 있는 것처럼 하고는 또다시 초야에 파묻혀 살다가 죽을
때까지 나아갈 바가 있지 않게 하였는가?

어찌 世道에 升降이 있고, 氣化에 盛衰가 있어서 不肖者가 富厚
利達하고 賢者가 窮餓空乏하게 되니 公도 또한 그 사이에서 어찌할
수 없었는가?

장차 道가 窮하면 아래에 있고, 禮를 잃으면 草野에서 찾거늘 賢
人을 바위틈에 살게 하여 正論을 지키고 常度를 지키게 하여 하여
금 後生이 보고 배울 데가 있게 하려는 것을 末俗이 꺼리는 바 되
어 그 어려움을 同情하지 아니하였는가?

窮通顯晦가 公에게 어찌 더하거나 덜 것이 있으리오만 사람들이
公을 아는데 의심하니 子弟와 門生이 公을 景仰함에 무궁한 恨이
있나이다.

嗚呼 哀哉 오직 公은 叔季의 逸民이오. 儒門의 高蹈으로 先考
栗里公으로부터 經學에 마음을 두고 그 學問을 잘 이었으며 南塘을
私淑하여 栗谷에까지 거슬러 올라갔으니 그 路脈에 요체를 얻었나
이다. 세상이 어지러운 때를 만나 일찍 科擧業을 버리고, 늙어갈수

록 더욱 뜻을 추구하여 守死善道하였습니다. 저 史禮에서 추천하여
도 조용히 나아가지 아니한 것은 그 出處의 正道를 얻은 것입니다.

孝友忠信하며 慈祥端慤하여 檢身을 늘 생각함에 미치지 못한 듯
하고, 사람을 대함에 오히려 다침이 있을까 두려워하였으니 이것은
內面의 修養이었나이다. 쓸쓸한 절에서 고생하고, 牛山에서 험하게
지내며, 문짝도 완전하지 못하고, 음식도 배부르지 아니하여 사람들
은 그 괴로움을 견디지 못하거늘 그 즐거움을 고치지 아니하셨으니
그 窮할수록 더욱 굳게 지킴이었습니다.

그러나 그 외로이 곤궁한 가운데서도 左右에는 圖書가 있어, 마음
이 平安하고 氣象이 和樂하여 때로 말하면 文章이 되고, 布帛이나
菽粟이라도 담담하게 드시며 싫어하지 아니하였으니 그 學問을 좋
아함이 天賦的이었나이다. 비록 산속에서 벼슬을 하지 않고 지낼지
라도 길이 꿋꿋하게 살며, 재주를 보일 곳이 없고, 경륜을 베풀 곳
이 없어도 책을 끼고 찾아온 신발이 문밖에 가득하였으니 風聲이
이르는 곳에는 순순히 공경하지 않은 이가 없었으니 人心을 맑게
하고, 世敎를 붙잡은 바가 아주 없다고는 말하지 못할 것입니다. 平
素에 充養한 바 있었던 까닭에 臨終에도 흔들리지 아니하였으니 治
喪의 節次와 入道의 요령에 논란할 바가 없었으며 抱香의 노래가
애달프지 아니하였으니 그 조예가 깊고, 축적한 것이 두터워서 참으
로 末學이 의논할 바가 아니었습니다. 요체는 살아서는 順天하고 죽
어서는 편안함이 뚜렷이 君子儒였습니다.

嗚呼 哀哉라 저는 바로 公家의 外孫子로서 하물며 나의 大人과
同聲相應하고, 同氣相求하며 痛癢相識한 지 60년에 허물이 없었습
니다. 公이 이미 子弟처럼 小姪을 보았는데 小姪이 감히 父兄처럼
섬기지 아니하리까? 動靜語默에 말한 것마다 기뻐하지 아니함이 없
었고, 吉凶常變에 禮가 의심스러움이 있으면 반드시 물어서 질정하

였습니다. 비록 法門에 용렬한 내용이라도 넓은 도량으로 곡진하게
포용하여 주셨습니다.

안타까워라 九原을 찾을 수 없으니 다시 누구에게 물어보리. 하늘
이 아득하여 망망하니 이 한도 끝이 없네. 술 한 잔 올리오니 나도
모르게 눈물이 흐른다오. 이 마음 公은 아십니까? 모르십니까? 嗚呼
哀哉 尙饗

제문 8(祭文 八) 李種郁

嗚呼라 先生은 氣稟이 中和하고, 德이 剛柔를 겸비하였으며 規模
가 宏濶하고, 條理가 精詳하였습니다. 두루 往古에서 뽑아보아도 그
匹敵할 사람이 드물었는데 저 같은 식견이 좁은 사람이 어찌 萬에
하나라도 표현하겠나이까? 이제 비록 文章力이 있다고 하여도 어찌
군더더기 말을 붙이리까?

그러나 그 큰 줄거리에 대하여 감히 말을 아니하리까? 持心이 平
坦하시어 限界를 두지 아니하였으며, 넓은 도량으로 사물을 포용하
시어 똑똑하거나 어리석거나 모두 감복하였습니다. 百家를 消化하시
어 法度를 따라 實踐하였고, 應對하심은 鐘을 치는 것 같았으며, 行
動은 먹줄을 튕기듯 하였습니다. 遠近이 이름을 欽慕하였으며 宗黨
이 본을 받았습니다.

대저 그 배운 바가 家庭에서 얻었으니 先公의 正脈이요, 洛派에
서 으뜸이었습니다. 公은 그 실마리를 이어서 百行의 源流로 하였으
니 靈芝나 醴泉처럼 어찌 까닭이 없으리오? 더함이 없어도 빛이 있
는 전통을 잘 살렸나이다. 理氣의 論은 栗谷과 尤庵의 嫡傳이었고,
人物性同異論은 사람에게 맡겼으니 어찌 기뻐하고 성냄이 있으리오!
붉은 깃발을 이에 세웠으니 衆說을 衆酌하여 折衷하였고, 털끝까지
도 分析하였으니 처음에는 어지러웠지만 끝에는 분명하였나이다. 틈

이 없는 마음에 卽하여 主宰의 妙理를 보았으며 世俗에 굽히지 않
고 높이 보며 獨立하여 더불음이 적었나이다. 華麗한 것을 싫어하고
質實함을 찾았으며 林野를 거닐면서 詩句를 지었나이다. 士林들이
시끄럽게 암송하여도 아득히 자신만 말을 삼갔나이다.

　나는 戚黨으로서 외람되게 가르침을 받아 자주 가까이 뵈었으니
學德으로나 나이로 보아도 公은 실로 나의 스승이었나이다. 公이 정
분을 가지고 忘年友로 허락하시니 마당에서 술을 마시며 詩를 읊고
文章을 논하며 肝膽을 털어놓았나이다. 흰머리가 되어도 더욱 새로
워 앞으로 大耋에 이르기를 기약하였는데 갑자기 많은 나이를 줄여
버리니 하늘의 報施가 어찌 이런가요?

　이제는 그만입니다. 그 누구를 다시 우러러 의지하리오? 그리우면
어디로 갈까요? 하는 일이 의심스러우면 누구를 찾아 상의하리오?
嗚呼 痛哉라 公의 逝去함이여! 마침 감기로 인하여 장례식에 참석
하지 못하였고, 이어 公의 祭祀에는 아내가 죽어서 참례하지 못하였
으며 또한 다른 사람보다 나중에 찾아왔으니 저승과 이승에 罪를
지어 정말 용서받기 어렵습니다.

　하물며 오늘날의 세상도의가 날로 점점 타락하여 利益이 유혹하
고, 재앙으로 협박하니 몸을 지키는 사람이 드물어 갑니다. 人類가
장차 다 없어지고 禽獸로 되어 가나이다. 스스로 생각하니 나약하여
인간성을 잃지 않고 보존하기가 어렵습니다. 이래서 두려워하고 걱
정하여 떨어지는 듯 소름이 끼치고, 한밤중에 벽을 둘러보며 슬픔을
이기지 못하나이다.

　公이 돌아가신 뒤로 이 몸은 외로워서 부질없이 홀로 쓸쓸해하면
서 눈앞이 캄캄하거늘 그 누가 밝게 인도하리까? 어제오늘을 생각하
니 가슴이 쓰라립니다. 精爽이시어! 멀리 가지 마시고 도와주시기
바랍니다. 나를 어둠의 계단에서 인도하여 주소서. 嗚呼 哀哉 尙饗

제문 9(祭文 九) 韓準敎

嗚呼라 直而方大함이여 伏羲가 坤卦의 德이라고 하였도다. 山의
重厚함이여 돌기둥이 높이 섰도다. 公이 이것을 號로 하였으니 氣像
이 彷佛하도다. 家庭의 어진 가르침 따라 이으려고, 물마시며 글을
읽고, 林泉을 기꺼이 지키며 栗里의 歷史로 살았도다. 국화의 이슬
처럼 淡然하시고, 道德心學으로 옛 어진 이를 벗하여 숭상하였네!
文章은 和氣로워 吉祥이 앞에 가득하였어라. 國家에 대하여 일찍이
經濟할 뜻을 품고 道德世界를 목마르게 기다렸도다.

하늘땅이 도리어 閉塞하여 지난 庚子年에는 부지런히 鄕飮禮에
참석하시고, 그 뒤에 壬寅年에는 講會를 설치하니 만나면 문득 講磨
하여 때로 답답한 마음을 후련하게 함이 있어 오래도록 공경하였나
이다. 물은 질펀하고 어제의 눈이 골짜기에 남았을 때 우연히 여행
길에서 서로 만나 술을 나누고 헤어지는 모습 쓸쓸했는데 不幸하게
도 같은 질병으로 너무 격조하였으니 그때의 이별이 마침내 永訣이
될 줄을 그 누가 알았으리까?

嗚呼라 公이 逝去하시니 吾道가 장차 廢하겠나이다. 君子가 미련
없이 죽어 세상을 떠나가시나이까? 馬山의 꼭대기 위에, 龍瀑의 물
가에서의 典型이 꿈같고 風韻이 귀에 가득하나이다.

그러나 孝子가 居喪하고 後孫이 집에 있으니 公의 後繼가 많다고
할 것입니다. 장례식에 기어오지 못했고, 哭도 또한 남의 뒤에 하였
으니 비록 질병 때문이지만 실로 허물이 많습니다. 공경히 짧은 祭
文으로 情緒를 진정하오니 公은 응당 靈魂이 있을지라 나의 하소연
을 느끼시리다. 嗚呼 哀哉 尙饗

제문 10(祭文 十) 趙春植 外 一同

維 歲次 乙丑十月甲辰朔 二日乙巳 嘉林 趙春植, 晋山 柳相敦,

完山 李台夏, 恩津 宋秉益, 完山 李學冕, 青松 沈遠高, 完山 李鍾純, 驪興 閔東植, 族叔 敏甲, 族弟 甲憲, 新安 孟綸燮, 完山 李年鍾, 完山 李錫九, 新安 孟興述, 青松 沈鍾秀, 綾城 具翰書, 南陽 洪正厚, 慶州 金基弘 등은 삼가 菲薄之奠으로 近日에 作故하신 方山 居士의 靈座前에 告하나이다.

嗚呼라 末世의 혼탁한 물결이 도도하니 人物이 아득하여 才能은 많아도 德이 모자라고, 마음은 착해도 文章이 없어서 公처럼 전부를 갖춘 사람이 대저 쉽지 아니하였습니다. 황경피나무 같은 자질에 얼음 같은 모습이요, 지식이 넓고 행실은 돈독하여 옥돌 같은 무늬에 圭章같이 아름다웠나이다.

오직 德의 그릇이 커서 黃河水도 맑게 하여 사당에 제사를 지낼 만하였으며, 물결무늬 불꽃무늬 아름다운 그림처럼 文章을 지어 오색곤룡포와 같았습니다. 마음을 가지심이 平坦하여 限界를 두지 아니하였으며 도량이 넓어 만물을 포용하시며, 똑똑하거나 어리석거나 모두 감복하였나이다.

百家를 消化하여 禮法을 따라 지키고, 應對는 종을 치는 것과 같았고, 행동은 먹줄을 튕기듯 하였나이다. 宗黨의 모범이 되어 遠近이 모두 이름을 欽慕하였나이다. 대저 그 배운 바는 家庭에서 얻었으니 先公의 孝義는 莊襄公으로부터 전해 받은 것입니다. 公이 그것을 더욱 아름답게 하여 家門의 名聲을 한층 빛냈습니다. 刻苦 노력하면서 勇氣 있게 실천하니 이름난 소문이 자자하였나이다. 科擧를 즐기지 아니하여 산속에 살면서 經傳과 歷史를 자세히 분석하니 門庭은 어진 제자가 많았고, 淵源은 濂洛에서 비롯하였나이다.

洪水를 막고, 猛獸를 驅逐하며 往聖을 이어 未來를 열어서 이에 붉은 깃발을 세우니 스스로 一家를 이루었나이다. 性品이 詩를 잘 읊으시어 境致를 만나면 문득 지으셨습니다. 山을 좋아하고, 草木을 즐기시며, 꽃을 사랑하고 달을 벗 삼아 珠玉 같은 文句를 지어 士林이 傳誦하였으니 晉代의 日月이었고, 栗里의 高風이었나이다.

하늘이 公을 내심이 우연이 아니었으니 利君澤民에 크게 써서 世運을 바로잡으려고 함이었습니다. 善人이 福을 받지 못함은 하늘도 어찌할 수 없기 때문입니다. 이치가 그렇다면 오직 攝養하여 神仙처럼 오래 살기를 기약하였었는데 갑자기 돌아가시니 그 누가 그렇게 하였습니까? 嗚呼 痛哉라 끝났습니다, 끝났습니다.

人才를 그 누가 기르며, 士論을 그 누가 바로잡으리까? 邪敎가 汎濫한데 그 누가 시냇물을 막으며, 吾道가 희미하여 어두운 밤에 그 누가 하늘의 별이 되리까? 公이 逝去한 뒤로 2년이 흘렀으니 세월도 오래되고 슬픔도 잊어가는 것이 이에 사람의 常情이거늘 어찌 홀로 公에 대하여는 세월이 흐를수록 더욱 슬퍼집니다. 죽고 사는 이치야 이미 익숙히 배워서 古今이 한순간이거늘 어찌 미련을 가지리까마는 우리에게 가장 恨이 되는 것은 세상에 어질고 보탬이 되는 사람이 없는 것입니다. 吾黨을 차례로 꼽아보아도 그 누가 公을 짝하리오? 즐겁고 편안한 才質과 진실하고 정성스러운 資品과, 방정하고 절실한 말씀과, 밝고 바른 理論을 눈에 다시 볼 수 없고, 귀에 다시 들을 수 없으니 속마음에 응어리가 져서 스스로 잊기가 어렵습니다.

우리의 만남을 생각해 보니, 아득히 妙齒일 때로세. 마을은 남북으로 붙었고, 시내는 위아래로 나뉘었네. 걸을 땐 신발을 나란히 아침저녁으로 따라다녔지요. 우리가 옹졸하면 公은 너그러이 하였고, 公이 주면 우리가 받았지요. 망아지처럼 의지하며 형제처럼 보았지요. 의심이 있으면 문득 질문을 하고, 과오를 충고하면 경계하였지요. 속마음을 서로 알아주며 늙어갈수록 더욱 돈독하였지요. 질병에 서로 위로하면서 동정을 했지요. 그 옛날 놀던 생각을 하니 여러모로 괴롭습니다. 흐르는 세월은 멈추지 아니하여 어느덧 大祥이 돌아와서 이 薄한 술을 따라놓고 여러 사람의 슬픔을 푸나이다. 靈魂이 있으시다면 이 술을 드시리다. 嗚呼 哀哉라 尚饗

곡방산선생 1(哭方山先生 一) 車鳳大

그 누가 알리오? 先生이 나오심이 실로 斯文의 다행임을!

그 누가 알리오? 先生이 돌아가심이 바로 斯文의 재앙인 줄을!

道가 興하고 시든 것이 사람의 순수하고 雜駁함에 매였으니,

碩人이 초야에서 일어나 일찍이 孔子와 朱子의 學問을 즐거워하였도다.

金玉 같은 風姿에 水月 같은 精神으로 이치를 밝혀 湖洛論을 분별할 때 學問은 하늘과 사람을 연구하여 오묘한 이론을 정리하였고, 人物同異論을 밝혀서 객관적인 논리를 세워 억지가 없었습니다.

和光하여 처한 곳이 廣大安平하였는데 오랑캐가 올라오니 세상이 어두워졌네.

乾坤이 들판에서 피를 흘리며 싸울 제 오로지 碩果가 시대적 사명을 지켰도다. 세상이 모두 어그러짐에도 동방에서 예의를 지켰네.

초야에서 살아도 百載의 아름다움 간직하고, 숲 속에서도 風泉의 詩를 읊었도다.

자세히 설명하신 것은 子와 賊의 限界요. 양식이야 떨어져도 성내지 아니하였도다.

늦게야 門下에 나아가 過分한 사랑을 받으며, 王良이 말고삐 잡고 달리듯 뛰었네.

힘이 모자라 가르침을 따르지 못하고 명령도 거의 받들지 못했네.

가끔 표주박으로 떠내도 줄 데가 없더니, 문득 凶함을 당하여 갑자기 스승의 자리를 버렸네.

쓸쓸하여라, 장차 어느 곳을 우러를까? 오직 남은 사람 슬프게 하도다.

상여 끈을 잡고 따르니 가을 산이 저물어 가네. 근심 속에 어디로 갈까? 世道는 아주 무너지니 도리어 옛날이 그리워라

둘러보니 눈물이요, 바람소리에 흐느끼도다.

곡방산선생 2(哭方山先生 二) 韓準敎

一生에 萬善이 넉넉한 어진 이,
林下에서 60년 글을 읽었네.
斯文을 회복하지 못하고 몸이 먼저 떠나지만,
家庭敎訓을 잘 이어 家門 전했네.
높은 나무 처량한 황천길이요.
아들 손자 울부짖는 백양나무 언덕이네.
마을에 禮義를 말하는 사람 없으니,
쓸쓸히 지는 달만 沔陽 하늘에 있네.

곡방산선생 3(哭方山先生 三) 閔參鉉

妙齡時節에 맺은 奇緣
글공부하며 50년이라.
학문은 程朱를 찾아 舊業 전하고,
詩文은 杜陸을 능가하니 남은 글이 증명하리.
巖穴에서 늙어 죽는 사람 참으로 얻기 어려우니
죽음을 달관한 인간이지만 또한 가련해라.
저승에도 신선 있고 관직 있으리니,
응당 이번에 가면 經筵에 들겠지.

處世야 항상 어려웠지만 뜻과 기분 같아,

公은 나를 알고 나는 公을 알았지,
이제 公은 가고 나만 남기니,
어찌 차마 하늘에 외기러기 소리를 들으리.

마음은 서로 그리워하면서도 땅이 떨어져,
가끔 만나도 금방 헤어지니 항상 이별을 한탄하였지요.
三春에 病으로 자리에 누워 가을이 되어도 呻吟하신다기에,
8월에 내가 갔더니 때는 늦어 嗚呼라 永訣하는 날입니다.

이미 南塘과 屛溪의 뜻을 이루었으니 어찌 壽를 말하리오.
서로 더 만나지 못함도 멀지 않음 아시리니,
앞뒤에 다시 무엇 한탄하리오.

곡방산선생 4(哭方山先生 四) 沈遠高

學問學問과 文章은 이 고을에서 으뜸인데,
하루아침에 어이하여 떠나가시오.
顏淵은 命을 알아 능히 즐거웠고,
原憲은 가난해도 또한 태연하였지.
平生에 얼음 같은 지조 지켰고,
晩節은 국화와 난초처럼 향기로웠소.
士林이 이로부터 누구를 본받을까?
斯文을 위하여 탄식도 길어라.

곡방산선생 5(哭方山先生 五) 李敏甲

東方의 文運이 쇠미한 것 탄식인데
先生은 道를 품고 돌아가셨네.
집안이며 마을을 화평케 하시니,

儒林의 宗匠으로 우러러 보았지요.

저 멀리 하늘 끝에 붉은 봉황새 소리,

작은 연못에 보배 거울 빛나네.

晚節은 완연히 소나무와 국화,

山門에 머리 돌리니 눈물이 옷을 적시네.

곡방산선생 6(哭方山先生 六) 李學冕

깨끗하고, 따뜻하고, 돈독하고, 질박한 늠연한 굳은 자태,

經典과 圖書로 學問에 全力했소,

陋巷의 簞瓢에도 편안하게 살며

古家의 詩禮 전통 지켰네.

制度와 文章은 師友의 표준,

修齊의 모범은 子孫에게 전했네.

질펀한 栗西堂 아래의 물처럼

公의 遺集도 千年 가겠지요.

곡방산선생 7(哭方山先生 七) 李鶴遠

갑자기 居士의 訃音 들으니

탄식하며 흐르는 눈물이어라.

참으로 斯文을 위한 슬픔이거니

어찌 옛 친구 슬퍼하리오!

平生의 栗里에 뜻

멀리 梅山을 기약하였지

운명을 어찌하리오!

하늘땅이 어두워지는 시대인걸.

곡방산선생 8(哭方山先生 八) 柳明烈

붉은 명정은 푸른 산 앞에서 나부끼거늘
한줄기 석양빛이 나무 끝에 매달렸네.
학문은 德業을 완성하여 깊이 聖人을 따르고,
먼지 묻은 생각 버리고 神仙 되어 가네.
가까이 공양하여 어버이께 효도했고,
가르침을 이어받아 자손도 어질어라.
좋은 벗들은 孫子의 울음에 탄식하거니
상여의 노랫소리에 흐느끼며 하늘 구름 바라보네.

跋文

咸平 李氏 大興公派는 大興縣監을 지내신 諱恭 이후 그 후손들이 禮山郡 古德, 鳳山(古德豊縣) 등지에서 集姓村을 이루며 代代로 이어 왔는데 16世에 이르러 10個 小宗派로 번성하여 많은 人物이 배출되어 一部는 朝廷에 나아가 큰 벼슬을 하였고, 일부는 초야에서 學問을 닦아 선비의 지조를 지키며 살아왔다.

10個 小宗派中 우리 家門은 派宗이신 懷德縣監 諱成元 이후로 크게 出仕하신 분은 없어도 世世로 學問을 崇尙하고 聖賢의 道를 깨우쳐 실천하고자 하는 長者遺風이 전하여 名門古家로 淸名과 雅望이 이 地方의 모범으로 이어 오다가 26世 諱邦憲에 이르러 그 學問과 德行이 朝野에 드날리니 마침내 湖西의 學統을 이어받은 이 지역의 儒宗이 되셨으니 雅號가 方山先生이시다.

咸平 李氏의 始祖는 咸豊君 諱彦으로 高麗朝에 神武衛大將軍에 올라 知略과 勇猛을 떨쳤고 朝鮮朝에 와서는 그 자손이 매우 번성하여 11世에 이르자 宗派가 27派로 늘어나며 뛰어난 文武官僚가 많이 배출되었다. 그 가운데 咸成君 諱從生은 우리 門中의 小宗元祀가 되셨으니 벼슬이 漢城左尹 兼五衛都摠府副摠管으로 贈正憲大夫 兵曹判書이며 李時愛亂을 平定하여 精忠出氣 敵愾功臣이 되었으니 諡號가 莊襄이다. 12世 諱恭은 大興縣監을 지냈으니 咸城君의 아들이요, 16世 諱成元은 懷德縣監이셨으니 方山先生의 10代祖이다.

우리 曾祖 方山先生은 哲宗8年(서기 1857) 1月 25日 德豊縣(現 禮山郡 德山, 古德, 鳳山) 金峙里에서 태어나 그 인근에 있는 沔川郡(現 唐津郡) 栗寺里로 이주하시어 栗里精舍를 지어 後學을 가르치며 性理學의 道統을 지키시고 倭政治下 癸亥(서기 1923)年 10월

3일 栗里精舍에서 卒하시니 亡國의 울분을 씻지 못하고 67세를 一期로 세상을 떠나셨다.

方山先生은 朱子, 栗谷, 尤庵으로 이어 전하는 性理學의 嫡統을 이어 湖西學派의 理氣心性說에 一家를 이루었고 또한 春秋義理에 입각하여 倭賊에게 復讐雪恥할 길을 찾기에 부심하셨으니 당대의 名儒인 勉菴 崔益鉉, 志山 金福漢, 艮齊 田愚公 등이 모두 方山先生과 학문사상적으로 교유하던 분들이었다.

方山先生이 卒한지 2년 뒤에 그 門人들이 詩, 序, 記, 論, 文, 箴, 銘, 表, 贊, 行狀 등을 모아 方山先生遺稿 16卷을 편집하고 筆書로 8冊을 만들어 놓았는데 어지러운 세상에 出刊하지 못하고 方山先生의 三子 啓東과 孫子 述範과 曾孫 載永으로 전해오면서 오늘에 이르렀다.

曾孫인 나는 祖考와 先親이 못 이룬 方山文集發刊을 이제는 내가 할 수 밖에 없다는 간절한 소망과 사명감만 있었을 뿐 힘이 미치지 못하여 오늘에까지 이르렀으니 죽어서 어찌 先祖를 대할 수 있으랴!

그리하여 丁亥(2007년)年 11月 方山門中 墓祀日에 일가친척이 모여 門中會議를 열고 그동안 우리 문중의 숙원사업 중 각지에 흩어져 있는 21世부터 29世까지의 山所를 移葬하여 墓域을 造成하고, 方山文集發刊을 결의하니 참으로 오랫동안 멸실될까 우려하며 소중히 간직한 보람이 있어 이제 빛을 보게 되었으니 家門의 榮光이며 천만다행한 일이다.

그리고 일찍이 周易, 春秋, 詩經을 譯註하여 成均館에서 삼경역주 훈로상을 받으신 巨儒로 湖西學統을 깊이 연구하여 方山先生의 學問精神과 抗日志操를 높이 評價하고 흔연히 이 文集을 교정하고 번역하였을 뿐만 아니라 序文과 解題를 써서 講演과 放送 등으로

紹介하며 널리 宣傳하여 주신 躍淵勳老 徐正淇 東洋文化研究所長
님께 깊은 감사의 말씀을 드린다.

　끝으로 文集 發刊의 盛事에 뜻을 같이하여 주신 方山의 曾孫들
가운데 특별히 애를 많이 쓴 載順, 載昇, 載寬, 載旭, 載浩, 載奭 그
리고 宗孫 健行을 비롯하여 여러 宗人들에게 감사드린다.

2008년 8월 15일

前 成均館 總務處長 曾孫 載永 謹記

●**역자**●

서정기(徐正淇)

4.19혁명 선봉 및 민족통일전국학생 성대조직위원장
한국유학연구회 유교사상 편집인, 동양문화연구소 연구실장, 성균관 전학(典學)
한국청년유도회 회장 - 예법(관례, 향음주례, 사상견례)부흥운동 전개
동양문화연구소 부소장 및 소장 - 세계 속의 한국학운동 전개
건국대학교 대학원 철학과 박사학위 심사위원
민중유교연합 의장 - 한글제사축문 보급운동 전개
성균관유교진흥대책위원회 위원장 - 도덕성 회복과 새사람운동 전개
성균관유교문화연구위원회 위원장, 태학지 번역분과 위원장,
민주평화통일 자문위원회 상임위원, 성균관 유교신보 편집인 겸 주간 역임,
삼경역주 성균훈로상 수상, 성균관 태학지 번역공로상 수상
현 동양문화연구소 소장, (사)한국예절교육협회 상임고문, 김동식 장군 기념사업회 상임고문

•**주요 저서**•
『세계 속의 韓國文化』,『세계 속의 韓國精神』,『세계 속의 韓國儒敎』,
『세계 속의 韓國禮節』,『세계 속의 韓國流風』,『정통가정의례』,『민중유교사상』,
『전기소설 공자』,『새시대를 위한 대학·중용·예운』,『새시대를 위한 춘추』(상·중·하),
『새시대를 위한 시경』(상·하),『새시대를 위한 서경』(상·하),
『새시대를 위한 주역』(상·하),『새시대를 여는 길』,『根源探索』,『도학통론』,
『성혼록』,『김동식 장군』,『아침햇살 영롱한 대나무 열매』,
『하늘로 날아라 못으로 뛰어라』
훈로 서정기 선생『유교대전』29권 외 다수
전자책 출판 www.kstudy.com

方山李邦憲先生文集 ㊥

• 초판 인쇄	2008년 10월 30일
• 초판 발행	2008년 10월 30일
• 지 은 이	이방헌
• 역 자	서정기
• 펴 낸 이	채종준
• 펴 낸 곳	한국학술정보㈜
	경기도 파주시 교하읍 문발리 513-5
	파주출판문화정보산업단지
	전화 031) 908-3181(대표) · 팩스 031) 908-3189
	홈페이지 http://www.kstudy.com
	e-mail(출판사업부) publish@kstudy.com
• 등 록	제일산-115호(2000. 6. 19)
• 가 격	30,000원

ISBN   978-89-534-4804 9 94150 (Paper Book)
       978-89-534-4805 6 98150 (e-Book)
       89-534-2428-3 94150 (Paper Book set)
       89-534-2459-3 98150 (e-Book set)